SPRACHE – LITERATUR UND GESCHICHTE
Studien zur Linguistik/Germanistik
Band 29

Herausgegeben von
Hans Wellmann, Universität Augsburg
Irmhild Barz, Universität Leipzig

MICHAIL L. KOTIN

Die Sprache in statu movendi

Sprachentwicklung zwischen Kontinuität und Wandel

ERSTER BAND

Einführung – Nomination – Deixis

Universitätsverlag
WINTER
Heidelberg

Bibliografische Information Der Deutschen Bibliothek
Die Deutsche Bibliothek verzeichnet diese Publikation in der Deutschen Nationalbibliografie; detaillierte bibliografische Daten sind im Internet über *http://dnb.ddb.de* abrufbar.

Gedruckt mit Unterstützung der Universität Zielona Góra

ISBN 3-8253-5092-4

Imprimé en Allemagne · Printed in Germany
Druck: Memminger MedienCentrum, 87700 Memmingen

Gedruckt auf umweltfreundlichem, chlorfrei gebleichtem und alterungsbeständigem Papier

Den Verlag erreichen Sie im Internet unter:
www.winter-verlag-hd.de

Dem ehrenden Gedenken von Professor Dr. Augustyn Mańczyk

Vernunft ist Sprache, logos; an diesem Markknochen nag ich und werde mich zu Tode drüber nagen.

J. G. Hamann

Inhaltsverzeichnis

Vorwort 11

1 Einführung 13
1.1 Sprache und Metasprache 13
1.2 Sprachwissenschaft als Geisteswissenschaft 17
1.3 Die Sprache als Kanon 36
1.4 Sprachwandel: Substanz und Funktion 40
1.5 Sprachwandel und Sprachgeschichte 53
1.6 Sprachwandel und Sprachursprung 59
1.7 Sprachwandel und Kategorisierung 70

2 Erster Hauptteil. Die Nomination 75
2.1 Das Wort als Symbol 75
2.2 Urschöpfung und Simplizia 90
2.2.1 Zur methodologischen Rechtfertigung der in diesem Abschnitt formulierten Annahmen 113
2.3 Komplexe Wörter: Ikonizität und Konvention 128
2.3.1 Allgemeines 128
2.3.2 Die historische Komplexität heutiger Simplizia 135
2.3.3 Komplexe Wörter in der Gegenwartssprache und in der Geschichte 150
2.4 Die Wortgruppenlexeme 165
2.5 Metaphern, Metonymien und Fremdwörter 176
2.6 Die Nomina propria 206
2.7 Bilanz: Die historischen Typen der Nomination 219

3 Intermezzo. Relationalität und Deixis 229
3.1 Allgemeines 229
3.2 Deixis und Nomination 235
3.3 Deixis und Kategorie 246

Literatur 253

Abkürzungen 271

Vorwort

Das Hauptanliegen dieses Buches ist die Darstellung eines Konzepts der Sprachentwicklung, in dem der Zusammenhang von Ontologie und Genesis bei Sprachfunktion und Sprachform im Mittelpunkt steht. Der Buchtitel hebt die Eigenschaft der Sprache hervor, die ich für ihr Hauptcharakteristikum halte: Der *status movendi* ist nämlich eine Gegebenheit und eine Veränderung zugleich. Die Sprache ist ein Phänomen, bei dem, wie bei keinem anderen, der Status eine Entwicklung voraussetzt, ja eine ständige Entwicklung und Veränderung par excellence darstellt. Sprache ist ununterbrochen „auf dem Weg", wodurch sowohl Kontinuität und Tradition als auch Instabilität und Wandel vorbestimmt sind. Die Sprachwissenschaft ist daher in ihrem Wesen eine *panchrone* Lehre, obwohl sie auf der Oberfläche der de Saussureschen positivistischen Dichotomie von Synchronie und Diachronie untergeordnet werden kann. Die antike Definition der Sprache als Werk, Ergon und ihre frühromantische Behandlung als Tätigkeit, Energeia treffen sich notgedrungen in dem Punkt der Panchronie, die ich hier nicht als Untersuchungsmethode konkreter Sprachphänomene, sondern als ontologischen Imperativ bei einem Gesamtkonzept der Sprache verstehe. Die Sprachentwicklung ist kein chaotischer Prozess und keine Kette von zufälligem Wandel, aber auch kein zielgerichtetes Fortschreiten, was auch immer unter dem hypothetischen „Endziel" ihrer Entwicklung verstanden wird. Sie befindet sich nicht nur *in statu movendi*, sie ist der *status movendi* per se. Die Linguistik ist dabei eine in jeder Hinsicht besondere Wissenschaft, sie unterscheidet sich von allen anderen Wissenschaften schon dadurch, dass sie ihr Forschungsobjekt mit dem Mittel beschreibt, das dieses Forschungsobjekt ausmacht. Diese Identität von Gegenstand und Mittel seiner Beschreibung ist einerseits ein gewisses Hindernis für seine adäquate Erkenntnis. Andererseits aber bietet sie dem Forscher die unikale Möglichkeit, das so beschaffene Forschungsobjekt als Ganzes zu betrachten. Ontologie und Funktion kommen einander wohl kaum bei einer anderen Wissenschaft wie bei der Linguistik so nahe. Diese Nähe ist verlockend, dabei aber nicht immer harmlos. Sie eröffnet für die Forschung weite Horizonte und setzt ihr zugleich feste Grenzen. Ist man sich beider bewusst, können Theorien und Forschungsmethoden formuliert werden, die im Endergebnis zu einer adäquaten Sprachbeschreibung führen.

Die vorliegende Abhandlung ist aus der Auseinandersetzung ihres Autors mit Problemen der historischen Wortbildung und Semantik, der diachronen und synchronen Verbalmorphologie und -syntax sowie mit Sprachwandelkonzepten entstanden. Vor allem handelt es sich dabei um das germanische Sprachmaterial, aber zum Vergleich werden auch slavische und andere alte und neue indo-europäische (exemplarisch auch außerindoeuropäische) Sprachen herangezogen. Diese Arbeit verstehe ich als Realisierung des Bedürfnisses nach Verallgemeinerung und genereller Beurteilung des bisher gesammelten und in zwei Büchern bzw. mehreren Artikeln zusammengefassten und bearbeiteten Stoffes im Sinne der Aufstellung von Thesen zur Theorie der Sprachentwicklung.

Mein Dank gilt allen meinen Kollegen in Deutschland, Polen und Russland, die mich bei der Arbeit an diesem Buch mit Rat und Tat unterstützt haben, aber auch meinen Lehrern, Doktoranden und Studenten, meinen Eltern, meiner Frau und meinem Sohn. Mein ehrendes Gedenken gilt Professor Dr. Augustyn Mańczyk, dem diese Arbeit gewidmet ist. Für eine großzügige, darunter finanzielle, Unterstützung meines Buchprojekts bin ich dem Dekan der Humanwissenschaftlichen Fakultät der Universität zu Zielona Góra, Prof. Dr. Czesław Osękowski zu Dank verpflichtet. Für ständigen Beistand bei der Realisierung meiner Forschungsprojekte bedanke ich mich bei der Alexander von Humboldt-Stiftung.

Ich hoffe, dass dieses Buch neue Anregungen zur Diskussion über das Wesen der menschlichen Sprache und Ursachen ihres Wandels in Wortschatz, Grammatik und Textaufbau geben wird.

Zielona Góra, im April 2005

1 Einführung

1.1 Sprache und Metasprache

Im Vorwort zu diesem Buch ist bereits darauf hingewiesen worden, dass bei Sprachbeschreibung Forschungsobjekt und Forschungsmittel zusammen fallen. Um nämlich über Sprache zu schreiben, muss man sich der Sprache bedienen. Die Identität kann vollständig (z. B. auf Deutsch über das Gegenwartsdeutsche) oder nur teilweise (z. B. auf Deutsch über eine andere Sprache bzw. andere Sprachen oder andere Entwicklungsstufen des Deutschen) sein. Aber auch im zweiten Fall ist die Distanz zum Forschungsobjekt nicht so groß wie bei anderen Wissenschaften. Bewusst oder unbewusst versuchen nun die Linguisten diesen „Widerspruch" zu überwinden, indem sie z. B. mit Zeichen und Formeln, „Stammbäumen", Tabellen, Schemata und neuerdings auch 3D-Computerdarstellungen arbeiten. Manch eine linguistische Arbeit – die z. B. in der generativistischen Tradition geschrieben ist – erinnert eher an eine mathematische, chemische oder physikalische Abhandlung. Der Grad an Formalisierung kann dermaßen hoch sein, dass das Lesen eines solchen Werkes ohne eine vorausgehende gründliche Vorbereitung selbst für den erfahrensten Linguisten unmöglich ist. Bei anderen Wissensgebieten wäre es kaum vorstellbar, dass der Wissenschaftler beim Lesen eines Fachartikels Probleme mit elementarem Zeichenverstehen hätte.

Ein anderer Ausweg ist die Präsentation der Forschungsergebnisse in einer Lingua franca wie Englisch, das aber in diesem Fall kein Englisch im engeren Sinn ist, sondern vielmehr die Rolle einer konventionellen Metasprache übernehmen soll.

Aber wenn man z. B. über das Deutsche in deutscher Sprache „wissenschaftlich" schreibt oder redet, versucht man nolens volens „metasprachlich verdächtige" Ausdrücke zu verwenden, zum Beispiel solche, die deutlich aus einer Fremdsprache stammen und in der Alltagssprache nie verwendet werden würden – *Entität, Scrambling, inhärent, invariant, Push-Chain, I- bzw. E-Language* usw.

Freilich hat jedes Wissensgebiet seine spezielle Terminologie, die nur Fachleuten bekannt ist und zur adäquaten Beschreibung des jeweiligen Forschungsobjekts beitragen soll. In der Linguistik liegt aber das Problem darin, dass sowohl Termini als auch Nicht-Termini direkt oder indirekt dem Forschungsgegenstand Sprache angehören. Eine noch so starke Formalisierung kann dadurch nur die Illusion einer Distanz von Forschungsmittel und Forschungsobjekt erwecken. In Wirklichkeit ist diese Distanz stets relativ und durchsichtig. Sensu stricto gibt es in der Sprachwissenschaft – ontologisch gesehen – keine solche Distanz. Ich hätte im vorhergehenden Satz statt lat. *sensu stricto* dt. *streng gesagt* verwenden können, aber das würde nicht die Tatsache schmälern, dass beide Wendungen der *Sprache* angehören, selbst wenn es sich um zwei verschiedene *Sprachen* handelt.

Den Inhalt der Linguistik bilden also *sprachliche Äußerungen über Sprache*. Dabei ist die Erschaffung einer „kompletten" linguistischen Metasprache ein mehr als riskantes Unterfangen, und die Nutzung von mathematikähnlichen Zeichen, Schemata u. dgl. kann einen nur sehr bescheidenen Bereich der Spracherforschung abdecken.

Wie wird nun aber die – wenngleich relative – Distanz zwischen Sprache als Forschungsgegenstand und Sprache als Beschreibungsmittel für diesen Forschungsgegenstand geschaffen, ist ja diese Distanz trotz ihrer deutlichen Relativität doch nötig, um Sprachwissenschaft als Wissenschaft zu betreiben? Es geschieht vor allem durch eine „sprachebenen-bezogene" oder stilistische Distanzierung vom Untersuchungsobjekt; eine spezielle „linguistische" Terminologie ist nur ein sekundäres „Entfremdungsmittel". Bei segmentaler Phonologie und z. T. bei Morphologie ist dies relativ unproblematisch, ihre Grundeinheiten lassen sich auch ohne spezielle Signale einfach dadurch formalisieren, dass sie den Ebenen angehören, die unterhalb der Textebene liegen, und wissenschaftliche Abhandlungen jeder Art sind stets Texte im weiteren Sinn dieses Wortes. Etwas problematischer wird es im Falle der Wortbildung und Semantik. Ihre Grundeinheiten sind zwar auch keine „Texte", sie besitzen aber ein Potential, das ohne Zweifel suprasegmental und daher „textverdächtig" ist. Um z. B. eine Wortbedeutung zu beschreiben, muss man eine Paraphrase erstellen, die eine syntaktische „satzartige" Fügung darstellt. Alternative Methoden, z. B.

matrixförmige Aufzählungen von semantischen Merkmalen, haben sich bisher als nicht besonders erfolgversprechend erwiesen, schon deshalb, weil sie als formalisierte Zeichen ([+HUM], [+ABSTR] u. dgl.) sekundäre Symbole nutzen, die letztendlich aus derselben Quelle – der natürlichen menschlichen Sprache – stammen. Sie sind daher keinerlei als „Atome" einer Wortbedeutung einzuordnen und bedürfen ihrerseits einer Paraphrasierung, was einen geschlossenen Kreis schaffen würde.

An dieser Stelle kann eine interessante Beobachtung angeschlossen werden, die die formalisierte strukturell-semantische Analyse betrifft. Die Seme, welche als Bausteine eines Semems behandelt werden, sind in Wirklichkeit nicht dessen „Atome" bzw. Teile. Vielmehr ist das Verhältnis gerade umgekehrt, denn die Seme, aus denen das jeweilige Semem angeblich *besteht*, sind stets abstrakter als das Semem und verhalten sich dazu grob gesagt wie Hyperonyme zu einem Hyponym: *Frau* ist [+HUM] und [+FEM], aber sowohl [HUM] als auch [FEM] sind in Bezug auf *Frau* übergeordnete Merkmale.

Eine Paraphrase ist sehr oft tautologisch und kann die lexikalische Bedeutung des Wortes nur annähernd wiedergeben, auch wenn diese Annäherung sehr stark ist. *Wasser* wird im Duden-Universalwörterbuch, 2, 1989, 1714 als „(aus einer Wasserstoff-Sauerstoff-Verbindung bestehende) durchsichtige, weitgehend farb- geruch- und geschmacklose Flüssigkeit, die bei 0°C gefriert und bei 100°C siedet" paraphrasiert, und *Wasserstoff* als „farb-, geruchloses und geschmackfreies Gas, das in der Verbindung mit Sauerstoff als *Wasser* vorkommt...".

In einer Science-Fiction-Geschichte des polnischen Schriftstellers Stanisław Lem möchte der Held, welcher auf einem anderen Planeten landet, erfahren, was das Wort *Sypulken* in der Einheimischen-Sprache bedeutet. Er bedient sich des erklärenden Wörterbuchs, woraus er erfährt, dass *Sypulken* Objekte sind, die dem Prozess der *Sypulkation* in einem *Sypulkarium* unterzogen werden – siehe *Sypulkation*. Diese wird nun als Prozess definiert, welchem die *Sypulken* im *Sypulkarium* ausgesetzt werden – siehe *Sypulkarium*. Unter diesem Stichwort findet er die Definition, die besagt, dass es sich um ein Reservoir handelt, in dem der Prozess der *Sypulkation* der *Sypulki* – siehe dieses – durchgeführt wird. Der Kreis hat sich geschlossen. Diese „Geschichte" ist nun keinesfalls ein bloßes Beispiel für unzulässige Tautologie bei der Wortdefinition, sie charakterisiert in einer recht präzisen Form das paradoxe

Phänomen der Beschreibung von Einheiten der Sprache durch andere Einheiten derselben.

Noch komplizierter wird das Problem einer adäquaten Beschreibung der syntaktischen und insbesondere der Texteinheiten. Sätze über Sätze und Texte über Texte unterscheiden sich von deren Objekten lediglich durch Textsorte und Stil. Im Extremfall (z. B. Rezension zu einem sprachwissenschaftlichen Buch bzw. Artikel) wird die notwendige Distanz lediglich durch Polemik und Individualstil des Autors erreicht.

Bei der Terminologie handelt es sich in absoluter Mehrheit der Fälle um metaphorische Bezeichnungen, die dazu noch aus einer bestimmten (altindischen, griechischen oder lateinischen) Tradition der Grammatikschreibung stammen und für andere Sprachen nur bedingt oder gar nicht mehr gelten – vgl. *Perfekt* (ursprünglich resultativer Aspekt, im Neuhochdeutschen – eines der drei Vergangenheitstempora), *Passiv* (ursprünglich Leideform, im Neuhochdeutschen – agensabgewandte Diathese) usw. Aus diesem Grund werden die gängigen sprachwissenschaftlichen Termini von den Linguisten wiederholt kritisiert, da sie der realen kategorialen Beschaffenheit der jeweiligen sprachlichen Einheiten nicht entsprechen. Allerdings erscheint diese Kritik als überflüssig, wenn man bedenkt, dass es sich lediglich um Etiketten handelt, deren wirkliche Funktionsleistung in der jeweiligen Sprache nur durch eine von deren ursprünglicher Bedeutung zum Teil stark abweichende Paraphrasierung umschrieben werden kann.

Wie kann nun das Problem der Wechselbeziehungen zwischen der zu beschreibenden Sprache und der sie beschreibenden Metasprache gelöst werden? Am besten sollte die dadurch angestrebte Distanz nicht als eine conditio sine qua non betrachtet werden. Man muss sich damit abfinden, dass man bei Sprachbehandlung sich der Sprache bedient, so dass Aussagen über Sprache durch Vermittlung der Sprache – und nur so – zustande kommen. Die Inkaufnahme dieser Tatsache bedeutet u. a., dass nicht selten Tautologien sowie scheinbar verwischte Interpretationen und ungenaue Definitionen entstehen, welche für einen Verfechter der „streng wissenschaftlichen" Sprachbetrachtung bzw. einer Linguistik als quasi Naturwissenschaft indiskutabel und abwegig sind. Paradoxerweise vermögen aber gerade derartige Interpretationen und Definitionen das Wesen der Sprache am besten wiederzugeben, da sie in diesem

Punkt der Sprache selbst am nächsten stehen, die ein Interpretationsphänomen der Welt ist. Nicht zufällig wird die Sprache in Mythologie und auch z. B. in der Bibel als sakrales Phänomen behandelt und ihr Rätsel durch Gleichnisse und Parabeln aufgelöst.

Das Gesagte tangiert in keiner Weise die Suffizienz und Notwendigkeit einer möglichst präzisen und streng wissenschaftlichen Analyse konkreter sprachlicher Erscheinungen und Prozesse. Allerdings kann diese Analyse die Sprache nicht strenger und genauer beschreiben als diese die Welt beschreibt. Daher ist die oben erwähnte „Ungenauigkeit" eben nur scheinbar und nur insofern akzeptabel, als sie die Sprache im Ganzen so interpretieren lässt, wie die Welt von der Sprache selbst interpretiert wird.

Dieses Prinzip gilt nicht nur für Sprache (da diese durch Sprache beschrieben wird), sondern mutatis mutandis für nahezu alle Geisteswissenschaften, da auch in diesen die Interpretationsdominante überwiegt (siehe dazu ausführlicher Abschnitt 1.2 dieses Kapitels). Sämtliche Versuche, diese „streng wissenschaftlich" (lies: wie die Naturwissenschaften) zu betreiben, landen früher oder später bei Erzeugung ideologisierter Quasiwissenschaften, denn das, was in Mathematik oder Physik ein Forschungsimperativ ist, ist in Sprach-, Literatur- oder Geschichtswissenschaft nur Frage einer zwar gewissenhaften, jedoch ständig mehr oder minder subjektiven Interpretation. Andernfalls entsteht in den Geisteswissenschaften nicht selten eine „einzig richtige und immergültige" Methode, die solche Monster zur Welt bringen kann wie z. B. „historischen und dialektischen Materialismus", „wissenschaftlichen Kommunismus" oder – sic! – „*wissenschaftlichen* Atheismus".

1.2 Sprachwissenschaft als Geisteswissenschaft

Wilhelm von Humboldt bezeichnet die Sprache als „äußerliche Erscheinung des Geistes der Völker" (Humboldt 1836/1949, 41) und stellt fest: „ihre Sprache ist ihr Geist und ihr Geist ist ihre Sprache, man kann sich beide nicht identisch genug denken" (ibid.). Die Identität von Sprache und Geist macht die Linguistik zu einer Geisteswissenschaft par excellence. Die Untersuchung der Sprache im Humboldtschen Sinn bedeutet also nichts Anderes als die Untersuchung des Geistes mit der Einschränkung, dass es sich um den Geist eines Volkes handelt. Es sollen in diesem Zusammenhang zwei wichtige Momente betont werden. Erstens: Wenn man die

These von Sprache als *äußerliche* Erscheinung des Volksgeistes ernst nimmt, ist die darauf folgende Behauptung, man könne sich Sprache und Geist nicht identisch genug denken, nicht ohne weiteres plausibel. Zweitens: Der Ausdruck „Geist des Volkes“ ist, selbst nachdem man es ausführlich beschrieben hat, ipso facto derart unbestimmt und verschwommen, dass man da wohl kaum eine wissenschaftliche Präzision erwarten kann. Dies ist nun ein guter Beweis für die im vorigen Abschnitt getroffene Feststellung von der Notwendigkeit der Inkaufnahme „unpräziser“ Formulierungen in einer Geisteswissenschaft und ganz speziell in der Linguistik. Denn wie unpräzise und verschwommen Humboldts These auch klingt, sie kann von keinem ernsten Linguisten verworfen werden: Sprache und Geist, und zwar Volksgeist (als Geist der Gemeinschaft der Sprachträger), bilden ja in der Tat eine Einheit, die nicht wegdiskutiert werden kann. Die positivistische Sprachwissenschaft des ausgehenden 19. bis Anfang des 20. Jhs. hat dieses Problem radikal gelöst, indem sie einfach die Fragestellung umformuliert und eine wissenschaftlich präzise Untersuchung von vorhandenen Sprachgegebenheiten gefordert hat. Dabei ging sie aber deutlich am eigentlichen Gegenstand der Linguistik vorbei.

Wohlgemerkt hat der Prozess einer „Dichotomisierung“ in der Sprachwissenschaft bereits innerhalb der romantischen Sprachauffassung eingesetzt.

Unter Dichotomisierung verstehe ich hier nicht die unbestritten nützliche und effiziente Saussuresche 1916/1967 Einteilung in Langue-Parole, Inhaltsseite-Ausdrucksseite, Diachronie-Synchronie, Paradigmatik-Syntagmatik und darauf folgende funktional begründete Dichotomien der Prager Schule (wie z. B. die Jakobsonsche 1931/1971, 220 ff. Merkmalhaftigkeit-Merkmallosigkeit u. dgl.) oder der Generativistik (wie die Chomskysche 1965 Depth Structure-Surface Structure), sondern Versuche, der Dichotomisierung ontologischen Wert zuzumessen, wodurch die Sprache – und nicht nur die Linguistik – praktisch *nur* dichotomisch gedacht werden kann. De Saussure hat diese Gefahr offenkundig gesehen, indem er den Schlüsselbegriff einer *Langage* eingeführt hat, der seine Dichotomie von Langue und Parole auf einen gemeinsamen Nenner bringen könnte. Logischerweise sollte den Platz der Langage in der Langue-Parole-Opposition die *Panchronie* in der Opposition von Synchronie und Diachronie übernehmen. De Saussure bzw. die Herausgeber seines *Cours de linguistique générale* lehnen den panchronen Standpunkt expressis verbis ab (vgl. Saussure 1916/1967, 113 f.). Dabei gibt es aber eine wichtige Einschränkung, der panchrone

Gesichtspunkt sei nur bei Behandlung konkreter Sprachphänomene abwegig, nicht jedoch bei der Behandlung der Sprache als Ganzes (ibid., 114). Wenn man bedenkt, dass auch die *Langage* auf einzelne Sprachphänomene schlecht anwendbar ist und im Saussureschen Modell eigentlich weitgehend ohne Belang bleibt, kann man hier eine deutliche Symmetrie sehen.

Jacob Grimm, August Schleicher und dann die Junggrammatiker haben die Sprache als *Organismus* behandelt, aufbauend auf Humboldts Organismus-Idee. Die Organismus-Metapher setzt nun ihrerseits eine deutliche Zweiteilung in System und Entwicklung voraus, denn alle Organismen ohne Ausnahme sind ihrem Wesen nach dynamische Systeme. Bei Entwicklung galt für sie nun vor allem der darwinistische Evolutions-Ansatz, wodurch die Sprache als quasi Naturerscheinung und die Sprachwissenschaft als quasi Naturwissenschaft behandelt wurde. Naturwissenschaften zeichnen sich aber durch Determinismus aus, der in der Sphäre des Geistes (zu der Humboldt die Sprache uneingeschränkt zählte) unmöglich als Grund- oder Leitprinzip gelten kann. Es entsteht also eine Dichotomie, deren logische Konsequenzen dermaßen ernst sind, dass im Vergleich damit alle saussureschen und postsaussureschen Dichotomien ein methodisch-technisches Kinderspiel sind. Der evolutionsbiologisch verstandene Determinismus beruht auf Existenzkampf und Anpassung an die Umwelt. Betrachtet man die Sprache als Organismus, der quasi unabhängig von den Sprachträgern, den Menschen, existiert – was in Humboldts System unvorstellbar wäre, aber bei den Klassikern der historisch-vergleichenden Methode, die weitgehend auf Humboldts Organismus-Idee basiert, eine Selbstverständlichkeit ist –, ist der evolutionsbiologische Ansatz legitim. Er bezieht sich nämlich unmittelbar auf die nachweisbare Konkurrenz von Sprachformen.

Schleicher 1863, 6 f. behauptet, dass Sprachen natürliche Organismen sind, die unabhängig vom Willen des Menschen entstanden sind, nach ihren eigenen Gesetzten wuchsen und sich entwickelten und nun altern und sterben. Die Glottochronologie sei daher eine Naturwissenschaft.

Die Konkurrenz der Sprachformen führt zur Marginalisierung und dem Absterben gewisser Formen bzw. der Durchsetzung anderer. An Hand der Rekonstruktionen von Urformen und der Analyse des aus historischen Quellen erhobenen Belegmaterials lassen sich diese Prozesse relativ genau nachvollziehen. Es können sogar Gesetze formuliert werden, die äußerlich an physikalische, chemische und andere naturwissenschaftliche Gesetze erinnern, man vgl. Grimms Gesetz (die sog. erste, oder germanische, Lautverschiebung), Verners Gesetz (akzentbedingte Verteilung der indogermanischen Tenues, die in der Germania als stimmlose resp. stimmhafte Spirants auftreten), Sievers´ Gesetz (Ausfall von *j/i* im Präteritum schwacher Verben der 1. Klasse mit langsilbigem Stamm mit daraus resultierendem Ausbleiben des Umlauts) usw. Unten wird dazu ausführlich Stellung genommen, inwieweit derartige Gesetzmäßigkeiten als Gesetze im eigentlichen Sinn gelten können. An dieser Stelle muss nur darauf hingewiesen werden, dass der Begriff des „Gesetzes“ in der romantischen und „postromanisch“-junggrammatischen Sprachwissenschaft des 19. Jhs. zentral gewesen ist. Jene Epoche, die für die Ausbildung der Linguistik ohne Zweifel die wichtigste Rolle gespielt hat, war zugleich eine Zeit, wo die romantischen Sentenzen über Geist und Macht der Sprache auf eine schwer erklärliche Weise mit darwinistischen und positivistischen Untersuchungsmethoden des Phänomens Sprache Hand in Hand gingen. Nicht zufällig musste der moderne Neodarwinismus in der Sprachwissenschaft, der eindeutig an J. Grimm, A. Schleicher und die Junggrammatiker anknüpft, sich deutlich von deren „Romantismus“ distanzieren.

Solange nun die Sprachevolution – wenn auch nur methodisch – von den Trägern der Sprache gelöst ist, kann die Sprache relativ konsequent als darwinistisch zu verstehender evolutionierender Organismus behandelt werden. Sobald man sich aber daran erinnert, dass sie im Unterschied zu anderen natürlichen Objekten, darunter Organismen, an den bzw. die *Träger* gebunden ist, wird klar, dass das klassische natürlich-evolutionäre Herangehen einer wesentlichen Korrektur bedarf. Das Einzige, was hierbei übrigens dieses Herangehen im Prinzip überhaupt rechtfertigt, ist die soziale Dimension der Sprache. Ihre Geschichte ist nämlich die Geschichte des „kollektiven“ Geistes, so dass die der geistigen Sphäre eigene Subjektivität zumindest teilweise „objektiviert“ wird, ohne dass diese Objektivität der Objektivität einer Naturwissenschaft auch annähernd ähnlich ist.

W. von Humboldt (Werke, Bd. 5, 1906, 9) hat diese Besonderheit glänzend erkannt. Die Subjektivität des einzelnen Individuums wird nach seiner Auffassung aufgehoben, gelindert und erweitert durch die Subjektivität des Volkes; die Subjektivität des Volkes – durch die vorhergehenden und heutigen Generationen und die Subjektivität dieser letzteren – durch die Subjektivität der Menschheit schlechthin. Ohne Rücksicht auf diese tiefe und innere Verbundenheit aller Sprachen kann das Wirken einer gewissen Sprache nicht begriffen werden. Bewundernswert ist dabei die Einsicht Humboldts in die gnoseologische Stabilität des Subjektiven auf allen Stufen dieses Prozesses: Erweiterung, Linderung und Aufhebung der Subjektivität führt *nicht* zu deren Verschwinden bzw. Verwandlung in Objektivität. Er spricht ausdrücklich nicht nur von einer Subjektivität des Individuums und des Volkes, sondern auch von einer Subjektivität der Menschheit. Die Subjektivität wird also selbst durch die Gesamtheit aller Sprachen der Welt nicht überwunden, es wird nur eine andere, „weichere" Subjektivität geschaffen.

> In dieser genialen Einsicht Humboldts kann u. a. die Antwort auf die Frage gefunden werden, die J. Trabant 2003, 27 folgendermaßen formuliert: „...*wie tief* denn eigentlich die Verschiedenheit ist. [...] Ist es nur eine Verschiedenheit des Materiellen, des *Lauts* (wie Aristoteles annimmt)? Oder ist es trotz der Universalität des Geistes auch eine Verschiedenheit des *Denkens* (wie Humboldt lehrt), d. h. gibt es so etwas wie eine einzelsprachliche Form des Denkens?"

Wenn ein Kind einen Gegenstand sieht, dessen Name ihm unbekannt ist, fragt es seine Eltern oder jemanden, der sich gerade in seiner Nähe befindet, wie dieser Gegenstand heißt. Dabei formuliert es seine Frage ontologisch, nicht etwa *Wie heißt das*, sondern eben *Was ist das*? Es kann sich den Gegenstand unmöglich ohne Namen dafür denken, seine Frage ist darauf gerichtet, den Gegenstand durch seinen Namen zu erkennen und nicht einfach eine Etikette dafür zu bekommen. Eine Arbitrarität ist dabei wohl kaum anzunehmen, vielmehr die Überzeugung, dass „ES" einen ihm zugewiesenen Namen haben muss. Wenn sich in diesem Moment keiner findet, der den „richtigen" Namen für das Objekt seines Interesses ihm verraten könnte, kann das Kind dem Gegenstand einen Namen selbst geben, aber es weiß genau, dass es nur eine Notlösung ist – schon deshalb, weil es mit diesem ausgedachten Namen nicht weiter kommt, falls es jemanden danach fragen will, ohne darauf zeigen zu können. Früher oder später muss das Kind also den „richtigen“ Namen für den Gegenstand erfahren. Die individuelle Subjektivität seines „Notnamens“ wird also durch einen „objektiveren“ Namen aufgehoben, welcher seinerseits insofern subjektiv ist, als er nur im Rahmen einer bestimmten Sprachgemeinschaft Gültigkeit hat. Ein Erwachsener, der eine Fremdsprache lernen will oder ins Ausland kommt und nach der Bezeichnung für einen bestimmten Gegenstand fragt, befindet sich gewissermaßen in der Situation des Kindes, von dem eben die Rede war. Um weiter zu kommen, muss er auch nach dem ihm unbekannten Namen fragen. Seine Frage lautet aber schon anders: *Wie heißt das*? Denn was das *ist*, ist ihm aus seiner Muttersprache wohl bekannt, er kann seine Frage daher unmöglich ontologisch formulieren, sondern stellt sie naturgemäß *funktional*. Die Arbitrarität dieser Frage liegt auf der Hand, sie ist aber keinesfalls absolut, sondern durch seine Muttersprache vermittelt. Dies ist ein anschauliches Beispiel dafür, was Humboldt unter *Weltansicht* der Sprache und Weisgerber unter *muttersprachlicher Zwischenwelt* verstehen. Die subjektive Sphäre des Individuums wird nun durch seine Berührung mit einem Ausschnitt der – ebenfalls subjektiven – Welt der Fremdsprache im Humboldtschen Sinn „erweitert“ und „gelindert“.

Am Alter des Individuums liegt es übrigens auch nicht; ein Kind, das in Kontakt mit Trägern einer Fremdsprache kommt, würde in diesem Fall nicht die Was-ist-das-, sondern die Wie-heißt-das-Frage stellen.

Die Arbitrarität des sprachlichen Zeichens, welche von den Strukturalisten in die Mitte ihrer Konzeption gestellt wurde, wird erst deutlich, wenn man das Phänomen der Mehrsprachigkeit in Rechnung stellt. Wenn man sich aber eine hypothetische Welt vorstellt, in der alle Menschen nur eine einzige Sprache sprechen, würde dieser Gedanke keinem einfallen. Die Beziehung zwischen dem Wort und dem dadurch Bezeichneten, zwischen Signifiant und Signifié, würde in diesem Fall als etwas Natürliches und Unveräußerliches empfunden. Auch der Sprachwandel als solcher könnte diese Überzeugung nicht tangieren, er würde nämlich im Sinne einer notwendigen und einzig möglichen Veränderung in der Deutung des Signifié selbst interpretiert werden. Diese für uns nur hypothetische Lage wird im Genesis-Buch des Alten Testaments rekonstruiert. Es ist eine klassische Ikone der Sprachgenesis und der ursprünglichen

Sprachfunktion, welche in der Linguistik bisher ungenügend beachtet worden ist.

Dafür gibt es mehrere Gründe. Vor allem ist hier die positivistische Abneigung gegen eine wissenschaftliche Interpretation vor- bzw. nichtwissenschaftlicher Ansichten zu erwähnen. Was nicht empirisch überprüfbar oder logisch nachweisbar ist, gehört eben nicht zur Wissenschaft und darf nicht mal erwähnt werden. Ein Linguist, der „mythologische“ und ähnliche Überlegungen als Argument für seine Auffassung anführt, wird bis heute fast automatisch aus der Diskussion ausgeschlossen. Dabei sind Spekulationen anderer, „nichtmythologischer“ Art mehr als willkommen. Rudi Keller [3]2003 baut sein Modell auf einer *Conjectural History*, der ein von ihm selbst gedichtetes Märchen über den Affenmenschen namens Karlheinz zu Grunde liegt (Kapitel 2 seines Sprachwandel-Buches), wozu unten noch ausführlich Stellung genommen wird. Der Autor selbst erkennt an, dass die Linguistik zu den Wissenschaften gehört, in denen der Ursprung ihres Forschungsgegenstandes nur durch ein *gutes Gleichnis* beschrieben werden kann. Dieses Gleichnis solle nur eine Bedingung erfüllen: Es soll die Voraussetzungen erklären, und die Folgen sollen zwingend sein (vgl. Keller [3]2003, 95 ff.). Ich sehe keinen Grund, die in dem Buch der Genesis erzählte Geschichte weniger ernst zu nehmen als das Kellersche Karlheinz-Gleichnis. Allerdings gibt es da deutliche Grenzen, die die Wissenschaft in der Tat nicht überschreiten darf. Von einer wissenschaftlichen Forschungsarbeit darf ich z. B. keine direkte Antwort auf Fragen erwarten, die zur Sphäre des Glaubens oder auch zum Bereich der Wertungsurteile über bestimmte Phänomene gehören. Dennoch kann der Wissenschaftler sehr wohl nicht nur seine eigene *Conjectural History* aufstellen, sondern auch eine Interpretation einer vorhandenen *Conjectural History* vorschlagen, was unten auch versucht wird.

Max Müller 1892, 20 schreibt, dass sogar in der Bibel nicht behauptet wird, dass die Sprache ein Werk Gottes sei, da in der Bibel nicht der Schöpfer jeder Sache einen Namen gibt, sondern Adam. Diese Feststellung ist erstens nicht ganz korrekt und zweitens zu oberflächlich. Wenden wir uns den Stellen des 1. Buches Mose zu, die die entsprechenden Sinnbilder für Sprache und Sprachentstehung enthalten (alle Hervorhebungen sind von mir – M. K.).

1,3: Und Gott *sprach*: Es werde Licht! Und es *ward* Licht; 1,6-8: Und Gott *sprach*: Es werde eine Feste zwischen den Wassern, die da *scheide* zwischen den Wassern. Da *machte* Gott die Feste und *schied* das Wasser unter der Feste von dem Wasser über der Feste. Und es *geschah* so. Und Gott *nannte* die Feste Himmel; 1,9-10: Und Gott *sprach*: es *sammle* sich das Wasser unter dem Himmel an besondere Orte, dass man das Trockene sehe. Und es *geschah* so. Und Gott *nannte* das Trockene Erde, und die Sammlung der Wasser *nannte* Er Meer; 1,14-16: Und Gott *sprach:* Es werden Lichter an der Feste des Himmels, die da *scheiden* Tag und Nacht [...]. Und es *geschah* so.

J. Trabant 2003, 15 bemerkt, es gehe hierbei nicht um „das schöpferische Wort allein, das alles bewirkt, sondern das Sprechen Gottes ist eingebettet in ein Machen oder Scheiden oder Schaffen – in ein praktisches Tun". Ferner macht er eine sehr wichtige Einschränkung: „Natürlich läßt sich das nicht fein säuberlich voneinander trennen, der göttliche Schöpfungsakt ist *einer* [Hervorhebung von Jürgen Trabant], aber eben doch mit zwei Aspekten, einem sprachlichen und einem praktischen" (ibid.). Beim Vergleich dieser Stelle aus der Genesis mit dem Anfang des Johannes-Evangeliums („Im Anfang war das Wort") behauptet Trabant, im letzteren hätten wir mit einer gewaltigen Übertreibung der Macht des Wortes durch eine „typisch griechische logozentrische Reduktion und Radikalisierung der hebräischen Orientalerzählung" zu tun (ibid.). Angesichts der Tatsache, dass es im biblischen Kontext keine ontologisch begründete Trennung zwischen Logos und praktischem Tun geben kann – was Trabant ja selbst anerkennt – erscheint die „Radikalisierungs-These" doch fragwürdig.

Ich möchte hier auf drei Aspekte hinweisen, von denen insbesondere der dritte erst später ausführlich behandelt werden kann, aber schon jetzt erwähnt werden soll. Erstens: Der verbale Code geht zunächst dem aktionalen Code deutlich voraus, vor Schöpfung wird *gesprochen.* Die ganze Kette sieht aber so aus: Verbaler Code als Initiation – aktionaler Code als Tätigkeit – verbaler Code als Namengebung (vgl. dazu die in dieselbe Richtung gehenden Ausführungen J. Trabants 2003, 15 f.).

Allerdings gibt es noch ein weiteres, viertes Glied der Kette, wo Gott das Ergebnis der Schöpfung anschaut und beurteilt: 1,4: Und Gott sah, dass das Licht *gut* war; 1,11: Und Gott sah, dass es *gut* war; 1,31: Und Gott sah an alles, was Er gemacht hatte, und siehe, es war *sehr gut*, usw. Diese ontologische Axiologie – die J. Trabant 2003, 15 zu Recht eine „Bestätigung der Kreation" nennt – (darunter der Sinn von althebr. *tow*, das offenkundig viel tiefer und weiter als einfach „gut" ist) ist aber ein Gegenstand selbständiger Untersuchungen und kann hier nicht weiter verfolgt werden.

Zweitens: Die ersten Namen werden den geschaffenen Objekten *unmittelbar* von ihrem Schöpfer gegeben, sie sind nicht arbiträr, sondern deren Namen drücken ihr inneres Wesen aus. Drittens: Auffällig sind dabei zwei Motive – der Scheidung, Trennung einerseits und der Verbindung, Synthese, Sammlung andererseits. An dieser Stelle kann hinsichtlich dieses dritten Aspekts nur gesagt werden, dass er nach meiner Meinung für die sprachliche Kategorisierung und Sprachentwicklung die Schlüsselbedeutung hat.

Im Weiteren (schon ab Vers 11) fehlt nun in dem angeführten Gefüge das dritte Glied. Gott spricht, erschafft, schaut das Erschaffene an und sagt, dass es „gut" ist, gibt ihm aber keinen Namen. Die weitere Namengebung ist dem Menschen aufgetragen (vgl. Trabant 2003, 16). Sie soll dabei zweifelsohne nicht nach einem anderen Prinzip erfolgen als die schon vollzogene Namengebung durch Gott. Das bedeutet aber, dass derjenige, dem Er nun diese Aufgabe stellen will, die Geschöpfe Gottes so zu benennen vermag, dass deren Namen ihr tiefes inneres Wesen wiedergeben. Der Herausforderung kann nur jemand gerecht werden, der selbst nach Gottes Ebenbild geschaffen ist.

J. Trabant 2003, 16 weist darauf hin, dass Gott seiner Kreatur Mensch „seinen lebendigen Odem in die Nase" blies (gen. 2, 7) und verbindet diese Handlung Gottes unmittelbar mit der späteren Fähigkeit des Menschen, Namen zu geben: „Dies ist eine Präzisierung des Schöpfungsvorganges, die für Sprachthema ganz entscheidend ist. Denn wie anders, wenn nicht mit lebendigem Atem, wird Adam die Namengebung vollziehen: die Namen sind Ausatmungen des Menschen" (ibid.). Unten werde ich noch Gelegenheit haben, diese völlig richtige und äußerst wesentliche Feststellung an konkreten Etymologie-Belegen zu illustrieren.

Der viel kritisierte Johann Peter Süßmilch 1766/1998 stellte die These auf, Gott habe dem Menschen die Sprache unmittelbar beigebracht, ihn die Sprache gelehrt. Es ging dabei nicht etwa darum, dem Sprach*vermögen* göttlichen Ursprung zuzuschreiben, sondern allein darum, die Sprache selbst von einer Quelle abzuleiten, die ihrerseits keinen weiteren Bedingungen zu genügen braucht. Daher ist die Kritik Herders 1772/1789 an seiner Sprachauffassung keinesfalls ein Versuch, die „bedingungslose Instanz" auszuschließen, sondern vielmehr die Verlagerung des Akzents auf das unmittelbare

Sprachvermögen des Menschen. Seine These, die Sprache sei menschlichen Ursprungs und sondere den Menschen aus der Tierwelt aus, vermag dennoch nicht zu erklären, worin der eigentliche Grund für diese Aussonderung besteht. Deshalb fiel Herder die Polemik gegen Condillac 1746 so schwer, der in seinem streng sensualistischen Modell den Sprachursprung „aus elementaren Fähigkeiten der Sinnesempfindung" (vgl. U. Ricken in Gessinger/Rahden 1989, 1, 290) ableitet, die er auch höheren Tierarten nicht verweigert (ibid.). Diese „extreme" Theorie der französischen sensualistischen Schule war für Herder unannehmbar, wollte er ja mit dem Phänomen der Sprache gerade den essentiellen *Unterschied* zwischen Mensch und Tier erklären. Andererseits ist kaum zu bestreiten, dass eine konsequente Widerlegung der Auffassung von Süßmilch im 18. Jh., als der evolutionsbiologische Ansatz noch unbekannt war, notgedrungen zur Theorie von Condillac führen sollte und vice versa, wobei die Herdersche Konzeption wie jede „mittlere" These seitens der jeweiligen theoretischen Pole als nicht hinreichend und widersprüchlich kritisiert werden könnte. Der einzige Ausweg wäre hier eine grundsätzlich andere Sicht auf den Menschen, die wiederum die Hinwendung zum Mythologischen erforderte. In der Genesis werden nun sowohl die Ähnlichkeit als auch der wesenhafte Unterschied zwischen Tier und Mensch – freilich in spezifisch mythologischer Form – dargestellt:

> 1,27: Und Gott schuf den Menschen zu Seinem Bilde, zum Bilde Gottes schuf Er ihn; 2,19-20: Und Gott der Herr machte aus Erde alle die Tiere auf dem Felde und alle die Vögel unter dem Himmel und brachte sie zu dem Menschen, dass Er sähe, wie er sie nennte; denn wie der Mensch jedes Tier nennen würde, so sollte es heißen. Und der Mensch gab einem jeden Vieh und Vogel unter dem Himmel und Tier auf dem Felde seinen Namen .

Diese Stelle hat nun die Schlüsselbedeutung für die biblische Auffassung der Sprachgenesis. Es wird betont, dass der Mensch, der genauso aus Erde erschaffen ist wie alle Tiere, jedem Tier *seinen* Namen gibt, d. h. ihn *richtig erkennt*. Das ist nun der wichtigste Unterschied zwischen dem Menschen und den Tieren – sein Sprachvermögen. Der Widerspruch zwischen Notwendigkeit und dem freien Willen wird gelöst, indem die Namengebung als unmittelbare Realisierung des Sprachvermögens geschieht („wie der

Mensch jedes Tier nennen würde, so sollte es heißen“), deren Ergebnis aber dem *wirklichen* Wesen der benannten Tiere entspricht („und der Mensch gab einem jeden [...] *seinen* Namen“). Es handelt sich also nicht um Etikettierung, sondern um Erkenntnis des inneren Wesens der Geschöpfe.

Der mittelalterliche Scholastiker Dionysius der Karthäuser ging davon aus, dass die von Adam gegebenen Namen die *natura* der benannten *species* abbildeten und in diesem Sinne nicht Eigennamen (nomina propria), sondern vielmehr Gattungsnamen (nomina communis) gewesen sind. L. Kaczmarek (in Gessinger/Rahden 1989, 1, 77) bemerkt, dass jedoch der Übergang zwischen *nomen proprium* und *nomen communis* bei Dionysius fließend gesehen wird. Dies dürfte aber keinesfalls verwundern, folgt hier Dionysius einfach der Grundvorstellung des mythologischen Bewusstseins, das keine festen Grenzen zwischen Eigennamen und Gattungsnamen kennt.

Der russische Theologe und Philosoph Sergej Bulgakow schreibt: „Es besteht kein Zweifel daran, dass diese Namengebung keine willkürliche Erfindung von Spitznamen gewesen ist: Der Name ist ein Ausdruck des Wesens, das vom Menschen erkannt wird“ (Bulgakow 1917/1994, 249). Dabei geht Bulgakow wohl zu Recht davon aus, dass der Mensch, der der Welt der Lebewesen angehörte, Ideen und Namen aller Lebewesen in sich selbst finden konnte und musste, um dadurch sich selbst als lebendigen Mittelpunkt der Tierwelt zu erkennen (ibid., 270). Die Welterkenntnis durch Sprache ist also von vornherein zugleich die Selbsterkenntnis des Menschen.

Jürgen Trabant 2003, 16 betont, Adams Kreativität sei hierbei deutlich eingeschränkt, da er zwar als „gottes-ebenbildlich“, jedoch nicht als „gott-gleich“ handelt: Er kann nämlich das Geschaffene lediglich post festum benennen. Seine eigentliche Eigenständigkeit zeigt sich erst im Kommunizieren mittels der Sprache: In diesem Bereich handelt er schon unabhängig von Gott, diese Handlung führt ihn aber zugleich zum Sündenfall (ibid., S. 17 ff.).

Die Namengebung durch Adam hat aber eine offenkundige „Lücke“ aufgedeckt, der sich dieser sofort bewusst war:

2, 20: Und der Mensch gab einem jeden Vieh und Vogel [...] seinen Namen; aber für den Menschen ward keine Gehilfin gefunden, die um ihn wäre.

Dionysius der Karthäuser betont, Adam musste, um die *natura* der *species* richtig zu erkennen, sie jeweils paarweise (nach Geschlecht) benennen (vgl. L. Kaczmarek in Gessinger/Rahden 1989, 1, 77).

Das Fehlen des dem Adam ebenbürtigen weiblichen Geschöpfes konnte im Ergebnis der Namengebung von ihm festgestellt werden, was zusätzlich die essentielle Bedeutung der Namengebung für die Welt- und Selbsterkenntnis durch den Menschen unterstreicht. Im Weiteren wird das Sinnbild der Anthropogenese folgendermaßen ausgebaut:

> 2, 21-23: Da ließ Gott der Herr einen tiefen Schlaf fallen auf den Menschen, und er schlief ein. Und Er nahm eine seiner Rippen und schloss die Stelle mit Fleisch. Und Gott der Herr baute ein Weib aus der Rippe, die Er von dem Menschen nahm, und brachte sie zu ihm. Da *sprach* der Mensch: Das ist doch Bein von meinem Bein und Fleisch von meinem Fleisch; man wird sie Mannin *nennen*, weil sie vom Manne genommen ist.

Die *richtige* Namengebung erfolgt nun auf einer höheren Stufe. Es ist übrigens der ersterwähnte Fall einer Wortbildung durch Ableitung: althebr. *ʹiššš-â* „Frau" wird von *îš* „Mann" abgeleitet und bedeutet soviel wie „die zum Mann Gehörende" bzw. „die vom Mann Stammende", aber zugleich wohl auch in dem angeführten Kontext „die dem Mann Ebenbürtige" (in seiner Übersetzung versucht Luther diese Derivation wiederzugeben). Es ist zu beachten, dass die Frau nach dem Sündenfall von dem Mann einen anderen Namen – Eva \`Leben\` – bekommt:

> 3,20: Und Adam *nannte* sein Weib Eva; denn sie wurde die Mutter aller, die da leben.

Der erste wie der zweite Name werden bei deren Ersterwähnung sofort „erklärt" („weil sie vom Manne genommen ist" bzw. „denn sie wurde die Mutter aller, die da leben"). Diese Besonderheit, den Namen unmittelbar mit Wesen und Schicksal des Genannten zu verbinden, ist ein unveräußerliches Charakteristikum nicht nur der Bibel, sondern auch des heidnischen Epos, der Heldendichtung, der Zaubersprüche und der ältesten sprachlichen Quellen aller Völker überhaupt (vgl. u. a. Jakobson 1985). Ausführlicher wird dieses Problem aber erst später erörtert.

Es ist nun zu fragen, inwiefern die biblische Genesis das Wesen der Sprache erklären und die Zuordnung der Sprachwissenschaft begründen kann. Die einzige wissenschaftlich haltbare Stütze ist hier die Möglichkeit der Interpretation der in der Genesis vorhandenen Symbole und der Aufbau auf dieser Grundlage einer *Conjectural history*, die notwendigerweise einen Gegenentwurf zu der *Conjectural history* mit evolutionsbiologischem Ansatz bilden würde.

Denkt man an Humboldts Idee einer stufenweisen Aufhebung der Subjektivität (Individuum – Volk – alte und neue Generationen des Volkes – Menschheit im Ganzen) in der Sprache und den Sprachen, haben wir einen idealen Ausgangspunkt, d. h. die Situation, in der es noch keinen Unterschied zwischen Individuum, Volk und Menschheit gibt, d. h. es gibt einerseits *nur* das einzige Individuum, das aber andererseits die zukünftigen Züge des Volkes und der Menschheit vereinigt. Der erste Mensch hatte keinen Zwang, die Sprache aus kommunikativem Bedürfnis zu erschaffen, seine ersten sprachlichen Handlungen waren daher logischerweise lediglich auf Erkenntnis und vielleicht auch Wertung gerichtet. Er befand sich in dieser Hinsicht in der Lage des oben erwähnten Kindes, das den Gegenständen der Außenwelt Namen geben muss, dabei aber keinen Erwachsenen hat, der ihm dabei helfen könnte. Seine Subjektivität war unvermittelt und ungelindert, sie unterschied sich aber auch nicht von der Objektivität, d. h. zwischen ihm und der Außenwelt gab es keine „muttersprachliche Zwischenwelt“ im Sinne Weisgerbers. Die Namen, die er den Außenobjekten gab, waren geistige Bilder dieser Objekte, welche deren Wesen genau wiedergaben. Es konnte daher auch keinen Unterschied zwischen der ontologischen was-ist-das-Frage und der funktionalen wie-heißt-das-Frage geben, denn DAS ist so wie es heißt, und es heißt so wie es ist.

Adam steht nun als symbolhafter Archetyp für die ungeteilte Menschheit. Die eigentlich *linguistische* Frage ist hier die nach einem gemeinsamen Ursprung aller menschlichen Sprachen, die die Nostratik aufzulösen versucht. Nostratische Fragestellungen sind m. E. äußerst wichtig, ihre Aussagekraft trägt jedoch eher ontologischen als konkret-rekonstruktiven Charakter. In der Dimension der Sprachgenesis ist es nur eine weitere Verallgemeinerung dessen, was seit Franz Bopp und Rasmus Rask bezüglich indogermanischer Sprachen und dann auch bezüglich der Ursprachen und Sprachfamilien bekannt ist. Nostratik ist nach den Ergebnissen der historisch-vergleichenden Sprachwissenschaft eine Stufe, die sich aus einfacher Logik ergibt. Konkrete Beobachtungen der Nostratik bezüglich einer Verwandschaft z. B. vom Baskischen und den Sprachen der kartwelischen Familie o. ä. sind nur eine Auffüllung dieser logischen Annahme mit empirischem Material. Die rekonstruierbaren Ur- und Protosprachen – Protoindogermanisch, Protosemitisch, Prototurkisch usw. – können einfach auf ihrer Ebene als Phänomene betrachtet werden, die ihrerseits auf eine gemeinsame Proto-Proto-Sprache zurückgehen. Freilich ist in diesem Fall die Rekonstruktion viel komplizierter und problematischer als bei Indogermania u. dgl., aber ihre prinzipielle Möglichkeit liegt auf der Hand. Erstens sind dafür Indizien gegeben, die aus nostratischen Rekonstruktionsversuchen unmittelbar folgen. Zweitens kann man sich wohl kaum vorstellen, dass die heute rekonstruierbaren Protosprachen ihrerseits unabhängig voneinander als Linguae primae entstanden sind. Jedenfalls ist diese Annahme zumindest genauso, wenn nicht stärker, erklärungsbedürftig als die der Nostratik.

Aber selbst im Fall der Polygenese kann und muss nicht ausgeschlossen werden, dass in jeder der (unabhängig von einander entstandenen) Proto-Sprachen die Namengebung nach dem „adamitischen“ Symbolmuster erfolgte. In diesem Fall soll nur die Maßgabe gelten, dass „richtige“, das Wesen der Gegenstände enthaltende Namen von vornherein *verschieden* sein konnten und ebenfalls von vornherein die Besonderheit der Welt- und der Ich-Interpretation verschiedener Völker widerspiegelten. Dies würde bedeuten, dass das Humboldtsche Prinzip, nach dem die Sprachen verschiedene Weltansichten der Völker ausdrücken, bereits in der Ontogenese als Causa prima der Sprachschöpfung zu bewerten wäre. Im monogenetischen Modell verschiebt sich dieses Prinzip in die Phylogenese der Sprache. Aber in beiden Fällen hat es eine unbestrittene Gültigkeit. Daher wäre die These J. Trabants 2003, 21, Sprachvielfalt sei laut dem Urmythos „schlecht“ bzw. „Strafe und Verlust“, zu relativieren.

Was aber in der Nostratik in der Tat mehr als problematisch und kaum haltbar ist, ist der Versuch einer Rekonstruktion der ursprünglichen „adamitischen“ Sprache. Dies wäre mit einem hypothetischen Versuch der Historiker, Anthropologen oder Ethnographen zu vergleichen, auf Grund von bestimmten Indizien ihrer Wissenschaften die *Urmenschheit* oder das *Urvolk* zu rekonstruieren. Hier treten wir in die Sphäre ein, welche bisher nur durch mythologische Sinnbilder erschlossen worden ist. Nun steht die Wissenschaft aber vor einer Wahl. Sie kann diese Sphäre für un- bzw. vorwissenschaftlich erklären und dort anfangen, wo sie festen empirischen oder theoretischen Boden hat. In diesem Fall hat sie stets den Vorteil einer „strengen“ Beweisbarkeit und Überprüfbarkeit ihrer Schlussfolgerungen auf Kosten des Verzichts auf den Versuch, die inneren Gründe und ontologischen Zusammenhänge der jeweiligen Phänomene zu erschließen. Sie kann aber auch versuchen, diese Sphäre auf *ihre eigene* Art und Weise zu bearbeiten, d. h. durch material- bzw. korpusgestützte Interpretation und Verallgemeinerung vorhandener Angaben. Die Sprachwissenschaft ist hier in einer besonders günstigen Situation. Denn die Bibel, die Mythen, die Heldendichtung, die Zaubersprüche und andere älteste Texte, in denen es um Namengebung und Sprache im Allgemeinen geht, sind ihrerseits Texte, ergo Objekte sprachwissenschaftlicher Analyse. Wenn nun in der modernen Sprachwissenschaft erneut Forderungen laut werden, die “´magische´ Kraft der Zeichen zu entlarven“ (vgl. Reischer 2002, 39), kann dies zweierlei bedeuten. Eine `Entlarvung` kann die Ursprünge und Mechanismen der Nomination aufdecken. In diesem Fall wäre ihre Aufgabe produktiv gelöst. Sie kann aber auch das Problem selbst wegdiskutieren durch die Feststellung, das Zeichen und die Sprache im Ganzen seien *grundsätzlich* arbiträr und konventionell und bedürften einer „Entmythologisierung“ im Sinne eines *Verzichts* auf derartige Fragestellungen – wie dies Reischer gerade vorschlägt. In diesem Fall würden sich Sprachwissenschaftler über den Themenkreis hinwegsetzen, der meines Erachtens das Herz der Sprachwissenschaft ist. Gessinger/ Rahden 1989,1,1 f. beschreiben das Verhältnis zwischen Mythos und Sprachwissenschaft sehr treffend:

> „Ohne Zweifel: vom Sprachursprung sprechen hieß zunächst, *innerhalb* des Mythos vom Ursprung zu denken [...]. Im Fortgang einer Geschichte, die Philosophie und Wissenschaften hervorbrachte, setzt jene Verschiebung der Perspektive ein, nicht mehr *den* Mythos zu denken, wohl aber *über* ihn zu reflektieren. Die Transformation vom Denken und Vordenken des Mythos zum Nachdenken über ihn war erkauft um den Preis, die Einheit des mythischen Denkens auseinanderzureißen [...]. Der Mythos *erzählt* den Sprachursprung als Geschichte (z. B. in der *Genesis*); die Philosophie versucht ihn einzuholen; einzelne Wissenschaften mit ihren unterschiedlichen Methoden bemühen sich bisweilen, die Lösung der empirischen Seiten des Problems in Angriff zu nehmen ...“.

Heute scheint es an der Zeit zu sein, eine Synthese mythologischen, philosophischen und sprachwissenschaftlichen Herangehens zu wagen, zumindest insofern, als sie im Stande wäre, die auseinander gerissene Einheit des mythischen Denkens auf einer neuen Ebene wieder herzustellen.

Zurück zum biblischen Adam. Seine Nachkommen verwenden die Sprache nicht nur als Mittel der Erkenntnis und Selbsterkenntnis, sondern auch als Kommunikationsmittel. Dies führt natürlich u. a. Intentionalität und Pragmatik herbei, welche zu der immer stärkeren Instrumentalisierung der Sprache beitragen. Die Sprache wird zunehmend sozialisiert und als Verständigungsmittel verwendet. Diesen Übergang schildert J. Trabant 2003, 18ff. sehr ausführlich. Die Verwendung der Sprache durch den Menschen ändert sich mit der Erschaffung des *zweiten* Menschen, der Frau. Die Menschen erkennen dadurch die Möglichkeit, mittels der Sprache miteinander zu kommunizieren. Hat Adam zunächst seine Sprachfähigkeit nur dazu benutzt, Namen zu geben und somit die Welt zu erkennen, d.h. hat er zunächst die Sprache rein kognitiv und axiologisch verwendet, erweitert er nun seine Sprachfähigkeit um Kommunikation. Darin sieht Trabant einen grundsätzlichen Unterschied von der ursprünglichen Situation. Als Kommunikationsmittel verwendet der Mensch seine Sprache nicht so wie sie Gott bei Namengebung für *Sonne* etc. einsetzte, sondern eigenständig und weitgehend unabhängig von Gott. Es geht ihm nicht mehr um Erkenntnis und Orientierung in der Welt, sondern um Persuasion und Beeinflussung, also um Sprechhandeln. Es ist kein Wunder, dass auf den Menschen ausgerechnet hier die Gefahr lauert, die Sprache zu missbrauchen, was auch am Sinnbild des Sündenfalls gezeigt wird: Die erste sprachliche Kommunikation führt zum Bruch des Gebots Gottes, nicht die Früchte vom Baume der Erkenntnis zu essen, und im Endergebnis zur Austreibung der Menschen aus dem Paradies:

> „Die Namengebung Adams war nur eine Verdoppelung der Schöpfung Gottes, ein Nachhall der Kreation. Das Sprechen der Schlange und Evas dagegen schafft Adams Tat („er aß“) und das aus ihr resultierende Wissen…“ (Trabant 2003, 19).

In der Bibel wird also die Sprache unverkennbar primär als Kognitionsmittel und erst sekundär als Kommunikationsmittel gedeutet.

Dabei erkennt J. Trabant 2003, 18 m. E. zu Recht an, dass diese Abfolge vielmehr der „narrativen Position der Geschichte“ zu verdanken ist als dem ontologischen Wesen der Sprache, da durch die Schaffung eines anderen Menschen die Bibel andeutet, „dass Sprache auch im Hinblick auf den Anderen, also auch im Hinblick auf *Kommunikation* [Hervorhebung J. Trabants] geschaffen wird“ (ibid.).

Das zweite Symbol, in dem die Sprache in dieser Funktion auftritt, ist der *Turmbau zu Babel* (Gen. 1,11):

> 11,1-5: Es hatte aber alle Welt *einerlei Zunge und Sprache* [...]. Und sie *sprachen* untereinander: Wohlauf, lasst uns Ziegel streichen und brennen! – und nahmen Ziegel als Stein und Erdharz als Mörtel und *sprachen*: Wohlauf, lasst uns eine Stadt und einen Turm bauen, dessen Spitze bis an den Himmel reiche, damit wir uns einen Namen machen; denn wir werden sonst zerstreut in alle Länder.

Es ist eine mustergültige Darstellung der kommunikativen Funktion der Sprache, und zwar als Mittel der Verständigung zwischen den Menschen im Prozess der Arbeit. Es ist interessant, dass die Menschen den Stadt- und Turmbau als eine Absicherung gegen eine Zerstreuung betrachten. Im Weiteren wird aber gezeigt, wie dieser Plan der Menschheit zum Verhängnis wird, indem das, wovor sie sich fürchtete, gerade wegen ihrer Bauabsichten in der Tat passiert.

> 11,5-9: Da fuhr der Herr hernieder, dass Er sähe die Stadt und den Turm, die die Menschenkinder bauten. Und der Herr *sprach*: Siehe, es ist *einerlei Volk und einerlei Sprache* unter ihnen allen, und das ist der Anfang ihres Tuns; nun wird ihnen nichts mehr verwehrt werden können von allem, was sie sich vorgenommen haben zu tun. Wohlauf, lasst uns herniederfahren und dort ihre *Sprache verwirren*, dass *keiner des andern Sprache verstehe*! So zerstreute sie der Herr von dort in alle Länder, dass sie aufhören mussten, die Stadt zu bauen. Daher heißt ihr Name Babel, weil der Herr daselbst *verwirrt hat aller Länder Sprache* und sie von dort zerstreut hat in alle Länder.

Beim monogenetischen Modell des Ursprungs der Sprache ist die Frage nach dem Grund für die Aufspaltung der Primärsprache unentbehrlich. Die Menschen, die eine gemeinsame Sprache sprechen, können natürlich nicht umhin, sie zu Gemeinschaftszwecken zu verwenden. Der Bau einer Stadt als gemeinsames Unterfangen, welches einer ständigen Kommunikation der Gemeinschaftsmitglieder bedarf, ist hier ein unübertreffliches Symbol. Das Streben der Mitglieder einer Kommunikationsgemeinschaft nach Kompaktheit findet im zweiten Symbol, dem des Turmbaus, Ausdruck. Dort, wo die „Stadt" bei hoher Bevölkerungsdichte nicht mehr ausreicht, um alle Mitglieder der Kommunikationsgemeinschaft auf einem relativ überschaubaren Territorium unterzubringen und dadurch die gewünschte Identität, der die gemeinsame Sprache zu Grunde liegt, zu bewahren, wird „nach oben" gebaut. Aber die „vertikale" Entfernung zwischen den Turmetagen erweist sich als viel gefährlicher für diese Identität als die „horizontale". Die Gründe dafür sind für die Linguistik nicht so wichtig wie die Folgen. Rein „praktisch" kann man einfach feststellen, dass das Bevölkerungswachstum dazu geführt hat, dass die ursprüngliche Gemeinschaftssprache durch zentrifugale Prozesse in Mundarten und dann in Einzelsprachen gespalten ist.

Zum polygenetischen Modell gibt es dabei wiederum keinen unüberwindbaren Widerspruch, es genügt nur das monogenetische Modell als Muster auf die rekonstruierbaren Ursprachen – mit vergleichbaren Folgen – zu übertragen. Die Präferenz der Monogenese ist bei dieser Prämisse dennoch nicht zu bestreiten. Es ist übrigens mehr als symptomatisch, dass W. von Humboldt, der einer der konsequentesten Verfechter der sprachlichen Eigenart verschiedener Völker gewesen ist, recht vehement gegen Fr. Schlegels Polygenese-Imperativ einwendet, es gäbe „keinen nötigenden Grund, die hypothetische Annahme eines allgemeinen Zusammenhangs aller [Sprachen – M. K.] zu verwerfen" (Humboldt, IV, 5, zitiert nach J. Trabant in Gessinger/Rahden 1989, 1, 512). Vgl. diese Ausführungen mit der Interpretation des Babel-Mythos („Verschiedenheit als Strafe") von J. Trabant 2003, 20 ff.

Nun sind aber bei kommunikationsstörenden Sprachunterschieden keine vernünftigen Gemeinschaftsunternehmen wie der Turmbau zu Babel oder ähnliche möglich. Es bilden sich aber kleinere, dafür kompaktere, Kommunikationsgemeinschaften heraus, die sich später wiederum aufspalten und neuen Dialekten und Sprachen den Weg ebnen. Innerhalb dieser Gemeinschaften enstehen dann weitere Projekte, die jetzt verständlicherweise bescheidener sind als der Turmbau zu Babel, für deren erfolgreichen Abschluss aber nach wie vor eine gemeinsame Sprache die notwendige und oft auch hinreichende Bedingung ist. Es ist also ein typisches Spaltungsmodell mit Kettenreaktionseffekt. Freilich gibt es neben Differenzierungs- Integrationsprozesse durch Sprachkontakte und Wechselwirkung von Mundarten und Einzelsprachen. Die Summe, oder besser gesagt die Legierung dieser Prozesse ist das, was man *Sprachgeschichte* nennt.

An dieser Stelle darf man natürlich nicht umhin, das letzte biblische Sprachgleichnis zu erwähnen, nämlich die „Pfingstversöhnung", die J. Trabant 2003, 21 f. mit Recht als „Aufhebung des Fluches von Babel" bezeichnet. Dies geschieht aber nicht – wie man hätte erwarten können – durch Wiederherstellung der einheitlichen *lingua adamica*, sondern auf dem Wege der „Einheit in der Verschiedenheit" (ibid., S. 22). Trabant führt ferner aus: „Der pfingstliche Weg bejaht also die Verschiedenheit, aber er zeigt auch – und das ist wichtig –, daß diese Verschiedenheit auf einer fundamentalen *Einheit des Geistes* [Hervorhebung von J. Trabant] aufruht".

Die unmittelbare Folge der erwähnten Sprachspaltung ist der Verfremdungseffekt, den man bei einer Gemeinschaftssprache nicht beobachten kann. Die Fragen *Was ist das*? und *Wie heißt das*?, d. h. die ontologische und die funktionale Fragestellung bei der Nomination, werden getrennt. Die Verschiedenheit der menschlichen Sprachen wird in zunehmend stärkerem Maße zum Hauptfaktor der Geistesgeschichte der Völker. Die Weltansicht bzw. das Weltbild des Volkes wird immer fester an sein Sprachbild gebunden, das mit den Sprachbildern anderer Völker interagiert. Das Schema des sprachbezogenen Denkens sieht nunmehr nicht absolut (*das ist so und heißt deshalb auch so*), sondern relativ aus, dabei aber nicht symmetrisch-relativ (*in meiner Sprache heißt es so und in einer anderen anders*), sondern asymmetrisch-relativ (*es ist so [wie es in meiner Sprache heißt], aber in einer anderen Sprache heißt es anders*). Bei symmetrisch-relativer Sprachansicht wäre die ontologische Fragestellung zu den Objekten undenkbar, bei asymmetrisch-relativer ist sie zwar möglich, aber deutlich subjektiv, da durch die jeweilige Muttersprache vermittelt. Dabei ist die vulgär-materialistische Betrachtungsweise, nach der *subjektiv* gleich *falsch* und *objektiv* gleich *richtig* ist, abwegig. Vielmehr scheint die Auffassung Humboldts zu stimmen, dass die durch Völker, Generationen und letztendlich die gesamte Menschheit vermittelte Subjektivität des Weltbildes sein eigentliches Forschungsobjekt ausmacht.

Nun ist jede Subjektivität ipso facto ein Phänomen des Bewusstseins und somit des Geistes. Da die sprachliche Subjektivität weitgehend mit der Subjektivität der jeweiligen Sprachgemeinschaft deckungsgleich ist, ja letztere direkt von erster ableitbar ist, ist die Sprache zu den Phänomenen des kollektiven Bewusstseins der jeweiligen Sprachgemeinschaft zu zählen. Sie ist daher eine *Geisteswissenschaft* und muss mit den in den Geisteswissenschaften üblichen Methoden und Mitteln betrieben werden.

1.3 Die Sprache als Kanon

Die seit de Saussure 1916/1967, 93 ff. geltende Dichotomie von Synchronie (statische Linguistik) und Diachronie (evolutionäre Linguistik) zieht eine strenge Grenzlinie zwischen dem zeitlichen Quer- und dem zeitlichen Längsschnitt im Sprachsystem.

Einerseits kann die Sprache in ihrer Entwicklung durch Vergleich von zwei oder mehreren Sprachzuständen in verschiedenen historischen Etappen untersucht werden, wobei die Veränderungen in den jeweiligen Sprachebenen (Phonologie, Morphologie, Syntax, Wortschatz usw.) im Mittelpunkt stehen. Das ist die dynamisch-diachrone Betrachtungsweise. Andererseits kann die Sprache in einer bestimmten Etappe ihrer Entwicklung als zeitlos bzw. zeitlich fixiert behandelt werden. Der Zeitfaktor wird bewusst ausgeschlossen, und das Sprachsystem wird als eine Art „Fotoaufnahme" oder – um den Saussureschen Vergleich zu benutzen – eine Situation auf dem Schachbrett – betrachtet. Dann spricht man von dem statisch-synchronen Herangehen.

A.Cholodowič 1977, 25 hat mit Recht darauf hingewiesen, dass Phänomene wie Schachspiel (und erst recht wie Sprache) nie rein synchron behandelt werden können. Wenn ein fremder Beobachter sich die Lage auf dem Schachbrett anschaut, so ist es für ihn laut de Saussure 1916/1967, 104 f. egal, wie es zu dieser Situation gekommen ist. Das mag stimmen, aber die diachronen Fragen sind nie so direkt wie in seinem Beispiel angenommen wird. So ist z. B. die – unentbehrliche! – Frage „Wer ist am Zug?" ausgesprochen diachron. Weitere diachrone Fragen wären z. B. nach der Rochade u. dgl. m.

Bleiben wir bei dem Fotoaufnahme-Vergleich. Man kann sagen, dass sich die Sprache, die rein synchron behandelt wird, von der *realen* Sprache, die sich in ständiger Entwicklung befindet, so unterscheidet, wie der konkrete lebendige Mensch von seinem Foto. Liegt zwischen dem Moment der Betrachtung des Fotos ein längerer Zeitabschnitt, kann die Person auf dem Foto u. U. nicht wieder erkannt werden. Ist der Zeitabstand relativ kurz, ist das Wiedererkennen kein Problem. Allerdings gibt es auch in diesem Fall keine völlige Identität von Aufnahme und Objekt, die für eine hypothetische Analyse ausreichend wäre. Es wird lediglich an „äußeren Zügen" erkannt, sein inneres Leben bleibt aber dem Betrachter fremd. Die Humboldtsche Organismus-Idee war eine gewisse Vorwegnahme späterer Dichotomisierungen der Sprache durch Positivismus und Strukturalismus. Freilich kann ich auch einen Menschen „synchron" betrachten. Stellen wir uns nun aber einen Arzt vor, der seine Patienten ohne Einsicht in die Anamnese behandeln will! Oder einen Ethnologen, der ein Volk rein „synchron" beschreibt.

Man kann ohne Übertreibung sagen, dass Phänomene wie Sprache – so wie alle Phänomene, die zur geistigen Sphäre gehören – ipso facto *historischer* Natur sind, schon weil sie ständig im Werden, also *in statu movendi*, sind, ja dieses Werden selbst darstellen. Man wird sich wohl kaum einen synchronen Gedankengang, synchrone Gefühle und Emotionen vorstellen können. Die Spezifik der Sprache besteht aber darin, dass ihre ständige Entwicklung nicht unmittelbar beobachtet werden kann.

> Wohl darum kommt z. B. R. Lass 1997, 9 zu der – sehr überzeugenden – Ansicht: „I suggest, somewhat perversely perhaps, but for the sake of the clarity, that extreme positions can induce, that synchronic structure in the conventional sense may be less „interesting" than the central dogma of contemporary linguistic theory suggests it may be".

Das liegt daran, dass die Sprache ihrer Natur nach einen *Kanon* darstellt. Unter Kanon wird hier die Sammlung von bestimmten „Regeln" im weiteren Sinn dieses Wortes verstanden, die sich historisch etablieren, dabei aber als weitgehend unveränderlich gelten. Dies ist ein Paradoxon jedes Kanons: Er entsteht durch Veränderung, gilt aber als stabil und unantastbar. Dieses vermeintliche Rätsel des Kanons wird dadurch aufgelöst, dass die Regeln seiner Entstehung und seiner Existenz zugleich Regeln seiner Veränderung einschließen. Unter den „Regeln" werden dabei sowohl konventionelle Regeln verstanden, die z. B. dann gelten, wenn ein Kanon von den Menschen zu bestimmten Zwecken bewusst zusammengestellt wird, als auch usuelle bzw. habituelle Regeln, die sich im Falle eines natürlich entstandenen Ritus ausbilden. Der Vorteil des Kanon-Begriffs liegt gerade nicht zuletzt darin, dass man mit dessen Hilfe den sonst nahezu unüberwindbaren Unterschied zwischen Naturerscheinungen und Artefakten weitgehend aufheben kann.

H. Frei 1929, 24 unterscheidet zwischen grammatischen Regeln und linguistischen Gesetzen. Erstere sind für ihn „konventionell“ (*thesei on*), letztere „natürlich“ (*physei on*). E.Coseriu 1958/1974 unterscheidet zwischen System, Usus und Norm. R.Keller 2003, 62 ff. stellt die Frage nach der Zuordnung der Sprache zu den Naturerscheinungen oder Artefakten. Für ihn ist Sprache weder das Eine noch das Andere, sondern ein Phänomen dritter Art, d. h. etwas, was zwar Ergebnis menschlichen Handelns ist, aber ohne Vorwegnahme dieses Ergebnisses durch die Menschen entsteht und sich entwickelt.

In der Sprache haben wir mit allen Arten des Kanons zu rechnen. Sprachveränderungen, die wir heute nur als „natürlich“ betrachten können, verlaufen ebenso kanonisch wie ritualisierte Veränderungen im Usus oder kodifizierte Veränderungen in der Sprachnorm.

Die althochdeutsche Konsonantenverschiebung betrifft die germanischen Geräuschlaute *b, d, g* und *p, t, k*. Die Verschiebung erfolgt nach einem strengen Kanon, dessen Regel darin besteht, dass 1) die Artikulationsstelle erhalten bleibt und 2) nur ein einziges phonologisches Merkmal verändert wird, während alle sonstigen erhalten bleiben. Bei den Mediae *b, d* und *g* wird das Merkmal der Stimmhaftigkeit zurück gestellt, wodurch die Tenues *p, t* und *k* entstehen. Die (alten) Tenues *p, t* und *k* tauschen das Merkmal *explosiv* gegen *frikativ* bzw. *affrikativ* aus, dabei bleiben sie stimmlos und behalten jeweils die Artikulationsstelle bei. Dass die Verschiebung in verschiedenen hochdeutschen Mundarten unterschiedlich stark ausgeprägt ist, tangiert nicht im Geringsten die strenge Einhaltung der genannten Grundregel bei konkreten Lauten. Diese Grundregel konnte freilich unmöglich von jemandem formuliert werden, nichtsdestotrotz ist sie ihrer Form (und auch ihrem Wesen) nach deutlich kanonisch.

Das kanonische Prinzip ist in der Sprache unentbehrlich, weil es die Verständigung zwischen den Mitgliedern einer Kommunikationsgemeinschaft gewährleistet. Die zweite wichtige Funktion des Sprachkanons ist die Weitergabe der Sprache an die nächsten Generationen. Für diese Arbeit ist aber wichtig zu betonen, dass ein Kanon, darunter der Sprachkanon, nicht eine Stabilität als Unveränderlichkeit, sondern eine Stabilität *in der Veränderung* voraussetzt. Der Sprachwandel ist daher nur als *kanonischer Wandel* zu verstehen, sonst könnte die Sprache als Phänomen der Geistesgeschichte einer Kommunikationsgemeinschaft nicht existieren. Der kanonische Wandel ist per definitionem eine Veränderung bzw. eine Kette von Veränderungen, bei der die sprachliche Einheit oder der sprachliche Zustand A zur sprachlichen Einheit oder dem sprachlichen Zustand B wird, wobei die wesentlichen Merkmale von A in B fortleben. Es ist kein kanonischer Wandel ohne Kontinuität und Stabilität denkbar.

Germ. *k verändert* sich in den althochdeutschen Mundarten zu *h* im Prozess der sog. zweiten, oder hochdeutschen, Lautverschiebung (got. *ik*, ags. *ek*, *ik* vs. ahd. *ih*) Es *bleibt* dabei a) ein Geräuschlaut, b) ein stimmloser Konsonant, c) ein velarer Konsonant.

Die Lautsequenz *ben* wird im modernen Deutsch in unbetonter Endposition zunehmend zu *m* abgeschwächt (*haben – [ha:m]*, *Abend – [a:mt]*. Dabei *bleibt* das so entstandene *m* a) bilabial (wie *b*) und b) nasal (wie *n*).

Die Maskulina und Feminina des germ. *i*-Stammes, die ursprünglich eine gemeinsame Deklinationsklasse unabhängig von der Genuszugehörigkeit bildeten (vgl. got. *gasts* m „Gast“ neben *mahts* f „Macht“) trennen sich in der Westgermania beim Übergang in die Deklinationsklassen des sog. starken resp. femininen Typs. Dabei *bleiben* (im Deutschen) ihre Pluralformen, die in Folge des *i*-Umlauts entstanden sind, ähnlich, vgl. *Gäste* neben *Mächte*.

Freilich ist die *Kontinuität im Wandel* nicht immer plausibel, es hängt aber nur damit zusammen, dass statt die Lage A mit der Lage B zu vergleichen die Sprachhistoriker und Sprachwandel-Forscher die Lage A mit der Lage C oder gar mit einer Lage F vergleichen, nach dem Motto: Im Althochdeutschen sah es so aus, und in der deutschen Gegenwartssprache haben wir nun folgendes Bild... Das Überspringen von mehreren Etappen der Sprachentwicklung führt nicht selten zu Ergebnissen, bei denen kein kanonischer Wandel auch nur annähernd nachgewisen werden kann. Dabei ist es bei bestimmten Entwicklungsphänomenen so, dass z. B. selbst das Althochdeutsche als ein geschlossener synchroner Querschnitt nicht hingenommen werden kann und weiterer interner Zäsuren bedarf, um die Kontinuität im Wandel feststellen zu können.

1.4 Sprachwandel: Substanz und Funktion

Bei der Behandlung des Sprachwandels wird nahezu in allen Arbeiten stillschweigend davon ausgegangen, dass es nur die „Sprachsubstanz“ (Phoneme, Akzentmuster, Wörter, Wortformen, Wortbedeutungen, Wortstellung im Satz u. dgl. m.) ist, die dem Wandel ausgesetzt ist, während die Sprachfunktion konstant bleibt. Als selbstverständlich gilt dabei die Vorstellung, dass die wichtigste Funktion der Sprache die kommunikative Funktion ist und schon immer gewesen war. Aus der kommunikativen Funktion, die dazu noch nicht selten ziemlich eng verstanden wird, wird sogar der Ursprung der Sprache so gut wie alternativlos abgeleitet. R. Keller ^{3}2003, 30 f. betont, dass, wenn wir wüssten, wozu wir die Sprache benutzen, wir auch wissen würden, warum sich unsere Sprache durch die Kommunikation verändert. Im Weiteren versucht er auf diese Frage zu antworten und polemisiert u. a. mit den Auffassungen, dass die Menschen ihre Sprache vor allem zur Verständigung und Kooperation nutzen. Nach seiner Auffassung handelt es sich vielmehr um Beeinflussung Anderer mittels der Sprache mit dem Ziel, weit verstandenen sozialen Erfolg zu erreichen. Unten werde ich noch die Gelegenheit haben, dazu etwas ausführlicher Stellung zu nehmen. An dieser Stelle möchte ich aber festhalten, dass die Frage „Wozu benutzen wir die Sprache?“ ausgesprochen ahistorisch gestellt wird, und das nicht nur bei Keller, sondern auch weitgehend bei den meisten Sprachwissenschaftlern, die sich mit Sprachfunktion und Sprachwandel befassen (vgl. u. v. a. Coseriu 1958/1974, Lass 1997, Ronneberger-Sibold 1980, 37 ff.). Es wird angenommen, dass die Sprache im Grunde schon immer mit dem Zweck der Kommunikation benutzt wurde, ja aus dem Kommunikationsbedürfnis entstanden ist. Dieses Herangehen an die Sprache macht sie von vornherein zu einem Kommunikationsinstrument. Die Instrumentalisierung der Sprache wird dabei nicht als historischer Prozess verstanden, sondern als ontologisches Prinzip. Die Sprachsubstanz verändert sich, die Sprachfunktion (als Kommunikationsmittel) bleibt dabei aber konstant.

E. Leiss 1998, 204 f. sieht die „instrumentelle Sprachauffassung“ zu Recht als das wichtigste Hindernis bei einer adäquaten Einordnung der Sprachgeschichte. Die Sprachgeschichte wird nämlich seit der Renaissance zunehmend als Instrument zum Ausdruck von Gedanken behandelt, und „Instrumente haben es an sich, dass uns ihre Geschichte nicht oder nur selten interessiert“ (Leiss, a. a. O., 205). Sehr treffend bezeichnet Leiss die moderne Sprachwandelforschung als Hilfsdisziplin der synchron orientierten Sprachtheorie und als funktional orientierte Diachronie (ibid.). Dabei betont sie mit vollem Recht, dass diese Sprachauffassung nicht immer als selbstverständlich galt, sondern im Laufe von Jahrhunderten entstanden ist, „in denen sich ein gigantischer Umdefinierungs- und Abwertungsprozess von Sprache ereignet hat“ (ibid., 207). Ebenso wichtig ist Leiss‘ Hinweis auf Aristoteles, der die Sprache als „Übersetzerin der Welt“ verstand, dank der die Welt für uns dekodierbar ist (ibid.). Leider endet die Rekapitulation von Leiss bei Aristoteles, bei dem trotz deutlichen kognitiven Akzents die künftige Instrumentalisierung der Sprache schon anklingt. Denn solange eine „Welt“ (selbst wenn sie einer Übersetzung für die Menschen durch Sprache bedarf) als etwas absolut Autonomes verstanden wird, gibt es genug Anlass zur Instrumentalisierung von allem, was sie interpretiert, gleichgültig, ob es sich um „Ausdruck“ oder „Eindruck“ der Gedanken (vgl. Leiss 1998, 207) durch Sprache handelt. Vielmehr sollte hier Plato mit seinem *Kratylos* (aber auch anderen Dialogen) zu Hilfe gezogen werden, der von *Ideen* als Primärphänomenen spricht. Bei dieser Auffassung bekommen wir eine erforderliche Kongenialität zwischen Ideen und Sprache als Phänomene des menschlichen Geistes und somit einen ontologisch haltbaren, dem instrumentellen Modell alternativen, Lösungsvorschlag für die Sprachzuordnung.

Im Weiteren versuche ich ein Gegenkonzept zur „kommunikationsdeterminierten“ Auffassung zu formulieren, laut welchem sich nicht nur die Substanz, sondern durchaus auch die Funktion der Sprache verändert. Dabei stehen beide Prozesse im engen Zusammenhang: Sprachwandel (als Veränderung der Sprachsubstanz) kann weitgehend durch Funktionswandel (als Veränderung der Sprachfunktion) erklärt werden.

Dass die Sprache von vornherein ein Instrument menschlicher Kommunikation gewesen ist und aus dem Kommunikationsbedürfnis entstanden ist, kann als eine von vielen Hypothesen angenommen werden. Mit absoluter Sicherheit lässt sich diese Auffassung nicht beweisen. Genauso könnte man z. B. annehmen, dass die Sprache aus reiner Anschauung der Welt durch den Menschen entstanden ist, weil der Mensch die Erscheinungen der Außen- und seiner Innenwelt unmöglich erkennen kann, ohne sie zu benennen. In diesem Fall wäre das Sprachvermögen auf einer „ontologischen

Ebene“ mit den fünf Sinnen des Menschen unterzubringen, und zwar als spezifisch menschliche Form der Welterkenntnis.

Sehr charakteristisch ist hier W. v. Humboldts Behandlung der Sprache als eines „intellektuellen Instinkts der Vernunft“ (nach J. Trabant in Gessinger/Rahden 1989, 1, 513; vgl. außerdem die Ausführungen in Trabant 1986; 1990). Eine Sprachdefinition, die vom instrumentellen Modell noch stärker entfernt wäre, kann wohl kaum gefunden werden.

Selbst im darwinistisch begründeten Modell der Sprachgenesis muss die Kommunikation nicht unbedingt als causa prima für Sprachentstehung betrachtet werden. Das Symbolisieren der Objekte mittels sprachlicher Zeichen wird von einigen Wissenschaftlern als Ergebnis der Evolution des Gehirns behandelt, deren Ursache die Produktion von Werkzeugen und deren Folge die Entstehung von sprachlich kodifizierten metaphorischen Symbolen der Dinge war (vgl. Mańczyk 2002, 2003, insbes. 11 ff.). Sogar die ästhetische Funktion der Sprache oder, nach Eco ^{8}1994, 145 f., ihre „ästhetische Botschaft“, darf als eine mögliche Primärursache ihrer Entstehung nicht gänzlich verworfen werden.

Einschlägig für die Untersuchung der Relationen zwischen sprachlicher Nomination und kognitiven Prozessen aus der Sicht des biologisch orientierten Modells der Sprachgrundlagen ist die umfangreiche Abhandlung von E. H. Lenneberg 1967, vgl. dort insbesondere die für hier behandelte Probleme wichtigen Ausführungen zu den biologischen Grundlagen der Herstellung von Beziehungen zwischen Wörtern und Dingen auf den Seiten 329-331 und 346 ff.

Wovon lassen sich nun die Anfechter der „kommunikativen Dominante” der Sprachgenesis leiten? Offensichtlich überwiegen in ihren Überlegungen vor allem Beobachtungen des Funktionierens der Sprache im heutigen Alltag. Wenn es heutzutage so ist, warum soll es eigentlich vor Jahrtausenden anders gewesen sein? Freilich werden die „älteren” Kommunikationsbedürfnisse und -bedingungen entsprechend historisch angepasst oder, genauer ausgedrückt, einfach rekonstruiert unter der Maßgabe, dass das Grundprinzip gleich bleibt. Wird davon ausgegangen, dass die Sprache heute vor allem der Verständigung zwischen den Menschen dient, wird ihre Entstehung etwa aus der Notwendigkeit für die Urmenschen abgeleitet, die gemeinsame Jagd erfolgreich zu organisieren (vgl. Osche 1987, insbes. 509). Sieht man in der heutigen Sprache vor allem das Mittel, Andere zu beeinflussen, um dadurch seine Ziele zu erreichen, führt man die Sprachentstehung auf das Bedürfnis einzelner Vertreter der Urgesellschaft zurück, schneller als ihre Mitaffenmenschen an die Beute zu kommen (vgl. Keller [3]2003, insbes. Abschn. 2.1-2.3 und 4.3). Ohne Zweifel kann schon die einfache Beobachtung der Sprachnutzung in der Werbung und den Medien schlechthin, insbesondere bei Winter-/Sommerschlussverkauf, unmittelbar vor Wahlen oder bei Einstellungsgesprächen, einen Linguisten inspirieren, Konzepte der Sprachentstehung wie das Kellersche zu entwickeln. In der Tat wird heute die Sprache zunehmend gerade als stärkstes Mittel der Beeinflussung bis hin zur offenen oder – was noch viel gefährlicher ist – versteckten Manipulation von Mitgliedern einer Kommunikationsgemeinschaft benutzt. Ohne Zweifel besitzt die Sprache dazu ein fast unbeschränktes Potential. Frage ist nur, ob diese Eigenschaft der Sprache an ihrer Wiege gestanden hat. Eine Funktion aus Ontologie und Ontogenese abzuleiten ist zwar ein riskantes, aber unter bestimmten Voraussetzungen akzeptables Unterfangen. Wenn man aber versucht, umgekehrt die Funktion als ontologischen Grund darzustellen, muss man mit Einwänden rechnen, welche u. U. das Gesamtkonzept in Frage stellen könnten – zum Konzept einer vermeintlichen funktionalen Kontinuität durch metaphorische Symbolisierungen vom altgermanischen Zauberspruch bis zur Werbung in illustrierten Zeitschriften, vgl. das einschlägige Werk von Nöth 1977.

Im Sprachwandelmodell von R. Keller [3]2003, 30 f. ist der Leser gerade mit dieser zweiten Art von Argumentation konfrontiert. Die logische Kette, die hier vorgeschlagen wird, sieht folgendermaßen aus: 1) Wenn wir wüssten, wozu wir die Sprache benutzen, würden wir wissen, warum sie sich verändert; 2) Wenn wir wüssten, warum sich unsere Sprache verändert, würden wir wissen, wozu wir sie benutzen; 3) Wenn uns die Funktionen unserer Kommunikation bekannt wären, würden wir etwas über die Logik der Sprachgenesis wissen. Keller bemerkt, dass der Satz (2) die Umkehrung des Satzes (1) ist und stellt fest, dass die Kenntnis der Funktionen eines Gegenstandes in engem Zusammenhang mit dem Wissen dessen steht, *warum* dieser Gegenstand existiert, daher seine Feststellung (3).

Im nächsten Abschnitt wird gezeigt, wie die entsprechende logische Kette aussieht, wenn man statt des instrumentalisierten Sprachwandel-Modells ein Modell entwickelt, dem die kognitiv-gnoseologische Hypothese des Sprachursprungs und -wandels zu Grunde gelegt wird.

Keller [3]2003, 31 gibt zu, dass sich die Funktionen von Gegenständen – sowohl Artefakten als auch Naturerscheinungen – im Laufe ihrer Entwicklung verändern können, was allerdings seines Erachtens zwar eine Warnung vor voreiligen Schlussfolgerungen ist, aber keinesfalls eine Insuffizienz des Zusammenhanges zwischen Funktionsanalyse und Genesistheorie bedeutet. Im Weiteren wird aber weder gezeigt, ob und inwieweit die genannte *Warnung vor voreiligen Schlussfolgerungen* ernst genommen werden muss noch wird bewiesen, warum der Fakt des Funktionswandels nicht ausreichend ist, um die Hypothese vom „engen Zusammenhang" zwischen (aktueller) Funktion und Genesis in Frage zu stellen. Dabei steht für mich außer Zweifel, dass gerade der Funktionswandel bzw. die – in der Regel mehrfache! – Veränderung der primären Nutzung eines Objekts Aussagen über seine Genesis bzw. seine ursprüngliche Bestimmung radikal erschwert, wenn nicht gar unmöglich macht, es sei denn, man wendet sich einer gewissenhaften und nach Möglichkeit lückenlosen historischen Rekonstruktion zu, um das Ursprüngliche an diesem Objekt zu erschließen.

An dieser Stelle möchte ich dem Zusammenhang zwischen Primärfunktion eines Phänomens und seiner aktuellen Nutzung etwas näher nachgehen, weil dieses Problem gerade bei der Behandlung der Sprachentwicklung m. E. zentral ist. Für *Naturerscheinungen* bzw. „natürliche" Objekte existiert der Begriff *Funktion* in zwei relativ unabhängigen Bereichen. Zum einen können wir von Funktion als von Natur gegebener *Bestimmung* sprechen (die sich im Prinzip auch verändern kann), z. B. die Funktion der Niere im menschlichen Organismus (vgl. Ullmann-Margalit 1978, 280), die Funktion der Chlorophylle bei Erzeugung von Sauerstoff, die lebenserhaltende Funktion der Sonne u. dgl. Zum anderen können bestimmte natürliche Objekte oder Naturerscheinungen von Menschen *instrumentalisiert* werden, dann erhalten sie eine Funktion, die ihnen der Mensch auf Grund ihrer Eigenschaften „verleiht". Diese Art von Funktion heißt im alltäglichen Sprachgebrauch *Nutzung*, so werde ich sie auch weiterhin bezeichnen. Ein Stein, der auf dem Weg liegt, ist freilich nicht dazu „bestimmt", eine Fensterscheibe einzuschlagen, kann jedoch bei Brand oder auch aus weniger triftigen Gründen dazu dienen. Wasser oder Wind können zur Stromerzeugung genutzt werden, Erdöl, Erdgas und Kohle sind am meisten verbreitete Energiequellen usw. Auch bestimmte Teile des menschlichen Organismus können genutzt werden. Die Funktion einer Niere ist schwer zu verändern, aber die Funktionen von Händen und Füßen können je nach konkreten Zielen oder je nach Laune ihres Inhabers variieren.

Bei *Artefakten* kann zwischen *Primärfunktion* und *artfremder Nutzung* unterschieden werden. Die Primärfunktion ist eine vom Objekterzeuger geplante Nutzung des entsprechenden Objekts. Hier ist die Instrumentalisierung bereits *vor* Entstehung des Gegenstandes vorhanden: Ein Messer wird von vornherein zum Schneiden bestimmt, ein Stuhl zum Sitzen, ein Buch zum Lesen, ein Auto zum Fahren usw. Der Hersteller strebt in der Regel danach, dass sein Erzeugnis Eigenschaften besitzt, die seine geplante Funktion möglichst perfekt und unter minimalem Aufwand an Zeit und Energie erfüllen lassen. So soll ein Messer scharf, Stiefel wasserdicht und ein Buch spannend bzw. informationsreich, belehrend usw. (je nach Inhalt) sein. Allerdings darf der Nutzer nicht über Qualitätsmängel dieser Objekte klagen, wenn er das Messer zum Flaschenöffnen, das Buch als Sitzgelegenheit oder das Auto als provisorische Wohnung, also artfremd, nutzt. Freilich gibt es polyfunktionale Artefakte, aber deren Funktionen werden ebenfalls bereits *vor* Fertigstellung des Objekts geplant. Manche Artefakte lassen sich relativ bequem und günstig artfremd verwenden, und diese Eigenschaft wird gern genutzt, wenn sich kein funktional „adäquates" Objekt in der Nähe findet. So kann eine Brücke bei Regen den Passanten eine relativ sichere Zuflucht geben, obgleich sie zu anderen Zwecken gebaut worden ist. Manchmal findet diese artfremde, aber häufige Nutzung entsprechende Widerspiegelung in der Sprache, vgl. die scherzhafte, aber eingebürgerte Bezeichnung *Magistrats(regen)-schirm* für größere U-Bahn-Brücken in Berlin und einigen anderen Städten Deutschlands. Die Nutzung natürlicher Objekte und die artfremde Nutzung von Artefakten unterscheiden sich in ihrem Wesen wohl kaum von einander: Man kann die Fensterscheibe mit einem Stein oder auch mit einem Stuhl einschlagen, und vor Regen kann man sich unter einer Brücke, aber auch unter einem Baum schützen. Der Unterschied liegt hier lediglich im „ontologisch-genetischen“ Bereich: Artfremd können nämlich nur Artefakte genutzt werden, während Naturerscheinungen keine „artgerechte“ und somit auch keine „artfremde“ Nutzung kennen. Der Grund dafür ist evident: Naturerscheinungen und -objekte haben ja keine „Primärfunktion“. Dieser Unterschied demonstriert recht anschaulich, dass die Funktion bei weitem nicht immer unmittelbar auf Ontologie und Genesis schließen lässt. Die Bezeichnung einer Eiche als ‚*Waldregenschirm*‘ würde von jedermann als scherzhaft und in jedem Fall als übertragen verstanden, wohingegen die Bezeichnung einer S-Bahn-Brücke als *Magistratsregenschirm* ein Fremder u. U. für bare Münze nehmen könnte, insbesondere wenn er aus der Ferne keine Schienen darauf sieht und die S-Bahn in dem Moment gerade ausbleibt. Die Funktionsgeltung unterschiedlicher Phänomene kann somit folgendermaßen schematisch dargestellt werden:

PHÄNOMENE			
NATURPHÄNOMENE		**ARTEFAKTE**	
HÜHNEREI		***BRÜCKE***	
Bestimmung	Nutzung	Primärfunktion	artfremde Nutzung
Fortpflanzung	***Lebensmittel***	***Verkehrsweg über einem natürlichen oder künstlichen Hindernis***	***Schutz vor Regen***

Die *Bestimmung* des Hühnereis und die *Primärfunktion* der Brücke können in der Tat für die Genesis des ersteren und für die Entstehungsgeschichte der letzteren aussagekräftig sein. Fehlschlagen wird jedoch der Versuch, von der Nutzung des Eis als Lebensmittel bzw. der Brücke als Regenschutz deren jeweilige Genesis bzw. Entstehungsgeschichte abzuleiten.

Nun ist Sprache weder Naturerscheinung noch Artefakt. Sie gehört zu Institutionen, die in der Literatur oft als Erscheinungen „dritter Art“ bezeichnet werden (vgl. von Hayek 1967; Keller [3]2003). Das sind vor allem soziale Institutionen, bei denen die Faustregel gilt, die von Hayek 1967 in Anlehnung an A. Ferguson

1767/1904, 187 folgendermaßen formuliert hat: *The Results of Human Action but not of Human Design.* Dazu gehören z. B. natürliche Zahlungsmittel, spontan entstehende Ghettos, aber auch natürliche Sprachen (vgl. Keller [3]2003, 87 ff.). Die Sprache entsteht nach Keller aus dem Bedürfnis des Individuums, sozialen Erfolg (im weitesten Sinn dieses Wortes) zu erreichen, und sie verändert sich ebenfalls unter der Wirkung dieser Intention. Daher sind für ihn alle Erklärungen abwegig, die die Sprache als Organismus, „selbständiges" System o. ä. behandeln, aber auch „intentionale" Modelle á la Coseriu 1958, die den Sprachursprung und Sprachwandel auf mehr oder minder „rational" verstandene Mechanismen gesellschaftlicher Bedürfnisse und sozialer Entwicklung zurück führen. Das Ziel, welches mit Sprachverwendung erreicht wird, besteht in der Erreichung des sozialen Erfolgs, und die Sprache erweist sich als das am besten geeignete Mittel bzw. Instrument, mit dem sich dieses Ziel erreichen lässt, da die Sprache am besten dazu geeignet ist, auf Andere einzuwirken und dadurch bestimmte Ziele zu erreichen (vgl.: Keller [3]2003, 95 ff.; 125 ff.).

Derartige funktionalistische Erklärungen antworten auf die Frage nach der *aktuellen Funktion* von Objekten, ihr Anspruch auf die *Erklärung der Genesis* durch aktuelle Funktion scheint aber mehr als erklärungsbedürftig. Selbst wenn wir annehmen, dass die Hauptfunktion der Sprache heutzutage intentionaler Natur ist (was übrigens ebenfalls nicht unbedingt stimmen muss), kann davon nicht mit hundertprozentiger Sicherheit abgeleitet werden, dass es schon immer so gewesen ist bzw. dass sogar Sprache auf diesem Weg entstanden ist. So wie das Prinzip *post hoc ergo propter hoc* logisch insuffizient ist, muss auch das Prinzip *nunc ergo semper* als insuffizient gelten.

R. Keller [3]2003, 114 ff.; 129 f. bringt die Wirkungskraft der Sprache in unmittelbaren Zusammenhang mit der Verwendung bestimmter *neuer* Sprachmittel (oder auch mit der Verwendung alter Entitäten in neuen Funktionen), an die die Mitglieder einer Sprachgemeinschaft zunächst noch nicht gewohnt sind. Dies hilft einem kühnen Sprecher, anderen Mitgliedern der Sprachgemeinschaft als nichttrivial, geistreich, witzig o. ä. aufzufallen. So kann er seine Ziele, die er durch sprachliche Kommunikation erreichen will, auf optimalem Weg umsetzen. Sein Erfolg inspiriert nun andere Sprecher, ihm nachzueifern, um vergleichbare soziale Erfolge durch

Sprache erzielen zu können. Da nun aber gerade das Neue und Ungewöhnliche am häufigsten auffällt, ist die Sprache einem ständigen Wandel ausgesetzt. Dabei muss aber beachtet werden, dass der Sprecher nur seine Ziele verfolgt und keinesfalls eine Sprachveränderung anstrebt. Letztere ist daher gerade ein Ergebnis zielgerichteter Handlungen, welche dieses Ergebnis nicht bezweckt haben. Derartige Ergebnisse entstehen nach dem Gesetz der „unsichtbaren Hand", welches für alle Erscheinungen „dritter Art" (weder Natur- noch Kulturphänomene) gilt, vorausgesetzt, dass es sich um nicht geplante (und nicht vorgesehene) Resultate zielgerichteter Handlungen von Individuen in großen Gemeinschaften handelt (vgl. Keller ^{3}2003, Abschn. 4.1-4.4). Die Sprache ist also weder *gegeben* noch *geschaffen*, sie *entsteht und entwickelt sich* im Zuge der intentional bedingten Handlungen von Individuen, die dadurch ihre sozialen Ziele erreichen.

Die intentional ausgerichtete Begründung der Sprachgenesis und des Sprachwandels scheint auf den ersten Blick die Rolle des sprechenden Individuums stark in den Vordergrund zu rücken und wirkt somit äußerlich ausgesprochen antidogmatisch und sehr pragmatisch. Da die Sprache nun endgültig vor allem als Kommunikationsinstrument behandelt wird, bleibt es nun, die eigentlichen Ziele der Kommunikation zu bestimmen. Das Phänomen Sprache hat hier logischerweise eine untergeordnete Funktion, und alle „organismusverdächtigen" Ideen werden einfach als abwegig wegdiskutiert. Ein Instrument, so kompliziert es auch sein kann, ist unter keinen Umständen einem noch so einfachen autonomen System gleichzusetzen. Von „eigener" Existenz der Sprache, wie sie im Konzept historisch-vergleichender Sprachwissenschaft formuliert und von Junggrammatikern weiter ausgebaut wurde, kann unter diesen Umständen keine Rede sein.

Die eindeutige Bindung der natürlichen Sprache an die Sprecher ist eine Selbstverständlichkeit, und ihre Missachtung oder Unterschätzung führt in der Tat zu einer unzulässigen Verabsolutierung und Autonomisierung des Sprachsystems, das in diesem Fall häufig als quasi lebender Organismus behandelt wird, der zwar von den Menschen benutzt wird, aber ein von ihnen relativ unabhängiges „Leben" führen kann, zu dem auch der Wandel gehört. Diese ontologische Aufwertung der Sprache wird von R. Keller zu Recht kritisiert. Andererseits steht eine enge Bindung der Sprache an ihre

Träger keinesfalls im notwendigen Zusammenhang mit ihrer simultanen Bindung an deren kommunikative Intentionen. Das Fehlen dieser strikten Bindung würde bedeuten, dass die (intentional verstandene) kommunikative Funktion der Sprache nicht mehr als Hauptursache ihres Entstehens zu behandeln wäre. Oder: die Funktion, welche heute die wichtigste zu sein scheint, hätte keine endgültige ontologische Erklärungskraft. Dass Derartiges im Prinzip möglich ist, habe ich oben am Beispiel der Nutzung von Naturphänomenen bzw. der artfremden Nutzung von Artefakten gezeigt. Und ich sehe keine schwerwiegenden Gründe, welche diese prinzipielle Möglichkeit für Erscheinungen „dritter Art" wie die Sprache nicht zulassen sollten. Mit anderen Worten gehe ich davon aus, dass Sprachwandel nicht unbedingt als Wandel der *Materie* bei *konstanter Funktion* verstanden werden muss, sondern dass es vielmehr zugleich als *Funktionswandel* des Systems behandelt werden darf. Bei dem Sprachwandel ist also nicht nur das Sprachsystem prinzipiell wandelfähig, sondern auch die Funktionen dieses Systems bzw. die hierarchische Konstellation dieser Funktionen.

Bei dieser Fragestellung gewinnt nun das Problem der *Primärfunktion* der Sprache an Bedeutung. Aus dieser können und müssen in der Tat die Onto- wie Phylogenese der Sprache und der Sprachursprung direkt abgeleitet werden. Die Erkenntnis, dass die Primärfunktion der Sprache *nicht unbedingt* ihrer heutigen Hauptfunktion isomorph sein muss, ist ein sehr wichtiger erster Schritt beim Aufbau einer „guten" Sprachwandel-Theorie. Was lässt nun aber direkte kommunikative Intentionen primitiver Art, u. a. solche, die von R. Keller [3]2003, 37 ff. (Abschnitt 2.1) in seiner bekannten *Karlheinz*-Geschichte beschrieben hat, als direkten Anstoß zur Sprachentstehung in Zweifel ziehen?

> Es wird ein Märchen erzählt, dessen Hauptheld ein Affenmensch namens Karlheinz ist. Er ist der schwächste und faulste in einer Hominiden-Horde und schafft es daher fast nie, an seinen Teil der Beute zu kommen. Einmal hat er gemerkt, dass ein aus Versehen hervorgebrachtes Angstgeschrei bei den Mitgliedern seiner Horde dieselbe Reaktion auslöst wie ein Geschrei bei realer Gefahr: alle laufen davon. Da er dadurch schneller als die anderen an die Beute kommen konnte, wiederholt er diesen Trick auch beim nächsten Mal. Diese bewusste Täuschung fliegt irgendwann auf, und der Sippenanführer nutzt dasselbe Geschrei später aus, um seinen Mitaffenmenschen zu signalisieren, dass sie sich von der Beute fern halten sollen. Es ist keine bewusste Täu-

schung mehr, sondern vielmehr eine bewusste Ausnutzung des einstigen Angstgeschreis zum konkreten Zweck einer Einflussnahme auf die Gemeinschaft. Unter der Maßgabe, dass die Mitglieder dieser Gemeinschaft ihrerseits dieses Zeichen in demselben Sinn verstehen wie der Hordeanführer, nämlich als Aufforderung, die Stelle zu verlassen, und nicht mehr als Angstgeschrei oder als seine Vortäuschung, kann man nach Keller ³2003, 49 ff. von der Entstehung des ersten sprachlichen Zeichens reden.

Aus der Epoche der Urschöpfung der Sprache können wir verständlicherweise keine auch annähernd erleuchtenden Hinweise zu den Gründen der Sprachentstehung schöpfen. Das einzige, worüber wir hier verfügen, ist die Version der Bibel, die sich folgendermaßen summieren lässt: Das Wort (Λόγος) war im Anfang der Welt, es ist göttlichen Ursprungs, und es gibt keinen ontologischen Unterschied zwischen Λόγος und (göttlicher) Gestalt (Joh. 1, 1 – 14). Der Λόγος wird (neben dem κόσμος) dem Chaos (χάος) gegenüber gestellt und somit als schöpferische und ordnende Substanz aufgefasst. Die ersten Bezeichnungen wurden den Objekten unmittelbar von Gott gegeben (Gen. 1, 5-10), mit der Benennung weiterer Objekte wurde dann der Mensch (Adam) von Gott beauftragt (Gen. 2, 19-23) – ausführlich dazu vgl. den vorhergehenden Abschnitt 1.3. Es ging dabei freilich nicht um arbiträre Benennungen, sondern um eine ontologisch „entsprechende" (und somit die einzig mögliche) *Zuordnung* des Namens zu dem jeweiligen Objekt. Die ältesten Schriftdenkmäler aller uns bekannten Kulturen bieten eine *mythologisch* begründete Bedeutung des Wortes und der Sprache. Unter *Mythos* wird hier entsprechend dem ursprünglichen Sinn dieses Begriffs nicht etwas Erfundenes und Unreales verstanden, sondern eine in Symbolen dargestellte Wirklichkeit (vgl. u. a. Hübner 1985, Jakobson 1985). Symbole sind nun ihrerseits im Unterschied zu Spiegelbildern sichtbare Zeichen des Unsichtbaren. In der alten Mythologie sind Wörter keine Etiketten, sondern *Namen*. Die Namengebung ist ein schöpferischer Akt, in dem die Objekte ensprechend ihrem inneren Sinn und ihrer ontologischen Bestimmung benannt werden. Einen Namen geben hieß das innere Wesen und das Schicksal des Objektes bestimmen. Den richtigen Namen eines Gegenstandes wissen hieß die Macht über denselben haben und jemanden bzw. etwas bei seinem Namen nennen war gleichbedeutend mit „über das reale Objekt verfügen".

Das intentionale Modell des Sprachursprungs ist ohne Zweifel ein Gegenprojekt zu dieser Genesis. Freilich kann die „mythologische“ Erklärung jederzeit als unwissenschaftlich zurückgewiesen werden. Hier erweist uns aber die Erklärung durch das Prinzip der „unsichtbaren Hand“ unerwartet einen nicht hoch genug zu schätzenden Dienst, indem sie sich zu ihrer Begründung eines Märchens bedient, statt mit den der Wissenschaft eigenen Methoden zu argumentieren. Mehr noch: Es wird behauptet, dass bei Phänomenen wie die menschliche Sprache keine anderen Erklärungsstrategien als *Conjectural History* (vgl. Keller [3]2003, Abschnitt 2.3) im Prinzip möglich sind. Die *vermutliche Geschichte*, die von Keller erzählt wird, ist dabei nicht „besser“ als die *vermutliche Geschichte*, welche der Menschheit bereits seit einigen tausend Jahren bekannt ist.

Die zweite Geschichte setzt allerdings voraus, dass die Primärfunktion (oder auch die Bestimmung) der Sprache anders war als sie heute als intentional bedingte Kommunikation von den meisten Forschern definiert wird. Die Primärfunktion der Sprache war der Logik dieses Modells nach die *Erkenntnis der Phänomene und ihrer Zusammenhänge* und im Endergebnis die *Welterkenntnis* sowie die *Orientierung* der Menschen in der Welt. Die Frage, ob ein Mensch die Phänomene der Außen- und seiner Innenwelt überhaupt ohne Sprache erkennen *kann* oder, korrekter formuliert, ob ein Wesen, das sie allein durch Beriechen, Besehen, Betasten, Belauschen sowie durch seine Gefühle und Emotionen ohne Anwendung der Sprache erkennt, ein *Mensch* genannt werden kann, ist hier zentral.

J. G. Hamann schreibt: „Das ganze Vermögen zu denken beruht auf Sprache“ (vgl. Hamann, hg. v. J. Nadler, 1949-1957, Bd. 3, 284). Dies ist freilich nicht nur ein schlechthin kognitives Sprachmodell. Hamann geht es nicht nur um die kognitive Funktion der Sprache als ihre Primärfunktion, seine These leitet das Denken von der Sprache ab. Mehr als 200 Jahre später formuliert es D. Bickerton 1996, 160 folgendermaßen: „Language ist the hen while human cognition is the egg“. Paradoxerweise ist aber Bickertons Formulierung sowohl ontologisch als auch genetisch ambivalent, da der Henne-Ei-Streit in seinem ontologisch-genetischen Sinn bisher ungelöst bleibt. Den anderen Pol bei der Beurteilung des ontologischen Verhältnisses zwischen Sprache und Denken vertreten N. Chomsky und J. Piaget, die sich – ungeachtet ihres Streits über die Quelle des Sprachvermögens – an die rationalistische Prämisse halten, die in ihren Grundzügen auf R. Descartes zurück geht, vgl. folgendes Zitat aus Piaget (zitiert nach Gessinger/Rahden 1989, 1, 12): „[...] and here I totally agree with

Chomsky, language is a product of intelligence rather than intelligence being a product of language". Hörmann 1977, 6 f. betont, es sei der Besitz der Sprache, der den Menschen vom Tier unterscheidet, ja in der Sprache lägen „alle Möglichkeiten des Menschseins beschlossen. Wahrheit gibt es nur in ihr oder nur auf dem Wege über sie".

Ich gehe davon aus, dass die spezifisch menschliche Welterkenntnis eine – in welcher Form auch immer – *Benennung* der zu erkennenden Phänomene involviert. Das sprachliche Zeichen ist daher seiner Natur nach ein *Symbol* und nicht eine Etikette und *ontologisch* sehr wahrscheinlich *nicht* arbiträr. Die ersten sprachlichen Zeichen dürften *Namen* im alten („mythologischen") Sinn dieses Wortes gewesen sein, die das Wesen der dadurch bezeichneten Phänomene auf eine spezifische Art und Weise ausdrückten und von vornherein eine ontologische Einheit mit diesen bildeten. Die Sprache ist in diesem Fall aus reiner Anschauung der Phänomene der Außen- und Innenwelt des Menschen enstanden. Die Intentionalität, Instrumentalität und schlechthin die kommunikative Funktion der Sprache sowie die (damit eng verbundene) Arbitrarität des sprachlichen Zeichens sind zwar äußerst wichtige, aber nicht primäre, sondern sekundäre, *abgeleitete* Charakteristika. Sie müssen daher auch nicht unbedingt als die ontologische causa prima der Sprachgenesis betrachtet werden.

E. Sapir (nach Lyons 1995, 11) stellt fest: „Sprache ist eine ausschließlich dem Menschen eigene [...] Methode zur Übermittlung von Gedanken, Gefühlen und Wünschen mittels eines Systems von frei geschaffenen Symbolen". Diese Definition kann eigentlich verblüffen, insbesondere wenn man sie im allgemeinen Kontext der Sapireschen Sprachtheorie betrachtet. Sie zeigt aber sehr deutlich, wie tief die positivistische Sprachbehandlung selbst dort eingedrungen ist, wo es sich um ausgesprochen „ontologische" und „idioethnische" Sprachkonzepte handelt. Ein „System frei geschaffener Symbole" ist die Sprache allerzeit – mit der Einschränkung, dass sich die Freiheit der Symbolbildung nur in deutlichen Grenzen natürlicher Motiviertheit bewegen kann. Dass dieses System aber kein ontologisches Sein aufweist und nur dazu geschaffen wird, um eine „Methode zur Übermittlung von Gedanken, Gefühlen und Wünschen" zu kreieren, kann allein durch Beobachtung des Selbstgesprächs eines Kindes während des Spielens widerlegt werden.

Es fragt sich nun, welche Argumente die „gnoseologisch-kognitive" Hypothese der Sprachentstehung gegen die „intentional-instrumentale" Hypothese stützen? Vor allem handelt es sich hierbei um das gesamte ältere („mythologische") Textkorpus, welches sich vielmehr kosmologisch und symbolisch als pragmatisch interpretieren lässt. Zwar kann man dem stets die unvergleichbar ältere vorschriftliche Periode der Sprachentwicklung entgegen halten, aber da sich diese letztere nicht dokumentieren lässt, ist eine Ableitung der Genesis der Sprache aus den ältesten bezeugten Texten doch vorteilhafter als oft rein spekulative Überlegungen zum „möglichen" Sprachursprung ohne Einbeziehung ältester Quellen. Außerdem ist die gnoseologisch-kognitive Funktion der Sprache bis heute dermaßen stark ausgeprägt, dass ein rein pragmatisch-intentionales Entstehungs- und Entwicklungskonzept der Sprache mehr als fragwürdig scheint.

1.5 Sprachwandel und Sprachgeschichte

E. Leiss hat einen ihrer Vorträge (aus dem oben bereits zitiert worden ist) „Über das Interesse der Grammatiktheorie an Sprachwandel und ihr Desinteresse an Sprachgeschichte" (1998) genannt. In der Tat sind die Arbeiten der letzten Jahre zur Diachronie (und dies betrifft nicht nur die diachrone Grammatikforschung) eher sprachwandel-theoretisch als sprachhistorisch ausgerichtet. Es geht also nicht primär um Sammlung und Interpretation des historischen Sprachmaterials, sondern um seine theoretische Aufbereitung und Erklärung im Sinne eines gewissen Sprachwandelmodells, deren es heutzutage eine Menge gibt – Theorie der linguistischen Natürlichkeit (W. U. Wurzel 1984; 1988; 1992, W. Mayerthaler 1981, W. U. Dressler et al. 1987 u. a.), Neodarwinismus (R. Lass 1997, J. West 2000), Minimalismus (N. Chomsky 1986, G. Fanselow/S. Felix 1987 u. a.), Prinzipien-Parameter-Modell (D. Lightfoot 1991, 1999 in Anlehnung an N. Chomsky), R. Kellers „unsichtbare Hand" – um nur die wichtigsten zu nennen. Die Grenze zwischen Sprachgeschichte bzw. historischer Phonologie, historischer Grammatik, historischer Lexikologie usw. einerseits und den Sprachwandel-Theorien andererseits verläuft dabei an der jeweiligen Fragestellung

– respektive *Wie hat sich ein Sprachphänomen entwickelt* und *Warum hat es sich so entwickelt*? Die erste Fragestellung wird als primär historisch-empirisch eingestuft, die zweite dagegen als primär theoretisch (dabei nicht selten als a- oder sogar antihistorisch, vgl. den Vorschlag von D. Lightfoot 1991, 1999, die Muse Klio aus der Sprachwandelforschung auszuschließen und sich auf die reine Ontogenese der Sprache über die Analyse von Spracherwerbs-Prozessen zu konzentrieren).

Es ist kaum zu bezweifeln, dass die Forschungslogik hierbei recht eindeutig sein muss: Die *warum*-Frage darf erst gestellt werden, wenn die *wie*-Frage bereits beantwortet ist. Noch besser ist es aber, wenn beide Fragen nicht getrennt, sondern möglichst gleichzeitig behandelt werden. Dass nun heutzutage die *warum*-Frage mehr oder minder autonom behandelt wird und sogar als die Hauptfrage eines quasi selbständigen Teilgebietes der Linguistik gilt, liegt nach Meinung von Leiss (1998, 197) am „Datenpositivismus", unter dem sie die Vorstellung der Sprachwandelforscher versteht, die „notwendigen" Daten seien längst erhoben worden, vor allem durch die „fleißigen Junggrammatiker", und warteten nur auf eine adäquate theoretische Aufbereitung und Verallgemeinerung.

Für „reine" Sprachwandelforscher gilt die Sprachgeschichte als eine Art deskriptive „Vorwissenschaft", die zwar empirisches Material liefern kann, jedoch wohl kaum imstande ist, Probleme des Sprachwandels wissenschaftlich zu lösen, ja sie wissenschaftlich zu formulieren. Was wird aber unter „wissenschaftlichen" Fragestellungen verstanden? Für R. Keller ^{3}2003 ist Sprachwandel nicht eine historische, sondern eine theoretische Angelegenheit, bei der vor allem funktionalistische Erklärungen gelten, die auf der Analyse der Verhaltensmuster basieren (ibid., 109 ff.). Für D. Lightfoot 1991 ist die streng wissenschaftliche Fragestellung die nach der Wechselwirkung von mehr oder minder konstanten „Prinzipien" und mehr oder minder variablen „Parametern", die sich beim Spracherwerb durch das Kind treffen. Für R. Lass 1997 handelt es sich um konstante organische Gesetze der Evolution von Sprachformen wie Anpassung und Schaffung von sprachlichen *landscapes*, wobei die Aufgabe des Forschers darin besteht, diese aus der Vogelperspektive zu betrachten. W. Mayerthaler 1981, W. U. Wurzel 1984; 1992, W. U. Dressler et al. 1987 suchen nach teleologischen Erklärungen des Sprachwandels aus dem „Imperativ", dass die „natürliche" Entwicklung der Sprache einen Abbau überflüssiger Markiertheit der Sprachformen und deren zunehmende „Ikonizität“ voraussetzt. G. Fanselow/S. Felix 1987 entwickeln ein Minimalismus-Modell, in dem das Epiphänomen des konkreten Sprachsystems (das Chomskysche (1965; 1986) *E-language*) auf die Beschaffenheit des Phänomens des Chomskyschen (ibid.) *I-language* (als „interne“ Grammatik im Gehirn eines „idealen“ Sprachträgers) reduziert wird.

Allen erwähnten Konzeptionen des Sprachwandels ist das Merkmal gemeinsam, das E. Leiss 1998, 201 f. „Kausalitätsglauben“ nennt und neben Datenpositivismus und instrumenteller Sprachauffassung als Hindernis auf dem Weg zu einer adäquaten Sprachwandelforschung betrachtet. Statt Sprachwandel kausal zu erklären, schlägt Leiss vor, die vielfältigen Interdependenzen zwischen Sprachformen zu untersuchen unter der Maßgabe, dass die hierarchisch niedriger organisierten Einheiten den hierarchisch höher organisierten Einheiten „folgen“ (z. B. folgt der phonologische Wandel dem morphologischen und nicht umgekehrt, wie heutzutage oft angenommen wird) (vgl. Leiss, a. a. O., 202 f.). Den Kausalitätsglauben hat Leiss zwar richtig erkannt, aber es ist zu befürchten, dass nicht nur der Sprachwandel, sondern alle Phänomene, bei denen es einen Wandel von Zustand oder Form A zum Zustand oder der Form B zu registrieren ist, unter Anwendung des Kausalitätsprinzips analysiert werden, solange es die Wissenschaft gibt. Mit dem Verweis auf David Hume, man habe das postulierte „kausale Band“ noch niemals gesehen (ibid., 203), verschreibt sich Leiss dem radikalen Agnostizismus von Hume, der auch bei einfachen Naturerscheinungen (wie z. B. Blitzschlag in einen Baum und (? dadurch) entstehendes Feuer) kein kausales Band sehen wollte. Dem kann z. B. I. Kants Auffassung entgegen gehalten werden, das menschliche Denkvermögen basiere u. a. auf der Fähigkeit, synthetische Urteile a priori zu bilden, von denen gerade das Kausalitätsurteil das wichtigste ist. Offensichtlich liegt hier das „Hindernis“ nicht am Kausalitätsglauben, sondern in allen Fällen mehr oder minder wiederum gerade an instrumenteller Sprachauffassung.

Übrigens ist Leiss‘ Vorwurf des Kausalitätsglaubens an Rudi Keller (vgl. ibid., 204) nicht berechtigt. Im Gegenteil versucht Keller in seinem Buch (^{3}2003, 109 ff.) zu zeigen, dass die mechanistisch zu verstehende Kausalität im Sinne einer natürlich gegebenen Determination die Sprachwissenschaft *ungerecht* zu einer Naturwissenschaft macht, was sie nicht sein kann, da die Sprache eine menschliche Institution darstellt. Andererseits ist er aber auch gegen die Umformulierung bei der Erklärung des Sprachwandels der kausalistischen *warum*-Frage in die finalistische *wozu*-Frage, da die Sprache seines Erachtens von den Menschen nicht geplant verändert wird. Gegen beide Thesen ist – im Unterschied zu der Instrumentalitäts-These – wenig einzuwenden.

Weder der „Datenpositivismus“ noch der „Kausalitätsglaube“ können ernst zu nehmende Hindernisse bei der Ausarbeitung einer adäquaten Sprachwandel-Theorie sein. Ersterer erweist sich früher oder später als unbegründet oder zumindest als nicht hinreichend und letzterer darf aus objektiven Gründen nicht ohne Weiteres für definitiv abwegig erklärt werden. Es bleibt nur die instrumentelle Sprachauffassung, über die hier schon sehr viel gesagt worden ist und die in der Tat einem adäquaten Sprachwandel-Modell im Wege steht.

Dies scheint im Grunde auch E. Leiss selbst einzusehen, indem sie schreibt, es gebe „einen tieferen Grund [als Datenpositivismus und Kausalitätsglauben – M. K.] für das sich spontan und akut einstellende Desinteresse an der „Vergangenheit“ der Sprache“ (Leiss 1998, 205). Diesen Grund sieht sie völlig richtig in der instrumentellen Sprachauffassung (ibid.).

Geht man nun von der gnoseologisch-kognitiven Funktion als Primärfunktion der Sprache aus, in welcher die Subjektivität des Volkes bei der Interpretation der Welt zum Ausdruck kommt, können ebenfalls drei Voraussetzungen für den Aufbau einer Sprachwandel-Theorie genannt werden, wie dies R. Keller in seinem intentional-kommunikativen Sprachwandelmodell (siehe Abschnitt 1.4) getan hat. Freilich werden sie anders aussehen, etwa folgendermaßen: 1) Wenn wir wüssten, wie die Sprache kategorial beschaffen ist, würden wir wissen, wie das Volk bzw. die Sprachgemeinschaft, das/die diese Sprache spricht, seine/ihre Außen- und Innenwelt interpretiert; 2) Wenn wir wüssten, wie das Volk/die Sprachgemeinschaft seine/ihre Außen- und Innenwelt interpretiert, würden wir wissen, wie seine/ihre Sprache kategorial beschaffen ist; 3) Wenn wir wüssten, wie der Paradigmenwechsel bei der Interpretation der Außenwelt und der Innenwelt der Menschen, die zu einer Sprachgemeinschaft gehören, verläuft und warum er so verläuft, würden wir wissen, wie und warum sich die Sprache verändert. Wie bei Keller, ist hier die Frage 2 die logische Umkehrung der Frage 1. Wichtig in meinem Vorschlag ist auch, dass die *wie*- und die *warum*-Frage und somit auch Sprachgeschichte und Sprachwandel von einander nicht künstlich getrennt werden, sondern auf einander folgen und als gleichermaßen legitime Fragestellungen der historischen Linguistik gelten.

Ich möchte hier noch zum Problem des *Paradigmenwechsels* Stellung nehmen. Nicht zufällig tritt der Terminus *Paradigma* in verschiedenen Wissensbereichen auf, die durch eine primär historische Betrachtungsweise gekennzeichnet sind. Es ist zu bemerken, dass dieser Begriff in allen Wissenschaften, wo er auftritt (Philosophie, Kulturgeschichte, Literaturwissenschaft u. a.), generell panchron behandelt wird, d. h. Makro- und Mikroparadigmen bzw. Paradigmenstraten werden lediglich unter dem Primat des historisch bedingten Paradigmenwechsels beurteilt. Allein die Linguistik bildet hier die Ausnahme, die zweifelsohne dem sprachwissenschaftlichen Strukturalismus zu verdanken ist. In der Linguistik ist es nämlich nicht nur möglich, sondern gerade erwünscht, die Beziehungen zwischen Einheiten eines Paradigmas und zwischen den Paradigmen *entweder* rein synchron, in Bezug auf einen zeitlichen Querschnitt, *oder* rein diachron, in Bezug auf einen zeitlichen Längsschnitt, zu untersuchen. Eine „Vermischung“ beider Herangehen gilt seit de Saussure nicht selten als methodologisch unzulässig.

Ich gehe davon aus, dass die linguistische Paradigmatik im Wesentlichen keine Inkompatibilitäten mit sonstigen historischen Paradigmen aufweist und vor allem mit kulturhistorischen Paradigmen verbunden ist. Natürlich darf dieser Zusammenhang nicht als Isomorphierelation verstanden werden, aber Affinitäten sind hierbei dermaßen offenkundig, dass sie keiner besonderen Beweise bedürfen. Vor allem geht es um Affinitäten von Paradigmen und somit auch den Paradigmenwechsel im Weltbild und im Sprachbild einer Sprachgemeinschaft. Dieser kann sehr umfassend sein, wie z. B. beim Übergang vom polytheistischen zum monotheistischen Weltbild (für europäische Sprachen der Indogermania sollte man hier präziser Übergang vom heidnisch-polytheistischen zum christlich-monotheistischen Weltbild sagen). Er kann aber auch nicht so tief sein, weniger intensiv verlaufen oder nicht alle Bereiche des Weltbildes betreffen. Die Ausbildung der Standesmoral, die Erfindung des Buchdrucks, das Wachstum der Städte, die Entwicklung der

Wissenschaft und des dadurch bedingten Relativismus im Weltbild, mannigfaltige Kontakte innerhalb einer Sprachgemeinschaft und zwischen den Sprachgemeinschaften – all dies führt nachweisbare Veränderungen in der Sprache herbei, die nicht nur die lexikalische Ebene betreffen, sondern auch tiefgreifende Wandelprozesse im System der sprachlichen Kategorien auslösen oder, besser gesagt, mit diesen zusammen wirken. Denn es gibt wahrscheinlich keinen Determinismus und keine lineare Kausalität zwischen dem Paradigmenwechsel in der Kulturgeschichte und dem in der Sprachgeschichte. Vielmehr erfolgen die genannten Entwicklungsprozesse in der Sprachgemeinschaft zugleich *in* der und *durch* die Sprache. Der Versuch, Sprachwandel vom Kultur- und Gesellschaftswandel abzuleiten, führt nolens volens zur unzulässigen Loslösung der Sprache von dem und den Menschen. Wohlgemerkt ist es fruchtbringender und einfach interessanter, nicht nach einer Kausal- bzw. Finalkette zwischen dem Paradigmenwechsel in der Kulturgeschichte und dem in der Sprache zu suchen, sondern beide Arten vom Paradigmenwechsel als kongenial zu erforschen. Wenn wir annehmen, dass das Weltbild einer Sprachgemeinschaft in ihr Sprachbild eingeprägt ist und damit eine „chemische Legierung“ darstellt, ist es unwichtig, welche Komponente dieser Legierung als „Ausgangskomponente“ genommen wird. Man kann daher von Paradigmen und Paradigmenwechsel in der *Geistesgeschichte der Völker* reden, dessen Teil der sprachliche Paradigmenwechsel darstellt.

Dabei soll beachtet werden, dass die Sprache einen Kanon besonderer Art darstellt (vgl. 1.3). Folglich ist jeder Wechsel und Wandel nur auf der Basis des Konstanten und Unveränderlichen denkbar. Tradierte bzw. kanonisierte Stabilität gibt es nicht nur in der Sprache, sie ist ein unveräußerliches Merkmal der Geistesgeschichte schlechthin. Selbst bei erdrutschartigen Veränderungen wie z. B. Christianisierung germanischer Völker und systemhafter Paradigmenwechsel in allen Bereichen ihres geistigen Lebens, bleiben in ihrer Kultur und Sprache notgedrungen aus dem Heidentum ererbte Züge, sie wirken gleichermaßen in ihrem Welt- und Sprachbild und bedingen u. a. die Kontinuität des Sprachwandels und das Zusammenwirken von Archaismen und Neuerungen im Sprachsystem im Laufe mehrerer Jahrhunderte – bis zum heutigen Tag. Aber auch sog. Neuerungen dürfen nicht als Erscheinungen behandelt werden, welche von der jeweiligen Sprache einfach übernommen werden und darin als völlig neue Elemente fortleben. Sie interagieren nämlich mit den archaischen Zügen und Elementen und bilden damit eine komplizierte Konfiguration, die die Architektonik der Sprache in ihrer ständigen Entwicklung und Veränderung prägt.

1.6 Sprachwandel und Sprachursprung

Geht man davon aus, dass das Sprachvermögen des Menschen und sein Denkvermögen eine untrennbare Einheit darstellen, dürfte die Frage nach dem Ursprung der Sprache – zumindest in ihrer ontologischen Form – überflüssig sein. Wenn die Sprache ipso facto kein Instrument ist, sondern zu den Grundeigenschaften des Menschen gehört, braucht man sich nicht speziell dafür zu interessieren, wieso sie entstanden ist. Oder, anders formuliert, ist bei dieser Annahme die Sprachgenesis ein unveräußerlicher Teil der Geistesgenesis des Individuums (ontogenetische Dimension) und der Sprachgemeinschaften bzw. der Menschheit (phylogenetische Dimension). Die einzige Frage, die speziell der Sprachwissenschaft übrig bleibt, ist lediglich die nach dem Spezifikum der *Realisierung* des Sprachvermögens in der konkreten Form – als Verbindung im Sprachsymbol von Lautkontinuum und Geistesbild.

Das erste, was man hier feststellen kann, ist keine große Auswahl an möglichen Alternativen. Mithilfe der Sprechorgane und Stimmbänder lässt sich einfach in dieser Richtung viel mehr machen als z. B. mithilfe der Mimik und Gestikulation.

Die Surdovariante der Sprache ist ein sehr aufwändiger und nicht immer effizienter Ersatz. Die „Sprache der Taubstummen“ ist daher eine Notlösung und muss verwendet werden, wenn eine Störung der Sinne vorliegt. Sie hätte aber – gegen die Annahme Diderots, Condillacs u. a. (vgl. J. Gessinger in Gessinger/Rahden 1989, 2, 358 f.) wohl kaum als Primärsprache entstehen können. Trotzdem ist sie ohne jeden Zweifel auch eine Sprache, und zwar nicht nur Kommunikationsmittel, sondern auch Phänomen der Welterkenntnis. Ihre Hauptbesonderheit besteht nur darin, dass sie einzig und allein in einer Sprachgemeinschaft entstehen konnte, welche über die Lautsprache bereits verfügte. Sie entstand auf der Basis der Lautsprache und als ihr „lautloses Analogon“. Nicht zufällig ist in der Surdosprache ständig die Lippenbewegung präsent, die das „kanonische“ Sprechen imitiert. Wie jede Nationalsprache ist die Surdosprache auch an die jeweilige Sprachgemeinschaft gebunden, sie ist kein „Surdo-Esperanto“. Es ist hier Lenneberg 1967/1972, 65 ff. zuzustimmen, wenn er betont, eine Sprache können nur Menschen – darunter auch Taube und Stumme – beherrschen und dann (ibid., S. 67) feststellt: „Die Fähigkeit, eine Sprache zu erwerben und zu verwenden, hängt nicht davon ab, dass der Organismus intelligent ist oder großes Gehirn hat, sondern davon, dass es ein menschlicher Organismus ist“.

Die Frage, die die Sprachphilosophen und Linguisten seit Jahrhunderten beschäftigt, ist die Frage danach, wie die menschliche Lautsprache konkret entstanden ist, d. h. auf welchem Weg und durch welche Mechanismen Laute an Begriffe bzw. Begriffe an Laute gekoppelt wurden.

Einer der ältesten Erklärungsansätze diesbezüglich ist die Nachahmungstheorie (Onomatopoiie) (ausführlicher in Wissemann, 1, 1954; Hörmann 1977). Die Entstehung der Sprache wird auf Nachahmung tierischer Laute und schlechthin der Laute der Natur durch die Menschen zurück geführt. Die Lautmalerei wird als Anstoß zur Urschöpfung betrachtet (vgl. auch Graur 1974, 48 ff.; Zimmer 1996, 8 f.). B. Schaeder 1993, 437 behauptet, „gegen die bisweilen geäußerte Annahme, die menschliche Sprache habe ihren Ursprung in solchen Lautimitationen, d. h. in einem gleichsam naturgegebenen Zusammenhang von bezeichnendem Wort und bezeichnetem Gegenstand bzw. Sachverhalt, spricht allein schon die verschwindend geringe Anzahl onomatopoetischer Ausdrücke im Wortschatz jeder Sprache“. Argumente, die auf der Anzahl bestimmter Phänomene in der Sprache beruhen, sind gerade angesichts der Spezifik der Fragestellung nicht sehr stark. Die Nachahmungstheorie versucht ja nicht den Gesamtwortschatz einer Sprache oder seinen Großteil durch Lautmalerei zu erklären, sondern den Ursprung der Sprache. Es genügt hier nur Lautimitationen als Anstoß für die Entstehung der Sprache zu behandeln. Später können verständlicherweise auch andere Mechanismen der Sprachentwicklung eingeschaltet werden, was u. a. mit dem Funktionswandel der Sprache verbunden sein kann. Der „naturgegebene Zusammenhang zwischen dem bezeichnenden Wort und dem bezeichneten Gegenstand“ ist dabei nicht unbedingt auf Lautnachahmung beschränkt. Dieser Zusammenhang kann sich zwar in einigen Fällen in der Lautnachahmung offenbaren, muss aber bei anderen Fällen nicht daran gebunden sein. Eine derart direkte Ikonizität gibt es sogar nicht bei Systemen, die viel primitiver als die menschliche Sprache organisiert sind. Das weitere Argument, auch Onomatopoetika wären arbiträr, da sie in verschiedenen Sprachen nicht gleich klingen (vgl. dt. *kikeriki,* russ. *кукареку,* engl. *cock-a-doodle-do,* fr. *cocorico*), ist noch weniger stichhaltig. Die Formunterschiede können hier nämlich direkt auf Differenzierungsprozesse zurück geführt werden, in Folge deren auch *nicht* onomatopoetische Einheiten, die auf eine gemeinsame Wurzel der jeweiligen Ursprache zurück gehen, in den Einzelsprachen unterschiedliche Form haben (vgl. dt. *Bruder*, engl. *brother*, russ. poln. *brat*, skt. *bhrâta* usw.). Das eigentliche Problem liegt hier in einer anderen Dimension. Warum müssen die Menschen ihre spezifischen (Sprach)laute von den Lauten der Natur sekundär ableiten? Wieso muss der Mensch als Gattung die Laute anderer Gattungen von Tieren und die der Natur schlechthin nachahmen? Kann er selbst nicht Laute produzieren, die ihm eigen sind? Tiere bringen schließlich auch „eigene" Laute mit sich, nur sehr wenige von ihnen ahmen die Laute anderer Tiere nach, aber auch in diesem Fall ersetzen die nachgeahmten Laute ihre eigenen nicht ganz. Ein Hund wird selbst dann bellen (und nicht etwa schnattern oder miauen), wenn er nie in seinem Leben das Bellen anderer Hunde gehört hat. Dabei unterscheidet sich das Bellen eines Riesenschnauzers vom Bellen eines Schäferhundes. Der Mensch *kann* natürlich auch Tier- und sonstige Naturlaute nachahmen, um bestimmte Ziele zu verfolgen (z. B. während der Jagd ein Tier in die Falle zu locken oder das Krähen eines Hahns im Gespräch wiederzugeben) – ich nenne das hier und weiter *imitative Kodierung* bzw. *imitative Motivation* des Sprachzeichens; er *muss* es aber offensichtlich *nicht* tun, um Sprache zu produzieren. Es ist kaum zu bezweifeln, dass die Menschen als Art entsprechend beschaffene Organe besitzen (und zum Moment der Urschöpfung der Sprache besaßen), die ihnen erlauben (und damals erlaubten), spezifisch menschliche Laute zu bilden. Die Sprechorgane der Menschen (auch völkerspezifisch!) haben sich im Laufe ihrer Entwicklung natürlich verändert, aber das waren eben Veränderungen *innerhalb* der Art.

Dies hat bereits J. G. Hamann erkannt und in einer klaren und sehr deutlichen Form beschrieben: „Wie nun die Natur eine gewisse Farbe oder Zuschnitt des Auges einem Volke eigen macht; eben so leicht hat sie, uns unbemerkte Modificationen, ihren Zungen und Lippen mitteilen können [...]. Der bloße Hauch eines Lautes ist hinlänglich die künstlichsten Distinctionen zu machen“ (Hamann 1760/1967, 91). Eine weitere – ebenfalls sehr wesentliche – Bemerkung Hamanns ist der Zusammenhang zwischen „Nachahmung“ der Natur durch den Menschen und seiner *Freiheit*: „Ohne das vollkommene Gesetz der Freiheit würde der Mensch gar keiner Nachahmung fähig seyn [...]; denn der Mensch ist von Natur unter allen Thieren der größte Pantomim“ (Hamann 1760/-1967, 150); „Daher bestimmen weder Instinct noch Sensus communis den Menschen“ (ibid.).

Bei Onomatopoiie muss aber nicht nur die Spezifik der Sprechorgane beachtet werden. E. Sapir 1921/1961, 16 hat mit Recht darauf hingewiesen, nachahmende Bildungen würden

> „keineswegs etwa vom Menschen instinktiv oder mechanisch aus der Natur übernommen; sie sind vielmehr Produkte menschlichen Verstandes und menschlicher Einbildungskraft ganz ebenso wie alle anderen Elemente der Sprache“.

Auch in dem kognitiven Bereich hat man bei onomatopoetischen Bildungen also mit der „Subjektivität des Volkes“ im Sinne Humboldts zu rechnen, sind ja Onomatopoetika stets idioethnisch, wenngleich nie *absolut* anders. Allein diese Spezifik ist – gegen verbreitete Meinung – kein stichhaltiges Argument für ontologische Arbitrarität des so gebildeten Sprachzeichens. Sie ist lediglich ein Indiz dafür, dass wir es nicht mit mechanistischer Abbildung, sondern mit mencheneigener Symbolisierung, nicht mit einem Foto, sondern mit einer Ikone zu tun haben. Die Verbindung zum Naturlaut bzw. dem darauf zurückgeführten Namen ist aber ohne Zweifel motiviert und insofern *natürlich*.

Eine weitere, ebenfalls sehr alte, Theorie des Sprachursprungs ist die Naturlauttheorie, die oft – zu Unrecht – als eine Abart der Nachahmungstheorie oder zumindest zusammen damit behandelt wird.

> Hier werden absichtlich nicht alle Abarten des Naturlaut-Konzepts (u. a. die „reine“ Interjektionstheorie (als Aua-Theorie bekannt), die Hauruck-Theorie (Theorie der Arbeitsrufe), die Dingdong-Theorie (Sprechlaute als natürliche Resonsanz der Dinge), die Trarabumm-Theorie (Zurückführung der Sprache auf rituelle Tänze) sowie die Sing-sang-Theorie (Zurückführung der Sprache auf Freizeitgesänge) im Einzelnen behandelt. Man kann ohne Bedenken davon ausgehen, dass all die in diesen Theorien als ursprünglich angesetzten oder auch andere denkbare Faktoren aus dem Bereich des Lautikonismus gleichzeitig gewirkt ha-

ben können, abhängig von dem konkreten natürlichen Lautsymbol. Wichtig ist allein das *Prinzip* der Kodifikation, das eine natürliche Relation zwischen Lautsequenz und dadurch Bezeichnetem annimmt. Hier und weiter wird dieses Prinzip allgemein als *affektive Kodierung* bzw. *affektive Motivation* des Sprachzeichens bezeichnet.

In Wirklichkeit geht es hierbei – wohlgemerkt aber nur ontologisch und nicht etwa funktional – um eine der Nachahmungstheorie entgegengesetzte These. Die Naturlauttheorie geht davon aus, dass die menschliche Sprache aus interjektionalen Ausdrücken entstanden ist. An der Wiege der Sprache soll laut diesem Konzept das Emotional-Expressive des Menschen, seine Affekt-Sphäre, gestanden haben. Als Auslöser der Sprache traten Schmerz, Angst, Überraschung, Freude, Bewunderung, Trauer und andere Emotionen auf. Sie wurden durch bestimmte Laute und Lautkombinationen ausgedrückt, welche zunächst als unmittelbarer Ausdruck dieser Emotionen und später als deren Symbole auftraten. In der Tat gehören Affekte verschiedener Art zum Kernbereich des Menschlichen. Ihre Symbolisierung kann theoretisch eine Ausgangsbasis für kognitive und kommunikative Anwendungen einstiger Affekt-Symbole bilden. Die kognitive Bewältigung des Emotionalen kann z. B. für die Schaffung des konzeptuellen Bereichs der Axiologie zuständig gewesen sein. Für die Naturlauttheorie spricht auch indirekt die Tatsache, dass Interjektionen nicht selten Satzwert haben bzw. als „kommunikative Minimaleinheiten“ (vgl. Zifonun u. a. 1997, 1, 12 ff.) fungieren. Komplizierter ist die Frage, ob eine Affinität der Interjektionen zum epistemiologischen Bereich oder zu anderen für die Sprache essentiellen Relationen wie z. B. Existenz, Besitz, Diathese, Aspektualität u. dgl. existiert.

Im „mythologischen“ Bewusstsein wird die Entstehung der Sprache, sofern die entsprechenden Texte darüber urteilen lassen, weder durch Nachahmung noch durch Affekten-Symbolisierung „erklärt“. Vielmehr wird die *Namengebung* als primäre ontologische Synthese von Wort und Begriff thematisiert (vgl. das im Abschnitt 1.2 Gesagte). Die Ur-Nomination ist dabei fern jeder Affektivität, geschweige denn Nachahmung. Sie stellt vielmehr die Erkenntnis der Dinge durch den Menschen mittels der Wörter dar. Das Wort enthält in seinem Inneren die *Wahrheit* über das Objekt, sein inneres Wesen und sein Schicksal. Das Wort *interpretiert* das Ding, indem es dieses bezeichnet. Im Moment der Namengebung wird das Objekt vom Menschen identifiziert und ohne Namen gibt es auch keine Identifikation.

Freilich gibt uns dieses Symbol des Sprachursprungs keine „substantielle“ Stütze, im Unterschied zu der Nachahmungs- oder der Naturlauttheorie. Frage ist nun aber, worauf diese substantielle Stütze, die wir heute angeblich so dringend brauchen, beruht. Sie beruht ausschließlich auf einer Extrapolierung unseres heutigen Wissens und unserer heutigen Vorstellungen auf prinzipiell andere Verhältnisse. Es wiederholt sich im Grunde, was uns aus der Verallgemeinerung und Absolutisierung der instrumentell-kommunikativen Funktion der Sprache bereits bekannt ist: Es ist heute so, ergo muss es schon immer so gewesen sein. Wir sind daran gewohnt, dass die komplexen Wörter (*Waschmaschine, Eisenbahn, Rechteck, verkaufen, mittelgroß*) meist auf diese oder jene Weise motiviert sind. Die Simplizia (*Tisch, fahren, groß*) sind synchron nicht motiviert, aber einige davon lassen sich historisch rekonstruieren, also haben sie eine Motivation, die einfach wegen Veränderungen in Form und Semantik verloren gegangen ist. Wie lassen sich aber Simplizia erklären, die auch historisch nicht mehr zerlegbar sind, also sui generis begriffliche Atome der Sprache darstellen? Wie sind die ersten Wörter der menschlichen Sprache überhaupt entstanden? Da greifen wir zu Erklärungen, die nach unserer Meinung den Prozess der Urschöpfung der Sprache *am besten*, d. h. in unserem Fall möglichst einfach (die Urmenschen waren doch primitiv, nicht wahr?) und möglichst eindeutig darstellen.

Wir können der essentiellen Frage nach dem Wesen der Verbindung von Lautform und Bedeutung natürlich nicht entweichen, aber wir müssen uns dabei der Tatsache bewusst sein, dass die Antwort komplizierter sein kann, als man sich derzeit vorstellt. Wenn wir zugeben, dass onomatopoetische Ausdrücke genauso der Sprache angehören, wie alle anderen, können wir nicht umhin, uns zu fragen, ob die Lauthülle in der Tat nicht mit der Wortbedeutung etwas Gemeinsames hat. Wenn wir nämlich mit John Locke die Sprache als Ergebnis eines *sozialen Vertrags* behandeln, können wir weder die Frage nach dem Wesen des Onomatopoetischen in der Sprache beantworten (es gibt übrigens in allen Sprachen gar nicht so wenig onomatopoetische Einheiten, wie es auf den ersten Blick scheint) noch das Paradoxon auflösen, wieso die Menschen, die keine Sprache beherrschen, einen sozialen Vertrag über Sprache schließen können und welches Kommunikationsmittels sie sich dabei bedienen.

Vielmehr sollte hier ein anderer Weg eingeschlagen werden. Die Naturlauttheorie gibt uns nun *doch* eine Stütze, sie muss einfach adäquat in den „Gesamtkontext“ der Sprachgenesis eingebettet werden. Die interjektionalen „Naturlaute“ sind in der Tat ein Beispiel für Verbindung zwischen Lauthülle des Wortes und seiner Bedeutung, das nicht in seinem Wert unterschätzt werden darf. Allerdings ist es nur die Spitze des Eisbergs. Die lautliche Seite der sprachlichen Zeichen ist wahrscheinlich nicht nur dazu tauglich, Affekte und Emotionen „naturgemäß“ wiederzugeben, sondern auch dazu, kompliziertere Verhältnisse auszudrücken. Mit bestimmten, nicht arbiträren, sondern, wie im Fall mit den Onomatopoetika, naturgegebenen, Lautkombinationen, könnten Objekte und Verhältnisse kodiert werden, die im Prozess einer metaphorischen bzw. metonymischen Symbolisierung indirekt motivierte Relationen zu den „primären“ Bedeutungen der Onomatopoetika herstellen.

Als einfaches Beispiel kann hier die metaphorische Bedeutung des zweifelsohne onomatopoetisch gebildeten Wortes *Krach* dienen. Die natürliche Lautkombination, die das Geräusch imitiert, das z. B. beim Abbruch eines Baumzweigs vom Ast entsteht, wird als Kollaps, Zerstörung gedeutet und entsprechend pejorativ interpretiert. Diese Bedeutung wird dann metonymisch auf destruktive Ereignisse übertragen, die relativ schnell und sehr intensiv verlaufen, aber nicht mehr unmittelbar mit dem *Krach*-Geräusch verbunden sind. Kein Zweifel besteht auch z. B. am onomatopoetischen Ursprung des Verbs *hauen*, bei dem die Kombination des idg. Guttural- und germ. Pharyngallauts (*k* resp., entsprechend Grimms Gesetz, *h*) und des darauf folgenden Diphthongs das abrupte Ausatmen beim (Holz)hauen imitiert. Die durch diese Handlung entstehende Teilung bzw. Trennung liegt den Bedeutungen wie in *abhauen* „sich entfernen; schnell weggehen“ zu Grunde.

Aber auch derartige Übertragungen und Umdeutungen schöpfen das naturgegebene lautlichbegriffliche Potential der sprachlichen Zeichen bei Weitem nicht aus. Es gibt tiefere und kompliziertere Zusammenhänge zwischen der Lauthülle eines Wortes und seinem begrifflichen Kern. Vorstellungen und Ideen, die an konkrete Lautsequenzen gebunden werden können, sind sehr mannigfaltig. So hat z. B. E.A. Makajev 1970, 115 f. gezeigt, dass indogermanische Wurzeln, die auf *-rb/-rw* ausgehen, ursprünglich Bedeutungen hatten, die mit schwerer Arbeit, schweren Umständen, Missgeschick, Unglück, Tod u. dgl. assoziiert wurden, vgl. dt. *sterben, Narbe, mürbe, derb, gerben,* bei denen diese Bedeutungen bis heute deutlich zu sehen sind, oder *Arbeit* (ahd. mhd. *ar(a)beit* ´schweres Schicksal, lebensgefährliche Reise, Qual´), *Erbe* (ursprünglich ´schweres Erbe, durch die Geburt bedingtes schweres Leben´), aber historisch auch *Farbe, Korb, werben, Kerb(holz)* usw. Auch andere Wurzeldeterminativa der Indogermanischen Ursprache haben bestimmte semantische Zuordnungen, in erster Linie axiologischen Charakters. Es gibt auch Theorien, die das „Wurzelinnere" des Indogermanischen, vor allem die Apophonie (Ablaut) in der Wurzel, im Sinne einer direkten Laut-Sinn-Zuordnung interpretieren.

Interessant, wenngleich nicht immer präzise genug, sind Beobachtungen zum Ablaut am Beispiel der Kindersprache, die u. a. in Prokosch 1939, § 80 angeführt werden. Ein kleiner englischer Junge bastelt an einer Kindereisenbahn und begleitet seine Handlungen mit *I think, I can*! (prospektives Denken wird u. a. durch Vokale der vorderen und mittleren Reihe ausgedrückt). Plötzlich stürzt das Bauwerk ein. *I thought, I could*!, ruft das Kind enttäuscht (Vokale der hinteren Reihe als Indikator des Vergangenheitsbezugs). Freilich kann man derartige Erklärungen als „witzigen Quatsch" wegdiskutieren. Außer einer angeblichen „Lächerlichkeit" derartiger Argumente gibt es aber bis heute keine stichhaltigen Begründungen dafür, warum diese Erklärungsrichtung grundsätzlich nicht zur Lösung des Problems der i.-e. *e/o-(germ.e(i)/a)*-Apophonie respektive zum Ausdruck des Präsens und des i.-e. Perfekts (germ. Präteritums) bei den ersten 5 Ablautreihen im Gemeingermanischen beitragen kann.

Freilich können wir keine glaubwürdige Theorie des „natürlichen" Sprachursprungs aufbauen, wenn wir uns auf die Deutung der Naturlaute im engeren Sinn beschränken und somit Naturlaute mit interjektionalen Affektkodierungen gleichsetzen. Vielmehr sollte man den Begriff des Naturlauts entschieden erweitern. „Natürliche", d.h. dem menschlichen Bewusstsein eigene, Verbindungen von Lauten bzw. Lautsequenzen einerseits und Begriffen andererseits können ja viel weiter und tiefer sein als einfache Zuordnung von einsilbigen Ausrufen zu entsprechenden Affekten und Emotionen, obgleich das Emotional-Affektive in der Tat an der Wiege der Sprache gestanden haben kann.

Bemerkenswert sind hier J. G. Hamanns 1772/1967, 149 Überlegungen in Anlehnung an Aristoteles′ Unterscheidung von Stimme und Sprache. Die affektiven Laute der Stimme sind für ihn „Wurzel und Stamm, Nahrungssaft und Lebensgeist der Sprache".

Die Ausbildung der Sprache war in diesem Fall mit einer kontinuierlichen kognitiven Bewältigung des natürlichen Zusammenhanges zwischen Lautung und Bedeutung verbunden.

Eine Kontinuität von einfachen einsilbigen (affektiven und ähnlichen) Lautkombinationen und späteren Sprachsymbolen hat bereits im 18. Jh. K. Ph. Moritz in seiner *Deutschen Sprachlehre in Briefen* (1782; 1791) angenommen. Die Sprache war für ihn dabei vor allem die Möglichkeit für den Menschen, sich selbst zu erkennen (vgl. W. v. Rahden in Gessinger/Rahden 1989, 1, 431). Er unterscheidet drei Modi der Imitation – Imitation des Lautes, des Bildes und der Bewegung (ibid., 433). Diese drei Modi sind mit einander verbunden, so dass sich „zwischen dem Schalle, den wir selbst hervorbringen, und zwischen den sichtbaren Gegenständen [...], wenigstens mittelbar, eine gewisse Ähnlichkeit denken" lässt (ibid., 431 f.). Die ursprüngliche Bedeutung der „ersten" Wörter ist für Moritz auf eine natürliche Art und Weise mit dem inneren Wesen der Gegenstände verbunden, sie ist „beständig" und „unerschütterlich", „auch wenn durch die zufälligen Nebenbedeutungen der „untergeordneten" Laute und durch die „Sprachverfeinerung" die Spuren des „wahren, ersten und natürlichen Ursprungs" zumeist verwischt sind" (ibid., 432).

Die oben angestellten Überlegungen bilden den Knotenpunkt von Sprachursprung, Sprachwandel und Wesen des sprachlichen Zeichens. Nach de Saussure 1916/1967, 76 ff. und anderen Vertretern des Strukturalismus ist für uns Arbitrarität des sprachlichen Zeichens eine Selbstverständlichkeit. Arbitrarität kann aber zweierlei bedeuten. Das sprachliche Zeichen kann *ontologisch arbiträr* sein. In diesem Fall ist seine Lautform im Prinzip und von Anfang an nicht mit seiner Bedeutung verbunden. Es ist dann eine Art Etikette, über deren Form sich die Menschen einfach verabredet haben und die grundsätzlich auch anders sein könnte. Onomatopoetika und andere lautlich motivierte Bildungen sind in diesem Fall generell als Ausnahmen einzuordnen. Im Prozess der Sprachentwicklung verändern sich dann die Form des Zeichens und seine Bedeutung unabhängig von einander. Das sprachliche Zeichen kann aber auch *funktional arbiträr* sein. In diesem Fall ist seine Arbitrarität erst im

Prozess der Sprachentwicklung entstanden, und zwar offensichtlich im Ergebnis der Aufspaltung der (jeweiligen) Ursprache und der Ausbildung auf ihrer Basis anderer, mit einander verwandter Sprachen und Dialekte.

> Der Einwand, im Falle eines naturgegebenen Zusammenhanges von Lauthülle und Bedeutung müsste man zwingend vom monogenetischen Modell des Sprachursprungs ausgehen, ist nicht stichhaltig. Bei der Bedeutung muss es ja nicht unbedingt um die einzig mögliche Entsprechung von Objekt und seiner mentalen Repräsentation gehen. Aus der Sicht der Logik steht einer Polygenese der Begriffe genauso wenig im Wege wie der Polygenese ihrer Bezeichnungsformen. Man kann sich ohne Weiteres vorstellen, dass zwei *verschiedene*, jedoch *nicht* ontologisch arbiträre sprachliche Zeichen zwei Begriffen entsprechen, die ihrerseits das jeweilige Objekt bzw. Phänomen seinem Wesen nach „richtig", aber zugleich *unterschiedlich* einordnen, indem sie z. B. verschiedene Seiten seines Wesens hervorheben. Das Modell Humboldts und der Neohumboldtianer, aber auch das Sapir-Whorf-Konzept beruhen weitgehend gerade auf dieser Annahme.

Für de Saussure und die postsaussureschen Strukturalisten war diese Fragestellung unwichtig, haben sie ja streng zwischen Synchronie und Diachronie, dabei zunehmend zu Gunsten der Synchronie, unterschieden. Das Wichtigste war für sie der Status des sprachlichen Zeichens in vorhandenen Sprachsystemen und nicht sein Ursprung, mit anderen Worten, sein funktionaler und nicht sein ontologischer Status. Dieser Blickwinkel bleibt auch in den jüngsten – darunter studienbuchartigen – Abhandlungen oft fast unverändert. So bekennt sich J. Reischer 2002, 39 eindeutig zu der Meinung, dass Zeichen wie Werkzeuge gebraucht werden. Diese extreme Instrumentalisierung der Grundeinheit der Sprache wird im Weiteren durch eine Reihe von Argumenten gestützt, die einzig und allein im Bereich der Funktion liegen (ibid.). Jeder dieser Beweise (Man kann nicht genau erklären, welche Eigenschaften des Zeichens X seine Verbundenheit mit dem Gegenstand Y stiften; Man weiß nicht, welcher – inhaltlicher oder formaler – Art die Beziehungen zwischen X und Y sind; Man kann nicht sagen, welcher Natur X und Y sind, d. h. ob es existente Objekte, Vorstellungen unseres Geistes oder gar metaphysische Gebilde sind) ist an sich einleuchtend. Allerdings gilt die Beweiskraft dieser Argumente einzig und allein für die vom Autor selbst formulierten Bedingungen. Warum man sich nun auf diese Bedingungen einschränken und die Instrumentalität des Sprachzeichens lediglich aus seiner „aktuellen" Funktion ableiten muss, bleibt offen. Unten wird gezeigt, dass die ontologische und genetische Fragestellung das Problem in eine andere Dimension umleitet, wo der tatsächliche Wert des Sprachzeichens erst sichtbar wird.

Das Herangehen, bei dem das sprachliche Zeichen als nur funktional arbiträr und ontologisch naturgegeben behandelt wird, hat eine Reihe augenscheinlicher Vorteile. Erstens lassen sich dadurch die Wörter, die auch gegenwärtig deutlich zum „natürlichen" Bereich gehören (vor allem Onomatopoetika, aber, wie oben gezeigt wurde, nicht nur diese), nicht mehr – ahistorisch – als Ausnahmen betrachten, sondern – historisch – als Relikterscheinungen einstiger Nicht-Arbitrarität. Damit hätten wir ein einheitliches Bild der Sprachgenesis. Zweitens könnte diese Konzeption Anstöße für eine Feststellung ursprünglicher wesenhafter Verbundenheit zwischen Laut und Sinn bei einer ganzen Reihe von Wörtern und Wortverbindungen geben – einer Verbundenheit, die zum großen Teil verloren gegangen ist, aber in verschiedenen Bereichen der Sprachverwendung, vor allem in der Poesie, fortlebt. Drittens kann dadurch der Zusammenhang zwischen dem Wandel der Sprachsubstanz und dem Wandel der Sprachfunktion ermittelt werden. Ist das Sprachzeichen ontologisch arbiträr, muss die Sprache notgedrungen primär, und ontologisch gesehen, gar *einzig und allein*, als Instrument der menschlichen Kommunikation eingestuft werden. Die kognitive, expressive und ästhetische Funktion der Sprache wären in diesem Fall nicht nur sekundär, sondern überhaupt im Grunde entbehrlich. Mit willkürlich gewählten und somit zufälligen Etiketten der Begriffe lässt sich die Welt weder adäquat erkennen noch ausreichend darstellen. Ist das Sprachzeichen hingegen ontologisch „natürlich" und nur funktional arbiträr, kann davon ausgegangen werden, dass die ursprüngliche Funktion der Sprache, ihre ursprüngliche Bestimmung die Welterkenntnis bzw. -interpretation gewesen ist.

Bezüglich der kommunikativen Funktion, die ebenfalls äußerst wichtig und unveräußerlich bleibt, können bei diesem Herangehen an die Sprache grundsätzlich zwei unterschiedliche Thesen aufgestellt werden: 1) Sie ist von der kognitiv-expressiven und der damit verbundenen ästhetischen Funktion abgeleitet und somit ontologisch „sekundär"; 2)

Sie ist zusammen mit der kognitiv-expressiven Funktion der Sprache ontologisch primär, was sich darin äußert, dass die Erkenntnis der Welt durch Sprache ihrem Wesen nach „dialogisch“ ist und stets durch „Verbindung“ zwischen den Menschen erfolgt. Letztere These ist schon von J. G. Herder in seinem Buch „Abhandlung über den Ursprung der Sprache“ (1772/1789/1982, 174 ff.) aufgestellt worden.

Die Arbitrarität des Sprachzeichens ist unter diesen Umständen nicht einfach von vornherein gegeben, sie entsteht mit seiner Entwicklung, nimmt zu und wird endlich mit dem Wachstum des „kommunikativ-instrumentellen“ Anteils an der Sprache zu seinem Hauptmerkmal. Die Faustregel ist hierbei recht einfach und „linear“: Je stärker die Sprache instrumentalisiert wird, um so stärker ist das Merkmal der Arbitrarität des sprachlichen Zeichens ausgeprägt. Heutzutage, wenn die kommunikative Funktion der Sprache nicht selten auf reine Intentionalität reduziert ist und vor unseren Augen in bestimmten Bereichen der Sprachanwendung geradezu zur Funktion der Manipulation von Menschen ausartet, ist auch das sprachliche Zeichen in diesen Bereichen natürlich nichts Anderes als Etikette, die dazu noch auf ein gefälschtes Produkt aufgeklebt wird.

1.7 Sprachwandel und Kategorisierung

Die „Natürlichkeit“ der Primärnomination bei der Urschöpfung der Sprache und die funktionale Arbitrarität des sprachlichen Zeichens, die dann im Prozess der zunehmenden Instrumentalisierung der Sprache sekundär entsteht, sind zwei entgegengesetzte Phänomene, die das Paradoxon der Sprachentwicklung zu erklären vermögen. Im Prozess der funktional bedingten Ausbildung eines arbiträren Sprachzeichens verändert sich aber das System der Beziehungen *zwischen* den Sprachzeichen, das man als Sprachstruktur bezeichnet, nur in seiner äußeren Form (Sprachbau), jedoch wohl kaum in seinem inneren Wesen. Das zentrale Phänomen einer jeden Sprachstruktur ist die *Kategorie*, die stärker oder schwächer an die Wortbedeutungen gebunden, also abstrakter oder konkreter, sein kann (vgl. als plausibles Beispiel die lexikalisch konkretere Kategorie der Aktionsarten versus die lexikalisch abstraktere Kategorie der Aspekte des Verbs). Im Unterschied zu den einzelnen sprachlichen Zeichen (Wörtern) sind die Kategorien weder ontologisch noch funktional arbiträr, sie bilden den eigentlichen Kern der sprachlichen Natürlichkeit und die Quelle der Kontinuität der Sprachgeschichte.

Wieso kann nun die Nicht-Arbitrarität der sprachlichen Kategorien postuliert werden? Sie sind ja wie die Wörter den Wandelprozessen ausgesetzt, verschiedene Sprachen disponieren über verschiedene Kategorien, und auch innerhalb *einer* Sprache verändert sich die Kategorien-Konstellation im Laufe ihrer Geschichte. Nichtsdestotrotz bleibt das Inventar der sprachlichen Kategorien außerordentlich stabil, und im Prozess der Sprachentwicklung handelt es sich lediglich um Umpolungen und Umschichtungen bei Kategorien-Zuordnung und nicht etwa um spurloses Verschwinden gewisser Kategorien und unmotiviertes Entstehen neuer. Auch beim Sprachvergleich kann man stets feststellen, dass es sich beim Sprachkontrast nicht etwa um prinzipielle Divergenzen handelt, sondern vielmehr gerade um Affinitäten, die nur richtig ermittelt werden müssen. Bei einzelnen Zeichen beschränkt sich der Sprachvergleich in den meisten Fällen auf bloße Feststellung von Übersetzungs-Äquivalenten. Bei den Kategorien hingegen werden Phänomene verglichen, die sich typologisch und somit auf der Basis essentieller Analogien bewältigen lassen.

Zur Veranschaulichung des Gesagten nur ein Beispiel. Vergleichen wir das deutsche Wort *Bruder* mit dem englischen *brother*, dem russischen bzw. dem polnischen *brat*, dem lateinischen *frater* oder dem altindischen *bhrâta*, können wir die Verwandschaft deutlich sehen und ohne Bedenken annehmen, dass all diese Wörter auf ein gemeinsames „Urwort" zurück gehen, das durch die gängigen Methoden interner und externer Rekonstruktion ermittelt werden kann. Wir können auf demselben Weg die Verwandschaft von dt. *Donner* und engl. *thunder* feststellen. Wir können jedoch nicht mehr die Verwandschaft zwischen letzteren Substantiven und dem russischen Substantiv *туча* [*túča*] „Wolke" annehmen, welches auf dieselbe i.-e. Wurzel **teonk-wa/-ja* zurück geht. Die Verblassung der Motivation bzw. der Form- und Bedeutungswandel führen unaufhaltsam zur Ausbildung der Arbitrarität der einzelnen Wörter. Die sprachlichen Kategorien, welche die abstrahierten und verallgemeinerten Beziehungen zwischen diesen arbiträr gewordenen Sprachzeichen ausdrücken, bleiben hingegen erstaunlich konstant. So können wir ohne Probleme die interlingualen Relationen bei Tempus, Aspektualität/Aktionsart, Genus verbi, Numerus, Person, Kasus usw. usf. feststellen. Darauf beruht die sprachtypologische Forschung, die nicht nur bei verwandten Sprachen, sondern auch bei den Sprachen, die zu verschiedenen Sprachfamilien gehören und verschiedenen Sprachbau haben, erfolgreich angewandt wird.

Auch innerhalb einer Einzelsprache existieren stets alternierende kategoriale Interpretationen von Gegebenheiten, die auf den ersten Blick problemlos an *eine* Form gebunden werden könnten. Im 19. Jh. hat man z. B. darüber diskutiert, ob das Passiv im Deutschen nicht ein überflüssiger und entbehrlicher Luxus der Sprache sei (vgl. Gabelentz 1861, 455; Schlachter 1984, 123). In der Tat: Welcher essentielle Unterschied besteht zwischen den Sätzen *Wir haben ihn gerettet* und *Er ist von uns gerettet worden*? Derselbe Gedanke wird anscheinend durch formal verschiedene, ihrem Sinn nach jedoch äquivalente Ausdrücke wiedergegeben. Der Haken sitzt aber darin, dass man sich keinen „reinen" Gedanken vorstellen kann, der von dem jeweiligen sprachlichen Ausdruck losgelöst wäre. Folglich kann man auch nicht behaupten, dass es sich um *einen* Gedanken handelt. Was man sagen kann, ist nur, dass derselbe Vorgang bzw. dieselbe Handlung durch Sprache auf zweifache Weise interpretiert werden kann. Eine der beiden Varianten muss aber gewählt werden, und darüber, welche davon wirklich „überflüssig" bzw. „entbehrlich"/"redundant" ist, können wir nicht entscheiden. Man kann genauso gut sagen, dass das Aktiv „überflüssig" und „redundant" sei, und in manchen Kontexten mit deutlicher Passiv-Präferenz scheint es in der Tat zu stimmen.

Das kann mit einem Streit zwischen einem Optimisten und einem Pessimisten verglichen werden, ob man eine Flasche, die 50% Wein und 50% Luft enthält, als *halbvoll* oder *halbleer* bezeichnen soll. Der „objektive Zustand" der Flasche lässt sich nämlich *nur subjektiv denken und versprachlichen*. Als solcher ist er für das stets sprachbezogene Denken und das denkbezogene Sprechen irrelevant.

In der Sprache gibt es überhaupt nichts Überflüssiges, Redundantes und Entbehrliches oder, besser gesagt, die Sprache *lebt* von Überfluss und Redundanz, und das Vorhandensein des vermeintlich Entbehrlichen ist für die Sprache die wichtigste Unentbehrlichkeit.

A.V. Bondarko 1990 hat die Spezifik der kategorialgrammatischen Kodierung sehr treffend als *Interpretationsdominante* der Sprache bezeichnet, die im Unterschied zu einer Abbildungsdominante nicht vorrangig Phänomene der Außenwelt sprachlich wiedergibt, sondern die Sprachformen in Bezug auf einander interpretiert. Allerdings scheint die Interpretationsdominante nicht nur in der Grammatik, sondern im Sprachsystem generell zu gelten, mit dem Unterschied, dass sie bei der grammatischen Kategorisierung bis heute sichtbar ist und z. B. bei der lexikalischen Nomination meist verloren gegangen ist.

Der Sprachwandel verläuft nun ebenfalls unterschiedlich beim Wortschatz und bei der Grammatik. Die zunehmende Arbitrarität einzelner Sprachzeichen (Wörter), die mit zunehmender Instrumentalisierung der Sprache zusammen hängt, verdrängt die genuine Interpretationsdominante zu Gunsten der arbiträren Abbildungsdominante. Bei den grammatischen Kategorien verändert sich hingegen nur die Substanz (Formenbestand), während die Kategorien in ihrem ontologischen Wesen (als Interpretationsdominanten) erhalten bleiben. Was sich im Bereich der Kategorien verändert, ist lediglich deren Architektonik. Die Aufgabe des Sprachhistorikers bzw. Sprachwandelforschers besteht in dieser Sphäre vor allem darin, prototypische Invarianten zu ermitteln, welche die kategoriale Achse des jeweiligen Sprachsystems ausmachen und im Laufe der Sprachentwicklung konstant bleiben müssen, damit die Sprache ihre essentielle Identität beibehält. Dies ist ein sehr wesentlicher Zug der Sprache, der durch ihren „kanonischen“ Charakter (von dem speziell in 1.3 die Rede war) bedingt ist und die Kontinuität der Überlieferung und Weitergabe der Sprache von Generation zu Generation ihrer Träger gewährleistet.

Das Vorhandensein eines Inventars nichtarbiträrer Kategorien betrifft aber nicht nur einzelne Sprachsysteme, sondern die Sprache als Phänomen schlechthin. Hier gibt es zwei Aspekte, die einander gegenüber stehen und zugleich einander ergänzen. Einerseits können die Kategorien in einer sehr abstrakten typologischen Ebene inventarisiert und dann an die jeweiligen Sprachen, Sprachgruppen, Sprachfamilien usw. appliziert werden. Im Ergebnis erhält man bestimmte Konfigurationen, die miteinander nach dem Prinzip der Ähnlichkeiten und Kontraste verglichen werden können. Auf diesem Wege entsteht eine Art Universalgrammatik, mit deren Hilfe man das beschreiben kann, was Wilhelm von Humboldt unter der „Subjektivität der Menschheit“ (s. o., 1.2) verstand. Andererseits kann die Analyse von Kategorien und deren Konfigurationen auf Einzelsprachen, Sprachgruppen bzw. Sprachfamilien beschränkt sein. Jede konktrete Beschränkung ergibt dann die der entsprechenden Ebene eigene „Subjektivität" (im Sinne Humboldts). Den Kern bildet ohne Zweifel die „Subjektivität des Volkes" bzw. der Sprachgemeinschaft und somit die Ebene der Einzelsprache. In dieser Ebene werden die an gewisse Formen gebundenen Kategorialfunktionen untersucht, und zwar vor allem historisch, d. h. als Kontinuität und Wandel in der Konfiguration von Kategorien und in deren materieller Substanz (den grammatischen Formen).

2 Erster Hauptteil. Die Nomination

Die falschen Benennungen werden schnell erkannt am Verhalten der Dinge, deren Namen sie tragen.

Boetius

2.1 Das Wort als Symbol

Der Symbolcharakter der sprachlichen Zeichen war bereits in der Antike das zentrale Thema der Diskussion über das Wesen und den Ursprung der Sprache. Platons Dialog *Kratylos* ist das erste Zeugnis für den Grundstreit zum Ursprung der Sprache, welcher mutatis mutandis bis heute in der Sprachphilosophie und Linguistik weiter geführt wird. Im Dialog treffen sich der „Naturalist“ Kratylos und der Anfechter der „Vertragstheorie“ Hermogenes. Die Positionen beider Philosophen werden von dem dritten Teilnehmer, dem Sokrates, kritisch gesichtet und relativiert. Der „naturalistische“ Standpunkt von Kratylos besteht darin, dass nach seiner Auffassung jedes Ding seine von Natur gegebene richtige Benennung hat. Nach Kratylos drücken die Benennungen das Wesen der Dinge aus. Der „Gesetzgeber“ bestimmt die jeweiligen Benennungen, von denen abhängt, wozu die Dinge bestimmt sind. Daher gibt es nur richtige Wörter, und das, was man falsche Wörter nennt, sind im Grunde nur „Geräusche“. Dagegen argumentiert Hermogenes, es gäbe verschiedene Sprachen, so dass die Wörter einer Sprache dasselbe Ding unterschiedlich bezeichnen. Daraus folgt nach seiner Meinung, dass es nicht eine einzige Wahrheit gibt. Jeder benennt ein Ding im Prinzip so, wie er es benennen will. Dass es dabei dennoch Sprachgemeinschaften gibt, in denen alle Mitglieder die Dinge gleich benennen, kann unter diesen Umständen nur darauf zurück geführt werden, dass sich die Mitglieder einer Gemeinschaft darüber verabredet haben, wie jedes Ding heißen soll, um einander zu verstehen. Die Argumentation von Sokrates sieht folgendermaßen aus. Wenn es keine Wahrheit gibt, kann Hermogenes auch an die Wahrheit seiner eigenen Position nicht glauben. Die Benennung ist für Sokrates vor allem eine Handlung (hier drängt sich der Vergleich mit Humboldt auf, der die Sprache nicht als Werk (*έργον*), sondern als Tätigkeit (*΄ενέργεια*) behandelte). Nicht nur die sprachliche Benennungshandlung, sondern auch andere, mit Sprache und Sprechen nicht verbundene Handlungen (z. B. Aufstehen, Nehmen, Geben usw.), sind nicht völlig frei und willkürlich, sie haben eine ihrem Wesen entsprechende obligatorische und für alle Menschen gleiche oder ähnliche Form. In diesen Überlegungen Sokrates` kann man sehr deutlich den Keim der künftigen Gewohnheitstheorien sehen. Sokrates versucht auch, die These von Kratylos zu relativieren, und hier klingen seine Vorbehalte m. E. weniger überzeugend. Er stellt zunächst die These auf, dass die Identität von Wort und Ding in letzter Instanz bedeuten würde, dass zwischen den beiden Phänomenen kein Unterschied besteht. Dann erwähnt er zwei weitere Tatsachen, die die Theorie von Kratylos widerlegen sollten. Zum ersten werden Wörter durch einfachen Austausch von Buchstaben verändert, wodurch das Wesen der Dinge in den Bezeichnungen verloren gehen müsste. Zum zweiten kann man nicht genau sagen, was das Wesen der Dinge ausmacht. Schon bei der Bestimmung des Wesens der Dinge bedarf man daher eines Vertrags. Der weitere Einspruch betrifft den ontologischen Zusammenhang zwischen Zeichen und Ding. Wenn die Natürlichkeitstheorie von Kratylos stimmt, kann nicht erklärt werden, wie die Dinge überhaupt ohne Bezeichnungen dafür existieren.

Da die im *Kratylos*-Dialog vorgestellten Sprachauffassungen eine nachhaltige Wirkung hatten und bis heute haben – vom mittelalterlichen Streit zwischen Nominalisten und Realisten bis hin zum Problem der Arbitrarität des sprachlichen Zeichens – muss hier dazu ausführlicher Stellung genommen werden. Dies erscheint umso wichtiger, als die gegenwärtigen Erklärungsversuche nicht unmittelbar an den antiken Streit anknüpfen, sondern häufig um sekundäre und auf keinen Fall erhellende Fragestellungen ergänzt werden, wodurch die „Grundfrage“ zu Unrecht in den Hintergrund verdrängt wird.

Das von Hermogenes aufgestellte Argument der Mehrsprachigkeit, das in der Antike noch als unschlagbar gelten konnte, hat spätestens nach den Arbeiten von Franz Bopp und Rasmus Rask und erst recht nach Jacob Grimm und August Schleicher an seiner Erklärungskraft stark eingebüßt. Das Vorhandensein mehrerer Sprachen, die unabhängig von einander entstanden sind und sich entwickelt haben, ist ein sehr guter Beweis für die Theorie des sozialen Vertrags. Weiß man aber, dass diese Sprachen oder zumindest ein Großteil davon auf eine gemeinsame Ursprache zurück gehen, ist sehr daran zu zweifeln, dass die Dinge von vornherein willkürlich und je nach Geschmack der einzelnen Menschen oder Völker benannt worden sind. Vielmehr ist Sprachverwandschaft (bis hin zu nostratischen Verallgemeinerungen) ein – wenngleich indirekter – Beweis für zumindest sehr stark eingeschränkte Arbitrarität bei Urschöpfung.

Das für antike Vorstellungen zentrale Problem des *Kratylos*-Dialogs ist die epistemiologische Fragestellung. Es geht um die Achse *richtig* bzw. *wahr* versus *falsch*, um die sich die Frage nach Sprachursprung dreht. Die Hauptfrage lautet daher: Gibt es wahre Vorstellungen von Dingen, d. h. Vorstellungen, welche dem Wesen der Dinge entsprechen, ohne dass sich die Individualität der Menschen darin einmischt und die Dinge – durch deren Benennung – „subjektiviert"? In Anlehnung an Protagoras These, der Mensch sei das Maß aller Dinge, beantwortet Hermogenes diese Frage in Platons Dialog negativ, in Folge dessen seine „Vertragstheorie" entsteht. Denn die Sprache muss in diesem Fall den Grundwiderspruch zwischen dem Individuellen und dem Kollektiven lösen, indem individuelle Sicht auf Dinge durch sozialen Vertrag relativiert wird. Außerhalb der jeweiligen Kommunikationsgemeinschaft wird aber nicht mehr relativiert, was die Mitglieder verschiedener Kommunikationsgemeinschaften von einander durch Sprache abgrenzt.

Was sind nun aber *wahre* Vorstellungen von Dingen und deren *richtige* Bezeichnungen durch Wörter? Sokrates antwortet auf diese Frage sehr deutlich: Das Wesen der Dinge kann verschiedene Grundzüge haben. Dies hat nicht zu bedeuten, dass das Wesen der Dinge prinzipiell teilbar ist und dass die Dinge nicht ganzheitlich sind. Es geht nur darum, dass – wie später Aristoteles in *De interpretatione* zeigt – die Dinge durch Sprache auf verschiedene Art und Weise symbolisiert werden. Die Symbolisierung ist also in diesem Modell vor allem als Interpretation der Phänomene zu verstehen, womit auch der Titel der Arbeit von Aristoteles zusammen hängt. Dass Dinge durch Wörter symbolisiert bzw. interpretiert werden, tangiert nicht unbedingt die Allgemeingültigkeit der *richtigen* Benennung, alles hängt nur von dem Wesen der Interpretation bzw. der Symbolisierung ab.

Bleibt man jedoch streng im Rahmen antiker Vorstellungen vom Wesen der Dinge und auch vom Wesen der Sprache, die u. a. in Platos *Kratylos* zur Geltung kommen, so muss man mit J. Trabant 2003, 25 ff. anerkennen, dass die *Sprache* – und noch stärker die *Sprachen* – bei einer wahren Erkenntnis der Dinge eigentlich als etwas Störendes empfunden werden, so dass die Grundidee, die Sokrates im *Kratylos*-Dialog durch Widerlegung der Thesen von Kratylos *und* von Hermogenes verficht, ein Vordringen zum Wesen der Dinge durch deren *unmittelbare* Anschauung, also möglichst ohne Vermittlung der Sprache, ist.

In den Theorien des Sprachursprungs gibt es eine – vermeintlich essentielle – Gegenüberstellung von *ikonischen* und *symbolischen* Konzepten der sprachlichen Zeichen.

Dieser Unterschied ist insbesondere in Zusammenhang mit dem Peirceschen Zeichenkonzept akzentuiert worden. Nach Peirce 1903/1986-94, 205 ist die ikonische Zeichenrelation „erstheitlich" in dem Sinn, dass sie keinen diadischen Gegensatz zwischen Zeichen und Bezeichnetem abgibt, sondern beim Interpretanten den Eindruck einer Ähnlichkeit zwischen diesen beiden wachruft. Ikonische Zeichen sind laut Peirce u. a. Fotos, Fußabdrücke oder Karikaturen. Neben ikonischer Relation nennt Peirce die indexikalische, oder „zweitheitliche", welche auf ein partikulares Objekt zeigt, ohne es zu beschreiben (ibid., 369). Dagegen ist die symbolische Zeichenrelation „drittheitlich" (Symbol-Bedeutung-Interpretant), da ein Symbol nur auf der Grundlage einer Gewohnheit oder Gesetzmäßigkeit interpretiert werden kann (ibid., 135). Eine Bedeutung kommt laut Peirce nur Symbolen zu, da diese an die Interpretation durch das Individuum gebunden sind. Dieses dreiteilige Zeichenmodell, das eine Alternative zu dem zweiteiligen Saussureschen signifiant-signifié-Konzept darstellen sollte, wurde später von Ogden und Richards übernommen und ausgebaut, dabei aber dem de Saussureschen in gewisser Sicht näher gebracht (vgl. Hausmann 1993). Nöth 2000, 137 meint, alle neueren Semiotiken – von Ogden und Richards über Hjelmslev, Morris, R. Jakobson, Barts, Greimas, Kristeva bis hin zu Umberto Eco – ließen sich entweder auf Saussure oder auf Peirce zurück führen oder stellten mehr oder weniger gelungene Versuche dar, deren Ansätze zu synthetisieren, vgl. aus den neuesten Morciniec 2004. Zum Vergleich beider Zeichenkonzepte vgl. auch Eco [8]1994, 28 f.

Erstere zählen zu natürlichen Theorien, da ein ikonisches Zeichen als Nachahmung von Natur- und sonstigen Lauten verstanden wird. Letztere gehen eher von (arbiträren) Interpretationen der zu benennenden Dinge aus. Im Rahmen dieser Dichotomie wäre Plato (genauer sein Kratylos) als Anhänger der ikonischen Theorie des Sprachursprungs und Aristoteles als Vertreter der symbolischen Konzeption einzustufen. Es ist aber zu prüfen, ob Ikonizität und Symbolismus sich in der Tat so stark unterscheiden, wie dies allgemein – insbesondere gerade seit Peirce – angenommen wird. Was ist eigentlich eine „Ikone" ihrem Wesen nach? Ohne Zweifel ist sie vor allem eben ein Symbol. Eine ikonische Darstellung der Welt oder jedes Einzeldings ist nicht etwa seine *genaue* Wiedergabe und noch weniger eine Nachahmung, sondern eine solche Darstellung, bei der das ikonisch dargestellte Objekt seinem Ikonenbild in seinem *inneren Wesen* entspricht. Dadurch unterscheidet sich auch z. B. eine *Ikone* (wie sie in der orthodoxen Kirchentradition verstanden wird) von einem Foto (gegen Peirce`s Annahme), aber auch von einer Zeichnung oder einem Gemälde.

L. A. Uspensky 1969; 1989 behandelt die Ikone vor allem als Symbol, in dem im Sichtbaren das Unsichtbare dargestellt wird. Äußere Ähnlichkeit ist dabei stets sekundär und dem inneren Wesen des ikonisch Dargestellten untergeordnet. In der Kirchentradition der Ikonenmalerei handelt es sich dabei um kanonisierte, d. h. nach strengen Regeln ausgefertigte symbolhafte Formen, deren Grundsatz eine sakramentale Einheit von Geist und Form ist. Hier muss erwähnt werden, dass Sokrates in Platons *Kratylos*, Abs. 425a, den Benenner mit einem Maler vergleicht, der verschiedene Farben anwendet, welche er in Analogie zu „Buchstaben" (heute würden wir dazu „Laute" sagen) bringt. Viel genauer – in der Antike allerdings unmöglich – wäre der Vergleich mit einem *Ikonen*maler, der Symbole schafft und sich in seiner Tätigkeit vom strengen Kanon leiten lässt.

Offensichtlich kann hier bei weitem nicht alles auf Sprache appliziert werden. Wichtig für unsere Fragestellung ist jedoch ohne Zweifel eine Affinität (und nicht Divergenz!) von Ikone und Symbol bei der Kodifizierung von „Inhalten". Wenn wir davon ausgehen, dass eine Affinität von Lautform und Bedeutung eines Wortes ikonischen Charakter trägt, so muss es noch lange nicht bedeuten, dass es sich hierbei um bloße Nachahmung von Naturlauten handelt. Freilich sind „einfache" Onomatopoetika ziemlich deutliche Nachahmungen, aber dafür sind sie auch nur „primitive" sprachliche Ikonen. Die Ikonizität der Wörter beschränkt sich bei weitem nicht auf diese Zeichen und darf auf keinen Fall mit Isomorphie verwechselt werden. Die „Entsprechungen" von Lautform und Zeichenbedeutung können viel tiefer und komplizierter sein, aber damit ist nicht gesagt, dass sie und die Onomatopoetika prinzipiell andere ontologische Wurzeln haben. Linguisten, die die Onomatopoetika als eine „störende Ausnahme" vom intentional-kommunikativ begründeten Konzept der ursprünglichen Arbitrarität des sprachlichen Zeichens betrachten, sind zumindest konsequent in ihrem Herangehen. Behandelt man aber die Sprache als ein universelles Phänomen der Welterkenntnis, ist die Dichotomie von Ikonizität und Symbolismus bei der Nomination unverständlich. Bei diesem Herangehen (das in der vorliegenden Arbeit geteilt wird) dürfen Ikonizität und Symbolismus auf keinen Fall von einander getrennt werden. Was in der Sprache ikonisch ist, ist zugleich symbolisch und vice versa.

In der modernen Forschung gibt es durchaus Arbeiten, in denen die Peircesche Unterscheidung zwischen Ikone und Symbol, Ikonizität und Symbolismus bei der Nomination nicht befolgt wird. So werden z. B. Eigennamen in der Arbeit von Diewald/Kleinöder 1993 zu Recht als „ikonische Symbole" behandelt.

Es ist zu beachten, dass W. v. Humboldt keinen Unterschied zwischen Ikonizität und Symbolismus in der Sprache machte, vgl. J. Trabant in Gessinger/Rahden 1989, 1, 519 (Hervorhebungen von mir – M. K.):

> „[...] hängt Humboldt der „neokratylischen" These an, die von Herder ebenso wie von Condillac vertreten wird, daß [...] die einzelnen Laute bestimmte Eigenschaften der Gegenstände *ikonisch* abzubilden versuchen. Humboldt nennt dies „*symbolische* Bezeichnung" [...]. Folge dieser Herrschaft der *symbolischen* [...] Bezeichnungsart bei der Worterfindung mußte „eine *gewisse Gleichheit* der Bezeichnung durch *alle* Sprachen des Menschengeschlechts hindurch seyn" [...]". Vgl. auch die Ausführungen in Trabant 1994.

In diesem Sinn gibt es keine ontologische Kluft zwischen dem, was Platons Kratylos sagt (und sein Sokrates zum großen Teil akzeptiert), und dem, was sich in *De interpretatione* von Aristoteles unter dem Namen *Sprachsymbol* wieder findet. Um das aber zu verstehen, muss man das Symbol selbst sehr weit interpretieren als Darstellung des Dinges durch eine kanonisierte Lautform, die mit seinem Wesen in einem tiefen, heute aber nicht immer transparenten Zusammenhang steht.

Wieso gilt aber die Aristotelische Sprachauffassung bis heute als ein Gegenstück zu Platons Theorie? Der erste Grund dafür ist der bekannte Streit zwischen Plato und Aristoteles über das Wesen der Dinge und die Konstellation von Ideen und Dingen – ein Streit, dessen Spuren man in jedem Detail ihrer Theorien sehen will. Es ist sehr wahrscheinlich, dass auch die Sprachauffassung beider antiken Philosophen von diesem Streit gekennzeichnet ist. Allerdings kann man schwer sagen, inwiefern – falls wir eine weitgehende Identität von Ikone und Symbol annehmen. Ein weiterer Grund ist nicht so plausibel, kann aber festgestellt werden, wenn wir bedenken, dass die antike Sprachbehandung sich in ihrem Wesen von unseren Vorstellungen stark unterscheidet, wir aber geneigt sind, diesen Unterschied zu bagatellisieren. R. Keller 1995, 71 f. behauptet, dass der Unterschied zwischen Platons und Aristoteles` Auffassung vom Wesen des Sprachzeichens darin besteht, dass Aristoteles die „reräsentationalistische“, während Plato die „instrumentalistische“ Konzeption vertrat. In der Neuzeit seien dann die Ideen von Aristoteles von Gottlob Frege und die von Plato von Ludwig Wittgenstein weiter entwickelt worden.

Keller 1995, 72 schreibt dazu Folgendes: „Ich *sage* dir, was ich denke, indem ich Mittel verwende, die dir dies *zeigen*. Dies scheint Platons Grundidee gewesen zu sein“ und fügt ein Zitat aus Wittgensteins „Blauem Buch“ (Ausgabe 1970) hinzu: „Wenn wir [...] irgendetwas, was das Leben eines Zeichens ausmacht, benennen sollten, so würden wir sagen müssen, dass es sein Gebrauch ist“.

Der Streitpunkt zwischen Wittgenstein und Frege ist hier deutlich definiert. Wieso nun aber Keller diese Linie auf den antiken Streit zwischen Plato und Aristoteles zurück führen will, ist nicht ganz verständlich. Es ist z. B. unklar, warum die Idee der Instrumentalität des Sprachzeichens und seiner gebrauchsgebundenen Intentionalität Platons Grundidee sein soll. Offensichtlich ist dies die Idee von *Hermogenes*, einem der drei Teilnehmer des „Kratylos“-Dialogs, die die „Natürlichkeits“-These des *Kratylos* relativieren soll. Aber diesen Gedanken dem Plato zuzuschreiben, ist ein mehr als gewagtes Unterfangen, bestünde dann keine Affinität zu Platons Grundlehre von „Ideen“. Außerdem geht es in diesem Dialog ausschließlich um einen typisch antiken Streit, dessen Ziel gar nicht darin bestand, „wahre“ Zeichenauffassungen von „falschen“ zu trennen, sondern lediglich um Feststellung von gnoseologischen Gegenpolen, von denen jeder zugleich stichhaltig und anfechtbar ist. Wenn nun R. Keller 1995, 71 selbst behauptet, dass die Antwort auf die Frage „Was ist Zeichen?“ von der Antwort auf die Frage „Was ist Kommunizieren?“ abhängt, bedarf diese These der Beweise, ohne die sie gar nicht als korrekt gelten darf. Sie setzt stillschweigend voraus, dass die – ontologisch gesehen – einzige Funktion des Zeichens „Kommunizieren“ ist, aber gerade bei dieser These geht es um eine Feststellung, die – wie oben schon mehrfach gezeigt worden ist – keinesfalls selbstverständlich ist.

Falls wir uns den *Kratylos*-Dialog genauer ansehen, können wir feststellen, dass er im Grunde ahistorisch geführt wird. Einige historische Verweise gibt es nur in den Repliken von Sokrates, z. B. wenn er von Veränderung der Wörter durch Lautumstellungen spricht oder die Etymologie heranzieht, um zu zeigen, dass man dadurch die ursprüngliche Motiviertheit der Wörter herausfinden kann.

> S. van der Meer 2003, 2 weist in diesem Zusammenhang mit Recht darauf hin, dass damit die de Saussuresche „indirekte oder relative Motiviertheit“ vorweggenommen wird.

Kratylos und Hermogenes argumentieren aber rein „synchron“ bzw. panchron, unter der Maßgabe, dass es sich um eine Panchronie im Sinne einer prinzipiellen Unveränderbarkeit der Sprache handelt. Der Sprachursprung und der den antiken Philosophen gegenwärtige Sprachzustand werden nicht von einander getrennt, was übrigens der antiken „mediterranen“ Tradition entspricht. Daher soll Kratylos´ Behauptung, es gäbe nur richtige Wörter, und falsche Wörter seien lediglich Geräusche, als „immergültig“ gelten. Es ist interessant, dass sein Opponent Hermogenes zwar mit Sprachvielfalt gegen die Grundthese von Kratylos argumentiert, jedoch nicht mit dem Phänomen des Sprachwandels. Dabei scheint letzterer eine noch ernsthaftere Gegenthese zu sein als erstere. Denn wie kann etwas als absolut richtig gelten, wenn es in seiner Form oft verändert wird und dabei weiterhin dasselbe Ding bezeichnet? Die Antwort auf diese Frage ist nun allein im Rahmen einer Theorie möglich, nach der zwischen der Urnomination und darauf folgendem Wandel ein Funktionswandel der Sprache liegt, in dessen Folge sie zunehmend zum Mittel der Einwirkung von Mitgliedern einer Kommunikationsgemeinschaft auf andere Mitglieder dieser Gemeinschaft instrumentalisiert wird. Dieser Prozess, der als „Desymbolisierung" der Wörter bezeichnet werden kann, wird aber erst später ausführlicher betrachtet.

Die Behauptung Sokrates´, das Wort, welches dem Gegenstand identisch ist, bedeute das Fehlen jeglicher Unterschiede zwischen Ding und seiner Benennung, ist nicht nur in diesem Kontext, sondern allgemein eine Paraphrase der Auffassung von Plato, die realen Gegenstände wären in Wirklichkeit eine materielle Verkörperung von Ideen, wobei die Ideen primär und vollkommen, während reale Gegenstände sekundär und unvollkommen seien. In diesem Punkt gibt es nun eine reale essentielle Kontroverse zur Auffassung von Aristoteles, der zwischen Ideen und Dingen eine gewisse formlose „Substanz" annahm. Eine direkte Auswirkung auf die Theorie des Sprachursprungs hatte aber dieser grundsätzliche philosophische Streit beider Kolosse der griechischen Antike eher nicht. Denn beim Sprachursprung und konkret bei der Frage nach der Natur des sprachlichen Zeichens geht es um symbolhafte, oder ikonische, Relationen zwischen dem „Objekt" und der Lautgestalt des dieses „Objekt" bezeichnenden Wortes; ob nun das Objekt selbst als konkreter Gegenstand oder als seine „Idee" gedacht wird, ist sekundär. Allerdings ist in dieser Hinsicht gerade Platons Vorstellung vorteilhaft, da die moderne Sprachwissenschaft gerade eher von verallgemeinerten und abstrahierten Ideen als von konkreten Gegenständen ausgeht, wenn sie von Signifiés oder Denotaten spricht. Außerdem muss beachtet werden, dass eines der Wesensmerkmale des menschlichen Denk- und Sprachvermögens gerade darin besteht, über zeitlich und räumlich „entfernte" Inhalte zu reflektieren und sie zu versprachlichen, vgl.:

> „Eine im Tierreich sonst nirgends zu beobachtenden Leistungen, die das menschliche Gehirn vollbrachte, war die Ermöglichung von offline-Denken – der Fähigkeit, Abstand zu sich selbst wie zur Außenwelt zu gewinnen, um diese nicht mehr nur qua instinktiver Reaktionen zu repräsentieren, sondern durch Symbole, die auch ohne äußeren Reiz Vor-

> stellungen und Konzepte im Geiste aufrufen können. Dort reflektieren sie gewissermaßen die Welt – und ermöglichen so dem Subjekt, über diese zu reflektieren" (vgl. Etzel 1998, 1 f.).

Sokrates in Platons *Kratylos*-Dialog versucht die lautliche Ikonizität der Primärstämme bzw. -wörter an konkreten Beispielen zu demonstrieren. Bei der Klassifikation der Gegenstände und Prozesse ist nach seiner Meinung eine natürliche Zuordnung von Lauten (Sokrates spricht durchweg von „Buchstaben") bzw. Silben zu den Dingen nicht ausgeschlossen. Der Laut *r* sei z. B. in Wörtern vorhanden, die Bewegung ausdrücken, was der Bewegung der Zunge beim Aussprechen des *r* entspricht (vgl. van der Meer 2003, 2).

> Die Idee einer direkten Laut-Bedeutung-Konstellation hatte in der Geschichte der Aufassungen vom Ursprung der Sprache eine nachhaltige Wirkung. Dabei kann diese Zuordnung sowohl direkt – als Nachahmung der Natur – gesehen werden, wie dies in den Konzepten von Rousseau, Diderot oder Condillac geschieht (vgl. u. a. Gessinger/ Rahden 1989, 1, 158 ff., 287 ff., 312 ff., 375 ff.), oder als eine mystische Verbindung des Gefühls, des Gedankens und der Artikulation. Letztere Konzeption findet ihren Höhepunkt beim deutschen Mystiker J. Böhme. Das Uvular *r*, bei dem Platons Sokrates lediglich das Merkmal der „Bewegung" sah, betrachtet Böhme als Zeichen für „bittere Qualität", „deren Eigenschaft es ist, zu zittern, zu klirren, zu murren und die anderen Qualitäten zu durchdringen" (vgl. H. Haferland in Gessinger/Rahden 1989, 1, 118; vgl. auch Moulton 1952; Mendels 1953).

Ohne Übertreibung kann man behaupten, dass die in Platons *Kratylos* formulierten Ideen und Kontroversen zum Sprachursprung mutatis mutandis bis hin zur Epoche der Aufklärung in der europäischen Philosophie, Theologie und zum Teil auch Medizin die Hauptachse des Streites gewesen sind. Dies bedeutet u. a., dass die Diskussion über den Ursprung der menschlichen Sprache generell ahistorisch und „apsychologisch" geführt wurde, auch wenn hin und wieder historische oder psychologische Argumente spontan auftraten, ohne jedoch systematisiert zu werden. Die wichtigsten Aspekte lagen im Mittelalter wie in der Antike im Bereich der Ontologie und Gnoseologie, insbesondere im Zusammenhang mit der Symbolisierung der Welt durch Sprache, sowie im Bereich der Physiologie im Zusammenhang mit den konkreten Mechanismen der Verbindung von Lautgestalt und Bedeutung.

Die Auffassung des *Hermogenes* findet sich im Mittelalter vor allem in der englischen Tradition wieder, insbesondere in den Theorien von J. Locke und z. T. von D. Hume, die dem Wort *konventionellen* Charakter zugeschrieben haben (vgl. J. Polk in Gessinger/Rahden 1989, 1, 183 ff.). Dagegen sind in der deutschen und z. T. auch in der französischen und italienischen mystischen und scholastischen Tradition (darunter bei Dionysius dem Karthäuser, Dante und insbesondere J. Böhme) eher die Argumente des Platonischen *Kratylos* zu finden, also Ideen des *natürlichen* Ursprungs der Sprache.

In der Epoche der Aufklärung geht der Streit zunächst nahezu nahtlos in die Diskussion zwischen den Sensualisten (Rousseau, Diderot, Condillac) und Rationalisten (Descartes, Vico) über – ausführlicher vgl. u. a. die entsprechenden Artikel in Gessinger/Rahden 1989/1 bzw. die Ausführungen in Borst 1957-1963. Die sensualistische Sprachauffassung tendiert logischerweise zur Natürlichkeits-These, während die rationalistische eher die Theorie des sozialen Vertrags favorisiert. Dabei wird das Wort in beiden Richtungen als Symbol bzw. Zeichen aufgefasst, obwohl unter Symbolisierung verständlicherweise unterschiedliche Prozesse bzw. Phänomene gemeint werden.

Ein Umbruch findet nun in der deutschen Philosophie und Philologie des 18. und später des 19. Jh. statt. Er beginnt mit den Arbeiten von Herder und Hamann zum Sprachursprung und erreicht seinen – bis heute nicht übertroffenen – Höhepunkt in den Werken Wilhelm von Humboldts, worauf bahnbrechende Abhandlungen der historisch-vergleichenden Sprachwissenschaft (Fr. Bopp, R. Rask, J. Grimm und A. Schleicher) und später junggrammatische Untersuchungen (H. Paul, W. Braune, K. Brugmann, K. Verner u. a.) folgen, aber auch durch W. v. Humboldt inspirierte sprachphilosophische Arbeiten – von Schlegel bis Steinthal. Die Fragestellung, die u. a. auch das Problem des Sprachursprungs betrifft, wird innerhalb dieser Konzepte im Vergleich zur Antike und dem Mittelalter, aber auch im Unterschied zur Aufklärung, grundsätzlich verändert. Die wichtigsten neuen Prinzipien, die nun die Lehre von Sprachursprung und -entwicklung beherrschen, sind historisch-genetische und psychologische Behandlung der Sprache als Ganzes und einzelner Sprachphänomene.

Sowohl das „Historische“ als auch das „Psychologische“ bedarf hier einer Präzision. Die historische Sprachbehandlung bei Humboldt und bei den meisten seiner Nachfolger hat wenig Gemeinsames mit der seit de Saussure eingeprägten Vorstellung von Diachronie. Es handelt sich nicht um eine methodische Trennung von aktuellem Zustand und Entwicklung der Sprache, sondern um die Behandlung der Sprache, die einzig und allein historisch, und zwar als Geschichte des sich in der Sprache manifestierenden Geistes der Völker und des Menschengeschlechts, gedacht werden kann. Auch unter dem psychologischen Aspekt ist nicht etwa Verhaltenspsychologie o. ä. zu verstehen, sondern vor allem die individuelle und kollektive Subjektivität des Geistes bei der Versprachlichung der Welt.

Die wichtigsten theoretischen Ansätze dieser neuen Richtung in der Sprachphilosophie und später in der Sprachwissenschaft, die das hier behandelte Problem des Wortes als Symbol betreffen, lassen sich folgendermaßen verallgemeinern.

Die Frage nach dem Ursprung der Sprache verwandelt sich in die Frage nach ihrem Wesen – auf diese Besonderheit der Sprachauffassung Humboldts hat wohl als erster H. Steinthal 1851/[4]1888/ 1974, 69 hingewiesen. Daher kann auf die Frage, woher bzw. wie die Sprache entstanden ist, nur geantwortet werden, wenn man die Frage beantwortet hat, was die Sprache ihrem Wesen nach darstellt. Diese letztere wird nun beantwortet im Sinne einer Untrennbarkeit von „eine Sprache beherrschen“ und „Mensch sein“ – und hier sind Herder, Hamann und Humboldt weitgehend einig. Humboldt formuliert kurz und deutlich: „Der Mensch ist nur Mensch durch Sprache; um aber die Sprache zu beherrschen, müsste er schon Mensch sein“ (zitiert nach: J. Trabant in Gessinger/Rahden 1989, 1, 508). Diese Auffassung vom Zusammenhang zwischen „Sprache“ und „Mensch“ führt notgedrungen eine antisemiotische Konzeption des Wortes herbei, die insbesonere bei Humboldt expressis verbis ausgedrückt wird. Es ist für ihn undenkbar, die Sprache als Mittel bzw. Instrument zu behandeln, welches aus irgendeinem praktischen Bedürfnis des Menschen entsteht. Die Grundeinheit der Sprache – das Wort – wird daher auch nicht als bloßer Repräsentant der bezeichneten Sache aufgefasst, der praktischen Bedürfnissen dient (vgl. Humboldt 1903-1936, 6, 118 ff.). Vielmehr neigt Humboldt dazu, das Wort und die Sprache aus menschlicher Empfindung (ibid., 119) abzuleiten.

J. Trabant (in Gessinger/Rahden 1989, 1, 518), der sonst die Konzeption Humboldts mit geradezu erstaunlicher Gründlichkeit und Präzision darlegt und beurteilt, will in dieser Auffasung – für mich eher überraschend – ein Indiz dafür sehen, dass Humboldt beim Sprachursprung nicht die semantische, sondern vielmehr die pragmatische Dimension (als Appell bzw. Kundgabe im Bühlerschen Sinn und nicht etwa Darstellung) in den Vordergrund stellt. Eine von praktischen Bedürfnissen der Kommunikation losgelöste Pragmatik ist m. E. ein schwer zu interpretierendes Phänomen, es sei denn, man definiert die Pragmatik völlig anders als heute üblich ist. Andererseits darf die Semantik nicht auf „Darstellung" im engeren Sinn reduziert werden. „Empfindungsausdruck" ist daher durchaus mit Semantik affin, nicht zuletzt weil axiologische Elemente als direkter Ausdruck von emotionellen und affektiven Grundeinstellungen den unveräußerlichen Bestandteil der Wort*bedeutungen* bilden. Mir scheinen überhaupt Konzeptionen wenig erhellend zu sein, in denen das Expressive am Wort von vornherein aus seiner Semantik ausgeschlossen und diese letztere lediglich auf das Neutral-Begriffliche reduziert wird. Vielmehr sollte eben davon ausgegangen werden, dass die „Empfindung" (im Sinne Humboldts) durchaus zum begrifflichen Kern der Wortbedeutungen gehören kann, ja gerade bei der Problematik des Sprachursprungs höchst „ursprungsverdächtig" ist. Der Erkenntniswert der emotional-axiologischen Sphäre des menschlichen Geistes ist bisher überhaupt sehr wenig erforscht und harrt eingehender Untersuchungen, darunter in der Linguistik.

Eine weitere bahnbrechende Idee Humboldts, die heutzutage leider oft unbeachtet bleibt, ist die Betrachtung des Wortes unter dem „syntaktischen" Gesichtspunkt, und zwar nicht im Sinne seines syntaktischen Potentials in einer komplexen Aussage, die aus mehreren Wörtern besteht, sondern aus der Sicht des Sprachursprungs, im Sinne einer diskursiven Potenz des Einzelwortes in der Epoche der Urschöpfung: Das „erste" Wort ist zugleich ein ganzer Satz mit dem Erkenntnis- und Mitteilungswert einer Proposition. Darüber hinaus enthält das „Urwort" nach Humboldt bereits in seinem Keim das grundlegende Prinzip der Artikulation schlechthin.

Humboldt nimmt an, dass dieses erste Wort das Pronomen *Ich* gewesen sein mag (vgl. Humboldt 1903-1936, 7, 104), gefolgt von anderen Personalpronomina, worauf dann Präpositionen und Interjektionen folgen (ibid.). Freilich sind Annahmen dieser Art stets höchst spekulativ und können in der Regel weder bewiesen noch widerlegt werden. Humboldt selbst hat allerdings derartige Hypothesen sehr ungern aufgestellt – wahrscheinlich unter dem allgemeinen Druck des „öffentlichen Interesses" am Sprachursprung in seiner „konkreten" Dimension. An einem anderen Ort schreibt er, „alles Bestimmen einer Zeitfolge in der Bildung der wesentlichen Bestandteile der Rede“ sei seiner „innersten Überzeugung nach [...] ein Unding“ (Humboldt 1903-1936, 6, 307). Trotzdem ist Humboldts Hypothese bezüglich des *Ich*-Archetyps, wie unten (2.2) gezeigt wird, gar nicht abwegig.

Wird nun die Konzeption Humboldts in ihren das Wesen des Wortes betreffenden Grundzügen mit viel späteren strukturalistischen Ansätzen der Genfer Schule, des Prager Zirkels bzw. der Kopenhagener Glossematik verglichen, kann festgestellt werden, dass letztere Richtungen in ihrer semiologisch orientierten Behandlung des Wortes eher an die mittelalterliche und aufklärerische Tradition anknüpfen und in einigen wesentlichen Momenten der Wortbehandlung – bewusst oder unbewusst – im Vergleich zu Humboldt einen Schritt zurück treten. Aber auch die Neohumboldtianer greifen nicht alle wesenhaften Aspekte der Humboldtschen Wort- und Sprachauffassung auf, so dass sowohl Weisgerber und seine Schüler und Nachfolger als auch Sapir – Whorf gerade bei der Behandlung des ursprünglichen Wesens des Wortes einem gewissen Reduktionismus nicht ausweichen können, den es bei Humboldt nicht gibt. Was die moderne kognitiv-konzeptuelle Richtung (R. Langacker, G. Lakoff, M. Johnson, A. Wierzbicka u. a.) betrifft, so befasst sich diese vor allem mit dem völker- bzw. kulturspezifischen Sprachbild und behandelt die Grundfragen der Wortgenealogie eher am Rande.

Behandeln wir nun das Wort als Symbol bzw. Ikone vom dadurch bezeichneten Phänomen und halten uns dabei an die Maxime einer ontologischen Nicht-Arbitrarität dieses Symbols, müssen wir uns vor allem folgende Fragen stellen:

1) *Was* wurde im Wort bzw. durch das Wort ursprünglich symbolisiert? Die nächstliegende Annahme ist eine Symbolisierung von gewissen essentiellen Merkmalen des bezeichneten Phänomens. Die Frage ist nun, welche der Merkmale im Prinzip essentiell sein können. An das Lautbild lassen sich vor allem unwillkürliche (affektive) und willkürliche (imitative) Merkmale binden. Mit ersteren hängen dann vor allem axiologische Deutungen zusammen (etwa Angst- bzw. Schmerzausruf – Bedrohung – etwas Schlechtes, Unangenehmes), mit letzteren – neben axiologischen – epistemologische (z. B. Imitation eines Tierlautes –

eine der Grundeigenschaften des betreffenden Tiers – Folgen dieser Eigenschaft für den Menschen – sonstige Assoziationen, die sowohl unmittelbar mit dem betreffenden Tier als auch mit seiner näheren und ferneren Umgebung verbunden sind). Weitere natürliche Gründe für eine lautmäßige Symbolisierung können entweder direkt von affektiven und imitativen abgeleitet oder aber auf andere Merkmale zurück geführt werden.

2) *Wie* verläuft der Prozess der Symbolisierung (falls es ein Prozess ist) bzw. wieso findet eine atomare Symbolisierung statt (falls es kein Prozess ist)? Dazu gehört u. a. auch die nicht unwichtige Frage, ab wann überhaupt von einer sprachlichen Symbolisierung gesprochen werden darf. Was wurde vom Menschen zuerst „versprachlicht" – Gott bzw. Götter, Naturkräfte und -phänomene oder von ihm selbst bzw. von anderen gefertigten Artefakte? Hier nur ein Beispiel. D. Zimmer 1986, 164 ff. und A. Mańczyk 2001, 19 ff.; 2002, 55 betrachten das rapide Wachstum des Hirns der Hominide und später der Menschen im Zusammenhang mit der Herstellung von Werkzeugen für die Jagd, welche dem Grundbedürfnis nach Überleben entsprach. Nach ihrer Auffassung ist Sprachvermögen samt Denkfähigkeit gerade im Prozess der Herstellung und späterer Vervollkommnung der Jagdwerkzeuge entstanden. Logischerweise sollten metonymische und später metaphorische (vgl. Mańczyk 2002, 74 ff.) Symbolisierungen sich gerade zunächst auf Werkzeuge selbst beziehen (Mańczyk, ibid., Zimmer, ibid., S. 168 f.). Es drängt sich nun die Schlussfolgerung auf, dass die ersten Wörter in diesem Fall gerade Bezeichnungen für Artefakte gewesen sein müssen. Die mythologische Antwort auf diese Frage (in der Genesis, aber auch z. B. in der germanischen heidnischen Dichtung) ist anders: Zunächst werden vom Menschen Tiere bzw. andere Menschen und sonstige *Physei* benannt. Theoretisch kommen auch noch andere Vorschläge, darunter Kompromisslösungen, in Frage.

3) *Was stellen* Primärstämme (im Sinne der Urschöpfung) *dar*? Welche Lautsequenzen können es gewesen sein und welchen ursprünglichen Bedeutungen wurden sie zugeordnet? Welche Rolle spielen z. B. Lallwörter der Kindersprache und deren symbolhafte Ausbaufähigkeit beim Aufbau eines glaubwürdigen Modells der Urschöpfung? Eine nicht unwichtige Frage ist hier übrigens, ob überhaupt so etwas wie ein glaubwürdiges Modell

der Ur-Simplizia existiert bzw. denkbar ist und, wenn ja, worauf es beruhen soll.

Im weiteren wird versucht, die aufgeführten Fragen näher zu behandeln bzw. einige Vorschläge zu deren Auflösung zu machen.

2.2 Urschöpfung und Simplizia

Das Problem der Urschöpfung gilt in der gegenwärtigen Linguistik als höchst spekulativ und daher wenig fruchtbringend. In gewissem Grad war es bereits im 19. Jh. „verdächtig", aber nach dem positivistisch-strukturalistischen Umbruch in der Sprachwissenschaft ist die Beschäftigung mit der Urschöpfung – selbst wenn sie in noch so harmloser Form betrieben wird – ein sicheres Kennzeichen von „Vorwissenschaft" und Dilettantismus". Das wichtigste Argument, das diese Abneigung der Sprachwissenschaftler gegenüber der Behandlung der Urschöpfungs-Problematik begründet, ist wiederum die These von der Arbitrarität des Sprachzeichens. In der Tat: Was arbiträr ist, braucht nicht nach Motivation hinterfragt zu werden, Etiketten bedürfen keiner eingehenden Untersuchung ihrer Genesis. Gehen wir nun aber von einer ontologischen Nicht-Arbitrarität des Wortes aus, gewinnt das Problem der Urschöpfung an Bedeutung, denn es ist in diesem Fall die Frage nach dem letzten Grund der Sprachentstehung.

Es ist überhaupt zu bedenken, wieso es in der Geschichte der Sprachwissenschaft dazu gekommen ist, dass das sprachliche Zeichen einerseits meist als arbiträr – dabei wohl gerade als *ontologisch* arbiträr – behandelt wird, und andererseits sein Symbolcharakter in keiner soliden linguistischen Abhandlung ernsthaft bestritten wird. Freilich gibt es in der Semiotik eine Vorstellung von Zeichen als arbiträren Symbolen. Die Symbolhaftigkeit derartiger Zeichen ist aber stets sehr primitiv und – da austauschbar – für eine historische oder genetische Forschung uninteressant. Bei Systemen wie Sprache – mit primären, sekundären, tertiären u. a. Assoziationen metaphorischen und metonymischen Charakters – wäre ein derartiges Herangehen an das Hauptelement des Systems, das Wort, kaum ausreichend. Selbst bei primitiven Zeichensystemen ist eine absolute Arbitrarität eher auszuschließen. Man kann darüber spekulieren, dass z. B. eine Inversion der Lichtsignale einer Verkehrsampel durchaus möglich ist und es im Prinzip denkbar wäre, dass man bei Rot gehen/fahren und bei Grün stehen/halten sollte, eher ist aber anzunehmen – und zahlreiche psychologische Tests beweisen dies –, dass bestimmte Farben feste Assoziationen zumindest bei sehr großen Völkergemeinschaften, wenn nicht universell, hervorrufen: Rot steht eben für Gefahr und Grün für das Fehlen dieser – mit allen damit verbundenen Folgen für die Reaktionen darauf seitens der Menschen und ihre Verhaltensmuster. Dies kann wiederum als natürliche Konsequenz aus einer arbiträren Prämisse beurteilt werden bzw. als Ausbildung gewohnheitsmäßiger Assoziationen und habitueller Verhaltensmodelle aus einer sehr lange dauernden Konvention. Doch neige ich aus mehreren Gründen zur Postulierung einer „natürlichen" Quelle auch bei diesen relativ einfachen Zeichensystemen. Ich nehme auch hier eine Assoziationskette an, deren „Input" ein naturgegebener Zusammenhang zwischen bestimmten Qualitäten (in unserem Fall sind es Farben) und ihren wesenhaften Eigenschaften bildet. Damit ist aber keineswegs die prinzipielle Möglichkeit einer Mehrfachdeutung ausgeschlossen, welche einfach auf *unterschiedlichen*, dabei aber *essentiellen* Merkmalen und Eigenschaften der jeweiligen Qualität beruhen. Diese Vielfalt der Primärdeutungen und erst recht die davon abgeleitete Vielfalt der entsprechenden Assoziationsketten kann sowohl universell als auch spezifisch, z. B. idioethnisch, sein. Im konkreten Beispiel der Farbsymbolik könnte man z. B. folgende Deutungs- und Umdeutungsketten annehmen: Grün ist ein Symbol für Leben bzw. alles, was zum Bereich der Lebenserhaltung gehört – schon auf Grund der dominierenden Farbe der Pflanzenwelt. Grün ist in diesem Bereich ein Signal für den „normalen" Zustand. Über diesen Pfad kann sich nun eine Vorstellung von Grün als „Gebotsfarbe" entwickelt haben, daher letztlich auch die Hauptfunktion von Grün bei Verkehrsampeln etc. Rot ist dagegen u. a. die Farbe des Bluts. Die kann zweierlei gedeutet werden, wobei beide Deutungen unbestritten essentiell sind. Zum einen ist es ein Indiz für Schmerz und Gefahr, da das Blut sich erst dann zeigt, wenn ein Lebewesen, darunter ein Mensch, verwundet ist o. ä. Dies kann nun als Signal für „anormalen" Zustand und somit für Gefahr und zuletzt auch für Warnung (z. B. Aufleuchten einer roten Lampe in einem elektrischen oder elektronischen System) oder gar Verbot (in der Verkehrsampel) gedeutet werden. In dieser Kette steht Rot dem Grün gegenüber. Eine andere Kette von natürlichen Assoziationen beruht auf der lebenserhaltenden Funktion des Blutes im Organismus. In diesem Fall zeigt sich das Blut nicht, aber es wird nach seiner Wirkung innerhalb des Organismus als „lebenserhaltend" gedeutet. Die Blutzirkulation führt nun die Wärmeerhaltung und das Gefühl der „inneren Wärme" herbei. So steht Rot z. B. in einem Thermometer für Pluswerte, während Blau (durch andere Assoziationen) für Kälte und daher für Minuswerte „zuständig" ist. Bekanntlich fühlt man sich sogar in einem Zimmer mit blau gestrichenen bzw. tapezierten Wänden anders als in einem Zimmer mit z. B. orangefarbenen Wänden. Gleiche Temperaturen empfindet man in „blauen“ Räumen als tiefere im Vergleich zu „roten“ oder „orangefarbenen“ – nicht zufällig spricht man von „warmen“ und „kalten“ Farben und Farbtönen. Wir erhalten nun zwei natürliche, aber unterschiedliche äquipolare Assoziationsketten bzw. Symbolmuster: Rot-Grün einerseits und Rot-Blau andererseits. Beide sind ontologisch natürlich und funktional arbiträr – daher sind sie ein ziemlich anschauliches Beispiel für sprachliche Symbolisierungen, die – zugegeben – viel komplizierter sind.

Die Behauptung, dass die ersten sprachlichen Zeichen auf einfachen Silben beruhen, ist an sich trivial: Die Annahme einfacher Bausteine als Grundelemente komplizierter Systeme, die sich historisch ausbilden, ist wahrscheinlich die sicherste. W. von Humboldt (vgl. u. a. seine Ausführungen in Humboldt 1903-1936, 4, 284 ff.) hatte allerdings gewisse Bedenken diesbezüglich, da „primitive“ Sprachen zwar postuliert werden können, aber in Wirklichkeit bisher von der historischen Sprachwissenschaft nicht empirisch belegt worden sind. Er schließt zwar eine prähistorische Phase in der Sprachentwicklung nicht ganz aus, erwartet jedoch von deren Untersuchung keine grundlegenden Aufschlüsse, da nach seiner Auffassung die Sprache von vornherein als Ganzes dem Menschen zur Verfügung steht, ja ihn zum Menschen macht. Der Mensch erfindet seine Sprache nicht, vielmehr ist sie in ihn unmittelbar gelegt worden.

J. Trabant (in Gessinger/Rahden 1989, 1, 508) bemerkt in diesem Zusammenhang, dass die Urversion des Vortrags Humboldts über den Ursprung der Sprache (1820) die Formulierung „als von Gott unmittelbar in den Menschen gelegt“ enthielt. Diese Auffassung darf aber auf keinen Fall im Sinne einer Weitergabe der Sprache von Gott an den Menschen im Lernprozess (wie bei Süßmilch) verstanden werden, sondern vielmehr als eine angeborene Sprachfähigkeit bzw. angeborenes Sprachvermögen, welche nun von Menschen und Völkern individuell bewältigt und „verarbeitet“ werden.

Trotz dieser Bedenken kann man freilich nicht umhin, bestimmte Elemente und Richtlinien der primären „Einsilbigkeit“ zu rekonstruieren versuchen, schon deshalb, weil diese ohne Zweifel den Spracherwerb durch die Kinder charakterisieren und andererseits, weil es nachweisbare Relationen zwischen Einheiten gibt, die das Onomatopoetische mit dem Nicht-Onomatopoetischen in der Sprache verbinden und so zu einer Auffindung von gemeinsamen Grundlagen bei der Nomination beitragen können.

Die so genannten Lallwörter dürfen daher bei Untersuchungen zur Entstehung und Entwicklung der Sprache nicht unterschätzt werden, allerdings unter der Maßgabe, dass diese in einen weiteren Kontext der Symbolisierungen und Assoziationsketten gebracht werden, die M. M. Makovskij 1988 als „linguistische Kombinatorik" bezeichnet hat – der Terminus scheint mir allerdings nicht allzu treffend zu sein, vor allem wegen zu direkter Assoziationen mit völlig anders aufgebauter mathematischer Kombinatorik, aber die Idee, die dahinter steht – dass sich bestimmte Assoziationsketten auf gemeinsame ontologische und genealogische Grundlagen zurück führen lassen –, ist durchaus produktiv.

Beim Kind lassen sich einfache Silben beobachten, die dem Sprechen unmittelbar voraus gehen. Dies sind Kombinationen des Typs Vokal+Konsonant bzw. deren Inversion – Konsonant+Vokal. Der Vokal ist am häufigsten das *a* bzw. seine idioethnischen Abarten mit dem dominierenden Bildungsprinzip „hintere Reihe – tiefe Zungenhebung".

Bezüglich der Qualität der „Urvokale" kann man heute nichts Genaues sagen. Feststellungen und Hypothesen sind hier allein auf phonologischer Ebene möglich. Indirekte Hinweise diesbezüglich kann uns zumindest für das Indo-Germanische die Apophonie bzw. der Ablaut geben. F. de Saussure hat in seinem Jugendwerk – dem „Mémoire sur le systéme primitif des voyelles dans les langues indo-européennes" (1878/79) – das Vokalsystem des Ur-Indoeuropäischen als ein ideelles A-System beschrieben. An den Vokal (de Saussure rekonstruiert für das Proto-Indoeuropäische den einheitlichen (kurzen) Vokal *e*) wurde nach seiner Grundhypothese jeweils ein sonantisches Koeffizient (man kann es als H bezeichnen) angeschlossen. In der Vollstufe des *e*-Vokals sah dann das A als *eH* aus, durch den *H*-Anschluss wurde das *e* gedehnt und seine Qualität wurde verändert. In der Nullstufe des Grundvokals (*e*-Schwund) wird das sonantische Koeffizient vokalisiert, wodurch die Silbe auch ohne Grundvokal weiter bestehen konnte. Frage ist nun, welche Lautqualität das sonantische Koeffizient *H* besaß. De Saussure konnte zwei „Koeffiziente" rekonstruieren – resp. mit *A*- bzw. mit *O*-Qualität. Seine Theorie war freilich sehr unvollkommen, konnte man mit deren Hilfe z. B. das lange *ê* nicht erklären. H. Möller 1906 hat in Entwicklung der These de Saussures ein drittes Koeffizient mit der Qualität *E* postuliert. Von ihm stammt auch der Terminus *Laryngale*,

> mit dem er die sonantischen Koeffiziente im Rahmen seiner Theorie über die Verwandschaft indo-europäischer und semitischer Sprachen bezeichnete. Die zunächst als eine rein theoretische These aufgestellte Konzeption hatte mit der Entdeckung der hethitischen Sprache eine für viele Linguisten unerwartete Bestätigung am konkreten Sprachmaterial gefunden (vgl. Nikolajeva 2002, 9). Sie wurde von J. Kuryłowicz 1935, 27-76; 1956, C. Watkins 1985, R. Lühr 1976 u. v. a. weiter entwickelt. Die heute übliche Rekonstruktion umfasst drei Laryngale – h_1 mit der Qualität *E*, h_2 mit der Qualität *A* und h_3 mit der Qualität *O*. Die Kombination eh_1 ergibt das lange *ê*, die Kombination eh_2 – das lange *ô* und die Kombination eh_3 – das lange *â*. Stehen die Laryngale *vor* dem „Grundvokal", ist seine Qualität kurz, also $h_1e=e$, $h_2e=a$ und $h_3e=o$ (vgl. Nikolajeva 2002, 10). Die Tiefe der Rekonstruktion ermöglicht freilich keine sicheren Aussagen über die tatsächliche Qualität der Laryngale und erst recht des „Grundvokals", der von de Saussure als *e* rekonstruiert wurde. Unbekannt ist auch die Genealogie bzw. die Entstehungsabfolge des „Grundvokals" und der Laryngale. Möglicherweise existierten die ide. „Ursilben" von vornherein als Kombination von Grundvokal und Laryngal. Es ist nur darauf hinzuweisen, dass z. B. die Vokale der Lallsilben der Kindersprache sich durchaus als Kombinationen im Sinne der Laryngaltheorie deuten lassen.

Das *a* verbindet sich mit bilabialen und – seltener – dentalen Konsonanten wie *m, b, p* resp. *t, d, n*. Dadurch entstehen Silben beider genannten Typen – VK und KV, also *am, ap, ab* (letzteres aus phonotaktischen Gründen begrenzt), *at, ad* (aus phonotaktischen Gründen begrenzt), *an* sowie *ma, ba, pa, ta, da, na*. Worauf beziehen sich nun diese Lautkombinationen? Die Antwort auf diese Frage gibt uns eine erste Stütze zum Aufbau einer möglichen Assoziationskette der sprachlichen Symbolisierung, welche sich dann etymologisch beweisen oder widerlegen lässt.

Die Untersuchungen zum Spracherwerb der kleinen Kinder geben zunächst (freilich weitgehend in hypothetischer Form) eine ontogenetische Antwort auf diese Frage, die in gewissen Grenzen als Grundlage einer hypothetischen Phylogenese dienen kann. E. Lenneberg 1967/1972 vermutete den Einsatz der Spracherwerbsphase erst mit dem zweiten Lebensjahr. Spätere Untersuchungen haben jedoch die Wichtigkeit der vorsprachlichen Phase, insbesondere gerade der sog. Echolalie ergeben, in der das Kind zu „lallen" bzw. zu „babbeln" anfängt. Diese Phase setzt etwa im 5. bis 6. Lebensmonat des Kindes ein, eine „innere Vorbereitung" darauf beginnt aber wohl bereits im Mutterleibe (vgl. Zimmer [7]2003, 27 f.).

Mit acht Monaten beginnt das Kind erste Lautverdoppelungen (Reduplikationen) zu bilden, z. B. *dada, baba, mama, tata, nana, papa* (ibid., 28). Ich gehe nicht von ursprünglichen Reduplikationen, sondern vielmehr von Multiplikationen aus, bei denen die jeweilige Lautsequenz mehrfach wiederholt wird, etwa *ma-ma-ma-ma...* oder *ba-ba-ba-ba...* u. dgl., was man durch einfache Beobachtung des „Lallens" feststellen kann. Eine Reduzierung der multiplizierenden Silbe auf eine reduplizierende ist schon eine erste Ordnung im Sinne der Bildung sprachlicher Protozeichen, was unten noch ausgeführt ist. Außerdem nehme ich an, dass es sich bei den Urlallsilben des Kindes nicht nur um die Sequenz *Konsonant-Vokal* (KV), sondern auch um die zugleich entstehende symmetrische Sequenz *Vokal-Konsonant* (VK) handeln kann. Eine Kontamination beider Lautsequenzen entsteht einfach durch die Verschiebung der Silbengrenze beim „multiplizierenden Lallen" (vgl. nähere Ausführungen in diesem Abschnitt unten).

R. Jakobson 1960 spricht vom Erwerb erster lautlicher Kontraste, von denen der erste der Kontrast zwischen Vokal (der ersterworbene Vokal ist laut Jakobson das *a*) und Konsonant ist (die ersten Konsonanten sind seiner Meinung nach Bilabiale *p, b* und *m*, auf die dann *t* und *d* und später die Spirants wie *f* oder *s* folgen). Durch Verbindung von Konsonanten mit *a* und später mit den neu erworbenen *i* und *u* entstehen dann Urlaut-Sequenzen wie *ma, pa, ba, bi, mu* u. dgl, die nach Jakobson jedem Lautsystem zu Grunde liegen und daher als universell zu betrachten sind. Allerdings wird das Lallen bzw. Babbeln von Jakobson nicht mit durch diese Lautsequenzen eventuell ausgedrückten ikonischen Symbolisierungen in Verbindung gebracht.

In verschiedenen Sprachen – wir verbleiben zunächst hauptsächlich bei der indo-europäischen Sprachfamilie – werden durch diese „Lallsilben" in sehr ähnlichen Lautkombinationen die nächsten Verwandten kodiert, was nicht verwundern darf, sind doch Eltern und Großeltern die ersten und häufigsten Kontaktpersonen des Kindes. Wenn man bedenkt, dass das *a* das Öffnen des Mundes beim Kind symbolisiert, u. a. wenn es gefüttert wird, und die darauf folgenden Bilabialen – das Mundschließen, wenn die Nahrungsportion im Mund ist, lässt sich eine metonymische Übertragung des Prozesses des Fütterns auf die Person, die füttert – und das sind eben vor allem die Mutter und dann der Vater bzw. weitere nächste Verwandte –, unschwer ableiten. Die Reduplikation ist hier eine obligatorische Symbolisierung der mehrfachen Wiederholung des Prozesses (des Fütterns), die im entstehenden Wort auf zweifache Bildung der tautologischen Silbe – entsprechend den Grundprinzipien einer ikonischen Kodierung – reduziert wird. Dadurch wird sowohl der Maxime des „Mehrfachen" als auch der der Sprachökonomie Rechnung getragen. Wohlgemerkt ist die einfache Reduplikation lediglich die Endphase des Prozesses der Zeichenbildung, an dessen Anfang längere tautologische Sequenzen des Typs *am-am-am*...(welche die Verschiebung der Sibengrenze zu *ma-ma-ma* einfach durch das längere Wiederholen zulässt) oder *pa-pa-pa*..., *ta-ta-ta*..., *ba-ba-ba*... oder *da-da-da*... (welche in einigen Fällen nur eine begrenzte Silbengrenzverschiebung zulassen) gestanden haben mögen. Dass nun die Silbe *ma*, die ja sehr wahrscheinlich die Inversion der Primärsilbe *am* ist, gerade für die Bezeichnung der Mutter gewählt wird, ist nicht verwunderlich, ist die Mutter die am häufigsten Fütternde. Vgl. auch das dt. *Amme*, die eine deutliche Variante der *am-/ma-Silbe* mit Wechselsequenz VK-KV ist.

> *Amma* ist eine Bezeichnung für Klostervorsteherin oder ältere Frau in christlichen Gemeinden Ägyptens, Syriens, Palästinas und Griechenlands in den ersten Jahrhunderten nach Chr. gewesen – eine der Erklärungen ist die Analogie zu *Abba* „Vorsteher eines Klosters, Beichtvater", das seinerseits auf das hebr. Lallwort *abba* „Vater" zurück geht. *Abba* ist nun nichts Anderes als Ergebnis von onomatopoetischer Sequenz *ab-ab-ab*... mit „Essen-Symbolik" und Verschiebung der Silbengrenze am Kreuzungspunkt der VK-Silbe *ab* und der davon stammenden invertierten KV-Silbe *ba* – phonotaktisch gesehen war es wohl die einzige Möglichkeit für das Auftreten eines Mediums in der VK-Sequenz, das am absoluten Silbenausgang zu einem Tenues wurde. Für *Amma* kann neben Analogie zu *Abba* aus oben genannten Gründen auch eine selbständige Urschöpfung postuliert werden, die mir sogar wahrscheinlicher scheint.

Weitere Silben sind dann Analogiebildungen zu *am/ma*, wo die Symbolisierung des Füttern-Prozesses sowohl direkt auf die natürliche VK-Sequenz (neben *am* auch *ap*), als auch mittelbar auf die davon stammende KV-Sequenz zurück geht, nach dem Prinzip: *am-am* (oder auch *ap-ap*) ist der Prozess des Essens, *ma-ma* und *pa-pa* sind diejenigen, die das Essen geben; *ta-ta, ba-ba, da-da* sind Personen, die das Essen geben, die aber nicht unbedingt Mutter oder Vater sind.

> Aus der ontologischen Sicht sind die hier aufgeführten hypothetischen Zeichen-Silben m. E. eher affektiven als imitativen Ursprungs, sie werden nicht im Prozess der Nachahmung, sondern auf „rein natürlichem" Weg gebildet. Dies schließt aber keineswegs aus, dass sie – wenn sie schon existieren – auf dem Weg der spontanen Nachahmung oder auch der bewussten Demonstration durch die Eltern beigebracht und durch das Kind „gelernt" werden können. Die Lautform drückt zwar nicht immer gleiche, aber in jedem Einzelfall essentielle Merkmale des Signifié ikonisch aus.

Wie nun die weitere Assoziationskette aufgebaut wird und welche Symbole in deren Folge entstehen, kann am Beispiel des ide. Stammes mit der Urbedeutung „Vater als der Fütternde" verfolgt werden. Die Lallsilbe *pa-pa* wird ohne Veränderung ihrer reduplizierten Form für die Bildung der Diminutiva dt. *Papa*, frz. *papá*, russ. *папа* u. dgl. verwendet. Die Silbe *ta-ta* findet sich u. a. im poln. *tata* \`Vater\` und – mit Inversion der Lautsequenz – in den Turksprachen (*atta, ata*) oder im Gotischen *atta*, und die Silbe *da-da* (mit Apokope des zweiten Vokals im Wortausgang) im engl. *dad*. Diese Primärbildungen unterliegen naturgemäß keinem Lautwandel im Rahmen der Lautverschiebungen.

Die nächste Stufe bildet der ide. Stamm **pat-*. Die genaue phonetisch-phonologische Qualität des Wurzelvokals ist hier sekundär und m. E. auf jeden Fall von dem „normalen" *a* abgeleitet, aber die Reflexe in ide. Einzelsprachen lassen in der Tat deutlich auf ein „Schwah primum", also **pət-*, schließen. Dieser Stamm ist wohl das Ergebnis einer Fusion von *pa* und *ta* mit Apokope in der zweiten Silbe und Reduktion in der ersten. In diesem Sinn ist der Stamm **pət-* mit dem engl. *dad* zu vergleichen mit dem Unterschied, dass im Englischen das Dentale *d* in beiden Fällen erhalten bleibt, während in der rekonstruierten Form der ide. „Protosprache" in Folge einer Kontamination sowohl Reste der *pa-* als auch der *ta*-Silbe vorhanden sind. Der ide. Stamm ist also im gewissen Sinn suppletiv, obgleich beide Elemente des suppletiven Stammes genealogisch gesehen „natürlichen" bzw. „analogen" Ursprungs sind. Die Silben *pa* und *ta*, von denen die erste wohl direkt und die zweite zumindest mittelbar durch die Bedeutung des Fütterns motiviert sind, sind zunächst wohl relativ autonom, in der fusionierten Kombination stellen sie aber einen Stamm dar, der eine hierarchische Struktur besitzt. Die erste Stammsilbe **pa-* bzw. **pə-* ist hier die Wurzel, in der die Reduplikation verloren gegangen ist. Das Element *-t* ist ein Determinativum mit einer Quasi-Suffix-Funktion, und der gesamte neue Stamm bedeutet soviel wie „Futter; Essen". Daraus entstehen nun später die Wörter dt. *Futter*, *fett, feist, füttern,* engl. *fat, food* und *to feed,* russ. *пища* „Essen; Futter", *питать* „füttern, ernähren", *пасти* „weiden" usw. (vgl. die entsprechenden Lemmata in jedem Herkunftswörterbuch, u. a. in Pokorny 1959, DWB, Feist 1909/1939, Pfeiffer 1993, Kluge 1999, Duden 7/1989, Holthausen 2000). Im Unterschied zu den Primärsilben unterliegt aber der ide. **pət*-Stamm in konkreten Sprachen entsprechendem Lautwandel, darunter der Konsonantenverschiebung *p→f* nach Grimms Gesetz.

In der weiteren Stufe kommt es zu einer Erneuerung der Primärmotivation, wobei die Assoziation *'Futter`* – *`Vater`* durch das weitere Determinativum *-r* wieder hergestellt wird, das in der Indogermania allgemein für Verwandschaftsbezeichnungen steht vgl. aind. *pitár*, *gr. patér,* lat. *pater,* frz. *père*, got. *fadar,* nengl. *father,* nhd. *Vater* usw. Wiederum wirken Lautwandelgesetze, u. a. die germanische Verschiebung *p→f,* die Stimmhaftigkeit des ide. stimmlosen *t* nach unbetontem Vokal in der Germania nach Verners Gesetz bzw. die hochdeutsche Verschiebung *d→t*. Das komplizierteste Unterfangen wäre hier freilich ein Versuch, die Herkunft des *-r* über den „natürlichen" Pfad zu erklären. Dies werde ich hier nicht tun, um unvermeidbaren Spekulationen auszuweichen. Ich beschränke mich lediglich auf den Hinweis auf die Tatsache, dass das liquide Sonor *-r* in der Indogermania das konsonantische Element des Suffixes *-er* der Nomina agentis und sonstiger Personenbezeichnungen ist sowie als stammbildendes Element der *r*-stammigen Verwandschaftsnomina beider Genera auftritt und neben dem nasalen Sonor *n* die absolute Mehrheit der abgeleiteten maskulinen Anthroponyme bildet (bei Verwandschaftsbezeichnungen spielt das Genus keine Rolle, vgl. *Vater, Bruder, Schwager* neben *Mutter, Schwester*).

Es ist wohl kaum zu bezweifeln, dass nun auch lat. *mâter*, frz. *maíre*, poln. *matka*, russ. *мать*, engl. *mother*, dt. *Mutter* in Folge einer Kontamination der Primärsilben **am-/*ma-* und **ta-* (etwa *am-/ma-/ta-*) mit Grundbedeutung des „Fütterns" unter Rücknahme der Reduplikation und durch Reduktions- und Lautwandelprozesse entstanden sind. Eine „etymologische Familie" mit sekundärer Motivation des Anthroponyms lässt sich hier – im Unterschied zu dem

**pət*-Stamm – nicht auffinden, vor allem weil das Zwischenglied der Assoziationskette weitgehend verloren gegangen ist.

Weitere Varianten und Kombinationen der Sequenz VK und KV des oben besprochenen Typs *am/ma, a(t)/ta, pa, ba, da* führen durch Lallwörter zu den Anthroponymen wie dt. *Oma*, *Opa*, poln. *baba `Weib; Frau`*, russ. *баба `Weib`*, als Lallwort ´Oma; Großmutter`, poln. *babka*, *babcia* `Oma`, russ. *дед* `Opa; Großvater` (als Kinderlallwort *деда*), poln. *dziadek* dass. Dabei kann es durchaus Unterschiede bei der konktreten Zuordnung geben, vgl. engl. *dad* `Vater` vs. russ. *дед* `Großvater`, georg. *mama* `Vater`, *dedda* `Mutter`, was aber – wider verbreitete Meinung – keinesfalls ein Beleg für (ontologische) Arbitrarität ist und höchstens als funktionale Arbitrarität gedeutet werden kann, da das grundsätzliche und ursprüngliche *natürliche* motivierende Merkmal in allen Fällen erhalten bleibt.

Höchst interessant ist in Zusammenhang mit der „natürlichen" Kodierung des Essens/Fütterns die ide. Wurzel mit der Bedeutung ´fassen´, ´greifen´, welche als **kap-* rekonstruiert wird und u. a. in lat. *capio*, ´fasse, greife´, vermittelt auch in *habêre* ´haben´, nhd. *heben*, aber auch *haben*, ne. *have* vertreten ist. Es ist anzunehmen, dass diese Wurzel im Ergebnis der Kontamination zweier Silben oder einer konsonantischen Erweiterung der „Kernsilbe" entstanden ist, die sich relativ sicher als **ap-* rekonstruieren lässt. Die onomatopoetische Bedeutung der **ap*-Silbe wurde oben bereits behandelt und ist, ähnlich zu **am*, eine Symbolisierung der Nahrungs-Annahme (Öffnen-Schließen des Mundes). Das Schwierigste ist hier die Bestimmung der Ur-Qualität des Konsonanten *k*. Hält man sich an die traditionelle Rekonstruktion, muss das *h* im Germanischen als Ergebnis der 1. Lautverschiebung eingeordnet werden. Jedoch lässt das hier angenommeme Natürlichkeits-Konzept eher auf das ursprüngliche **ha-*, dabei sogar mit primärer Hauchlaut-Qualität, schließen. Ein Hauchlaut vor dem Vokal ist nämlich ein idealer Marker für Intensität der Handlung (Mundöffnen mit begleitendem Ausatmen), vgl. russ. Interj. *хап!* [*hap*] zur Bezeichnung des Fassens, Greifens, nhd. *Happen*. Daneben vgl. aber russ. Interjektion *цап!* [*tsap*] mit derselben Bedeutung, die unschwer auf ide. **kap-* zurück geführt werden kann.

Hier lässt sich folgende Überlegung anschließen. Grimms Gesetz wurde insbesondere in letzter Zeit, u. a. im berühmten Buch von T.V.Gamkrelidze/V.Vs.Ivanov 1984, weitgehend revidiert. Die Autoren stellen die Hypothese auf, germanische Sprachen wiesen in ihrem phonologischen System (und nicht nur in diesem) archaischere Züge auf, als bisher gegolten hat. Die Nähe des phonologischen Systems des Gemein-Indoeuropäischen zu Sanskrit oder Griechisch wird bestritten. Es wird behauptet, dass die Germania oder das Armenische – deren Konsonanten viele Ähnlichkeiten mit dem Hethitischen und Tocharischen aufweisen – in wesentlichen Zügen Reflexionen eines sehr archaischen Zustandes darstellen, welcher möglicherweise älter ist, als der des Altindischen, geschweige denn des Altgriechischen. Grimms Gesetz – zumindest in seiner „klassischen“ Form, als deutlich feststellbare Chronologie bei der Ausbildung der Spirants, die angeblich aus ide. Tenues entstanden sind, – wird damit relativiert. Hier möchte ich keine Ausführungen bezüglich der Vor- und Nachteile dieser Konzeption oder der damit in vielem affinen Vennemann-These machen. Mich interessiert vielmehr nicht die phonologische, sondern die phonetisch-phonotaktische Dimension des Problems, die in Bezug auf zeitlich so entfernte Stufen der Sprache lediglich onomatopoetisch (genauer affektiv-imitativ) oder gar nicht behandelt werden kann. Aus dieser Sicht ergibt sich zunächst eine Art „Mittelthese“ zwischen Grimms Konstruktion und der Gamkrelidze-Ivanov-Theorie. Das *p* scheint ursprünglich zu sein, vgl. die „natürlichen“ *ap*/*pa*-Kombinationen. Das $f < p$ ist somit phonetisch bzw. phonotaktisch „legitim“. Das $h < k$ ist dagegen problematischer, man kann sich überhaupt ein Konsonantensystem – insbesondere gerade ein ursprüngliches – ohne Hauchlaut schwer vorstellen. Hier ist Hamanns romantischem und naivem, aber in seinem Grunde wohl sehr einleuchtendem Plädoyer für den Hauchlaut in wesentlichen Zügen Recht zu geben (vgl. Hamann 1773/1967, 179-198). Der Hauchlaut ist aufs Engste mit dem Atmen verbunden, das die Voraussetzung jedes Sprechens ist. Bei Interjektionen und sonstigen Onomatopoetika ist es vor allem für „Intensität“ bzw. Symbolisierung kräftiger, „stoßartiger“ Prozesse zuständig. Eine Entwicklung $k > h$ ist allerdings durchaus möglich, wie dies z. B. im Rahmen der hochdeutschen Lautverschiebung geschieht. Was jedoch eher unwahrscheinlich ist, ist die Allgemeingültigkeit und Unabdingbarkeit dieser „Lautderivation“, selbst wenn sie nur für die Beziehungen von Gemeinindogermanisch und Germanisch postuliert wird. Hier ist noch ein weiteres Problem von Bedeutung, nämlich die Annahme einer Zwischenstufe zwischen dem velaren Spirant [X] – das ja die unmittelbare Folge der Verschiebung aus *k* ist – und dem eigentlichen Hauchlaut, der ja ein pharyngaler Konsonant ist. Dies macht den Hauchlaut nun sogar nicht mehr zu einem sekundären, sondern einem chronologisch tertiären Laut, was angesichts der einfachsten Bildungsweise des Hauch-*h* (praktisch ohne deutliche Artikulationsstelle) eher auszuschließen wäre. Das eben Gesagte ist keineswegs der Versuch, Grimms Gesetz mit den neueren Ansätzen in der historischen Phonologie zu „versöhnen“ oder etwa die Entwicklung *p* > *f* gegen *h* > *k* anzunehmen. Vielmehr geht es mir darum, ein System aufzubauen, in dem die Lautsymbolik einen festen Platz – als *Primärerscheinung* – hat. Die „genaue“ Qualität der jeweiligen Konsonanten kann darin sowieso nur sehr allgemein und annähernd bestimmt werden. Außerdem wäre überhaupt daran zu zweifeln, dass es so etwas wie eine lineare diachrone Lautderivation als Grundgesetz des Lautwandels gibt. Das, was wir heute *Verschiebungen* nennen, können ursprünglich *Entsprechungen* gewesen sein, welche (z. B. durch subtile ethnospezifische Unterschiede in den Sprechorganen) *gleichzeitig* als Varianten desselben Lauts (gleichgültig, ob Konsonanten oder Vokals) in eng verwandten Sprachgemeinschaften existierten. Ein etwas härteres Aussprechen des Hauchlauts konnte z. B. das velare [X] ergeben, welches in einer anderen Ausprägung wiederum als [*k*] erscheinen konnte.

Die Silbe **ap-* mit affektiver Kodierung des Essens wurde nun entweder direkt durch intensivierendes *h* erweitert oder mit der Silbe **ha-* mit affektiver Kodierung der Intensität bzw. einer einmaligen kräftigen Handlung kontaminiert. Es ergab sich die Wurzel **hap-* (Variante **kap-*), bei deren Bedeutungsausbildung die metonymische Übertragung des Greifens mit dem Mund auf das Greifen mit der Hand den Ausschlag gab, vgl. lat. *capio* „fasse; greife“, got. **hafjan* (erhalten in der Präfixbildung *andhafjan* „antworten“), as. *hebbien* „heben; nehmen“, ahd. *heffen* (dass.). Die weitere Umdeutung geschieht ebenfalls nach dem metonymischen Prinzip (was ich ergriffen habe, das habe, besitze ich), wobei gleichzeitig die Aspektualität verändert wird (von einer Handlung zum Zustand als Ergebnis dieser Handlung), vgl. lat. *habêre* „haben, besitzen“, got. *haban*, aisl. *hafa*, ahd. *habên*, nhd. *haben*, ne. *have* (dass.) usw. Interessant ist, dass die Umdeutung „greifen, heben, nehmen“ → „besitzen“ mit einer anderen Grundwurzel auch z. B. für slavische Sprachen typisch ist, vgl. aksl. *imati*, russ. *иметь*, poln. *mieć* usw. „haben; besitzen” zu einer urslaw. Wurzel mit der Bedeutung „nehmen, (auf)heben”, die u. a. in russ. *поднимать* „heben”, *отнимать* „jmdm. etw. wegnehmen” u. dgl. fortlebt. Die entsprechende Urwurzel könnte übrigens unschwer auf die **am-*/**ma*-Silbe zurück geführt werden (vgl. die Formen aksl. ***imam*** „ich habe”, poln. ***mam*** „ich habe”, ***masz*** „du hast”, ***ma*** „er hat”), was eine Parallele zu **ap-*/**pa-* in **hap-*/**kap-* ergibt.

Ein Paradebeispiel für multivalente Affinitäten zwischen affektiv-imitativer Kodierung und metonymisch-metaphorischen Umdeutungen ist ferner das Verb *hoffen*, das m. E. ebenfalls etymologisch mit der ide. Wurzel **kap-* verbunden ist. Bekanntlich stammt *hoffen* aus dem lautmalenden Stamm, der u. a. in *hoppen* und *hüpfen* vertreten ist (vgl. u. a. Duden 2001, 288, Lexer 1974, 271) – zur Beziehung „verschobener" und „unverschobender" Formen der Konsonanten bei affektiv-imitativer Kodierung vgl. das oben über das Verhältnis von Wortpaaren des Typs *Papa:Vater* Gesagte. Beide Verben sind Ableitungen von der Interjektion *hopp!* als onomatopoetische Kodierungsform des Springens. Die lautmalende Deutung ergibt sich aus dem Klang bei abrupter Berührung (der Füße) mit dem Boden und zugleich aus einem intensiven Ausatmen, das das Springen begleitet.

> Die Berührung *Füße-Boden* ist hier natürlich nur ein idioethnisch bedingter Sonderfall einer abrupten Berührung schlechthin. Im Russischen kodiert die ähnlich lautende und zweifelsohne etymologisch damit identische Interjektion *кап!* die abrupte Berührung der (Wasser)tropfen mit dem Boden o. ä., vgl. dazu das Verb *капать* „tropfen". Neben dieser Interjektion gibt es im Russischen aber auch eine andere, die – ähnlich wie die deutsche *hopp!* das Springen kodiert – *гоп!* Diese ist aber wohl eine Entlehnung aus dem Deutschen.

Hüpfen ist etymologisch eine Iterativbildung zu *hoppen* mit Ableitungssuffix schwacher Verben der 1. Klasse germ. **-ja(n)* zu ide. **-ejó/-ijó*, Sekundärumlaut und 2. Lautverschiebung in Affrikate-Form. Die 2. Lautverschiebung mit Doppelspirant ist auch in – historisch wahrscheinlich ebenfalls iterativ zu deutendem – *hoffen* vertreten (vgl. ne. *hope*). *Hoffen* bedeutete also ursprünglich so viel wie „hüpfen, springen". Die Übertragung der Klangbenennung auf den Prozess, der diesem Klang voraus geht bzw. ihn begleitet (*hopp!, hoppen*), ist typisch metonymischer Natur. Die Onomatopoiie ist dabei deutlich feststellbar. Im weiteren Schritt handelt es sich ebenfalls um Metonymie, wobei jedoch der onomatopoetische Hintergrund zurück tritt. Das Hüpfen wird diesmal als Ausdruck der „Vorfreude" bzw. der „Ungeduld" gedeutet. Es wird somit eine typische körperliche Reaktion auf einen konkreten Stimulus versprachlicht. Das *Motiv* der Umdeutung ist also wiederum „natürlich“, wenngleich diesmal nicht mehr affektiv oder imitativ, sondern „rational“.

Der nächste Konsonant, der vom Standpunkt konzeptuell wichtiger Ur-Simplizia eine hervorragende Stellung einnimmt, ist der dentale Spirant *s* mit seinen Varianten, vor allem dem postalveolaren *ʃ*. Vor allem ist es einer der wichtigsten Bestandteile der Wurzeln mit der allgemeinen Bedeutung der Existenz, des Seins, des Lebens u. ä. Der suppletive proto-indoeuropäische „Existenzstamm“ **bheu-/*bhu-*, **es-/*s-*, **ues-* hat in zwei von drei seiner Formen den Konsonanten *s*. Das *s* ist im Indo-Europäischen zusätzlich dadurch interessant, dass es außer der postalveolaren Variante *ʃ* (die aber möglicherweise sogar die Primärvariante gewesen ist) sowie einer Abschwächung zu *z* in unbetonter Position laut Verners Gesetz mit anschließendem Rhotazismus *z* > *r* keine Veränderungen erfährt, u. a. weder der ersten noch der zweiten Konsonantenverschiebung unterliegt, ja Verschiebungen anderer Konsonanten, vor denen es steht, verhindert – wie bei den Verbindungen *sp, st, sk, sh, sf* usw.

Der Konsonant *s*, welcher in Verbindung mit Vokalen bzw. Sonanten der vorderen Reihe, insbesondere mit *i*, offensichtlich zum postalveolaren (weichen) *š* tendierte, findet sich, ähnlich zu *m, p* oder *b*, in unterschiedlichen Sprachen in den Lallwort-Kodierungen der nächsten Verwandten (wie z. B. in kasach. *šiši* „Mutter“) oder generell des Menschen (wie in hebr. *îš* „Mann“ resp. *ʹiššâ* „Frau“). Darüber hinaus ist er in den ältesten Wurzeln mit der allgemeinen Bedeutung des Lebens, der Existenz, des Seins u. ä. vertreten, vgl. die oben genannten ide. „Existenzwurzeln“, die sich dann mit Erweiterungen in den Wörtern bzw. Wortformen wie dt. *sein, war, gewesen, ist, Wesen* oder z. B. engl. *was,* lat. *esse, sunt,* poln. *jest* „er ist“, *istota* „Wesenszug; (Lebe)wesen“, russ. *истина* „Wahrhiet“, *суть, сущность* (Wesen) u.v.a. finden. A. Mańczyk hat in einem Gespräch mit mir – meines Erachtens sehr treffend – angenommen, dass das ursprüngliche *s* bzw. seine positionsmäßig bzw. idioethnisch bedingten Varianten mit dem *Saugen* verbunden sein dürften – also vom onomatopoetischen (affektiven) Symbolisieren dieses Prozesses kommen, vgl. u. a. poln. *ssać*, russ. *сосать*, dt. *saugen* neben *saufen* u. dgl. m. Es lassen sich somit Ursilben des affektiven wortmalenden Typs mit KV-Sequenz **sa-/*so-/*se-/*si-(*ʃi-)* oder mit VK-Sequenz **as-/*os-/*es-/*is-(*iʃ-)* rekonstruieren.

Die symbolhaften Assoziationsketten ließen sich in diesem Fall als metonymische Übertragung des „Saugens“ (als Essen bzw. Trinken) auf Personen, die füttern und stillen, also wiederum auf die nächsten Verwandten, dann allgemein auf Menschen und Tiere, aber auch auf Prozesse wie Saugen, Saufen deuten. Den Kern bildete dann freilich die essentielle symbolhafte Kodierung des Seins bzw. der Existenz im Allgemeinen, welche sich wiederum aus dem Essen bzw. dem Trinken auf natürliche Art und Weise ergibt.

Auf diesem Hintergrund sind die ide. Primärwurzeln mit „sein“-Bedeutung **es-* und **ues-* eher als Varianten einer gemeinsamen onomatopoetischen Wurzelsilbe oder als Ergebnis einer Kontamination einzuordnen denn als Suppletivismus. Ich neige dazu, eine Kontamination von **ue-* und **es-* anzunehmen unter der Maßgabe, dass die erste Wurzelsilbe eine interjektionale Kodierung von Überraschung, Schmerz, Freude u. dgl. als primäre und essentielle Lebensausrufe darstellt, vgl. dt. *(o) weh!*, russ. *увы!* (mit weiteren Entsprechungen in mehreren Sprachen), *Weh, auwaia!*, sowie wahrscheinlich in den Wurzeln enthalten ist, die u. a. in den Wörtern *weinen,* ahd. *quedan* got. *qinon* „weinen“, *qiþan* „sagen“ u. a. vertreten sind. Durch eine *n*-Erweiterung (man könnte mit gewissen Vorbehalten annehmen, dass diese ein Ergebnis der Reduktion der **na*-Silbe ist) entsteht wahrscheinlich die ide. Wurzel **uen-* mit entsprechenden dazu im Ablaut stehenden Varianten **uon-* und **un-*, welche in verschiedenen ide. Sprachen, darunter ganz besonders in der Germania, weit verzweigte Wortverwandschaft aufweist, vgl. nur nhd. *gewinnen* (ahd. *winnan* „streben; kämpfen“), *ge-, entwöhnen* (ahd. *gi-wennen*), (*er*)*wähnen, Wahn, wohnen.* Vgl. hier insbesondere die ursprüngliche Bedeutung des Verbs nhd. *entwöhnen*, ahd. *in(t)wennen*, mhd. *entwen(n)en* – `einem Kind das *Stillen* abgewöhnen`!

Die ide. Wurzel **sû-* mit der Bedeutung „gebären; zur Welt bringen“, auf die u. a. solche Wörter wie ahd. *sû*, nhd. *Sau*; (mit *k*-Erweiterung) russ. poln. *suka* „Hündin“; (mit *n*-Erweiterung) lat. *sûnus*, russ. poln. *syn*, got. *sunus*, ahd. *sun*, nhd. *Sohn*, ne. *son*; (mit *în*-Erweiterung) lat. *svînus*, got. *swein*, nhd. *Schwein*, russ. *свинья*, poln. *świnia* zurück gehen, ist wohl ebenfalls zu den Primärsilben mit *s* zu stellen. Sehr wahrscheinlich bedeutete sie daher ursprünglich nicht „gebären; zur Welt bringen”, sondern wiederum „saugen” bzw. „zu saugen geben”, also „füttern”. *Sau* oder *suka* ist dann ursprünglich die „Fütternde" und die *n*-erweiterten Substantive bezeichnen die Gefütterten und *somit* Junge. Ob das Determinativum *n* auf die Lallsilbe **na-* (mit Nehmen-Geben-Symbolisierung, siehe unten) zurück geht, bleibt offen, darf aber nicht ausgeschlossen werden.

Interessant erscheint hier die Überprüfung einer möglichen Verwandschaft zwischen *Sohn* bzw. anderen Derivaten des ide. **sû*-Stammes und nhd. *Sonne*, ne. *sun*, lat. *sôl*, russ. *солнце*, bulg. *slъnce*, poln. *słońce*, ahd. *sunna* etc. Der Stamm kann in eine ursprüngliche Wurzelsilbe **s*+Vokal (slavische und germanische Substantive weisen dabei die Schwundstufe des Vokals auf) und ein sonores Determinativum zerlegt werden, welches seinerseits wegen der archaischen Heteroklisie in verschiedenen Sprachen unterschiedliche Form hat. Die heteroklitische Deklination dieses Stammes ist u. a. auch für etymologische Dubletten wie russ. *солнце* und *соль*, poln. *słońce* und *sól*, dt. *Sonne* und *Salz* verantwortlich. In allen Fällen drängt sich eine Deutung auf, die auf dem Füttern bzw. Nähren basiert. Die natürliche Lautsymbolik ist hier von den **s*-Silben, die zunächst das Saugen kodieren, abzuleiten. Saugen wird ferner auf Essen bzw. Füttern ausgeweitet und symbolisiert neben Menschen und Tieren, die füttern und gefüttert werden (also Mutter-Kind), andere Gegenstände und Erscheinungen, die im engeren (z. B. *Salz*) oder im weiteren (z. B. *Sonne*) Sinn ernähren. Über Nahrung wird Leben symbolisiert und über Leben wird jede Existenz schlechthin kodiert (vgl. die Verbalwurzel ide.**es-* „sein").

M. M. Makovskij 1998; 2000 nimmt weiterhin eine etymologische Verwandschaft zwischen den auf **es-* zurück gehenden ide. Wörtern mit „sein"-Bedeutung und den Wörtern mit der Bedeutung „essen" an, vgl. nhd. *essen*, ahd. *ezzan*, ne. *eat*, got. *itan*, russ. *есть*, poln. *jeść*, aksl. *jasti*, lat. *edere* usw. Freilich stößt hier eine traditionelle Rekonstruktion auf nahezu unüberwindbare Hindernisse, vor allem wegen „nichtverwandter" **s* (in „sein"-Wurzeln) resp. **d* (in „essen"-Wurzeln). Nichtsdestotrotz scheint sich ein Rekonstruktionsversuch – schon wegen offenkundiger ontologischer und ikonischer Bezüge, die u. a. in sonstigen oben behandelten Fällen ebenfalls präsent sind, – zu lohnen. Betrachten wir die primären Lautsequenzen **am-/*ma-*, **ap-/*pa-*, **ab-/*ba-*, **at-/*ta-*, **ad-/*da-*, **as-/*sa-* usw. in der angeführten Form oder aber mit anderen Vokalqualitäten, sind kombinatorische Varianten des Typs **as-*

/*at-/*ad- oder *sa-/*ta-/*da- wohl kaum auszuschließen. Am deutlichsten ist diese Kombinatorik m. E. in der als suppletiv geltenden ide. pronominalen Wurzel *to-/*so- zu sehen. Demonstrativpronomina, Artikelwörter, Partikeln, Adverbien u dgl. in den ide. Einzelsprachen, welche auf eine der Formen dieser Wurzel zurück gehen (u. a. got. *sa* `der`, *so* `die` neben *þata* «das»; nhd. *der, die, das*, *da*, *denn*, *dort* usw.; ne. *the*, *this, that, there, then* usw.; poln. *to* «das, dieses», *ten* «der, dieser», *ta* «die, diese», *tam* «dort, dorthin», *tu* «hier»; russ. *тот* «jener», *та* «jene», *то* «jenes» neben veralt. *сей* «dieser», *сия* «diese», *сие* «dieses», *тут* «hier», *там* «dort» u. v. a.), dürften wohl eine *gemeinsame* Quelle haben, so dass man hier wiederum nicht vom Suppletivismus, sondern vielmehr von Varianz reden sollte. Man könnte in Analogie zu dieser Annahme davon ausgehen, dass auch die primäre Wurzelsilbe **as-/*sa-/*es-/*se-/*is-(*iš-)/*si-(*ši-)* mit ikonischer Kodierung des Saugens und weiterer Deutung als Füttern, Mutter, Mann/Frau und Sein in der Silbe **at-/*ta-/*et-/*te-* oder **ad-/*da-/*ed-/*de-* symmetrische explosive Varianten hatte. In diesem Fall schließt sich nun der lautlich-assoziative Kreis, der grob als Essen/Trinken/Saugen – nächste Verwandte einerseits und Essen/Trinken/Saugen – Sein/Existieren/Leben andererseits beschrieben werden kann. Freilich gibt es hierbei mehrere „Etagen" und Deutungsmöglichkeiten sowie sekundäre Symbolisierungen der Primärlaut-Kombinationen – wie am Beispiel der Wortfamilien des Typs *Papa-Vater-Futter-fett-feist* gezeigt worden ist. Führt man nun den zweiten ide. Existenzstamm **bheu-/*bhu-* (worauf u. a. nhd. *bin, (an)bauen, Bauer m, Bauer n* zurück gehen) auf eine der kombinatorischen Varianten der Primärsilbe **ab-/*ba-* mit ursprünglicher Essen/Füttern-Symbolik bzw. Kodierung der nächsten Verwandten zurück, kann ein gemeinsames Tertium für beide suppletiven Stämme **bheu-/*bhu-* und **es-/*ues-* angenommen werden.

An dieser Stelle kann wieder auf Humboldts Annahme zurückgegriffen werden, das erste Wort könnte das Personalpronomen *Ich* gewesen sein (vgl. Humboldt 1903-1936, 7, 104). Diese Annahme lässt sich in das Humboldtsche Gesamtschema der „Subjektivität" der Sprache sehr gut einbauen. Hier geht es natürlich nicht darum, dem Personalpronomen der 1. Person einen absoluten oder relativen „Primärstatus" im Sinne der universellen Glottochronologie beizumessen oder gar die Möglichkeit eines Ursprungs-*Ich* in Erwägung zu ziehen. Es genügt zunächst, an die allgemein bekannte Tatsache zu erinnern, dass die Personalpronomina der 1. und 2. Person zu der ältesten Schicht des Wortschatzes aller bekannten Sprachen der Welt gehören. Was nun im Weiteren bezüglich des Personalpronomens der 1. Person gesagt wird, betrifft vorrangig nicht seine relative Chronologie, sondern vielmehr seinen möglichen Ursprung im Sinne einer auf Onomatopoiie (im weitesten Sinn dieses Begriffs) beruhenden etymologischen Hypothese. Eine Kombination des Hauchlauts mit Vokalen unterschiedlicher Gestalt ergibt bekanntlich eine ikonische lautliche Kodierung verschiedenartiger Ausrufe, deren Palette von Schmerz bis Freude, Verwunderung usw. reicht. Man vgl. die affektiven Interjektionen *ah!, oh!, ha!, he!, hu!, hei!* u. dgl. Wie in vielen oben schon behandelten primären affektiven Lautkombinationen sind dabei beide Sequenzen, VK und KV, vertreten. Weitere Laute, die an der ikonischen Kodierung ähnlicher Ausrufe bzw. Gemütszustände teilnehmen, sind die Sonanten *j* und *w*, letzteres z. B. als hypothetische Wurzel **ue-*, die m. E. zumindest für indo-europäische und semitische Sprachen gemeinsam ist. Es ist weiterhin anzunehmen, dass die älteste hebräische Bezeichung für den monotheistisch verstandenen Gott *Jâhvé*, was eine syntaktische Zusammensetzung vom Personalpronomen der 1. Person (*jâh*) und dem damit kongruierenden `sein`-Verb in der Gegenwartsform der 1. Person Sg. ist, eine etymologische Verwandschaft mit dem Indo-Europäischen aufweist. *Jâh* ist hier zu der ide. Wurzel **egu(h)-* zu stellen, die u. a. in gr. *´εγώ*, lat. *ego*, got. as. ags. *ik*, ahd. *ich*, aksl. *azъ* vertreten ist. Die weiteren Formen, u. a. die der modernen slawischen Sprachen – vgl. russ. poln. *ja* – demonstrieren (trotz einer theoretischen Möglichkeit, sie auf einem anderen Weg zu erklären) eine auffällige Affinität zu der *jâh*-Wurzel. Die Verbalform *vê* kann ihrerseits zu der – ebenfalls affektiv motivierten – **ue*, damit aber zugleich zu ide. **ues-*, gestellt werden, die in etymologischen Wörterbüchern als „wachsen, gedeihen" und schließlich auch „sein" definiert wird und u. a. in got. *wisan*, ahd. *wesan* usw. vertreten ist, vgl. nhd. *war, gewesen, Wesen* usw. (siehe oben).

Der Ausdruck mit der Bedeutung *Ich bin*, der sehr wahrscheinlich nicht synthetisch aus einer Kombination primärer autonomer Wurzelsilben, sondern als Ad-Hoc-Bildung aus drei affektiv motivierten Wurzelsilben entstanden ist, lässt sich nun rekonstruieren als **ah-/*ha-/*ja-* mit möglicher Kontamination zu **jah* (Ausruf von Schmerz, Freude, Verwunderung u. dgl., den man als ikonische lautliche Wiedergabe des ursprünglichen „Lebensrufs“ interpretieren kann) – **ue* (mit ähnlicher ikonischer Kodierung) – **as/*sa/*es/*se* (lautmalend für „Saugen“ bzw. „Essen“). In diesem Sinn wäre dann die Aussage W. v. Humboldts zu verstehen, das erste Wort sei zugleich schon ein Satz gewesen (vgl. J. Trabant in Gessinger/Rahden 1989, 519) bzw. töne die ganze Sprache an und setze sie voraus (Humbodlt 1903-1936, 4, 15). Dieses Konzept des Sprachursprungs versucht nicht etwa die konkrete Form und Gestalt des „Keimes der Sprache“ genau zu bestimmen, vielmehr geht es hierbei um eine Beschreibung des *Prinzips*, nach dem die menschliche Sprache entsteht (Ursprung als Ur-*Sprung*, eine „blitzartige“ Aktion des Geistes und der Sprechorgane in ihrem engsten Zusammenhang, die zugleich den Kern für weitere, schon allmähliche, schrittweise, Entwicklung der Sprache enthält).

Die Bezeichungen der Tiere, Pflanzen und Naturkräfte, welche heute den Eindruck arbiträrer Konventionen erwecken können, waren ursprünglich ebenfalls wahrscheinlich größtenteils affektiv oder imitativ motiviert. Eine lautliche Symbolisierung könnte sich dabei auf unterschiedliche, für den Menschen jedoch essentielle Eigenschaften des jeweiligen Denotats beziehen und drückte daher das Wesenhafte am Signifié aus. Niemand würde daran zweifeln, dass die Substantive *Kuckuck* oder *Krähe* „natürlich“, und zwar imitativ, motiviert sind. Zugleich wird in der Linguistik stets betont, dass derartige Onomatopoetika äußerst selten sind und daher den „natürlichen“ Ursprung der menschlichen Sprache nicht zu erklären vermögen. Dabei wird jedoch an dem Problem der Herkunft anderer Wörter vorbei gegangen bzw. deren Wurzeln werden als „unerklärlich“ (im Sinne einer „natürlichen“ Erklärung) behandelt. Die Tatsache, dass eine „natürliche“ (affektive oder imitative) Deutung der meisten Wörter einer Sprache nicht möglich erscheint, kann zweierlei bedeuten. Man kann eine ursprüngliche Konvention annehmen und in diesem Fall die meisten Wörter tatsächlich für ontologisch arbiträr erklären. Die Herkunft derartiger Arbitrarität ist dabei – insbesondere gerade angesichts *motivierter* Onomatopoetika (deren es noch so wenig sein mag) – wohl kaum plausibel, geschweige denn die Mechanismen der Ausbildung postulierter Konventionen. Man kann aber auch davon ausgehen, dass die meisten –

wenn nicht alle konzeptuell wichtigen – Bereiche der menschlichen Außen- und Innenwelt von vornherein „natürlich" versprachlicht worden sind, wobei diese ikonische Motivation heutzutage wegen zahlreicher Veränderungen im Laufe der Sprachentwicklung einfach verloren gegangen ist. Bei diesem Herangehen muss man zwar unsere sehr bescheidenen Möglichkeiten bei der Rekonstruktion dieser ursprünglichen Ikonizität in Kauf nehmen, ja sogar die Gefahr von höchst spekulativen und falschen Etymologien. Und trotzdem scheint das zweite Prinzip in jeder Hinsicht präferent zu sein, schon weil es den Gesamtwortschatz auf einen kognitiv-artikulatorischen Nenner bringt und sich die Aufgabe stellt, die Besonderheiten dieses Tertiums zu ergründen. Dagegen führt die Verabsolutierung und „Ontologisierung" des Arbitraritäts-Prinzips notgedrungen zu einem kognitiven Minimalismus, ist ja die Annahme einer ontologischen Arbitrarität und Konvention im Grunde lediglich die Formulierung eines Prinzips, das weiter weder ausgebaut noch auf konkrete Wortgeschichte angewandt werden kann. Jede konkrete Etymologie, die auf der Prämisse der ontologischen Arbitrarität beruht, wird ipso facto dazu prädestiniert sein, die jeweiligen Motivationen in der historischen Wandelkette stets relativ zu sehen und nie nach dem „letzten Grund" des Wort-Ursprungs zu fragen. Aber auch in diesem Fall bleibt gerade die Etymologie bei einer Masse der Wörter umstritten, obwohl der Streit nur die „relativen" Zwischenstufen betrifft und sich so gut wie nie auf die „Urstufe" (Herkunft des Wortstammes) erstreckt.

Es ist bekannt, dass die Substantive mit der Bedeutung *Wolf* in den indo-europäischen Sprachen etymologisch verwandt sind, vgl. nhd. *Wolf*, ahd. mhd. *wolf*, ne. *wulf*, got. *wulfs*, aisl. *ulfr*, aksl. *wъlkъ*, russ. *волк*, poln. *wilk*, lit. *wilkas*, lat. *lupus*, aind. *wrkás*. Es sind Lautgesetze bekannt, mit deren Hilfe man externe und interne Rekonstruktionen durchführen kann sowie erklären kann, warum zwischen *w* und dem nächstfolgenden Sonor in den meisten Sprachen epenthetische Vokale eingeschoben werden; warum der ide. Sonant *w/u* im Isländischen verschwindet und im Altindischen, in der Westgermania sowie im Slawischen und Baltischen erhalten bleibt; wieso das lat. *p* dem ide. *k* entspricht und im Lateinischen eine Konsonanten-Inversion entsteht; warum das Liquidum *l* im Aind. dem Liquidum *r* entspricht usw. usf. Mann kann schließlich die möglichst älteste, „ursprüngliche" Form von *Wolf* in der ide. Ursprache rekonstruieren (etwa als **ulkᵤ-ó-s*), obwohl man nicht genau sagen kann, was diese „Ursprache" darstellte und ob es überhaupt so etwas wie die indo-europäische Ursprache je gegeben hat. Es ist aber nicht bekannt – und nicht erstrebenswert zu erkennen! – wieso dieser Primärstamm entstanden sein konnte. In einer Angst vor nicht hundertprozentig „richtigen" Erklärungen entzieht sich so die Sprachwissenschaft der Frage*stellung*.

Betrachtet man nun die Wurzelsilbe *ul* (mit der dazu gehörigen invertierten KV-Silbe *lu*), welche in dem ursprünglichen ide. *Wolf*-Stamm ohne Zweifel die „Grundsilbe" ist, kann man nicht umhin, diese mit sonstigen Silben zu vergleichen, die das Liquidum *l* enthalten.

Es gibt Sprachen, in denen von den zwei Liquiden *l* und *r* nur eins vorhanden ist, dazu gehört z. B. das Altindische – daher sanskr. *wr̥kás* – oder außerhalb des ide. Sprachgebietes z. B. das Japanische. In derartigen Systemen darf das *r* natürlich nicht als eine „volle" Entsprechung des *r* in den Sprachen mit *l/r*-Opposition betrachtet werden, das *r* als einziges Liquidum übernimmt dort wohl *sämtliche* – darunter onomatopoetische – Funktionen des *r* und des *l*.

Es geht hier um echte „Lallsilben", die von einem Kind, das noch die Sprache im eigentlichen Sinn nicht beherrscht, kettenweise wiederholt werden, wodurch u. a. ein „Singeffekt" entsteht: *la-la-la/lu-lu-lu* usw., vgl. *la-la-la* als interjektionale Imitation des Singens, als onomatopoetische Bildung tritt hier u. a. das Verb *lallen* auf (vgl. auch *Lallwort*), vgl. poln. *lulać* dass., *lala* „Puppe". Sehr wahrscheinlich gehören auch das deutsche Substantiv *Lied* sowie das Verb *lachen* (letzteres wohl als Kontamination von **la-* und der unter **ah-/*ha-* oben behandelten Silbe) zu den ursprünglichen affektiv-imitativen *l*-Silben. Die Laute, die ein Wolf von sich gibt, lassen sich nun durch Übertragung des affektiven **la-/*lu-* bei dem Menschen auf das imitative **lu-/*ul-* als Wiedergabe des Heulens des Tiers erklären. Übrigens ist die Verwandschaft zwischen dem Substantiv *Wolf* und dem Verb *heulen* nicht auszuschließen – unter Berücksichtigung des oben in diesem Abschnitt über den ursprünglichen phonetischen Wert des *h* Gesagten. Vgl. auch russ. *выть* \`heulen´ zu *волк* ´Wolf´. *Wolf* ist also vor allem der Heulende, man erkennt ihn zunächst gerade an diesem Merkmal, das akustisch wiedergegeben werden kann, wobei die artikulatorische Grundlage für diese Wiedergabe in der affektiven Lallsilbe des *Menschen* (**la-* /**lu-*) bereits vorgegeben ist. Das Imitative wird daher unmittelbar vom Affektiven abgeleitet und in das affektive Grundschema eingebaut. Bedenkt man ferner, dass es einen Zusammenhang zwischen dem Wolfsheulen und dem Vollmond gibt, der in der Überlieferung mehrerer Völker verankert ist, drängt sich eine Parallele zu lat. *luna* und dessen Entsprechungen für 'Mond' in vielen ide. Sprachen auf. Weiterhin ist zu bemerken, dass der interjektionale Ausruf *ululu*! ein fester Bestandteil der Jägersprache, insbesondere gerade bei der Wolfshetze, ist.

Traditionellere Etymologien (die sich ebenfalls von einander unterscheiden) gehen von anscheinend anderen Urwurzeln aus. Pfeifer 1993/2, 1578 stellt ide. **ulku-ó-s* zu **uel-*, das er als 'reißen, zerreißen' beschreibt, so dass das Tier nach dieser Eigenschaft benannt worden wäre (Herkunft und Ursemantik des ide. **uel-* wird im nächsten Abschnitt ausführlich behandelt). Kluge 1967, 867 beschreibt den Wolf als „schleppendes Tier" und nimmt an, der Stamm **ulku-ó-s* gehöre zu ide. **uelk-* 'schleppen' – u. a. in russ. *волоку* 'ich schleppe' vertreten. Im nächsten Abschnitt dieser Arbeit werde ich versuchen zu zeigen, dass beide Etymologien weder untereinander essentielle Differenzen aufweisen noch sich prinzipiell von meinem Vorschlag unterscheiden.

Die Lallsilbe **la-* und deren Abarten gehören – neben den oben schon behandelten – wahrscheinlich zu den konzeptuell wichtigsten einsilbigen Primärstämmen. Sie findet sich u. a. in solchen Wörtern wie *Leben, loben, Liebe, glauben, erlauben, Leib, Laib*, ferner vielleicht auch *bleiben, kleben* bzw. deren Ableitungen im Deutschen sowie in deren etymologischen Entsprechungen in anderen germanischen und sonstigen indo-europäischen Sprachen, u. a. ne. *live, life, love, loaf*, vielleicht auch *leave*, schwed. *bliva* 'werden', got. *hlaifs*, ags. *hlâf* 'Brot' (durch Zusammensetzungen *hlâf-weard* und *hlâf-dige* sind ne. *lord* und *lady* entstanden); russ. poln. *хлеб* 'Brot', russ. *любить*, poln. *lubić* 'lieben', aksl. *ljubý* 'Liebe', vielleicht auch russ. *липнуть* 'kleben' u. a. Die Symbolik des Seins, der Existenz, diesmal als *Leben* gedeutet, und die damit eng verbundene Symbolik der *Liebe* – beide vermittelt durch *Nahrung* ('Brot') – liegt wiederum auf der Hand. Eine Assoziationskette *Nahrung – Leben – Liebe* ist der an andere affektive Primärwurzelsilben gebundenen Kette *Essen – nächste Verwandte – Futter/Nahrung* deutlich parallel. Wiederum klingt in diesem Kontext W. von Humboldts These höchst aktuell, im Allgemeinen könne als Grundlage der Sprache die *Liebe* angesehen werden (vgl. u. a. Humboldt 1903-1936, 6, 27), vgl. dazu auch die Etymologie von *Freund*, die im Abschnitt 3.2 behandelt wird.

In Zusammenhang mit dem Gesagten sollte noch eine weitere Kodierungsform verfolgt werden, nämlich jene, die an die ide. Wurzel **nes-* in verschiedenen Ablautvarianten gebunden ist. Ich vermute, dass ide. **nes-* Ergebnis einer Kontamination von der Lallsilbe **na-* und der Existenzwurzelsilbe **es-* (von der oben ausführlich die Rede war) ist. Die erste Komponente der kontaminierten Form ist der **la*-Silbe ähnlich und dürfte als eine Variante der „Singsilbe“ mit zunächst vager Tonkodierung angesehen werden. Auch eine Verwandschaft mit der oben behandelten **am-/*ma-*Silbe ist nicht auszuschließen. U. a. kann sie ursprünglich einen allgemeinen Austausch von „Geben“ und „Nehmen“ symbolisiert haben, vgl. russ. Interjektion *на*! [*na*] mit der Bedeutung `Nimm!; Hier hast du es!`; parallel dazu vgl. die oben behandelte **ma*-Silbe bei den Formen von aksl. ***ima**ti* `haben`, aber auch `nehmen; heben´; poln. *ma-m* ´ich habe´, *ma-sz* ´du hast´, in der Alltagssprache auch ´Nimm!; Hier hast du es!´. Ich nehme an, dass die ursprünglich onomatopoetische **na*-Silbe (möglicherweise in einer tautologischen Kombination mit der **ma*-Silbe) auch dem ide. Verbalstamm zu Grunde gelegen hat, aus dem sich u. a. das deutsche *nehmen* (ahd. *neman*, mhd. *nemen*, got. *niman*) entwickelt hat. Des weiteren drängt sich die Beziehung zu einem der Schlüsselwörter des konzeptuellen Bereichs des „Austauschs“ des Subjekts mit der Außenwelt, dem Substantiv *Name* bzw. seinen Entsprechungen in der Indogermania (u. a. ne. *name*, ahd. *namo*, mhd. *name*, russ. *имя*, poln. *imię*), auf: Name als etwas, was gegeben bzw. angenommen wird. Daher sind wiederum Verbindungen zu der ursprünglichen Essen-Symbolik und der Kodierung der nächsten Verwandten (die füttern, aber auch generell ´geben`, darunter den Namen geben) evident.

Zurück zum ide. **nes-*. Diese m. E. kontaminierte Wurzel lebt u. a. in got. *ganisan* ´sich retten, davonkommen, überleben´, ahd. *ginesan* dass., mhd. *genesen* dass., nhd. *genesen* weiter. Hier liegt die *e*-Vollstufe des Ablauts vor. Mit der Abtönung ide. *o* (germ. *a*)-Ablautstufe ist diese Wurzel in got. *nasjan* „retten“, ahd. *ner(i)en*, mhd. *neren* dass., nhd. *nähren* vertreten. *Nähren* ist also (als ein schwaches Verb der 1. Klasse, das vom Präteritalstamm des Singulars des entsprechenden starken Verbs mit Hilfe des ide. *ejó/ijó-* (germ. *ja-*)-Suffixes gebildet wurde) ursprünglich ein typisches Kausativum zu *(ge)nesen* gewesen mit der deutlichen Assoziation „davonkommen, überleben" → „j-n. retten". Die Bedeutung „nähren" entwickelt sich anscheinend erst später. Nichtsdestotrotz scheint aber das Motiv des „Fütterns" von vornherein vertreten zu sein, vgl. die spiegelartige Analogie im Slavischen: russ. *пасти* ´weiden´ – *спасти* ´retten´ (aus dem soziativ-perfektiven Präfix *со-/с-*, hier wohl mit sukzessiver Funktion, und *пасти*). Die Motivations- und Umdeutungskette für **nes-/*nos-* ist daher am ehesten kreisförmig und sieht folgendermaßen aus: Geben-Nehmen/Füttern (durch **na-/*ne-/*no-*) – Saugen/Stillen/Sein/Leben (durch **es-/*os-/*as-*) – Überleben/Sich-Retten/Davonkommen (**nes-*) – Retten/Erlösen (**nos-ejó/ijó*) – Genesen (**nes-*Wurzel) – Nähren (**nos-*Wurzel).

Die hier vorgestellten exemplarischen Fälle, die m. E. von „natürlichen", affektiv-imitativen Ursprüngen der menschlichen Sprache gerade bei der Kodifizierung konzeptuell wichtigster Wörter zeugen, lassen darauf schließen, dass die in den Kommunikationsgemeinschaften entstehenden Konventionen auf natürlich motivierte ikonisch-symbolische Beziehungen zwischen Lautgestalt und Bedeutung des sprachlichen Zeichens zurück gehen, und somit auf ontologische Nicht-Arbitrarität des sprachlichen Zeichens.

2.2.1 Zur methodologischen Rechtfertigung der in diesem Abschnitt formulierten Annahmen

Aus evidenten Gründen bedürfen die oben angestellten Überlegungen einer zusätzlichen Rechtfertigung. Gerade etymologische Annahmen und insbesondere Rekonstruktionsversuche von Primärwurzeln bzw. Primärwurzelsilben stoßen stets auf vehemente Kritik seitens der Anhänger von mehr oder minder „traditionellen" Rekonstruktionen. Die gängigen Vorwürfe betreffen eine angebliche Nichtbeachtung von Lautgesetzen, welche meist im Sinne der Gesetze der historisch-vergleichenden Sprachwissenschaft und der junggrammatischen Schule sowie darauf folgender Abhandlungen verstanden werden, welche ebenfalls im Rahmen des grundsätzlich gleichen „Schemas" bzw. ähnlicher Methoden geschrieben sind. Selbst kritische Auseinandersetzungen und Versuche einer Revision dieser „Mainstream-Konzepte" – wie wir sie z. B. bei Gamkrelidze/Ivanov 1984 oder Vennemann 1988 finden können, werden im Grunde nach demselben methodologischen Prinzip abgewickelt: Lautverschiebungen als solche werden nicht in Frage gestellt, es wird lediglich nach deren relativer Chronologie gefragt bzw. eine eventuelle Revision der traditionellen Vorstellungen von der Konstellation zwischen Archaismen und Neuerungen vorgeschlagen. Freilich kann aus historisch-phonologischer oder historisch-ethnologischer Perspektive darüber diskutiert werden, ob z. B. die stimmlosen Spirants der germanischen Sprachen *aus* ide. Tenues in Folge der 1. Lautverschiebung entstanden sind oder ob sie zum archaischeren Konsonantensystem gehörten, welches dem altindischen und „mediterranen" Konsonantensystem voraus ging und im Hethitischen, Tocharischen, Armenischen *und* Germanischen vorhanden ist. In beiden Fällen werden aber sowohl Lautwandel als auch seine lineare chronologische Abfolge suggeriert.

Dabei kann man eine interessante Gesetzmäßigkeit beobachten. Onomatopoetika haben in verschiedenen – darunter verwandten – Sprachen mal ähnliche oder gar gleiche, mal unterschiedliche Gestalt, aber auch bei unterschiedlichem Lautbild folgen sie nicht den bekannten Gesetzen des Lautwandels (Wörter wie dt. *Papa, Mama, kikeriki!, Kuckuck, Krach, Quatsch, klirren, ticken* und deren Entsprechungen in anderen germanischen und ide. Sprachen). Wörter, die aber mit Onomatopoetika deutlich genetisch verbunden sind (wie z. B. *Vater* mit *Papa* oder *Mutter* mit *Mama*) weisen dagegen „gesetzmäßige" lautliche Entsprechungen auf. Daraus wird am häufigsten der Schluss gezogen, letztere seien im Unterschied zu ersteren nicht natürlichen Ursprungs, sondern arbiträr. Frage ist nun, worauf diese postulierte Arbitrarität beruht. Der historische Lautwandel sorgt zwar für unterschiedliche Lautgestalt von Wörtern, aber alle Versuche, die Ursachen des Lautwandels selbst zu erklären, sind bis heute fehlgeschlagen. Die Erklärungen von J. Grimm und anderen Romantikern, in der Berglandschaft sei die Artikulation auf Grund einer spezifischen Luft stärker, was zur Bildung von stark behauchten Konsonanten bzw. Spiranten und Affrikaten geführt hätte, gilt heute als naiv und vorwissenschaftlich.

An Stelle dieser Erklärungsversuche kamen positivistische Ansätze der Prager Schule (vor allem J. Kuryłowicz), die die Lautverschiebungen als Umpolung der binären Opposition im Ergebnis der Veränderungen bei ihrem markierten Glied deuten, was dann zu Systemwandel führt. Aber dieser zweite Ansatz ist ja keineswegs eine *andere* Erklärung für den Lautwandel, es ist nur eine Antwort auf eine andere Frage bzw. ein anderes methodologisches Prinzip der Problemlösung. Es wird nun nicht mehr danach gefragt, *warum* ide. *p, t, k* zu germ. *f, þ, h* oder germ. *p, t, k* zu hochdt. *f, z, h* usw. wurden, sondern danach, *wie* dieser Prozess verlaufen ist bzw. wie sein Systemcharakter erklärt werden kann.

Diesen Unterschied hat u. a. R. Keller [3]2003 bemerkt, der aber überhaupt darauf verzichtet, Phänomene dieser Art zu erklären – da die gängigen Sprachwandeltheorien, darunter natürlich auch sein eigenes Modell der „unsichtbaren Hand", keine adäquaten Mechanismen dazu haben. Seine Lösung ist daher minimalistisch: Wandelphänomene, die *so alt* sind, können heute nicht mehr erklärt werden, was nicht die Methode der „unsichtbaren Hand" in Frage stellt, sondern lediglich die Tatsache feststellt, dass diese Methode rein zeitliche Grenzen hat, die keine Interpretation so fern zurück liegender Erscheinungen durch ihre Grundmechanismen gestatten (vgl. Keller [3]2003, Abschn. 6.2). Die Festlegung von gewissen zeitlichen Grenzen, hinter denen sich ein Modell des Sprachwandels nicht mehr anwenden lässt, ist die Antwort R. Kellers auf die Kritik seitens P. Eyer 1982, 74, die Erklärung durch die Mechanismen der „unsichtbaren Hand" sehe u. a. keine Möglichkeit einer Interpretation der Tatsache vor, dass die Konsonanten *p, t, k* im Germanischen den Lautverschiebungen unterliegen, während *m, n, l, r* unverschoben bleiben.

H.-J. Heringer 1988, 3 ff. (nach Keller 2003, Abschn. 6.2.) formuliert die Aufgabe der Erklärung der Lautverschiebungen vor allem statistisch. Es geht um die Ermittlung von Bedingungen, unter welchen z. B. der Konsonant *f* entstanden ist, wo er früher als *p* artikuliert wurde. Es folgen Auszählungen auf der Basis der Annahme, im Laufe von 200 Jahren hätten ca. 100 Millionen Germanen, die 1 Stunde lang sprachlich kommunizierten, im Schnitt 2000 Wörter á 5 Laute hervorgebracht. Der Wandel *p>f* hat daher etwa Folgendes zu bedeuten: Dort, wo im Moment t_1 der Konsonant *p* artikuliert worden war, wurde später in 70 Billiarden Fällen das *f* ausgesprochen (ibid.). Aber auch diese Erklärung ist natürlich keine Erklärung im herkömmlichen Sinn, was R. Keller 2003, 213 ff. logischerweise veranlasst, bestimmte Erscheinungen aus den Erklärungsschemata der Sprachwandeltheorien auszuschließen.

Ich möchte nun die Fragestellung ändern bzw. eine alternative Vorstellung bezüglich der „Ausgangsbasis" in Erwägung ziehen. Auf phonologischer Ebene (die synchron wie diachron *systemhafte* privative und äquipollente Oppositionen behandelt) sind die (privativen) Relationen des Typs *p/f* – solange sie phonologisch relevant sind, was bei beiden Konsonantenverschiebungen gerade der Fall ist – essentiell, da sie der Faustregel der phonologischen Relevanz entsprechen: Sie sind nämlich für Bedeutungsunterschiede zuständig (wie bei *Paar – fahr!*). Die synchrone Projektion dieser Tatsache löst (spontan oder – nach den Arbeiten der Prager Linguisten – bewusst) in letzter Instanz die Relevanz der entsprechenden diachronen Dimension aus: Wenn das System A Laute x, y, z enthält, die genetisch jeweils den Lauten a, b, c des später entstandenen Systems B entsprechen, sich aber funktional von diesen unterscheiden, ist es ein Indiz für *Lautverschiebung*. Der Streit darf nur die relative Chronologie betreffen, also die Frage, ob nicht eine umgekehrte *Verschiebung* stattgefunden hätte und ob somit nicht die Archaik von B in Bezug auf A nachweisbar wäre.

Eine prinzipiell andere Fragestellung ist aber m. E. nicht weniger legitim. Geht man von der „onomatopoetischen" Prämisse des Sprachursprungs aus, muss vor allem danach gefragt werden, wie die Primärlaute bzw. -lautkombinationen beschaffen sein könnten. Silben wie z. B. *am/ma*, *ap/pa*, *ab/ba*, *ah/ha*, *la, na* haben bei Erfüllung der Funktion der Lautsymbolik für unterschiedliche Denotate ohne Zweifel eine relative Lockerheit in der Bindung der „Erscheinung" an das Lautbild. Dafür gibt es mehrere Gründe.

Bei *imitativer* Kodierung fehlt eine Isophonie zwischen Naturlauten der Sprache und Naturlauten der Umwelt. Diese Asymmetrie ist zwar nicht absolut, aber auch nicht unwichtig. Sie betrifft sowohl die Sprecher- als auch die Hörerseite. Grundsätzliche Ikonizität der Kodierung wird dadurch nicht tangiert, es wird lediglich der Spezifik der menschlichen Artikulation Rechnung getragen. Zugleich gibt es aber auch Differenzen in individueller Empfindung der

Natur- und verwandten Laute und in deren individueller Artikulation.

Die konventionelle Imitation des Auto-Hupsignals lautet auf Russisch *bi-bi*. Als Baby hat aber mein Sohn dazu stets *di-di* gesagt. Ohne Zweifel lag es in erster Linie an der Beschaffenheit seiner Sprechorgane, der phonologische Status *seines d*-Lautes entsprach aber dem des konventionellen *b*. Irgendwann musste er aber – freilich auf Kosten einer für ihn günstigeren Artikulation – auf das Individuelle verzichten und sich dem Konventionellen anpassen. Die Frage ist nun, was ihn dazu letztendlich veranlasst hat. Ich bin überzeugt, dass in solchen Fällen nicht das Streben entscheidet, „wie alle Anderen zu sprechen“ (obwohl dies auch ein wichtiger Beweggrund für Artikulationsänderung sein mag), sondern die – wenngleich unbewusste – Einsicht in die Tatsache, dass in anderen Lautkombinationen *b* und *d* phonologisch alternieren (vgl. speziell für das Russische z. B. *белить* [*belit'*] „weiß färben; malen“: *делить* [*delit'*] „teilen“). Dies ist in der Tat ein zwingender Grund, sich der gängigen Konvention nicht nur in spezifischen phonologisch relevanten Fällen, sondern auch – laut dem Analogieprinzip – generell anzupassen. Nun stelle man sich den Sprecher vor, dessen Sprechorgane so beschaffen sind, dass er einen bestimmten Laut grundsätzlich nicht aussprechen kann. Natürlich würde er z. B. *d* statt *b* überall aussprechen, auch in phonologisch relevantem Fall, was zu unvermeidbaren Kommunikationsstörungen führen würde. In solchen Fällen spricht man von einem *Artikulationsmangel*, der u. U. logopädisch behandelt werden muss. In Wirklichkeit geht es aber nicht um einen *Mangel*, sondern vielmehr um einen Konflikt zwischen individueller Spezifik der Artikulationsorgane und Forderungen der Sprachgemeinschaft. *Di-di* gibt ja das Hupsignal nicht schlechter als *bi-bi* wieder. Und: *Beide* Formen sind eine *adäquate* onomatopoetische Kodierung des Hupsignals (was im Prinzip eine weitere metonymisch-metaphorische Symbolisierung zulässt, z. B. eine Bezeichnung des Autos durch ein Wort mit der *bi/di*-Silbe oder mit *b/d*-Laut u. dgl.).

Individuelle Differenzen in der Artikulation innerhalb *einer* Sprachgemeinschaft sind zwar stets vorhanden (letztlich spricht ja jeder Mensch anders), sie werden aber nur bis zu einer gewissen Grenze geduldet, hinter der eine Anpassung an die Konvention erforderlich ist. Das ist ein Paradebeispiel für Humboldts These, die Subjektivität des Individuums in der Sprache wird durch die Subjektivität des Volkes abgeschwächt, aufgehoben und gelindert (also relativiert) (vgl. die Ausführungen in 1.2 dieses Buches). Ein Verdienst Humboldts war aber erst recht seine geniale Einsicht, dass auch eine Sprache des Volkes *subjektiv* ist, wenngleich ihre Subjektivität anders als die eines einzelnen Individuums ist (und doch ihrerseits durch die Subjektivität der vorigen Generationen und letztendlich durch die Subjektivität der Gesamtheit aller Sprachen relativiert wird – vgl. das in 1.2 Gesagte).

> Das Klopfen an die Tür wird im Russischen durch *tuk-tuk!* wiedergegeben, das entsprechende Verb heißt ***стучать*** `klopfen´. Im Polnischen ist der interjektionale imitative Ausdruck für das Türklopfen *puk-puk!*, das Verb heißt ***pukać***. Im Sinne einer imitativen „Richtigkeit" der Wiedergabe des Klopfens sind *beide* Lautkombinationen adäquat. Zugleich wird aber das Türklopfen von Mitgliedern zweier Sprachgemeinschaften unterschiedlich kodiert. Die Konstellation der Konsonanten ist aber prinzipiell dieselbe wie im Beispiel mit Imitation des Hupsignals. Der *einzige* Unterschied besteht darin, dass im zweiten Fall das Individuelle sich auf ganze Sprachgemeinschaften bezieht und jeweils konventionalisiert ist. Ein denkbarer Logopäden-Eingriff beim Kind mit entsprechendem „Artikulationsmangel" in Polen wäre daher dem in Russland genau entgegengesetzt.

Bei affektiver Kodierung sieht das Problem ähnlich aus mit Ausnahme des „Zwischengliedes" der ikonischen Wiedergabe, nämlich der Natur- und anderer Umweltlaute. Über die konkrete Lautgestalt von affektiven Ausrufen unterschiedlicher Art entscheidet die Beschaffenheit der Sprechorgane – individuell wie „ethnisch spezifisch", wobei die Spezifik erster Art wiederum nur als Abweichung von der „Norm" betrachtet wird, während die Spezifik zweiter Art den relevanten Unterschied zwischen Sprachgemeinschaften ausmacht. Für alle Fälle gilt aber gleichermaßen das Prinzip einer adäquaten symbolischen bzw. ikonischen Kodierung entsprechender Affekte, die nicht als universelle, sondern lediglich als relative und subjektive Isophonie zu verstehen ist. Und dennoch liegt zwischen relativer Isophonie und primärer (ontologischer) Arbitrarität eine unüberwindbare Kluft.

Weiterhin ist zu beachten, dass eine Isophonie bei imitativer Kodierung ihren Ursprung tatsächlich in direkter Lautimitation hat, sich jedoch keinesfalls auf reine Lautimitation beschränkt, sondern allgemein Bewegung bzw. damit verwandte physische oder gar moralische Qualitäten involvieren kann. Von einer Isophonie im engeren Sinn kann man aber bei dieser – in S. Ullmanns 1972, 84 Terminologie – sekundären Onomatopoiie wohl kaum reden, vielmehr handelt es sich um abgeleitete (dadurch aber nicht weniger natürliche) imitative Nominationsmuster, vgl. folgende sehr treffende Beschreibung von Ullmann ibid.:

> „From the semantic point of view, a distinction has to be made between primary and secondary onomatopoeia. Its primary form is the imitation of sound by sound. Here the sound is truly an „echo to the sense": the referent itself is an acoustic experience which is more or less closely imitated by the phonetic structure of the word. Terms like *buzz, crack, squeal, whizz* and a great many others fall into this category. In secondary onomatopoeia, the sounds evoke, not an acoustic experience but a movement (*dither, dodder, quiver, slink, slither, slouch, squirm, wriggle*), or some physical or moral quality, usually unfavourable (*gloom, grumpy, mawkish, slatternly, slick, slimy, sloth, slovently, sluggish, wry*).

L. Bloomfield 1933, 245 versucht die onomatopoetischen Modelle, die Ullmann zu der primären resp. sekundären Onomatopoiie zählt, auf der Grundlage der jeweiligen symbolischen Konnotation zu ordnen (übrigens macht auch er – zu Recht – keinen grundsätzlichen Unterschied zwischen Ikonizität und Symbolismus in der sprachlichen Nomination, im Unterschied zu Ch. Peirce): „breath-noises": *sniff, snuff, snore, snort*, „quick separation or movement": *snip, snap, snatch*, „creeping": *snake, snail, sneack, snoop*. Er stellt fest, dass Lautgruppen am Wortende genauso wie am Wortanfang Ähnlichkeiten in der Funktion abgeben, z. B. kodiert *are* in *blare, flare, glare, stare* „big light or noise" (ibid.).

Was bedeutet nun das Gesagte für in diesem Abschnitt angestellte etymologische Überlegungen und Vorschläge? Die Antwort auf diese Frage ist nicht einfach und mag vielen – vor allem gerade wegen langjähriger Tradition etymologischer Forschung, die auf anderen Modellen beruht – als nichtplausibel erscheinen, trotzdem muss sie hier gegeben werden.

Die oben vorgenommene Rekonstruktion der Primärstämme (Primärwurzeln) bzw. Primärwurzelsilben hat zu Ergebnissen geführt, die aus der Sicht einer „traditionellen" Forschung grob in drei Gruppen eingeteilt werden können. Zur *ersten* Gruppe gehören verwandte Stämme bzw. auf diesen Stämmen basierende Wörter, deren etymologische Verwandschaft durch entsprechende Rekonstruktionen bereits früher festgestellt worden ist und wohl kaum bezweifelt werden kann, z. B. die *Vater-Futter-fett*-Sippe, die Wörter *gewinnen, gewöhnen, wohnen, (er)wähnen*; die Verben *genesen* und *nähren*; die Wörter bzw. Wortformen *bin, bauen, Bauer* u. a. Die *zweite* Gruppe bilden Wörter, deren etymologische Verwandschaft als nicht eindeutig oder zweifelhaft gilt, darunter die Verwandschaft von lat. *capio* und *habêre* und entsprechend von dt. *heben* und *haben*, von *nehmen* und *Name*, von *lieben, leben* und *bleiben* etc. In die *dritte* Gruppe gehören Wörter, deren von mir postulierte etymologische Verwandschaft von vielen, wenn nicht den meisten, Forschern als pure „etymologische Phantasien" des Autors eingeordnet würden. Das sind u. a. lat. *edere*, aksl. *jasti*, poln. *jeść*, russ. *есть*, got. *itan*, ahd. *ezzan*, nhd. *essen*, ne. *eat* einerseits und lat. *esse*, got. *wisan*, ahd. *wesan*, nhd. *sein, gewesen, Wesen* andererseits; *saugen, saufen, Sau, Sohn* und *sein*; *Sonne/Salz* einerseits und *Sau/Sohn* andererseits, geschweige denn nostratisch klingende Stellung von hebr. *Jahvé* zum ide. Pronominalstamm der 1. Person Sg. und dem Verbalstamm **ue(s)-* mit Existenzsemantik.

Woraus ergibt sich nun diese Einteilung in Gruppen je nach deren postulierter etymologischer Verwandschaft? Das Wichtigste ist hier wohl das formale Kriterium, das auf gültigen Gesetzen beruht, die von den Vertretern der historisch-vergleichenden Methode und ihren Nachfolgern, den Junggrammatikern, erschlossen wurden. *Essen* und *sein* können, grob gesagt, nicht etymologisch verwandt sein, weil das *s* in *essen* auf ahd. *z* zurück geht, welches seinerseits aus dem germ. *t* in Folge der 2. Lautverschiebung entstanden ist; das germ. *t* geht nun wiederum auf das ide. *d* zurück, welches u. a. in lat. *edere* oder russ. *еда* „Essen" vorhanden ist. Das *s* in *sein, gewesen, Wesen* u. dgl. ist aber anderen Ursprungs, es entspricht dem germ. *s*, und dieses entspricht dem ide. *s*, hat also *als Phonem* keine Lautverschiebung durchgemacht. Die phonotaktisch bedingten Reflexe des s_2 (die dann meist phonologisiert wurden), sehen auch anders als die des s_1 aus: Es wird zunächst vor *k* und dann auch vor *m, n, l, w*, zum Schluss in den meisten Dialekten auch vor *p* und *t*, zu dem postalveolaren Zischlaut (*schön, schmal, Schnee, schlagen*) und vor Vokal bzw. intervokalisch zum stimmhaften [z] (*sagen, lesen*), was mit dem s_1 nicht passiert.

Das zweite, in der historischen Sprachwissenschaft als weniger aussagekräftig geltende, Kriterium ist der Bedeutungwandel auf Grund eines annehmbaren Tertium comparationis bzw. einer Kette dieser Tertia. Warum dieses Kriterium zweitrangig ist, ist verständlich: Lautgesetze gelten als fest und eindeutig, während motivierende Assoziationen stets Spekulationen zulassen, so dass man nicht immer genau entscheiden kann, ob das postulierte Tertium in der Tat annehmbar sei. Daher ist die übliche Reihenfolge „von der durch Lautgesetze dominierten Veränderung der Lautgestalt zu metaphorisch bzw. metonymisch bedingtem Bedeutungswandel". Versuche der Revision der geltenden Lautgesetze (wie dies im oben schon erwähnten Gamkrelidze-Ivanov-Modell oder in der Vennemann-These geschehen ist) tangieren dabei in keiner Hinsicht das Grundprinzip, nach dem Unterschiede in phonologischen Systemen verwandter Sprachen durch Lautwandel erklärt werden. Der Lautwandel setzt aber naturgemäß voraus, dass ein Laut (gleichgültig, ob Konsonant, Sonant oder Vokal) *aus* einem anderen Laut entsteht bzw. ein Laut *in* einen anderen Laut übergeht. Weiterhin wird dabei eine historische Chronologie unentbehrlich, d. h. man muss stets annehmen, dass ein gewisser Laut *später* zu datieren ist als derjenige, *aus* dem er entstanden ist. Natürlich ist nicht jeder Lautwandel eine Lautverschiebung, letztere liegt nur im Fall eines Systemwandels vor, das eine ganze Gruppe von Lauten (bei der 1. und der 2. Lautverschiebung sind es z. B. Geräuschlaute) umfasst. Aber auch Veränderungen bei einzelnen Lauten unterliegen im Grunde dem gleichen historisch-genetischen Prinzip.

Als Paradebeispiel kann hier das Schicksal des gemeingerm. stimmlosen Spirants *þ* im Deutschen angeführt werden. Dieser Prozess liegt ca. 2 Jahrhunderte später als die hochdt. Lautverschiebung und kann aus diesem Grunde (da er in die Epoche der Schriftlichkeit in deutscher Sprache fällt, im Unterschied zur 2. Lautverschiebung, die bereits in der vorschriftlichen Zeit, im 7. Jh., praktisch abgeschlossen war) bis ins Detail verfolgt werden. Zunächst entwickelt sich germ. *þ* zum stimmhaften Konsonanten *đ*, wobei sein spirantischer Status vorerst erhalten bleibt (typische Veränderung um nur ein, dabei minimales, Merkmal). Danach erhärtet es zu dem Medium *d*, vgl. got. *broþar*, ags. *brôdhar*, ahd. *bruoder*. Im ahd. *Tatian* (Übersetzung der lateinischen Version der Evangelienharmonie des Syrers Tatian (geschrieben in syrischer Sprache im 2. Jh. n. Chr.) in die ostfränkische Mundart, um 830) kann man noch beide Schreibweisen für germ. *þ*: *th* und *d* sehen. Sie haben aber eine deutliche Verteilung: Am Wortanfang (*tho, ther, thanne, thritte*) wird stets *th* geschrieben, während in der Wortmitte (*quedan* „sagen", *bruoder*) und im Auslaut (*quad*) schon *d* steht. Da nun sowohl der Digraph *th* als auch das Graphem *d* demselben ide. Konsonanten *t* entsprechen, der in Folge der 1. Lautverschiebung zum germ. *þ* wurde, kann festgestellt werden, dass der Prozess seines Übergangs zu *d* im Hochdeutschen stufenweise erfolgte und positionsbedingt war. Man kann sogar annehmen, dass der als *th* am Wortanfang geschriebene Konsonant (im ca. 30 Jahre späteren Schriftdenkmal, dem südrheinfrk. *Otfrid*, steht dafür in derselben Position häufig *dh*) schon um 830 stimm*haft* ausgesprochen wurde. Es ist nämlich eher unwahrscheinlich, dass der positionsbedingte Unterschied in einer Periode gleich zwei aufeinander folgende Merkmale (Stimmhaftigkeit und Erhärtung) übersprang.

Derartige Beobachtungen, die allein auf der Prämisse des Lautwandels beruhen, lassen verständlicherweise nicht viel Spielraum für lautsymbolische Überlegungen, denen eine Methode zu Grunde liegt, welche die Schranken der Lautwandel-Gesetze überschreitet. Nun geht es nicht darum, diese Lautwandel-Gesetze in Frage zu stellen oder zu relativieren. Vielmehr möchte ich eine alternative Herangehensweise zu dem Grundprinzip der Kodierung von Bedeutungen durch Laute in Erwägung ziehen. Geht man davon aus, dass es ursprünglich eine natürliche – wenngleich keine völlig isophone – Relation zwischen Erscheinung und Lautbild gibt, kann die vorhandene materielle Beziehung zwischen den Lauten verschiedener – darunter verwandter – Sprachen in einem anderen Licht gesehen werden. Oben wurde u. a. erwähnt, dass die lautmalende Wiedergabe des Klopfens an der Tür im Polnischen als *puk-puk* (das Verb heißt entsprechend *pukać*) und im Russischen als *tuk-tuk* (´klopfen´ = *стучать*, *стукнуть*; ´Klopfen´ = *стук*) aussieht. Stellen wir uns vor, man hätte in einem aksl. Text die Verbform **stuk-nou* „ich werde anklopfen" oder das Substantiv **stouk* gefunden. Wenn man von der Onomatopoiie absieht, muss nun eine gemeinslavische Wurzel mit *t* rekonstruiert werden. Das polnische *p* würde man dann als Ergebnis des Lautwandels *t>p* erklären. Freilich sollte dieser postulierte Lautwandel auch für andere ähnliche Fälle zutreffen, aber onomatopoetische Bildungen haben es an sich, dass sie den allgemeinen Lautwandelgesetzen nicht oder nur sehr selten folgen. Setzt man nun die Onomatopoiie als ontologisches Prinzip der Urschöpfung an (unter Maßgabe fehlender Isophonie), sind die lautlichen Unterschiede generell so zu behandeln, wie die zwischen russ. *tuk-tuk* und poln. *puk-puk*. Es geht um subjektive, dabei natürliche (affektive und imitative) Formen der primären Kodierung von Objekten (im weiteren Sinn), die an jeweilige Sprachgemeinschaften gebunden sind. Methodologisch soll in diesem Fall nicht von Lautverschiebungen und schlechthin von Lautwandel gesprochen werden, sondern vielmehr von auf natürlicher (affektiver bzw. imitativer) Basis beruhenden lautlichen *Entsprechungen.* Bei Silben mit Sonoren, wie *am/ma, na, la* u. a. sind die Entsprechungen stabiler, ebenso bei den *s*-Silben. Labiler sind dagegen die Silben des Typs *ap/pa, ka, at/ta, ab/ba, ga, ad/da* bzw. Kombinationen der Geräuschlaute (außer *s*) mit anderen Vokalen. Ein behauchtes *p* (die Behauchung kann schon allein wegen des stärkeren dynamischen Akzents zustande kommen) ergibt leicht ein entsprechendes Spirant *f* (das ja bekanntlich ursprünglich als bilabiales Spirant rekonstruiert wird und erst später labiodentale Qualität annahm, da die Intensität des ausgehauchten Luftstroms mit Bilabialität schlecht vereinbar ist) oder auch eine Affrikate. Das spirantische *f*, das mit ide. *p* korreliert, findet sich im Germanischen, und das Hochdeutsche hat beide Varianten – (Doppel)spirant *(f)f* und Affrikate *pf* – , die dem germ. *p* entsprechen. Die Verteilung von *f* und *pf* (wie auch *(h)h/kh* und *(z)z/tz*) hängt von der Position im Wort und vom Dialekt ab: ahd. *pfert, apful, kopf : dorf, werfan, waffan*; *ihhi/ih, ma(h)hen :* (bair. alem.) *khint*; *tzwei, hetze : uazzar, lâzzan, daz*. Beide Varianten können sich auch in einem Wort finden, vgl. ahd. *pfaffo* zu lat. *papa*. Das rekonstruierte Doppelspirant kann als ein gespannter Konsonant behandelt werden, wobei die Spannung auf zweierlei Art und Weise zum Ausdruck kommen konnte, nämlich durch eine „Verlängerung“ der Artikulation und durch zusätzliches Artikulieren des Hauchlauts. Letztere ergibt das *ph*, und in den ältesten ahd. Denkmälern steht gerade dieser Digraph zur Kodierung der Affrikate, was ursprünglich wohl keine „echte“ Affrikate gewesen ist und in etwa den behauchten Konsonanten z. B. im Sanskrit (vgl. sanskr. *bhrâta* „Bruder“, *ghébemi* „ich gebe“) und im rekonstruierten Proto-Indoeuropäischen entspricht – mit dem Unterschied, dass es sich dort vor allem um Media aspirata handelt, während das Hochdeutsche wohl nur über Tenues aspirata verfügte.

Man kann also feststellen, dass der Unterschied zwischen den ide. *p, t, k* und den germ. *f, þ, h* sowie der Unterschied zwischen germ. *p, t, k* und dem ahd. *(f)f/ph, (z)z/tz, (h)h/kh* zunächst allein jeweils in der *Spannung* bei Aussprache *derselben* Konsonanten bestand.

Die Aussprache von ide. *bh, dh* und *gh* im Germanischen als entsprechende spirantische Varianten von *b, d* und *g* ist ihrerseits nichts Anderes als „stimmhafte“ Variante der Artikulation gespannter Geräuschlaute, deren Parallelität zu den stimmlosen Alternationen innerhalb *einer* Sprache – des Althochdeutschen (*ph, kh, tz : (f)f, (h)h, (z)z*) – nicht zufällig sein kann.

Es gibt nun mehrere Gründe für eine „Entspannung“ bei Aussprache gespannter Konsonanten, u. a. die Lage in einer unbetonten Silbe, bestimmte Konsonantenverbindungen und sonstige phonotaktische Gründe. Diese Entspannung kann verschiedene Formen annehmen. In der Germania ist es u. a. eine akzentbedingte Aussprache von (stimmlosen) Fortis als (stimmhafte) Lenitia, die in der Literatur als Verners Gesetz bekannt ist. Aber auch eine „kurze“ Artikulation von „langen“ Konsonanten oder unbehauchte Artikulation von behauchten Konsonanten sind Formen einer „Entspannung“.

Ein typisches Beispiel für positions- bzw. akzentbedingte Entspannung der Artikulation gespannter Konsonanten ist Grassmanns Gesetz für Sanskrit.

> Es besagt, dass die rekonstruierten ide. Media aspirata *bh, dh* und *gh*, die bekanntlich im Sanskrit erhalten geblieben sind, unter bestimmten Bedingungen als einfache (also nicht behauchte) Media auftreten – vor allem wenn sie in einem Wort zweimal vorkommen. In diesem Fall wird der zweite Konsonant als einfaches Medium realisiert, vgl. ide. Verbalstamm des Gebens **ghebh-* in sanskr. *ghebemi* „ich gebe“.

Die Realisierung der ahd. Doppelkonsonanten *ff, zz, hh* als *f, z, h* ist auch eine Art der Entspannung, obwohl sich die Bedingungen dafür von denen im Sanskrit unterscheiden.

Die Entspannung der gespannten Konsonanten ergibt aber nicht deren ursprüngliche ungespannte Artikulation, d. h. das entspannte ahd. *ff* ist nicht mehr das germ. *p*, sondern eben *f* ; das entspannte germ. *þ* (laut Verners Gesetz) ist nicht mehr das ide. *t*, sondern (spirantisches und später in bestimmten Positionen mediales) *d* usw. Woran liegt das? Laut der Faustregel der Lautverschiebungen, die seinerzeit vom Prager Zirkel formuliert wurde und bis heute fast uneingeschränkt gilt, wird zunächst nur ein einziges (minimales) Merkmal verändert. Im Falle der germanischen und hochdeutschen „Lautverschiebung“ handelt es sich um Artikulations*art* bei Beibehaltung der Artikulations*stelle*. Das germ. *p* sollte nach diesem Grundsatz als *bilabiales* spirantisches *f* ausgesprochen werden. Die labiodentale Aussprache entsteht (wegen Ungünstigkeit einer bilabialen Aussprache gespannter Laute) erst später. Die „Entspannung" geht nun verständlicherweise nur *einen* Schritt zurück (also von *ff*, das schon labiodental ausgesprochen wird, zu – notgedrungen ebenfalls labiodentalem – *f*). Bei anderen „verschobenen" Konsonanten ist es noch einfacher, die „Entspannung" erfolgt bei ihnen überhaupt allein durch Rücknahme der „langen" Aussprache, ohne weitere Merkmalsänderungen: *zz* > *z; hh* > *h*. Auch germ. *f, þ, h* werden (laut Verners Gesetz) nach unbetontem Vokal so entspannt, dass sie nicht zu *p, t, k* werden, sondern zu stimmhaften spirantischen (später auch explosiven) *b, d, g*. Ide. *p* wird ja wohl nicht „auf einmal" zum germ. labiodentalen *f*, es wird zunächst als gespanntes bilabiales („langes" oder aspiriertes) *f* artikuliert (ein Beweis dafür ist das *b* – und nicht das *v* – als seine stimmhafte Entsprechung). Die „germanische" Entspannung ergibt nun nicht die einfache Rücknahme der gespannten Aussprache, auf Grund des Akzents kommt es zu einer Entspannung in Form der Stimmhaftigkeit.

Für die Vokale gilt im Wichtigsten dasselbe, was über die Konsonanten gesagt worden ist, vielleicht sogar in einem noch stärkeren Ausmaß. Die Urvokale können überhaupt nur sehr mühsam und innerhalb äußerst weiter Toleranzgrenzen rekonstruiert werden. Davon zeugt – neben vielen anderen Indizien – die oben schon behandelte Laryngaltheorie, in der die Qualität der ursprünglichen Laryngale lediglich ungefähr und allein auf phonologischer Ebene postuliert werden kann.

Beim Vergleich von Vokalen konkreter verwandter Sprachen miteinander ist ein mutmaßlicher direkter Wandel noch eher auszuschließen als bei den Konsonanten, dafür drängt sich eine Annahme lautlicher *Entsprechungen* mit abweichender Artikulation in sehr vielen Fällen auf. Wie ist z. B. die Relation zwischen dem ide. kurzen *o* in lat. *hostis*, *hortus*, russ. *гость* „Gast", poln. *gość* dass. und dem germ. kurzen *a* in got. *gasts*, *gards*, ahd. *gast*, *garto*, nhd. *Gast, Garten* zu erklären, wenn nicht durch die Annahme einer *Entsprechung* bei abweichender Artikulation? Die Feststellung, das germ. kurze *a* sei *aus* dem ide. kurzen *o* entstanden, ist wenig aussagekräftig, vermag sie nicht die Frage nach den Gründen dieser

Entwicklung zu beantworten. Diese Hypothese setzt voraus, dass die Urahnen der Germanen noch das kurze *o* aussprachen, dessen Qualität im Großen und Ganzen bei anderen Nachkommen derselben Völkerfamilie, u. a. den romanischen und slavischen Völkern, in bestimmten Positionen beibehalten wurde. Die Germanen hätten nun bereits in der Urepoche ihrer gemeinsamen Entwicklung das *o* durch das *a* „ersetzt" bzw. das ide. *o* wurde im Germ. zum *a*. Dies wäre nun nichts Anderes als Beispiel eines Vokalwechsels, ähnlich zum oben schon behandelten Konsonantenwechsel. Symmetrisch anders sieht das Schicksal des ide. langen *â* im Germanischen aus. Es wird nämlich zum germ. langen *ô*, welches dann im Ahd. diphthongiert wird (*uo*), vgl. sanskr. *bhrâta*, lat. *frâter*, russ. poln. *brat* vs. got. *brôþar*, ahd. *bruoder*. Von einer Vokalverschiebung spricht man im Gemeigermanischen oder im Hochdeutschen wegen Mangel an systemhaftem Wechsel nicht, aber schon für die englische Sprachgeschichte, wo es mit Konsonantenverschiebungen vergleichbare Systemänderungen der Vokale gibt, existiert der legitime Terminus *vowel-shift*.

Ein weiteres Beispiel ist das Schicksal der ide. kurzen Vokale, die in der klassischen historischen Phonologie als sog. „Schwah primum" bzw. „Schwah secundum" rekonstruiert werden.

Das „Schwah primum" kann allgemein als eine Kürze mittlerer Reihe mittlerer Zungenhebung beschrieben werden, die in ihrer Aussprache etwa dem sog. Murmel-*ə* in unbetonten Silben der deutschen Gegenwartssprache (z. B. in *Lage*, *bekommen* u. dgl.) entspricht. Phonologisch ist es natürlich ein ganz anderer Laut gewesen, schon deshalb, weil er in der rekonstruierten indo-europäischen Grundsprache wegen musikalischem Akzent und Wechsel von Baritonese und Oxytonese im Wortparadigma u. a. im Wortstamm bzw. in der Wurzel auftreten konnte. Ein typischer Fall für Schwah primum in der Wortwurzel ist die oben in anderem Zusammenhang behandelte ide. Wurzel **pət-* mit allgemeiner Bedeutung „Futter; Nahrung", die sich später u. a. zu „Vater" entwickelt. In verschiedenen ide. Sprachen treten unterschiedliche Reflexe dieses Stammvokals auf, was nicht verwundern darf, ist ein reduzierter Stammvokal stets instabil und in gewisser Weise ipso facto zu „Veränderungen" prädestiniert. Allerdings sollte man hier lieber nicht von Veränderungen reden, sondern vielmehr eben von idioethnisch bedingten *Varianten* der Realisierung des behandelten

Phonems. Im Sanskrit tritt an Stelle des hypothetischen „Schwah primum“ ein kurzes *i* auf, vgl. sanskr. *pitár* „Vater“. Im Altgriechischen ist es ein kurzes *a*: *πατέρ*, das im Lateinischen auch unter Betonung erhalten bleibt: *páter*. Im Gemeingermanischen (und in einigen altgermanischen Einzelsprachen, wo es nicht weiteren Varianz-„Veränderungen“ unterliegt) bleibt dieses auf das „Schwah primum“ zurück gehende kurze *a* erhalten: got. *fadar*, ahd. *fater* – anders als das *a* in got. *dags*, ahd. *tag*, das dem ide. kurzen *o* entspricht, siehe oben. Offenkundig steht hier einer Interpretation im Sinne idioethnischer Varianz nichts im Wege, sie vermag die vorhandenen Differenzen wohl besser zu erklären als Annahme einer „Entwicklung“ von „Schwah primum“ zu germ. *a*.

Noch krasser sieht man das an der rekonstruierten „Geschichte“ vom „Schwah secundum“, unter dem ein hypothetischer überkurzer Vokal verstanden wird, der in unbetonten Silben zwischen zwei Konsonanten, dabei vor einem Sonor, gestanden haben soll, wenn in der Silbe die Schwundstufe des Ablauts auftrat, vgl. ide. **gən-* (als Schwundstufe zur Wurzel **gen-* „gebären, zeugen; hervorbringen“) in agr. *γνόσις* „Wissen, Erfahrung“, lat. *cognosco* „ich erkenne“, ahd. *kuni* „Geschlecht“, *kunnum* „wir können“. Im Germanischen erscheint an Stelle dieses hypothetischen überkurzen Vokals ein epenthetisches *u*, das unter bestimmten Distributionsbedingungen, u. a. metathetisch, verschwinden kann, vgl. ahd. *kniu* „Knie“ (diese Erscheinung ist in der Literatur als sog. *TERT/TRET*-Wechsel bekannt, vgl. u. a. Sravnitel′naja grammatika germanskich jazykov, 1/1972, 226 ff.).

Was ist nun die Grundidee des Gesagten in Bezug auf die Beurteilung der Phänomene, die heute als Lautwandel und Lautverschiebungen behandelt werden? Ich stelle hier die Hypothese auf, dass stattdessen eine Feststellung von lautlichen *Entsprechungen* hinreichend ist. Diese Entsprechungen beruhen in der Regel auf minimalen Unterschieden in der Artikulation *derselben* Konsonanten, z. B. auf einer stärkeren (gespannten) oder schwächeren (ungespannten) Aussprache *desselben* Lauts. Weiterhin können akzentuelle, phonotaktische, kombinatorische und sonstige Gründe eine Rolle spielen – alle beruhen in letzter Instanz auf individuellen Besonderheiten der Aussprache, und diese hängen wiederum vor allem mit der Spezifik der Beschaffenheit der Sprechorgane zusammen. Diese Spezifik ist natürlich individuell und subjektiv *nicht* in Bezug auf jeden einzelnen Sprachträger, sondern in Bezug auf eine Sprachgemeinschaft. Sie kann daher als *idioethnische Artikulations- und Akzentuationsbasis* bezeichnet werden. Wichtig ist dabei, dass die Unterschiede in der Artikulation zwar ein Fehlen der Isophonie bei onomatopoetischen Kodierungen verursacht, nicht jedoch die prinzipielle Ikonizität affektiver und imitativer Sprachsymbole tangiert. Sie bleiben im Sinne einer adäquaten Wiedergabe der kodierten Erscheinungen *richtig*, wenngleich *unterschiedlich*. Dies ist nun die Auflösung des „sokratischen" Paradoxons in Platons „Kratylos"-Dialog (vgl. 2.1) und demonstriert die grundsätzliche Richtigkeit der Humboldtschen These von Sprache als Phänomen des Volksgeistes bzw. Ausdruck einer Subjektivität des Volkes bei „Versprachlichung" der Welt.

2.3 Komplexe Wörter: Ikonizität und Konvention

2.3.1 Allgemeines

Die Ikonizität bzw. Symbolik eines sprachlichen Zeichens, die sich im Nominationsakt entfaltet, ist ihrem Wesen nach doppeldeutig. Die Lautsymbolik, welche sämtlichen „primär-natürlichen" Kodierungen zu Grunde liegt, seien dies Bezeichnungen affektiver oder imitativer Art, darf streng genommen lediglich auf primäre „Ursilben" bezogen werden. Dass diese in der Tat existieren und eine Basis für bestimmte Nominationen bilden, steht außer Zweifel. Eine andere Frage ist, ob die affektiv-imitative Kodierung generell als Grundlage der Nomination und somit als Ur-Mechanismus der Sprachentstehung behandelt werden darf. Im vorigen Abschnitt wurde versucht, diese These an exemplarischen Rekonstruktionen zu untermauern. Dabei bin ich mir natürlich bewusst, dass selbst wenn die Entstehung konzeptuell wichtigster Wörter „natürlich-ikonisch" erklärt werden kann, stets Zweifel bestehen wird, ob diese Erklärung in der Tat für die Mehrheit der „Urwurzeln" bzw. „Urstämme" gilt. Der Vorteil dieser Erklärung des Sprachursprungs liegt darin, dass nicht zwei verschiedene – dabei kontroverse! – Quellen der Nomination – eine (sehr begrenzte) „natürliche" und eine (unbegrenzte) arbiträr-konventionelle – postuliert werden, sondern sämtliche Wörter *genetisch* in das „natürlich-ikonische"

Schema eingebaut werden können. Ihr Nachteil besteht darin, dass es unmöglich ist, *alle* oder zumindest *ausreichend viele* Wörter durch Anwendung dieses Schemas zu erklären. Letzteres ist nicht etwa im Prinzip unmöglich, sondern erfordert einen unzumutbaren Aufwand, wobei man notgedrungen stets mit einer Skepsis rechnen muss, die man einfach wegen der Spezifik der Sprache als Forschungsobjekt nie völlig ausräumen kann.

In jedem Fall gelten die Annahmen des Lautikonismus lediglich für sehr einfache, vor allem kurze, Lautkombinationen (Silben). Jede Erweiterung der postulierten „Ursilbe" um eine andere „Ursilbe" oder auch nur um einen einzigen Laut ergibt aber eine prinzipiell *andere* Art des Lautkontinuums. Es ist nämlich keinesfalls eine Summe von den jeweiligen Primär-Symbolen, sondern ein *neues* Symbol, dessen Ikonizität auf einer *anderen* Grundlage beruht, die mit unmittelbarer Lautsymbolik nichts zu tun hat. Und nichtsdestotrotz ist dies ebenfalls eine Symbolik, die ohne Einschränkung *natürlich* sein kann – wenngleich auch nicht sein *muss*. Allein die Natürlichkeit ist in diesem zweiten Fall anderen Ursprungs.

Hier geht es nicht um Lautketten, die in Folge einfacher Wiederholung derselben Silben, darunter mit abweichenden Lautsequenzen, entstehen und im vorigen Abschnitt dieses Kapitels bereits behandelt worden sind.

Schon die sog. Determinativa, d. h. Wurzelerweiterungen um minimale Elemente, sind keine einfachen Ergebnisse einer mechanistischen Verbindung von Semantik der Wurzel und des determinierenden Elements (welches in der Regel ehemaliges Suffix ist).

Dies kann am Beispiel der Ableitungen der Gegenwartssprache demonstriert werden. Die Suffixe *-er, -ung, -schaft* etc. haben jeweils eine bestimmte invariante Funktion, die bei deren Verbindung mit Wortstämmen zur Geltung kommt. Dabei ist diese Invarianz nur relativ, da die lexikalische Semantik der im Ergebnis der Suffigierung entstehenden Derivate fast nie absolute Transparenz aufweist und stets stärker oder schwächer idiomatisch wirkt, vgl.: *Fahrer* (Beruf, aber auch derjenige, der gerade am Lenkrad eines Autos sitzt und es steuert) vs. *Lehrer* (nur Beruf, doch nicht jemand, der gerade jmdn. (be)lehrt); *Übung* (Prozess oder Aufgabe im Lehrbuch) vs. *Prüfung* (nur Prozess); *Wirtschaft* vs. *Kundschaft* usw. Dasselbe gilt mutatis mutandis für Präfigierungen und Komposita.

Die „Natürlichkeit" der Symbolisierungen dieser zweiten Art besteht darin, dass sie die lexikalische Semantik der entstehenden Einheit auf natürlichem Weg motivieren. Geht diese Motivation im Laufe der historischen Entwicklung des komplexen Lexems verloren, entstehen völlig idiomatisierte Strukturen, bei denen synchron kein Bezug zu dem Grundlexem (Derivationsbasis) besteht, vgl. *stehen : verstehen*. Durch formale morphonologische Assoziationen kann man zwar mit gewisser Sicherheit annehmen, dass beide Verben miteinander durch ein Derivationsverhältnis verbunden sind; semantisch lässt sich aber diese Relation lediglich historisch belegen.

> Ein Bezug zu den unmotivierten Simplizia ist hier unverkennbar. Hier wie dort kann mangels natürlicher Motivation im Prinzip ursprüngliche Arbitrarität und pure Konvention angenommen werden. Im zweiten Fall ist diese Annahme allein durch die *Form* erschwert, welche eindeutig auf ursprüngliche Verwandschaft hindeutet.

Im Weiteren werde ich mich der Begriffe *primäre* vs. *sekundäre* Ikonizität des sprachlichen Zeichens bzw. primäre/sekundäre Symbolisierung resp. primäre/sekundäre Motivation bedienen. Das Prinzip der Natürlichkeit der Kodifizierung verändert sich dabei nicht, es verändert sich jedoch die Form bzw. die Art und Weise der Nomination: *Kuckuck* ist ein genauso natürlicher Name wie *Sturmvogel*, die Ikonizität der Bezeichnung liegt aber im zweiten Fall in einer anderen Dimension – was allerdings nicht ausschließt, dass man auch bei der Rekonstruktion von *Sturm* und *Vogel* jeweils zunächst sekundäre und schließlich auch (etwa in der Ebene der Laute bzw. einfachster Lautsequenzen) primäre Motivationen finden kann.

Bei sekundären Motivationen befindet man sich freilich auf einem unvergleichbar sichereren Boden, aber auch hier bedarf die genuine Konstellation zwischen Natürlichkeit und konventioneller Bezeichnung einer eingehenden Untersuchung. Vor allem handelt es sich um eine adäquate Vorstellung vom Zusammenhang zwischen dem, was man „Natürlichkeit" nennen kann, und der „Konvention" in Bezug auf Phänomene wie Sprache. Hierbei muss man stets beachten, dass die Fragestellung nach der Natur des sprachlichen Zeichens aufs engste mit der Genesis und somit den historischen Hintergründen seiner Entstehung und Entwicklung verbunden ist.

Die naive Vorstellung von ursprünglicher Arbitrarität des sprachlichen Zeichens geht im Prinzip davon aus, dass sich wenig verändern würde, wenn man die Gegenstände mit anderen Lautsequenzen als üblich bezeichnete. *Im Prinzip* könnte *Stuhl* in der Tat *Wand* heißen, es genügt nur, sich diesbezüglich zu verabreden. Diese offensichtliche Tatsache ließ viele Sprachphilosophen auf die *ursprüngliche* Arbitrarität der Wörter schließen, die bis heute mutatis mutandis in den meisten linguistischen Systemen als Grundeigenschaft der Sprache gilt.

J. Reischer 2002, 41 sieht z. B. das Wesen der Arbitrarität des Sprachzeichens darin, dass es sich um eine implizite Festlegung handelt, „d. h. es spricht nichts dagegen, dass der Einsatzzweck des Zeichens auch ein ganz anderer hätte sein können".

Was hat nun aber diese „prinzipielle Möglichkeit" eines konventionellen Austauschs zu bedeuten? Im Rahmen eines speziell zu diesen Zwecken erdachten intellektuellen Spiels kann man diese Möglichkeit in der Tat realisieren, was keinesfalls darauf hindeutet, dass dieser Mechanismus an der Wiege der Sprache gestanden haben muss. Geht man aber gewissenhaft der *Geschichte* beider Nomina nach, wird man sehr schnell u.a. einsehen, dass *Wand* im Ablaut zu *winden* steht und dadurch insofern motiviert ist, dass als *Wand* ursprünglich ein aus harten Ästen geflochtener Zaun bezeichnet wurde. Die darauf folgende metaphorische Übertragung mit dem offenkundigen Tertium „Baueinrichtung zur Trennung der Innenräume eines Gebäudes" erfolgt nach einem weiteren sekundären Motivationsprinzip. *Stuhl* geht dagegen auf die ide. Wurzel **st(h)â(d)-* zurück, ist also durch „stehen" motiviert. Die historisch zu erklärende Arbitrarität ginge nun dahin, dass es prinzipiell möglich wäre, als *Wand* einen „geflochtenen" Stuhl zu bezeichnen und als *Stuhl* – eine Trennwand, die „steht". Das stimmt nun wirklich, allerdings nur unter der Maßgabe, dass es in jedem Fall ein Tertium gibt; gar ohne Motivation ensteht im sekundären Symbolisierungsprozess überhaupt kein einziges Wort. Eine andere, ahistorisch verstandene Arbitrarität des sprachlichen Zeichens als prinzipielle Möglichkeit einer unmotivierten momentanen Etikettierung im Nominationsakt, kann es aber in einer natürlichen menschlichen Sprache unter keinen Umständen geben.

Historische Zeichensysteme (und dass Sprache *vor allem* historisches Zeichensystem und kein theoretisches Konstrukt ist, ist evident) haben es an sich, dass sie die Frage nach dem *Warum* – sowohl bei Zeichenentstehung als auch bei Zeichenveränderung – voraussetzen. Nun muss man aber das Wesen dieser *warum*-Frage genauer untersuchen. Im Abschnitt 1.5 dieser Arbeit bin ich bereits (weitgehend in Anlehnung an R. Keller 2003) diesem Problem nachgegangen. An Naturerscheinungen wird diese Frage bekanntlich deterministisch gestellt, sie setzt voraus, dass es eine von unserem Willen unabhängige Ursache-Folge-Kette gibt. Diese kann nicht nur in naturwissenschaftlichen Kausalitätsthesen, sondern auch im Alltag beobachtet werden, vgl. *Warum hast du Fieber? – Weil ich erkältet bin.* Eine vom Willen des Individuums oder einer Gruppe von Individuen abhängige Kausalitätskette nennt man dagegen Finalität. Bei finaler Kette gibt es keine deterministische Abhängigkeit, sie beruht ausschließlich auf individueller Entscheidung, die ihrerseits Ergebnis des eigenen Wunsches oder einer Befolgung bestimmter Traditionen, Bräuche und ähnlicher üblicher Handlungen in gegebenen Umständen sein kann, vgl. *Peter heiratete Sabine, weil er sie liebt*; - *Warum bleibst du heute zu Hause? – Weil ich fernsehen will.*

Statt nun zu prüfen, welche der beiden Fragen (oder auch ob keine davon) an Sprachentstehung und Sprachwandel gestellt werden darf (was u. a. R. Keller 2003 feststellen will), sollen wir zunächst die Frage nach dem Wesen der Nomination stellen. Warum werden Phänomene der Außen- und Innenwelt des Menschen *so* und nicht *anders* benannt? Und: Warum werden sie in verschiedenen Sprachen unterschiedlich benannt? Die sekundäre Nomination vermag diese Frage anschaulicher zu beantworten, obwohl diese Antwort ohne Weiteres auch für die primäre (lautmotivierte) Nomination gelten kann.

> Das Mädchen sollte immer die schmutzigste Arbeit machen. Seine Kleidung war immer mit Asche beschmiert, *und deshalb nannte man es Aschenputtel.*

Warum nannte man nun das Mädchen aus dem Märchen der Brüder Grimm *Aschenputtel*? Die Antwort auf diese Frage, die im Text explizit gegeben ist, enthält zwei Seiten – eine natürliche und eine konventionelle. Dabei ist sie nicht einer deterministischen, aber auch nicht einer willkürlichen Nomination gleichzusetzen. Es besteht einerseits kein Zwang, jemanden, dessen Kleidung stets mit Asche beschmiert ist, als *Aschenputtel* zu bezeichnen. Es gibt im Prinzip eine Reihe alternativer Varianten, einen Spitznamen für eine solche Person zu geben. Statt *Aschenputtel* könnte man z. B. *Aschenbrödel* sagen (was in einer anderen Version des Märchens in der Tat der Fall ist). Man braucht aber auch gar nicht unbedingt den Stamm *Asche* zu bemühen; da die Asche (raben)schwarz ist, kann man die Farbe bzw. den sich durch diese Farbe auszeichnenden Vogel als Tertium nutzen und das Mädchen z. B. als (*Schwarz*)*räbchen* bezeichnen. In der polnischen Version des Märchens heißt das Mädchen *kopciuszek*, d. h. wörtlich 'Räuchling'. Die Namengebung dreht sich aber um eine Motivationsachse, die wohl kaum grundsätzlich verändert werden kann. Es gibt in der Tat mehrere Möglichkeiten, bei der Namengebung diese Motivationsachse zu benutzen. Was aber *nicht* möglich ist, ist eine völlig unmotivierte Etikettierung im Sinne einer genuinen Arbitrarität.

Sprachliche arbiträre Konventionen sind stets relativ, sie beruhen immer auf natürlichen und daher *richtigen* (da real vorhandenen) Nominationsmotiven. Ein *Kuckuck* musste nicht nach Lauten benannt werden, die dieser Vogel von sich gibt, man könnte ihn z. B. auch nach seiner Federfarbe, seinem üblichen „Wohnort" oder auch nach bestimmten anderen Eigenschaften benennen. Der Arbitrarität und Konvention sind aber hier deutliche und ziemlich strikte Grenzen gesetzt, *Sturmvogel* kann er ebensowenig heißen wie *Uhu*.

In diesem Sinne sollte man auch den im Einführungskapitel schon angeführten Passus aus dem Genesis-Buch der Bibel verstehen:

> 2,19-20: Und Gott der Herr machte aus Erde alle die Tiere auf dem Felde und alle die Vögel unter dem Himmel und brachte sie zu dem Menschen, dass Er sähe, *wie er sie nennte; denn wie der Mensch jedes Tier nennen würde, so sollte es heißen.*

Mit Mitteln einer „Mythos-Metapher" ist hier präzise gesagt, wie die sprachliche Nomination verläuft. Der Mensch nennt alle Tiere nach seiner freien Wahl, und sie sollen nach der Namengebung durch den Menschen „so" heißen, wie er sie genannt hat. Dabei soll der Name aber *richtig* sein, was nicht bedeutet, dass von vorn herein nur ein einziger Name für jedes Ding existieren kann, sondern dass der Name einen oder einige Wesenszüge des Dinges wiedergibt. Wahrscheinlich gibt es dabei Namen, die das Wesen der Dinge auf natürlichem Wege völlig ausschöpfend ausdrücken und insofern „einzig richtig“ sind. Da wir aber bei natürlichen Sprachen, die uns bekannt sind, stets mit nur relativer „Echtheit“ der Namen zu tun haben, müssen wir uns mit der Feststellung ihrer Natürlichkeit begnügen, die immer durch *Subjektivität der Sprachgemeinschaft* im Sinne Humboldts vermittelt ist.

Die sprachliche Nomination ist daher eine konventionalisierte, dabei aber natürlich motivierte Zuordnung des begrifflich-emotionalen Wertes eines Phänomens zunächst zu einem simplen Lautkontinuum (primäre Symbolisierung über affektiv-imitative Mechanismen) und dann zu einer komplexen Wortstruktur (sekundäre Symbolisierung durch interne semantische Transparenz der Morpheme).

Konvention und Natürlichkeit sind also keine kontradiktorischen Erscheinungen bei Entstehung und Entwicklung des Sprachzeichens. Die eine schließt die andere keinesfalls aus, was aber erst einleuchtend wird, wenn Sprache von vornherein als historisches Phänomen behandelt wird. Behandelt man das Sprachsystem jedoch „streng synchron“, scheint die Arbitrarität des Sprachzeichens in der Tat sein primärer ontologischer Zug zu sein. Ein unangenehmer Störfaktor sind dabei zwar Onomatopoetika verschiedener Art, die man aber als zahlarm und außerdem als in verschiedenen Sprachen nicht absolut gleich klingend (und daher auch „irgendwie arbiträr“) wegdiskutieren kann.

Bei Wechselbeziehung von Natürlichkeit und Konventionalität des Sprachzeichens soll man stets beachten, dass letztere nur im festen Rahmen der ersten möglich ist; es ist eine Wahl, die zwar willkürlich getroffen wird, dabei aber lediglich im Bereich „natürlicher“ Motivationen und Umdeutungen liegen muss. Daher kann man, wie oben mehrmals schon betont wurde, nur von *funktionaler*, nicht aber von *ontologischer* Arbitrarität des Sprachzeichens reden. Im ontologischen Bereich liegt lediglich die prinzipielle „Ausdehnbarkeit“ der Natürlichkeit im Nominationsakt, auf der u. a. die Verschiedenheit der menschlichen Sprachen beruht. Diese Eigenschaft der Namengebung macht die Konvention erst möglich, vermag sie dennoch nicht zu „ontologisieren".

2.3.2 Die historische Komplexität heutiger Simplizia

Betrachtet man solche Wörter wie *Tisch, Buch, Wand, Messer, Welt* rein synchron, scheinen sie Paradebeispiele für unmotivierte konventionelle Bezeichnungen zu sein. Aber schon eine oberflächliche diachrone Analyse zeigt, dass es sich dabei um Ableitungen oder sogar Zusammensetzungen handelt, die in Folge von durchweg motivierten Bedeutungsübertragungen entstanden sind.

> Das Substantiv *Tisch*, das mit lat. *discus* verbunden ist und historisch eine frühe Entlehnung aus dem Lateinischen darstellt, bezeichnete ursprünglich eine runde Platte. *Buch* ist von der Baumbezeichnung (*Buche*) abgeleitet, die zunächst metonymisch auf aus Buchholz gemachte Schreibstäbchen, danach auf damit geschriebene (genauer eingeritzte) *Buchstaben* und schließlich auf das so entstandene Werk übertragen wurde. *Wand* ist ein Ablautderivat von *winden* und bezeichnete ursprünglich eben „gewundene" Mauer; *Messer* und *Welt* sind diachron gesehen Zusammensetzungen: das erste Wort (vgl. frühahd. *mezzisahs*, ags. *meteseax*) bestand aus den Wurzeln mit den Bedeutungen „Nahrung; Fleisch" (vgl. got. *mats* „Nahrung" bzw. *matjan* „essen", aisl. *matr*, *mata* as. *mat, meti*, ae. *mete* „Nahrung", ne. *meet* „Fleisch") resp. „Messer, Schwert" (ahd. *sahs*, ags. *seax* „Schwert", lat. *saxum* „Stein"); das letztere ist historisch gesehen ein Kompositum mit der eigentlichen Bedeutung „Menschenalter" (ahd. *werolti* aus *wer* „Mann, Mensch", vgl. lat. *vir* „Mann" und *olti, alti* „Alter", vgl. ags. *ylde, ielde* „Leute", got. *alds* „Zeit, Leben, Lebensalter").

Offensichtlich setzt die Komplexität des Wortes schon sehr früh ein, die meisten Einheiten, die heute als Simplizia gelten, sind ihrer Herkunft nach Derivate oder Komposita, welche dank Kontamination, Fusion und Idiomatisierung zu simplen Wurzelstämmen geworden sind. Im Deutschen kann man z. B. lediglich bei der Mehrheit (unpräfigierter) starker Verben von Primärstämmen ausgehen, aber auch hierbei handelt es sich wohl kaum um ursprüngliche Primärwurzeln, sondern vielmehr um einfache Kombinationen von „Ursilben".

Nehmen wir als „Anfangsbeispiel“ das deutsche Verb *werden*, das gerade im Deutschen eine herausragende Stellung hat, die das Deutsche (im Unterschied zu anderen germanischen und auch zu indo-europäischen Sprachen) als *werden*-Sprache einordnen lässt – allein schon wegen der unvergleichbaren Funktionsweite dieses Verbs, das im Deutschen als Vollverb, als Kopula, als epistemisches Modalveb und als Tempus-, Modus- und Genus-Auxiliar auftritt (vgl. meine Ausführungen diesbezüglich in Kotin 1995; 2003).

Pfeifers Etymologisches Wörterbuch (2/1993, 1557) führt *werden* auf die ide. Wurzel **uer-* mit ursprünglicher Bedeutung ´wenden; drehen´, aber auch ´biegen´ zurück. Makovskij 1988, 178 beschreibt ide. **uer-* als ´wachsen´ bzw. ´hoch´ und zerlegt z. B. sanskr. Kausativum *vardhayati* ´macht wachsen´ in **uer-* und **dheu-* ´in heftige, wirbelnde Bewegung versetzen; schütteln´. Die genannte ide. Wurzel hat laut Pfeifer (ibid.) zwei Erweiterungen – die dentale, welche sich bei *werden* findet sowie die labiale, welche in *werfen* vertreten ist. Kluge 1967, 853 bzw. 1999, 885 stellt *werden* dagegen nicht zu der ide. Wurzel **uer-*, sondern behandelt wohl die (nach Pfeifer dental erweiterte) Wurzel **uert(h)-* als ursprünglich (vgl. auch Pokorny 1959, 274 und DWB 14/1/2 1960, 224). Die Präsensformen des ide. Verbalstammes **uert(h)-* gehen im Germanischen auf das mediale thematische Präsens zurück und sind außerhalb des Germanischen z. B. in sanskr. *vártatê* ´dreht sich, rollt, kreist´, apers. *ad-ferta* ´wendet sich ab´, aksl. *vrteti sja* ´sich drehen, wenden´ (Kluge 23/1999, 885; Pfeifer 2/1993, 1557) und darüber hinaus (darunter in kausativer Bedeutung) in sanskr. *vartáyati* ´drehen, wenden´, lat. *vertere* ´wenden, drehen, kehren´, russ. *вертеть* ´drehen´ (inaktiv) *вертеться* ´sich drehen, sich wenden´, lit. *versti* ´(vertikal) wenden, kehren, umwerfen, umdrehen, stürzen´ (ibid.) vertreten – vgl. dazu natürlich auch aus dem Lat. entlehnte *vertikal*. In germanischen Sprachen findet sich diese Wurzel u. a. in got. *wairþan* ´werden´ und (kausat., mit anderer Ablautstufe) *(fra)wardjan* ´vernichten, vergeuden´, ags. *weorđan*, as. *werđan*, ahd. *uuerdan*, mhd. nhd. *werden*, kausat. ahd. *irwerten* ´verwunden´ sowie im nhd. Richtungssuffix *-wärts*.

Auffallend ist, dass bei Kluge unter dem Stichwort *werfen*, das nicht zu der Wurzel **uer-* gestellt ist, die Grundbedeutung des ide. Stammes (der nicht angegeben wird) nichtsdestotrotz als ´drehen´

bzw. ´mit drehend geschwungenem Arm schleudern´ beschrieben wird (vgl. Kluge 1967, 853). Da hier gemeinsame Form und Semantik nicht zu übersehen ist, ist Pfeifers Rekonstruktion wohl kaum auch nur im Geringsten zu bezweifeln. Man kann nun also zunächst davon ausgehen, dass es im Indo-Europäischen die ursprüngliche Wurzel **uer-* mit der Grundbedeutung ´(sich)drehen, (sich)wenden, schleudern´, aber auch ´wachsen´ (als `sich emporstechen`) bzw. ´hoch´ gegeben hat. Die Elemente **t(h)* resp. **p(h)* sind als suffixale Erweiterungen zu behandeln, deren Ursprung hier zunächst nicht speziell behandelt wird. Ich beschränke mich nur auf die Möglichkeit der Annahme von Ursilben des Typs **pha-/*tha-* mit affektiver Kodierung einer intensiven kräftigen einmaligen Bewegung, welche ggf. durch kräftiges Ausatmen (wie im Fall von *hauen*) begleitet wird. Pfeifer 1993/2, 1585 stellt zu dieser Wurzel wohl zu Recht das Substantiv *Wurst* (im Sinne von „Gedrehtes", „Vermischtes").

Das weitere Verb, das hier in Frage kommt, ist *werben*. Kluge (1967, 853, ähnlich Pfeifer 2/1993, 1557) führt es auf ide. **kuerp-* zurück mit der Bedeutung ´sich drehen´ (! – M. K.) – dazu gehört wohl u. a. auch das lat. *verbum* (entlehnt ins Deutsche als *Verb*) mit der ursprünglichen Bedeutung, die durch Analogie zu *wenden – (Rede)wendung* besonders deutlich in Erscheinung tritt. Trotz eindeutiger formaler und semantischer Überlappung mit ide. **uer-* wird wiederum kein Bezug zu *werden* und *werfen* hergestellt. Es bleibt im Rahmen dieser Rekonstruktionen nun übrig, von drei unabhängigen ide. Wurzeln **uert(h)-*, **uerb-* und **kuerp-* mit ähnlicher oder gar gleicher Bedeutung auszugehen, was ich aus evidenten Gründen für unwahrscheinlich halte. Vielmehr liegt hier eine gemeinsame Wurzel nahe, die ohne Schwierigkeiten als **uer-* ´(sich) drehen, (sich) wenden, schleudern` rekonstruiert werden kann. Prä- und postfixale Elemente sind dabei deutliche Determinantien, die die Grundbedeutung der Wurzel **uer-* erweitern bzw. verstärken. Zu dieser Wurzel gehören u. a. die Substantive *Werft* und *Wirbel*.

Das nächste Erweiterungselement ist ide.**g* (=germ. **k*) in **uerg-* bzw. **ureg-* ´tun, wirken, Arbeit` (vgl. Pfeifer 2/1993, 1558 f.; Kluge 1967, 854, 862), vgl. *Werk* und *wirken*. Wiederum wird in keinem der Wörterbücher die Verwandschaft zu *werden, werfen* und *werben* angenommen, die hier m. E. auf der Hand liegt. Die durch gr. *ἐργον* bzw. *'όργανον* mögliche Annahme einer Teilung der ide. Urwurzel in **u-* und **erg-* vermag die Grundthese nicht in Frage zu stellen, sind bei derartigen Silbenverbindungen stets Kontaminationen zu erwarten – in diesem Fall wäre dies wohl eine Kontaminierung von **ue-* und **erg-*. Semantisch ist dabei die Übertragung von ´drehen, wenden´ auf ´wirken, tun´ mehr als plausibel.

Die (zweite gutturale) **gh*-Erweiterung der **uer*-Wurzel ergibt (durch Metathese) zwei Varianten der ide. Wurzel – **uergh-* bzw. **uregh-* mit der Grundbedeutung `drehen, einengen, würgen, pressen´, die jeweils den deutschen Verben *würgen* und *wringen* – wohl mit unterschiedlicher Ablautstufe – (Pfeifer 2/1993, 1581; 1584) zu Grunde liegen. In jedem Fall ist hier wiederum die durch das gutturale Element ausgedrückte Bedeutung der Intensität der Handlung unverkennbar, welche im Falle von **gh-* zusätzlich durch die Aspiration betont wird.

In *wirren* liegt die *s*-Erweiterung der **uer*-Wurzel vor (*rr* aus ide. *rs* → germ. *rz* mit anschließendem westgerm. Rhotazismus). Die semantische Relation zur Urbedeutung von **uer-* ist offenkundig.

Eine zweite **uer*-Wurzel (wie überall auch im Ablaut zu **uor-* in Vollstufe bzw. **ur-* in Schwundstufe) wird bei *warm* (vgl. Kluge 1967, 838; Pfeifer 1993/2, 1539) rekonstruiert – wohl mit der ursprünglichen Bedeutung `brennen; Glut`, vgl. auch u. a. russ. *варить* `kochen`, poln. *wrzący* ´kochend, heiss`, heth. *uar-* `brennen`. Von Homonymie zum gerade behandelten **uer-* `drehen, wirbeln, schleudern etc.` dürfte hier wohl kaum ausgegangen werden. Vilemehr drängt sich die deutliche semantische Analogie dieser Bedeutung zu `heiss` oder auch zu `brennen` auf, man vgl. lit. *vìrti* `sprudeln`, aber zugleich auch `kochen`, wo das Tertium `wirbeln, sprudeln` als Zustand des kochenden Wassers nicht zu übersehen ist. In der Germania handelt es sich also höchst wahrscheinlich um eine nasale Erweiterung von ide.**uer-*

Betrachten wir nun eine weitere Wortfamilie, die laut etymologischer Wörterbücher auf die ide. Wurzel **uer-* ´achten, bewahren, achtgeben` zurück geht (Kluge 1967, 832; Pfeifer 1993/2, 1532), wobei keine Verwandschaft mit dem oben behandelten **uer-* ´wenden, drehen´ angenommen wird, d. h. man sollte unter dieser Maßgabe eigentlich von einer Homonymie beider ide. Wurzeln ausgehen. Im Deutschen gehören dazu u. a. *wahren, gewahr, warnen* und *warten*. Pfeifer 1993/2, 1531 f. stellt die in *wahr, gewähren* und *albern* (aus ahd. *alawâri* `wohlwollend` mhd. *al(e)waere* `schlicht, einfältig; leichtgläubig`) – vgl. auch lat. *vêrus* ´wahr`, russ. *вера*, poln. *wiara* `Glaube`, air. *fír* `wahr` – vorhandene ide. Wurzel *\*uêr-* ebenfalls als Dehnstufe zu *\*uer-*. Auch die in *wert* und *Ware* steckende ide. Wurzel *\*uerə-* `kosten; einen Wert haben` ist wohl mit *\*uer-* `achten` verbunden. In diesem Fall ist der archetypische semantische Bezug zum oben behandelten **uer-* (als Drehen, Wirbeln, Schleudern, aber auch Sprudeln oder Brennen) nicht so plausibel. Nichtsdestotrotz kann folgende Assoziationskette nicht ausgeschlossen werden, die gerade angesichts der Formengleichheit der Urwurzel gar nicht spekulativ erscheint: `sich drehen, sich wenden` → `ein Objekt von allen Seiten betrachten` → `beobachten` → `auf etw. achten; etw. bewerten; einschätzen` bzw. ´in wahrem Licht sehen`.

Man kann also eine einheitliche archetypische ide. Wurzel **uer-* annehmen, deren Grundbedeutung eine (ursprünglich wohl heftige, starke) Bewegung bzw. ein Drehen, Wenden oder auch Reißen gewesen ist. Diese Wurzel hat nun diverse Erweiterungen um nachgestellte (seltener vorangestellte) labiale, dentale, gutturale, nasale u. a. Elemente erfahren, welche ihrerseits wohl Reste anderer Ursilben sind. Der proto- und archetypische semantische Kern bleibt bei den Einzellexemen in unterschiedlichem Grad erhalten bzw. kann diachron-genetisch rekonstruiert werden.

Nun fragt sich aber, ob die ide. Wurzel **uer-* in der Tat als «Urwurzel» gelten kann. Oben ist schon darauf hingewiesen worden, dass die Verben *werden* und *werfen* als Dental- bzw. Labialerweiterungen dieser Wurzel behandelt werden können, wobei auch diese Annahme nicht allgemein anerkannt ist. Im Prinzip könnten nämlich die Wurzeln **uerb-* und **uert-* als unabhängig von einander behandelt werden, wie dies z. B. Fr. Kluge tatsächlich tut. Dass sie genetisch verwandt sind, ist eine Hypothese, die auf der Annahme einer gemeinsamen Semantik von **uer-* beruht. Weitere Hypothesen – dass die Wurzel **uer-* außer einer *b-* und einer *t-*Erweiterung andere determinative Indikatoren (*k-, g-, gh-, s-, m-* und ggf. auch andere) aufweist, sind nur Folge dieser Grundannahme. Nun ist es nicht nur möglich, sondern gerade erforderlich zu prüfen, ob ide. **uer-*, das als Basiswurzel für «erweiterte» Stämme angenommen wird, seinerseits nicht auch «zerlegbar» wäre. Im

Kontext der hier durchgeführten Rekonstruktionen handelt es sich darum, ob das Element *-r* genetisch als Determinativum suffixaler Art zu der einfacheren ide. Wurzel **ue-* eingeordnet werden kann. Dazu bedarf man dreierlei Evidenzen: (a) die Feststellung der ide. **ue*-Wurzel samt ihrer Semantik, (b) die Feststellung des semantischen Zusammenhangs zwischen dieser und der **uer*-Wurzel bzw. deren oben beschriebenen Ableitungen und (c) die Feststellung anderer Erweiterungen der **ue*-Wurzel außer der *r*-Erweiterung – wie dies im Falle der Untersuchung der Verwandschaftsbeziehungen zwischen **uer-* und deren Ableitungen bereits geschehen ist. Aus untersuchungstechnischen Gründen werden diese Schritte in der (a)-(c)-(b)-(c)-Abfolge getan, da es **ue*-Erweiterungen gibt, die semantisch näher zur Urwurzel stehen, als die *r*-Erweiterung.

Der erste Schritt ist am einfachsten, die Wurzel **ue-* ist bekanntlich in einer Reihe von ide. Wörtern vertreten, u. a. nhd. *wehen*, mhd. *waejen, waegen, waen*, *weien*, ahd. *wâen*, *wâhen*, (redupl.) ags. *wâwan*, got. *waiwan*, russ. *веять* \`wehen, blasen; Getreide worfeln\`, poln. *wiać* \`wehen\`, sanskr. *vâti* \`weht, bläst\`, gr. *'αῆναι* \`blasen, wehen\` (vgl. Pfeifer 1993/2, 1545; Kluge 1967, 843; DWB 14/1/2, 1960, 190 ff.; Pokorny 1, 1959, 270; Feist 1939, 765, Holthausen 2000). Die Semantik ist in allen Wörtern nahezu gleich und lässt **ue-* als \`wehen, blasen\` beschreiben, wobei die Lautform auf onomatopoetischen Ursprung der Urwurzel hindeutet: es geht um imitative Kodierung des Luftstroms bzw. Windstoßes durch „ausatmende" Artikulation.

Am nächsten liegt die sonantische *j*-Erweiterung – also die Wurzel **uei-*, die in der Interjektion *weh*! als Ausruf des Schmerzens, Schreckens fortlebt, vgl. mhd. *wê*, *wei*, ahd. as. afries. *wê*, ags. *wâ*, ne. *woe*, aisl. *vei*, *vae*, got. *wai*, lat. *vae*, mir. *fâe*, kymr. *gwae*, bret. *gwa*, lit. lett. *vaî*, avest. *vayôi*. Von der Interjektion abgeleitet sind u. a. nhd. *Weh* \`Schmerz; Leid\`, arm. *vay* \`Unglück\`. Erweiterte Neubildungen sind auch Interjektionen des Typs nhd. *auwaia* oder ne. *wow*, das mittlerweile zum Internationalismus zum Ausdruck einer Verwunderung geworden ist. Kluge 1967, 843 schreibt explizit, die interjektionale Wurzel ist unmittelbar „aus einem Naturlaut entstanden". Um was für einen Naturlaut handelt es sich dabei? Offenkundig ist es ein Ausruf, der zunächst eine unwillkürliche Reaktion auf Schmerz oder/und unerwartete, meist (aber wohl nicht allein) schmerzliche oder andere unangenehme Überraschung etc. gewesen ist. Dieser Ausruf war also *affektiver* Natur und müsste eigentlich, wie im Einführungskapitel argumentiert worden ist, dem *imitativen* Zeichen voraus gehen (wenn natürlich beide an *eine* Wurzel gebunden werden können). Daher scheint die Annahme einer affektiven Wurzel **uei-* als sonantische Erweiterung der imitativen Wurzel **ue-* kaum stichhaltig. Diese Komplikation scheint aber vor dem Hintergrund der Tatsache eine Lösung zu finden, dass *wehen* und seine Entsprechungen wohl nicht *unmittelbar* auf **ue-* zurück gehen, sondern vielmehr – wie Kluge 1967, 843 zu Recht annimmt – auf die davon abgeleitete Wurzel **ueio-*, die ich aber im Unterschied zu Kluge eher nicht als vorgermanisch, sondern als bereits indo-europäische sonantische Erweiterung von **ue-* einordnen würde, was u. a. sanskritische, avestische und slavische Formen erklärt. Es ist also von der affektiven Wurzelsilbe **ue-* auszugehen, die dann durch die *j*-Erweiterung zunächst eine einfache „Verstärkung" im affektiven Bereich und erst später eine imitative Umdeutung bei Kodierung von Windstößen, Luftbewegung o. ä. (wohl über einen Vergleich mit Atemzügen des Menschen) erfahren hat. In jedem Fall handelt es sich um einen deutlichen *Naturlaut* bzw. eine *Natursilbe*, die zahlreichen Sprachzeichen mit unterschiedlicher Semantik zu Grunde liegt, welche jedoch eine gemeinsame natürliche ursprüngliche Motivationsbasis haben. Die affektive Wurzel **ue-* bzw. deren älteste sonantische Erweiterung bilden nun die Grundlage für nhd. *weinen* und *wenig* (vgl. Kluge; Pfeifer, ibid.). Die imitative Variante derselben Wurzel (`wehen`), welche von der affektiven abgeleitet ist, findet sich neben *wehen* u. a. in *Wind*, *Wetter*, *Wedel* und *wallen* (Pfeifer, ibid.).

Die interessanteste ist die *s*-Erweiterung der ide. Urwurzel **ue-*, in deren Folge die konzeptuell wichtige Wurzel **ues-* entsteht – eine der drei Wurzeln, die allgemein `Sein` bzw. `Existenz` ausdrücken. Oben ist schon für eine Kontamination zweier Ursilben plädiert worden – **ue-* (als affektive Symbolisierung des „Lebensrufes" über intensive „ausatmende" Kodierung starker Lebensgefühle wie Schmerz, Überraschung oder auch Freude) und **sa-/*so-/ *se-*, die laut Mańczyk mit dem Saugen verbunden ist, also über die affektive Kodierung des Stillens zustande kommt. Ich gehe davon aus, dass die zweite `sein`-Wurzel **es-* eine phonetische Variante der **se*-Silbe ist, die durch eine Silbenverschiebung im Zuge der Polyduplikation entstanden ist. Auf die ide. Wurzel **ues-* bzw.

auf **es*- gehen *unmittelbar* zurück: ahd. *uuesan* \`sein\`, mhd. *wesen, sîn* dass., nhd. *sein, war, gewesen, Wesen.*

Geht man nun von **ue*- als Grundwurzel aus, die über affektive interjektionale Kodierung über Lebensschrei bzw. Lebenshauch das Leben, die Existenz und somit das \`Sein\` im Allgemeinen denotiert, sind die oben beschriebene **uer*- und die **ues*- Wurzeln etymologisch verwandt, was u. a. auf die genetische Verwandschaft zwischen *sein* und *werden* schließen lässt. Semantisch liegt diese Verwandschaft auf der Hand, sind beide Konzeptverben auf das Sein *als Bestehen* resp. das Sein *als Entstehen* bzw. *Sich-Verändern* bezogen. Weiterhin erklärt sich der semantische Bezug auf Bewegung jeder Art, insbesondere intensive Bewegung, Wenden, Drehen, Vermischen, Schleudern u. dgl., daher dürfte die etymologische Verwandschaft von *sein* und *werden* mit oben aufgeführten *werfen, wirbeln, wirren, wehen, wringen, würgen* u. v. a. nicht verwundern. Freilich geht es dabei um prä- wie postnukleare Erweiterungen bzw. Kontaminationen, die nun weiter verfolgt werden.

> Dabei muss man beachten, dass, wenn die Urwurzel um ein Element (z. B. *-r*) erweitert wird, sofort sowohl prinzipielle Möglichkeiten einer Ausweitung der entstandenen Wurzel **uer*- um andere Elemente gegeben sind (die oben bereits an konkreten Beispielen gezeigt worden sind) als auch die Möglichkeiten der Ausweitung der Urwurzel selbst um andere Elemente fortbestehen (und auch realisiert werden). Die so entstandenen Wurzeln werden ihrerseits um weitere Elemente ergänzt, wodurch unausschöpfliche Potenzen für Wortbildung gegeben sind. Interne Motivationen, geschweige denn der ursprüngliche semantische Bezug auf die Urwurzel, können dabei mit der Zeit sehr stark von der „Grundbedeutung“ abweichen, was in vielen Fällen gerade die Vorstellung von genuiner Arbitrarität des Sprachzeichens erweckt.

Neben der *r*-Erweiterung des ide. **ue*- gibt es eine zweite Erweiterung um ein Liquidum *-l*. Die Wurzel **uel-*, die dadurch entsteht, ist (in unterschiedlichen Ablautstufen) in nhd. *Welle, Wolle, Walze, wellen* \`wälzen, rollen\`, *walten, wallen,* aber auch (durch Kontamination mit **uer-*) in *Wurzel* vertreten. Durch vorangestelltes *g-* entsteht ide. **guel-* (vgl. *quellen, Quelle, Qual, Qualle* und *Qualm*). Vorangestelltes *k-* in Kombination mit nachgestelltem *-p* – **kuelp-* liegt u. a. dem nhd. *wölben* (daher *Gewölbe*) zu Grunde – interessant ist hier eine deutliche Parallele zur ebenfalls erweiterten Wurzel **uer-* – **kuerp-* (s. o.). Die ursprüngliche Semantik der Wurzel **uel-* beschreibt Kluge 1967, 851 als \`drehen, winden, wälzen\`; Pfeifer 1993/2, 1579 setzt die Bedeutungen \`reißen, rupfen, an sich reißen, rauben, ritzen, verwunden, Wunde\` an. Beides lässt sich unschwer vereinigen unter der Urbedeutung \`wenden, schleudern, drehen\`, was ein Tertium für zwei davon abgeleitete Motivationen – heftige Bewegung und Winden – ist. Eine intensive, heftige Bewegung kann man nun ggf. sowohl als \`Reißen\` oder auch \`Zerreißen\` als auch z. B. als \`Schleppen\` deuten, wodurch die im vorigen Abschnitt beschriebenen Etymologievorschläge Kluges und Pfeifers für *Wolf* durchaus semantisch kompatibel sind. Geht man aber noch weiter zurück zu der Urwurzel **ue-*, die – wie bereits gezeigt – unmittelbar als Naturlaut für heftiges Ausatmen, Aufschreien u. ä. etymologisiert werden kann, ist der *Wolf* auch als \`heulendes\` Tier motiviert. Freilich bleibt nun die Frage, was die konkrete Nomination *ursprünglich* verursacht haben kann. Die Antwort auf diese Frage hängt davon ab, welchen Status man den „Erweiterungsformanten" zuspricht. Im vorigen Abschnitt ist dafür argumentiert worden, dass man bei *Wolf* von der imitativen Ursilbe **ul-/*lu-* auszugehen hat, was u. a. die scheinbaren Inversionen des Typs dt. *Wolf*, lat. *lupus* erklärt.

Pfeifer 1993/2, 1578 erklärt die Metathese dadurch, dass „den lautlichen Differenzen in den ie. Namensformen Tabuvorstellungen zugrunde liegen, aus denen der Name des gefürchteten Tieres geändert wurde". Allerdings ist wohl kaum zu bezweifeln, dass lat. *vulpis* „Fuchs", eine Form, die lautlich näher zu dt. *Wolf* steht, eine etymologische Dublette zu *lupus* ist. Daher kann die Metathese einfach dadurch erklärt werden, dass eine ursprünglich gleiche Bezeichnung für sehr nahe verwandte Raubtiere durch Metathese bei *lupus* spezifiziert wurde.

Wir haben also bei *Wolf* und seinen Entsprechungen in anderen ide. Sprachen wohl mit einer Kontamination der affektiven Ursilbe **ue-* [(heftiges) Ausatmen, (Schmerz)Geschrei] und der imitativen Ursilbe **ul-/*lu-* [Heulen] zu tun. Das determinative liquide Element *l*, das dann u. a. in ide. **uel-* auftritt, könnte unmittelbar auf die Ursilbe **ul-/*lu-* mit Verlust des Vokals zurück gehen, nämlich als Suffix der \`Spannung, Intensität\` etc. Die nächste Erweiterung – **-ku>*-p* (= germ *f*) bringt eine weitere semantische Modifikation mit sich, die u. a. als `Schleppen; Ziehen` gedeutet werden könnte, wie dies Kluge macht.

Die Erweiterung von **uel-* um das Element *-*g* ergibt die Bedeutung `feucht, nass`, die sich u. a. in russ. *влага* `Feuchtigkeit, Nässe`, poln. *vilgotny* `nass, feucht`, nhd. *Wolke* findet. Die semantische Funktion der hinter -*g* stehenden Ursilbe lässt sich heute wohl kaum mehr rekonstruieren. Dafür ist eine Verbindung von **uelg-* mit **uel-* gerade bei *Wolke* unverkennbar (eigentlich die `Gewundene, Gewölbte`), vgl. auch ebenfalls auf **uel-* zurück gehende Wörter *Welle, Wulst, wölben* etc. Bei *Welle* ist dabei das Deutungspotential von `wölben`→ `(gewölbtes) Wasser` sichtbar. Es liegt die Erklärung nahe, dass die Bedeutung *Wolke* als `Gewölbtes, Gesammeltes` der Bedeutung `nass` voraus geht und nicht folgt.

Sehr reich ist im Neuhochdeutschen die *n*-Erweiterung der ide. Wurzel **ue-* vertreten. Dazu gehören (mit unterschiedlichen Ablautstufen der **uen*-Wurzel) u. a. *gewinnen, gewöhnen, entwöhnen, verwöhnen, wohnen, Wonne,* (durch die Erweiterung von **uen-* um **dh-*) *winden, Wand, Wunde, Wunder* sowie – durch spätere, z. T. pseudoetymologische, Attraktion beider Wurzeln – *überwinden* (ahd. noch *ubar-winnan*). Zu den genannten Stichwörtern geben etymologische Wörterbücher die ide. Wurzel **uen-* bzw. **uendh-*. Erstere wird als `streben, kämpfen, verlangen`, letzere als `leiden` beschrieben, aber ein direkter Bezug zu `wenden, drehen, kreisen` u. dgl. ist offenkundig. Die *sk*-Erweiterung der **uen*-Wurzel lebt in nhd. *Wunsch* fort.

Die *gh*-Erweiterung der Urwurzel **ue-* ergibt wohl (wiederum in verschiedenen Ablautstufen) nhd. *Weg, weg, wegen, Wagen, Woge, wagen, bewegen* – mit deutlicher Motivation über `Bewegung`.

Weitere Wörter, die im Zusammenhang mit der Urwurzel bzw. Ursilbe **ue-* stehen und deren Erweiterungen um sonantische oder konsonantische voran- wie nachgestellte determinierende Elemente darstellen, darunter diejenigen, die unmittelbar zu den oben bereits behandelten erweiterten Wurzeln gehören, sind *wagen, Waage, Gewicht, wichtig, Woche, Wechsel, weichen, Weiche, Wort, Wirt, Warze, Wucht, welk, winken, schwenken, wickeln, Wicht, Wulst, wachsen, Wachs, weben, Wabe, Wiege, Welle, Wall, Wald, walten, Gewalt, wollen, wohl, Wallach, schwellen, wallen, Wanne, wan-*

deln, wandern, Wange, Wiese, wissen, weis, weisen, Weise, Waise, Weide, weihen, weigern, Witz, Weide, weiß, Weile, weil, Wein, weit, Weib, Witwe, weich, schwach u. a. m. Etymologische und historische Wörterbücher (u. a. Kluge 1967; 1999, Pfeifer 1993, Pokorny 1959, DWB 1860-1960, Duden 7/1984) geben unter entsprechenden Stichwörtern meist die verschiedenen Varianten der **ue*-Wurzel an, welche nicht unbedingt als mit einander zusammenhängend gedeutet werden. Dabei wird die Semantik dieser Wurzeln (u. a. **uer-, *uel-, *uei-, *uen-, *ues-*) in den meisten Fällen als (a) \`(sich) wenden, drehen, schwenken, biegen\`, (b) ´(sich) (heftig) bewegen, gehen, laufen\`, (c) \`reißen, teilen, trennen\`, (d) \`sich sammeln, schwellen, gerinnen; empor ragen, wachsen\`, (e) \`folgen, verfolgen, betrachten, beobachten\` und (f) – bei **ues-* \`sich an einem Ort befinden, wohnen\` angegeben. Es geht also in absoluter Mehrheit der Fälle um die Kodierung (heftiger) Bewegungen, Stöße etc. bzw. deren Ergebnisse und Zustände, die als Resultat derselben entstehen. Diese gehen nun ihrerseits, wie oben versucht wurde zu zeigen, auf den affektiven Naturlaut **ue-* zurück – als primären Lebensruf/Aufschrei bei Schmerz, Freude, Überraschung bzw. als Begleitlaut bei heftigen Bewegungen, Handlungen u. dgl. Sekundär ist nach Analogie mit dem affektiven Laut der ähnlich klingende imitative Laut zur Kodierung von u. a. Windstößen, Heulen der Tiere o. ä. entstanden. Auf diese Ursilbe gehen nun weitere Bedeutungen zurück, die durch Erweiterungselemente diverse Handlungen, Zustände, Prozesse, Merkmale, Gegenstände o. ä. symbolisieren, wobei die ursprüngliche natürliche Motiviertheit verständlicherweise verdunkelt, durch sekundäre, tertiäre und weitere Motivationen ersetzt wird oder gar verschwindet.

Die determinierenden prä- und postnuklearen Elemente bedürfen natürlich einer selbständigen Analyse. Am Beispiel der Wurzel **ues-* wurde vesucht, diese exemplarisch durchzuführen bzw. zu zeigen, dass es sich nicht um klassische suffixale oder präfixale Determinantien, sondern vielmehr um Kontaminationen verschiedener Art mit ebenfalls primären und daher natürlich (affektiv bzw. imitativ) motivierten Silben handelt. Freilich kann die gesamte Motivierungskette bei den meisten komplexen Stämmen nicht mehr rekonstruiert werden. Nichtsdestotrotz scheint das Kontaminationsprinzip in vielen „rekonstruierbaren“ Fällen seine Geltung zu haben.

Oben wurde bereits erwähnt, dass z. B. das altindische kausative Verb *vardhá-yati* \`macht wachsen\` von M. M. Makovskij 1988, 178 zu Recht als Ergebnis der Kontamination zweier Wurzeln interpretiert wird: **uer-* und **dheu-*. Die Semantik der ersten Wurzel wurde oben bereits ausführlich beschrieben. Die zweite Wurzel beschreibt Makovskij a. a. O. als \`in heftige, wirbelnde Bewegung versetzen, schütteln\`. Da nun **uer-* ähnliche Bedeutungen aufweist, kann auf eine tautologische Kodierung einer semantischen Funktion durch zwei verschiedene Urwurzeln geschlossen werden. Es handelt sich nun um eine Art „semantische Reduplikation", in Folge deren ein komplexes Zeichen mit der Semantik entsteht, welche durch beide Wurzeln *gleichermaßen* motiviert ist. Das altindische Verb ist in gewissem Sinn ein Kopulativkompositum des *bahûvrîhi*-Typs. Wenn nun das zweite Element (das sehr wahrscheinlich ebenso natürlich, d. h. affektiv bzw. imitativ, motiviert ist) später zu einem Suffix (oder in anderen Fällen einem Präfix) wird, geht die ursprüngliche Motivation teilweise oder komplett verloren. Dabei entsteht aber eine neue Motivation, welche nunmehr nicht auf Lautmalerei o. ä. beruht, sondern einfach darauf, dass das entstandene Affix sich zu einem formalen Indikator der Zugehörigkeit zu einer ganzen Klasse von Gegenständen, Merkmalen, Prozessen o. ä. entwickelt. Darin liegt vielleicht die Auflösung des Rätsels, dass „begrifflich naheverwandte worte das gleiche suffix lieben" (Kluge 1926, 1).

Betrachten wir in diesem Zusammenhang das Element **bh-* in **uebh-*, der Wurzel, die den deutschen Wörtern *weben, Wabe* und *Wespe* zu Grunde liegt. Etymologische Wörterbücher beschreiben die Semantik dieser Wurzel als \`weben, flechten, knüpfen, sich hin und her bewegen, wimmeln\` (Pfeifer 1993/2, 1542) bzw. \`sich hin und her bewegen\` und später \`sich vor dem Webstuhl hin und her bewegen, weben\` (Kluge 1967, 841). Zu Grunde liegt jedenfalls die Semantik einer Bewegung, die dann als Verbinden, Flechten etc. umgedeutet wird. Zerlegen wir nun **uebh-* (laut unserer Annahme von der Urwurzel **ue-* \`hauchen, ausatmen, wehen → schreien → Schmerz, Überraschung\` zu interjektionalem affektivem Naturlaut) in **ue-* und **bh-*, liegt die Annahme nahe, dass das suffixale **bh-* Restelement einer Silbe ist, welche ihrerseits eine Ursilbe gewesen ist und durch Verlust ihres vokalischen Elements zu einem postnuklearen Determinativum wurde.

Oben ist die rekonstruierbare ursprüngliche Lallsilbe **ab-/*ba-* mit einer Bedeutungsentwicklung von \`(nach Futter) greifen\` über \`greifen, fassen\` bis zur Kodierung der nächsten Verwandten erwähnt worden. Eine gespannte Aussprache des bilabialen Mediums in Verbindung mit vokalischem Element könnte nun die ide. Urwurzel **bhe-* ergeben, deren Semantik zunächst allgemein als \`Bewegung\` oder auch \`Fassen\`, \`Reißen\` beschrieben werden könnte – also mit zum Teil ähnlicher Motivation wie bei der Wurzel **ue-*. Eine Erweiterung dieser Urwurzel um das sonantische *u* ergibt nun **bheu-*, in Ablaut dazu stehen vollstufig **bhou-* und schwundstufig **bhu-*. Dies ist nun eine der bekannten drei ide. Wurzeln mit der Grundbedeutung \`Sein; Leben; Existenz\`, aber auch \`Bauen; Anbauen; Pflanzen\` – ein direkter Zusammenhang beider Bedeutungen bedarf angesichts seiner Augenscheinlichkeit keiner zusätzlichen Beweise. Wörter und Formen der deutschen Gegenwartssprache, welche auf die ide. Wurzel **bheu-/*bhou-/*bhu-* zurück gehen, sind u. a. *bin, bist, bauen, Bauer* \`Landwirt\` und \`Bauarbeiter\`, *(Vogel)-bauer*, nicht ausgeschlossen ist eine Verwandschaft mit *Baum*.

Eine *r*-Erweiterung von **bhe-* ergibt **bher-*, das traditionell als \`tragen, bringen\` beschrieben wird und (mit verschiedenen Ablautstufen) u. a. in nhd. *Bahre, gebären, -bar, Bär, sich gebaren, Gebärde, Bürde, gebühren, Gebühr* sowie mit weiteren determinativen suffixalen Elementen in *Berg, Burg, bürgen, borgen* u. a. vorhanden ist. Makovskij 1988; 2000 nimmt weiterhin eine Verwandschaft mit *brennen* (mit leicht erklärbarer Metathese) an. Dabei wird z. B. die Semantik von *gebären* nicht etwa als sukzessionales Tragen (´ein Kind austragen und es so zur Welt bringen\`) erklärt, sondern vielmehr als \`zeugen\`, das seinerseits auf \`brennen\` bzw. \`Flamme\` zurück geht – also soviel wie ´entbrennen\` als Anfang des Lebens.

Man kann also eine unverkennbare Analogie von „Erweiterungsprozessen" bei **ue-* und **b(h)e-* feststellen, wobei sowohl beide Ursilben als auch deren erste Erweiterungen deutliche affektiv-imitative Motivationen ihrer rekonstruierbaren Semantik aufweisen, die sich dann später verständlicherweise zunehmend verdunkeln. Vgl. z. B. *winden-binden*, *währen-gebären*, *Ware-Bahre*, *würgen-bürgen* – um nur einige Fälle zu nennen, bei denen die ähnliche Lautgestalt bis heute z. T. erhalten bleibt (zu jeweiliger Etymologie und semantischer Rekonstruktion vgl. das in diesem Abschnitt oben Gesagte).

Was hätte nun eine Kontamination beider Ursilben **ue-* und **b(h)e-* ergeben können? Freilich ist ihre (natürlich motivierte) semantische Nähe ein Indiz dafür, dass ihre hypothetische Verbindung zu einer Wurzel zunächst eine Art „signifikative Reduplikation" mit Verstärkungseffekt auslösen würde, etwa wie bei (viel später entstandenen) Zwillingsformeln des Typs *mit Ach und Krach*. Mit Apokope des Vokals bei einer der Silben (bzw. generell mit ihrer Formkürzung) verwandelt sich diese aus der Wuzelsilbe in ein affixales Element, das die zweite Silbe (die nunmehr zur „Grundwurzel" wird) „erweitert". So könnte z. B. **bheu-* \`sein\` im Ergebnis einer Kontamination von **b(h)e-* und **ue-* entstanden sein. Eine spiegelartige Sequenz *derselben* Silben hätte hingegen **uebh-* (vgl. *weben*) ergeben.

Durchweg ist bei beiden Urwurzelsilben ein Zusammenhang zwischen affektiv bzw. imitativ begründeten Naturlauten (Weh-, Überraschungs-, Angst- Freudegeschrei, Atmen, Essen/Saugen); intensiver, heftiger Bewegung (u. a. Reißen, Schlagen, Schütteln, Stoßen, aber auch Fassen, Greifen, Nehmen o. ä.), Leben bzw. Sein (Existenz, Wachsen, Emporragen, Brennen, Tragen; Kämpfen, Arbeiten, Bauen, Wohnen u. dgl.) zu verzeichnen. Im vorigen Abschnitt sind auch weitere Motivationsachsen (Essen/Saugen, Futter, nächste Verwandte, Liebe, Zuneigung u. a. oder Lallen, Singen, Lachen, Reden u. a.) angeführt worden, welche ebenfalls primär affektiv oder imitativ motiviert sind.

Wie groß ist der Anteil affektiv bzw. imitativ motivierter Natursilbenstämme am Grundwortschatz und sind die Erweiterungselemente *-r*, *-p(h)*, *-t(h)*, *-n*, *-m*, *-l* u. a. – ähnlich zu **ue-* oder -**b(h)e-* – Reste (ebenfalls natürlich motivierter) Wurzelsilben?

Die erste Frage kann nur sehr allgemein beantwortet werden. Offenkundig ist die Zahl der Sprachzeichen, die ursprünglich Onomatopoetika waren, wesentlich höher als traditionell angenommen wird. Sehr wahrscheinlich gehört dazu sogar die Mehrheit des konzeptuell wichtigen Wortschatzes. Natürliche Motivation des Zusammenhanges zwischen Lautgestalt und Bedeutung als Hauptprinzip der Sprachschöpfung erlaubt es, bei Sprachursprung von *einer* Quelle für die Entstehung sprachlicher Zeichen – den Naturlauten – auszugehen und somit eine „Polyontologie" der Sprache (als Vorhandensein von ontologisch arbiträren und ontologisch natürlichen Zeichen) weitgehend auszuschließen. Eine „Monoontologie" (nicht mit Monogenese zu verwechseln) ist nun allein schon kraft ihrer Plausibilität vorzuziehen, denn zwei so unterschiedliche, ja kontradiktorische, Quellen der Sprache anzunehmen, entspräche nicht der Maxime der wissenschaftlichen Glaubwürdigkeit. Dass sich nun Sprachen von einander unterscheiden, ist grundsätzlich nicht auf die ontologische Arbitrarität der Sprachzeichen, sondern auf die oben ausführlich besprochene idioethnische Subjektivität – eine geniale Entdeckung Wilhelm von Humboldts – zurück zu führen.

Der Versuch, die zweite Frage zu beantworten, würde den Rahmen einer jeden Untersuchung sprengen, da sie eine umfassende Analyse aller möglichen Silbenkombinationen einschließlich der Rekonstruktion von zu Affixen reduzierten Ursilben voraussetzt. Ich neige dazu, auch diese Frage grundsätzlich affirmativ zu beantworten, da in diesem Fall dem hier angewandten monoontologischen Prinzip des Sprachursprungs in einer besonderen Weise Rechnung getragen wird. Die Kodifizierung natürlich motivierter Inhalte bzw. deren „Versprachlichung“ durch die Vertreter einer Sprachgemeinschaft stellt dann einen homogenen syntagmatischen Prozess dar, bei dem zunächst ähnliche bis tautologische Silben mit einander zu multiplikativen Zeichen verbunden und im zweiten Schritt durch formale Reduktionen und damit verbundene semantische Demotivierungen zunehmend idiomatisiert werden. Dabei entstehen Strukturen mit semantischem Kern (Wurzel) und semantischer „Peripherie“ (Affixen), welche ursprünglich ebenfalls (natürlich motivierte) Wurzelsilben gewesen sind. Überlappungen dieser Auffassung mit der alten Agglutinationstheorie sind unverkennbar. Es geht mir jedoch nicht um Agglutination als ursprüngliches Bildungsprinzip der Wörter und Wortformen, sondern vielmehr um eine Kombination von natürlich motivierten Ursilben zu idiomatisierten Sprachzeichen.

Wie ist nun das Problem des Zusammenhanges zwischen Natürlichkeit und Konventionalität des Sprachzeichens zu behandeln? Eine adäquate Fragestellung nach dem Wesen der sprachlichen Nomination ist nicht die Alternative zwischen Natürlichkeit und Konvention. Vielmehr sollte es um die Frage nach den *Mechanismen* einer Konventionalisierung bei der „Versprachlichung“ der Dinge gehen. Eine Konvention kann nur dann effizient sein, wenn zwischen den Mitgliedern des dadurch erfassten Kreises Akzeptanz hinsichtlich des Konventionalisierungsprinzips besteht. Eine bloße

Feststellung der Akzeptanz innerhalb einer Sprachgemeinschaft ist zwar richtig, aber nur trivial. Nichttrivial und in der Tat interessant ist hingegen die Frage nach den *Gründen* für diese Akzeptanz. Eine Akzeptanz bei Namengebung kann unmöglich absolut unmotiviert sein. Sie muss auf zwar subjektiven, dabei aber natürlichen und dank ihrer Natürlichkeit evidenten Beziehungen zwischen Form und Semantik des Sprachzeichens beruhen, sei dies Onomatopoiie, Metaphorisierung/Metonymisierung mit klarem Tertium oder kompositionelle bzw. derivationelle Transparenz eines komplexen Wortstammes. Freilich kann sich diese Motiviertheit bzw. semantische Transparenz mit der Zeit abschwächen oder gar verloren gehen. Aber es bedeutet keinesfalls, dass die so entstandene Idiosynkrasie des Sprachzeichens ein Indiz für seine ursprüngliche Arbitrarität bereits beim Nominationsakt ist.

2.3.3 Komplexe Wörter in der Gegenwartssprache und in der Geschichte

Komplexe Wörter, deren Komplexität an formalen bzw. formalen und semantischen Eigenschaften in der Gegenwartssprache feststellbar ist, sind Gegenstand der *Wortbildungslehre*. Es sind die Junggrammatiker, die – weitgehend in Anlehnung an J. Grimm 1826 – eine systematische historisch-genetisch orientierte Wortbildung begründet und komplexe Stämme einer musterhaften formalen wie semantischen Analyse unterzogen haben, vgl. umfangreiche Abhandlungen von K. Brugmann 1892/2, H. Paul 4/1959, F. Kluge 2/1925, O. Behaghel 1924/2, W. Wilmanns 2/1930/2, L. Sütterlin 1900, H. Hirt 1909 oder Einzeluntersuchungen zu konkreten Affixen o. ä. – Streitberg 1891, Mourek 1890 u. v. a.

Der postsaussuresche Strukturalismus hat eine Akzentverschiebung auf die sog. „synchrone Wortbildung“ gebracht, obwohl die junggrammatische Tradition in der Wortbildungsforschung mutatis mutandis auch in neuerer Zeit fortlebt – aus den bekanntesten Werken, die in dieser Tradition geschrieben sind, ist vor allem W. Henzens 1/1947, 2/1957, 3/1965 exzellente Gesamtdarstellung zu erwähnen.

Die strukturalistische Kritik an der historisch-vergleichenden bzw. genetischen Methode in der Wortbildungsforschung ging von der Prämisse de Saussures aus, man müsse strikt zwischen Synchronie und Diachronie bei der Beschreibung konkreter Sprachphänomene unterscheiden. De Saussure selbst hat dabei die Wortbildung nicht erforscht, aber seine Methode hat zunehmend auch in diesen Bereich der Sprachwissenschaft Zugang gefunden. Die synchrone Wortbildungslehre hat sich nun zum Ziel gesetzt, komplexe Wörter möglichst „statisch“ zu beschreiben. Ihre Aufgabe sah sie nicht in einer Darstellung der Stammbildungsprozesse, sondern in einer möglichst präzisen Klassifizierung und Dichotomisierung komplexer Stämme. In den Vordergrund rückten die Begriffe *Wortbildungsmodell* bzw. *Wortbildungstyp*, wobei formale, syntaktische und (nominations)semantische Fragen der Analyse von Komposition, Derivation, Konversion und deren Abarten zum eigentlichen Gegenstand der synchronen Wortbildungstheorie erklärt wurden (vgl. Hockett 1948, Dokulil 1968, Marchand 1969, Fleischer 1/1969, 2/1971, 3/1974, Fleischer/Barz 1992, Naumann 1972, Erben 1975, Brekle/Kastovsky 1977, Kühnhold/Wellmann 1973, Wellmann 1975, Kühnhold/Putzer/Wellmann 1978, Hansen 1977, Smirnickij 1952; 1954, Levkovskaja 1961, Stepanova 1968, Stepanova/Fleischer 1984, Zemskaja/Kubrjakova 1978, Kubrjakova 1965; 1974; 1981, Jermakova 1975, Uluchanov 1977).

Eine streng synchrone Behandlung der Wortbildungsprozesse und -modelle hat aber sehr schnell zu einem für die Theorie der Wortbildung essentiellen Widerspruch geführt: Komplexe Wörter sind nämlich einerseits – wie die Simplizia – Sprachzeichen, die zu dem Lexikon der Langue gehören und dementsprechend als Grundeinheiten des Systems in der paradigmatischen Ebene unterzubringen sind. Andererseits sind sie aber ipso facto syntagmatische Ketten, welche eine direkte Verbindung mit (voll und nur teilweise lexikalisierten) Syntagmen aufweisen und somit im Prinzip auch als Strukturen der Parole untersucht werden können. Insbesondere fällt diese Zwiespältigkeit synchron komplexer Wortstämme auf, wenn man sie typologisch betrachtet, vgl. dt. *Kindergarten* – russ. *детский сад* [Adj.+Subst.], dt. *Kriegsgefangener* – engl. *prisoner of war* [Subst.+Präp.+Subst.], dt. *Wochenendticket* – russ. *билет выходного дня* [Subst.(N.)+Adj.+Subst.(G.)]. Die Generativisten und zum Teil die Dependenzgrammatiker sahen sich angesichts dieser „syntaktischen“ Eigenart der Komposita (aber auch der Derivate) veranlasst, von der syntaktischen Dominante der Wortbildung auszugehen. Syntaktische Kriterien (in deren generativistischer Auffassung) wurden direkt der Wortdefinition (vor allem bei komplexen Wörtern) zu Grunde gelegt, vgl. Di Sciullo/Williams 1987. In Lieber 1983 werden die englischen Komposita auf dem Hintergrund des „argument linking" analysiert – im Prinzip so, wie dies bei einfachen syntaktischen Strukturen geschieht. E. O. Selkirk 1982 und J. Toman 1987 machen keinen grundsätzlichen Unterschied zwischen Wortgruppe und komplexem Lexem und bezeichnen die Wortbildung explizit als Teil der Wortsyntax. Generell wird versucht, die Grundbegriffe und -vorstellungen der in der generativen Grammatik entwickelten Prinzipien der *phrasal syntax* auf die Wortbildung zu übertragen. Dieses Verfahren soll eine generativistische Begründung für eine einheitliche Behandlung der `Wortkonzepte` und der `Referenzkonzepte` (diskursive Bedeutungen) liefern. Die Hauptthese lautet dabei wie folgt: Komplexe Wörter werden als `verkürzte` Sätze oder Wortverbindungen behandelt. Aus der *phrasal syntax* sind in die Wortbildung auch die sog. Regel der rechten Hand (right-hand rule) und die damit verbundene Vorstellung vom `Kopf` (head) eines komplexen Stammes übernommen worden (vgl. u. a. Williams 1989, Olsen 1990). Ein Head steht nach der Regel der rechten Hand rechts, unabhängig davon, ob es Determinatum eines Determinativkompositums oder Suffix eines Derivats ist: *Wasch**maschine***: *Fahr**er***.

Head- und Nonhead-Konzepte – und das ist eine der wichtigsten Prämissen der generativistischen Wortbildungslehre – haben eine wortübergreifende diskursive Funktion und sind demnach in einem Satzsyntagma als relativ autonom zu behandeln, da sie direkte Bezüge über die Wortgrenzen hinaus zu anderen Entitäten des jeweiligen Satzes haben. M. Rickheit 1993 behauptet, dass z. B. das Substantiv *Straßenbahnfahrer* abhängig vom Kontext mal als *Straßen-Bahnfahrer*, mal als *Straßenbahn-Fahrer* zu interpretieren ist. Ähnlich sieht das Problem auch Pavlov 1985, 45 ff. Laut Rickheit 1993, 101 sind komplexe Wörter „nicht nur kompositionell, d. h. relativ zu ihren internen Konstituenten, sondern auch und gerade in ihrem Bezug zu wortexternen phrasalen Konstituenten zu beschreiben". Dieselben Ideen finden sich bei Selkirk 1982 und Lieber 1983, die z. B. behaupten, dass die Wortbildungselemente Argumente aufnehmen können – und zwar unter Anwendung derselben Mechanismen, welche auch bei freien Wörtern gelten – eine ausführliche Auseinandersetzung mit dieser Konzeption ist in Kotin 1997 enthalten.

Die Postulierung suprasegmentaler Eigenschaften von Wortbildungselementen und unmittelbaren Konstituenten (UK) der Wortstämme beruht auf der evidenten Besonderheit derselben: Sie lassen sich entweder gar nicht oder nur teilweise mit ihren „freien" Korrelaten identifizieren. In einer *Waschmaschine* kann man nicht alles Mögliche, sondern nur Wäsche und Kleidung waschen, während eine *Spülmaschine* zum *Geschirr*spülen bestimmt ist. *Fahrer* ist nicht einfach eine Person, die fährt, sondern eine Person, die am Lenkrad eines Fahrzeugs sitzt und es steuert. Der *Beifahrer* ist dagegen eine Person, die neben dem Fahrer auf dem Vordersitz eines Wagens sitzt, was sich aus der Wortbildungsstruktur wiederum nicht völlig ergibt.

A.I. Smirnickij 1952 führt als Paradebeispiel das russische Substantiv *прямоугольник* \`Rechteck\` an. (Da die Wortbildungssemantik beider Wörter ähnlich strukturiert ist, kann hier der Einfachheit halber das deutsche *Rechteck* behandelt werden.). Im Unterschied zu *Viereck* kann die lexikalische Semantik dieses Substantivs von den unmittelbaren Konstituenten (UK) nicht voll abgeleitet werden: Es fehlen die durch Wortbildungsstämme ausgedrückten Bedeutungskomponenten, die besagen, dass *alle* vier Winkeln der bezeichneten geometrischen Figur „recht" sind, ja dass die Figur *vier* Winkeln hat.

Durch Anwendung der anerkannten Analyse von Komposita und Derivaten nach ihren *immediate constituents* (unmittelbare Konstituenten – UK) kann hinsichtlich der komplexen lexikalischen Einheiten festgestellt werden, dass sich diese aus drei Elementen zusammen setzen: (1) Bedeutung der \`rechten\` UK – auch \`Determinatum\` (vgl. u. a. Marchand 1969, Fleischer/Barz 1992, Brekle/Kastovsky 1977, Hansen 1977 oder in modernen Theorien *head* (vgl. Williams 1989, Olsen 1990, Rickheit 1993 u. v. a.) genannt; (2) Bedeutung der \`linken\` UK (*Determinans* bzw. *non-head*) und (3) eine zusätzliche Bedeutung, die in der russischen Literatur zur Wortbildung als \`semantischer Zuwachs\` bezeichnet wird (vgl. Jermakova 1975, 57 ff., Zemskaja/Kubrjakova 1978, Uluchanov 1977, Kubrjakova 1981).

Schon W. Henzen 1965, 37 bemerkt, dass es sich bei der Wortbildung eigentlich nicht um syntaktische Zusammenfügung der Stämme handelt, sondern vielmehr um eine „Verschmelzung zu einer Worteinheit", bei der „die syntaktische Verbindung den in ihr verbundenen Wörtern gegenüber irgendwie verselbständigt wird. *Muttersprache* unterscheidet sich ihrer Bedeutung nach von der bloßen Fügung (*der Mutter*) *Sprache*". Sehr ähnlich zu dieser Feststellung klingt auch die These von A. Schwartz 1970, 298 f., der die Wortbildung eher aus der generativistischen Perspektive betrachtet: „[...] geben Wörter, sobald sie in Wortsyntagmen integriert werden, ihre semantische Eigenständigkeit auf".

In Kotin 1997, 105 habe ich darauf hingewiesen, dass die Aufgabe der semantischen Eigenständigkeit der Wörter, die sich zu Segmenten eines komplexen Wortes entwickelt haben, nichts Anderes als Lexikalisierung bedeutet. Wichtig ist nun, dass sie zunächst *unmittelbar im Nominationsakt* entsteht (Primär-Lexikalisierung) und dann im Ergebnis weiterer Umdeutungen (Sekundär-Lexikalisierung) des komplexen Wortes dieses in einem noch stärkeren Maße idiosynkratisch macht (ibid.).

In der modernen Wortbildungsforschung wird diese Unterscheidung nicht gemacht, ja alle Probleme und Schwierigkeiten der Wortbildungsanalyse werden stillschweigend ausschließlich auf „Idiomatisierung" des *schon vorhandenen* komplexen Wortes zurück geführt. Brekle/Kastovsky 1977 geben z. B. zu, wegen der fließenden Übergänge sei die Frage nach der Grenze der Wortbildungsanalysen nur schwer zu beantworten, aber mit fortschreitender Idiomatisierung mache es immer weniger Sinn, die Semantik eines Wortes mit seiner morphologischen Struktur in Zusammenhang zu bringen. M. Rickheit 1993, 17 sieht hier eine Sackgasse in der Wortbildungsforschung und stellt fest: „Die dynamische Weiterentwicklung der Bedeutung von Wörtern liegt notwendigerweise außerhalb der Reichweite einer Bildungstheorie, und darum sollte sie sich auch nicht unnötig damit belasten".

Das Problem liegt aber gerade vor allem darin, dass das Postulat einer „syntaktischen" Wortbildung im Prinzip unvollständig, wenn nicht gar unkorrekt ist. Es geht nicht darum, dass die Idiomatisierung das ursprünglich transparente Syntagma idiosynkratisch macht, sondern darum, dass die Bestimmung, das usuelle Funktionieren eines Wortlexems von vornherein seine – zumindest partielle – Idiomatisierung voraussetzt, die nun unmittelbar im Akt der

Nomination zur Geltung kommt. Mit anderen Worten kann man im Prinzip *nie* die lexikalische Semantik des komplexen Wortes unmittelbar von seiner Wortbildungs-Semantik ableiten. Letztere gibt nur eine Stütze bzw. tritt als symbolhaftes Tertium auf. Ihr Anteil an der Gesamtbedeutung des komplexen Wortes kann sehr groß (vgl. *Waschmaschine, Raubvogel, Kirschtorte, Haustür, Schüler, Fahrer, Lehrerin, erkennen, abfahren, dunkelblau*), geringer (vgl. *Rechteck, Muttersprache, Bahnhof, Hausmann, Fünfer, entstehen*), extrem klein (vgl. *Faulpelz, erstehen*) oder gar verloren gegangen (vgl. *Maulwurf, verstehen*) sein. Aber in jedem Fall ist der Anfangspunkt für Lexikalisierung bereits beim Nominationsakt zu suchen.

Was folgt nun aus dem Gesagten für die Einordnung der Wortbildung, die man im Vergleich zu affektiver, imitativer und sonstiger „natürlicher“ Nomination als *sekundäre Nomination* bezeichen kann? Ungeachtet formaler Unterschiede bei beiden Nominationsmodellen gibt es hier wie dort eine essentielle Gemeinsamkeit, welche m. E. jeglicher sprachlicher Nomination zu Grunde liegt. Überall, wo sprachlich bezeichnet wird, wird zugleich *symbolisiert.* Der *ikonische Symbolismus* des Sprachzeichens unterscheidet sich aber von mechanistischer „fotografischer Transparenz“ vor allem gerade dadurch, dass (i) die Korrelation zwischen Teilen und Ganzem stets gewissermaßen „unvollständig“, quasi „versteckt“ ist; (ii) die Nomination zwar nach *essentiellen*, dabei aber *diversen* Merkmalen erfolgt und (iii) diese Merkmale in verschiedenen Sprachen unterschiedlich, d. h. idioethnisch und insofern „subjektiv“ (im Humboldtschen Sinn) sind. Darauf beruht nun das wunderbare Phänomen einer *vielfältigen, zugleich aber natürlich-adäquaten Versprachlichung der Welt durch verschiedene Völker und Sprachgemeinschaften.*

Die Bemühungen der Theoretiker der Wortbildungslehre sind seit der Mitte des 20. Jh. auf die Schaffung einer widerspruchsfreien *synchronen* Wortbildungslehre gerichtet. Da nun aber gerade die Wortbildung sich der de Saussureschen Methodenstringenz bei der Dichotomie *synchron:diachron* komplett entzieht, wird wiederholt von „Sackgassen“ in der Wortbildungslehre gesprochen bzw. eine deutliche Bestimmung von Grenzen einer synchronen Wortbildung verlangt.

Bereits in den 40er – 60er Jahren gab es in der russischen Wortbildungsforschung eine bemerkenswerte Diskussion über Derivationskriterien, die den Widerspruch zwischen Form und Bedeutung eines komplexen Sprachzeichens sehr genau widerspiegelte. G. O. Vinokur 1946 hat die These aufgestellt, die Wörter vom Typ *verstehen, gehören, empfangen* [der Einfachheit halber bringe ich hier und weiter deutsche Beispiele für Phänomene, die in den hier zitierten Originalwerken am Beispiel der russischen Wörter dargestellt sind] seien nicht abgeleitet und sollten wie normale Simplizia behandelt werden, da sie semantisch völlig unmotiviert seien. Erst recht simpel seien nach seiner Konzeption Wörter des Typs *Himbeere, gebühren, erinnern* u. dgl., deren Teile als freie oder gebundene Morpheme in der Gegenwartssprache nicht (mehr) existieren (sie wurden später u. a. von I. A. Mel'chuk 1998 sehr treffend als „leere Morphe" bezeichnet). A. I. Smirnickij 1948, 21 ff. hielt dem entgegen, derartige Entitäten seien zwar in der Tat semantisch unmotiviert, aber ihre Komplexität sei trotzdem auf Grund phonomorphologischer und prosodischer Kriterien evident. Wir können zwar heute nicht sagen, was *stehen* und *verstehen* oder *fallen* und *gefallen* semantisch verbindet bzw. was die Elemente *Him-* oder *Preisel-* in *Himbeere* resp. *Preiselbeere* bedeuteten – all dies sei nur durch eine etymologische Analyse feststellbar. Zugleich können wir aber auf Grund rein synchroner Analyse unschwer feststellen, dass *verstehen* von *stehen, gehören* von *hören, gefallen* von *fallen* stammen oder dass *Himbeeren* bzw. *Preiselbeeren* Beeren sind, deren Bezeichnungen nach dem ähnlichen Muster wie *Erdbeeren* oder *Blaubeeren* gebildet wurden. N. M. Šanskij 1968 hat die These von Smirnickij zurückgewiesen mit der Begründung, man dürfe bei der Wortbildung die de Saussuresche Dichotomie von Synchronie und Diachronie weder in der Inhalts- noch in der Ausdrucksebene der Sprache vernachlässigen. Dagegen hat die russische Germanistin K. A. Levkovskaja 1961 Smirnickis Konzept unterstützt und dieses auf das Deutsche ausgeweitet. Die Gültigkeit der Auffassung von Smirnickij sah sie darin, dass man sich bei konstruktioneller Einordnung des Sprachzeichens nicht über die Beschaffenheit seiner Ausdrucksseite hinwegsetzen darf.

Das Problem hat eine m. E. mustergültige Lösung gefunden im Artikel von O. N. Trubačov 1976, dessen Grundgedanken ich in Kotin 1997, 108 f. uneingeschränkt teile. Trubačov behauptet nämlich, es gäbe in der Linguistik Bereiche, welche sich ipso facto generell einer streng synchronen Analyse entziehen. Neben der Etymologie zählt er dazu auch die Wortbildung, die nach seiner Auffassung per se zu einer historischen Behandlung prädestiniert ist. Die Wortbildung unterscheidet sich in ihrem Wesen z. B. von der Phonologie, die sich unschwer der Dichotomie *synchron:dia-*

chron beiordnen lässt. Mit Trubačov gehe ich davon aus, dass eine Forderung nach methodologischer Konsequenz á la de Saussure im Falle der Wortbildung notgedrungen zur Einengung des Gegenstandes derselben führen würde. Daher kann man auch schlecht von einer „historischen" Wortbildung sprechen, da die Wortbildung schon kraft ihrer Spezifik nur historisch sein kann.

Besser gesagt ist die Wortbildung ihrem Wesen nach *panchron*, da komplexe Strukturen, die sie behandelt, sowohl synchrone (durch semantische Transparenz bzw. Motivation in der Gegenwartssprache oder in einer beliebigen Entwicklungsstufe der Sprache) als auch diachrone (durch Motivationsabschwächung und -verlust im Verlauf der Sprachgeschichte) Dimensionen aufweist. Außerdem gibt es, wie oben gezeigt worden ist, indirekte Nominationsmodelle, welche die Plausibilität der Konstellation zwischen Wortbildungssemantik und lexikalischer Semantik des komplexen Wortes bereits im Nominationsakt behindern, also im Grunde genommen weder synchroner noch diachroner Natur sind, sondern vielmehr idioethnisch bedingte Symbolisierungen der Welt durch Sprache widerspiegeln.

Das hier über die Wortbildung Gesagte betrifft nun aber bei weitem nicht allein diese letztere, sondern kann unproblematisch auf die sprachliche Nomination schlechthin ausgeweitet werden. Nomination durch Wortbildung ist nur *eine* der Möglichkeiten sprachlicher Symbolisierung. Oben bereits behandelte natürliche (affektive und imitative) Nominationsmuster mit darauf folgender kontinuierlicher metaphorischer bzw. metonymischer Umdeutung der Primärwurzelsilben sowie deren mehrfachen formalen Kontaminationen, welche ihrerseits stets durch semantische Kontaminationen begleitet werden, zeugen eindeutig davon, dass die gesamte Nominationssphäre der menschlichen Sprache im weiteren Sinn *historisch* ist. Die Grenzen zwischen Wortbildung und Nicht-Wortbildung sind dabei häufig fließend, was ich hier an einem Beispiel verdeutlichen möchte.

In der deutschen Gegenwartssprache sind die Verben *stehen, gestehen* und *verstehen* aus semantischer Hinsicht miteinander nicht verbunden. Eine Motivation für die Ableitung beider Derivate aus dem Simplex *stehen* gibt es nicht. Gleichzeitig kann man nicht behaupten, dass es sich bei *gestehen* und *verstehen* um pure Simplizia handelt. Beide letztgenannten Verben sind deutliche Präfixbildungen, da *ver-* und *ge-* sich prosodisch genau wie dieselben Vorsilben bei solchen Verben wie *verkaufen, verschenken, verbessern* resp. *gebrauchen, gepflegen, gedenken* verhalten. Sie sind ferner zweifelsohne Präfixbildungen von dem Simplex *stehen*, u. a. weil sie dieselben morphonologischen Eigenschaften wie dieses letztere besitzen, vgl. die Bildung der Grundformen.

Die streng synchrone Wortbildung muss sich mit diesen Feststellungen begnügen und das Weitere der etymologischen Forschung überlassen. Allein diese Zwangseinschränkung des Gegenstandes der Wortbildung ist aus jeder Hinsicht merkwürdig und kann nur dadurch gerechtfertigt werden, dass das Prinzip der Dichotomisierung um jeden Preis eingehalten werden muss. Außerdem kann man auch bei einigen anderen vom primären Verbalstamm *steh-* gebildeten Verben – *bestehen in, bestehen aus, bestehen auf, entstehen, erstehen* – nicht sagen, inwiefern diese rein synchron untersucht werden können und ob deren deutliche formale Teilbarkeit in Präfix und Stamm eine auch annähernd entsprechende morphosemantische Transparenz widerspiegelt.

Bisherige Versuche, die Etymologie von *gestehen* oder *verstehen* von *stehen* über die Funktion der Präfixmorpheme abzuleiten, sind in vielerlei Hinsicht zweifelhaft. Kluge 1999, 861 schlägt für *verstehen* eine Erklärung vor, die auf der ursprünglichen lokalen Bedeutung der Präposition *vor* (got. *faura*, ahd. *fora*) \`davor; an der Spitze\` beruht. Genetisch mit *vor* unmittelbar verbunden sind die nhd. Präposition *für* (ahd. *furi*) sowie das Verbalpräfix *ver-* (ahd. *far-, for-, fir-, fer-* mhd. *ver-*), welches dann in Verbindung mit verschiedenen Stämmen mehrfach umgedeutet wurde. Die Herkunft der heutigen Bedeutung von *verstehen* verbindet Kluge mit Wendungen des Typs „vor einem Objekt stehen" (und es somit besser wahrnehmen). Aus Verwendungen des Derivats in Situationen, wo es z. B. „vor einem Gericht stehen" bedeutete, könnten nach seiner Meinung Umdeutungen wie „jmdn., eine Sache vertreten" (vgl. dazu *treten – jmdn., eine Sache vertreten*) entstehen. Wenn nun jemand eine Sache (insbesondere beim Gericht) vertritt, muss er sie gründlich \`verstehen\`. Mit Rechtssprache ist demnach auch *gestehen* (als \`vor Gericht stehen und dort seine Schuld zugeben\`) verbunden. In Pfeifer 1993, 1352 wird die Umdeutung von *verstehen* über \`hervorragen, an der Spitze stehen, leiten\` – ähnlich zu *vorstehen* – vorgeschlagen. Ähnliche oder vergleichbare Etymologien sind auch in anderen Wörterbüchern, darunter dem Duden-Herkunftswörterbuch (7, 1984, 2001, Stichw. *verstehen, gestehen*), enthalten. In jedem Fall wird bei *verstehen* davon ausgegangen, dass das statische *stehen* dank der Wechselwirkung mit dem ursprünglich lokal zu deutenden Präverb mental-dynamisch umgedeutet wird. Das Vor-einem-Objekt-Stehen als eine günstige Betrachtungsposition, die dieses Objekt am besten begreifen lässt, wäre in diesem Fall die Motivationsachse. Nun gibt aber das englische Verb *understand* zu *stand* mit einem anderen Präfix dieselbe semantische Korrelation ab, ohne dass *under-* jemals ein `Davorstehen`, `Hervortreten` oder `Vor-einem-Objekt-Stehen` bedeutete. Freilich kann man auch hier annehmen, die ursprüngliche Bedeutung von *under* (die bekanntlich nicht `unter`, sondern eben `zwischen` gewesen ist, vgl. lat. *inter* oder die bis heute erhalten gebliebene Bedeutung von dt. *unter*: *Unter ihnen gab es einige junge Frauen*) hätte das Derivat im Ganzen motiviert: Wenn man mitten in einem Objekt steht, kann man es womöglich sogar besser begreifen als beim Davor-Stehen.

M. M. Makovskij 1987, 103 weist nun mit Recht darauf hin, dass der Verbalstamm ide. **st(h)â-* bereits ursprünglich eine dynamische Bedeutungskomponente abgeben konnte, ja die dynamische und nicht etwa die heute übliche statische Lesart seine genuine Semantik gewesen ist. Makovskij rekonstruiert diese ursprüngliche Semantik als `biegen, schlagen, schneiden, zerteilen, reißen` und nimmt an, dass sie auch in der *d*-Erweiterung dieses Stammes fortlebt, welche den entsprechenden germanischen Verben (got. *standan*, aisl. *standa*, ags. *standen,* ahd. *stantan*, mhd. *stân, stên*, ne. *stand*, nhd. *stehen*) unmittelbar zu Grunde liegt. Ide. **st(h)â(n)-d* bedeutete daher zunächst `reißen, schlagen, zertrennen, mit heftigen Bewegungen in Teile trennen` und danach das `Stehen`, `Sich-Befinden` – als Ergebnis dieser Abtrennung, vgl. russ. *стадо* `Herde` (als abgetrennter, ausgesonderter Teil vom Vieh).

Die dynamische und die statische Lesart der ide. Wurzel **st(h)â(n)-d-* vereinigt nach Makovskij 2000, 352 f. die Bedeutung des *Anfangs*. Anfang wird mythologisch gedeutet als „Ursache bzw. Ursprung jedes Seins“, enthält also sowohl dynamische Prozesse, die zu dem Sein führen, als auch das Sein selbst als im Ergebnis dieser Prozesse entstandenen ruhigen fortdauernden Zustand. Folgen dieser Umdeutung kann man auch in slavischen Sprachen beobachten, vgl. poln. *stać* `stehen` neben *stawać* `werden` (imperfektiv), *zostać* \`werden\` (perfektiv); russ. *стоять* \`stehen\` neben *становиться* \`werden\` (imperfektiv), *стать* \`werden\` (perfektiv) – alle Verben gehen auf ide. **st(h)â-* zurück.

Es ist nun höchst symptomatisch, dass die Bedeutung \`beginnen, anfangen\` beim ahd. Verb *stantan* bzw. *gistantan* neben der Bedeutung \`stehen\` fortlebt, vgl. folgende Belege aus dem *Hildebrandslied* (aufgezeichnet zwischen 810 und 820) bzw. *Notkers* Übersetzung des Werkes „De consolatione philosophiae" von *Boetius* (Ende 10. – Anfang 11. Jh.):

> Hild. 7-9: *Hiltibrant gimahalta [Heribrantes sunu]: her uuas heroro man, / ferahes frotoro; her fragen* ***gistuont*** */ fohem uuortum, hwer sin fater wari ...*
> „Hildebrand fing zu reden an, Heribrandtes Sohn: er war ein älterer Mann, ein lebenserfahrenerer, er **fing an/begann** zu fragen mit wenigen Worten, wer sein (Hadubrandts) Vater gewesen sei..."

> N. I, 1 (Prolog): *Sô dô mánige lîute énnont Tûonouuo gesézene hára úbere begóndon váren únde in állên dísen rîchen keuuáltigo uuíder Romanis sízzen, tô íu* ***stûonden*** *íro ding slîfen únde ze déro tílegungo râmen, tîa uuír nû séhen.*
> „Als nun etliche Völker, die jenseits der Donau siedelten, begannen, herüber zu fahren und sich in all diesen Reichen wider die Römer mit Gewalt niederzulassen, **fingen** sie **an**, ihre Sache zu meistern und nach der Verwüstung zu streben, die wir nun sehen".

> N. I, 1: (Prolog): *Tô uuárd táz den chéiser lústa, dáz er Dioterichen vríuntlicho ze hóve ládeta, tára ze dero mârun Constantinopoli, únde in dâr mit kûollichên êron lángo hábeta, únze er ín dés bíten* ***stûont****, táz er ímo óndi mit Ótachere ze véhtenne ...*
> „Dann geschah, dass es den Kaiser gelüstete, dass er Dietrich freudlich zu seinem Hofe lud, in das berühmte Konstantinopel, und ihn dort mit großen Ehren empfing und lange Zeit leben ließ, bis dieser ihn darum zu bitten **begann**, dass er ihm erlaubt, gegen Otacher zu kämpfen..."

Die wichtigsten Voraussetzungen für mentaldynamische Umdeutungen liegen also bereits von Anfang an bei dem Stammmorphem, die jeweiligen Präfixe treten nicht als Modifikatoren der Ursemantik auf, sondern verbinden sich mit einer der ursprünglichen Bedeutungsvarianten des Simplex, welche später allein beim Derivat fortlebt und beim Simplex verschwindet. *Verstehen* lässt sich nun etymologisch deuten als \`ein Objekt in Teile trennen, zerreißen und dadurch sein Inneres sehen` – wie etwa ein kleines Kind das Spielzeug zerstückelt, um herauszubekommen, was es im Inneren hat. Dabei lässt sich diese Bedeutung bereits beim Stammmorphem als ursprünglich feststellen, und die Präfigierung durch *ver-* vermag sie nur zu verstärken, jedoch nicht primär hervorzubringen – etwa wie bei *binden-verbinden, hauen-verhauen, locken-verlocken* u. dgl. Ähnlich ist es dann auch bei *gestehen*, wo *ge-* (ahd. *gi-*) ursprünglich wohl vorwiegend grammatischer Marker (der Aspektualität bzw. der Aktionsart) und nicht semantischer Modifikator gewesen ist (vgl. u. a. Streitberg 1891, Mirowicz 1935, Maslov 1959; 1984, Kacnelson 1960, S. Smirnickaja 1966, O. Smirnickaja 1977, 19, Kotin 1995; 2003, 66 ff.), man vgl. den Beleg aus dem *Hildebrandslied* mit *gistantan* versus die Belege aus *Notker* mit *stantan* – in allen Fällen in der Bedeutung `beginnen, anfangen`. Die Bedeutung `zugeben` ist nun höchst wahrscheinlich wiederum nicht auf die Modifikation der Stammsemantik durch das Präfix *ge-* zurück zu führen, sondern auf die ursprüngliche Weite der Bedeutung des Simplexstammes selbst. *Gestehen* ist also der Herkunft nach soviel wie `(sich) aufdecken, aufreißen, öffnen`, mental umgedeutet als `seine Gedanken, Gefühle, Taten usw. offenlegen`.

Was nun den ide. Stamm **st(h)â-* bzw. seine Erweiterungen betrifft, so kann angenommen werden, dass es sich, wie z. B. beim oben schon behandelten **ue-*, um eine primäre affektive Ikonizität handelt – gespannte, heftig ausatmende Silbe zur Kodierung von intensivem Handeln wie Reißen, Stoßen, Biegen o. ä., vgl. u. a. *stecken, stechen, steigen, Stein, Stab, stoßen*, die auf Varianten der **st(h)â*-Wurzel zurück gehen. Die ide. Wurzel dürfte ihrerseits auch wohl in Folge einer Kontamination von noch einfacheren Wurzelsilben (etwa **sa-*,**ta-* und **ha-*, **sa-* und **tha-* o. ä.) entstanden sein – mit anschließender Vokaldehnung in Folge einer Kumulation von vokalischen Resten kontaminierter Silben.

Die Transparenz der „inneren Form“ eines komplexen Wortstammes ist also stets relativ und kann nie die Stabilität einer lexikalischen Bedeutung oder einer begrifflich-konzeptuellen Zuordnung aufweisen. Sie vermag aber eine sehr wichtige Besonderheit der sprachlichen Symbolisierung zu demonstrieren, nämlich ihre ontologische „Natürlichkeit“ im weiteren Sinn dieses Wortes. Zugleich zeugt eine Vielfalt der Nominationsmöglichkeiten und das nahezu unerschöpfliche Umdeutungspotential davon, dass diese „Natürlichkeit“ alles andere als Nominationszwang ist und im relativ festen

Rahmen relativ weite Variationsfreiheit zulässt. Dadurch ist die sprachliche Nomination stets ein Zusammenwirken von naturgegebenen ontologischen Beziehungen zwischen Lautgestalt und Bedeutung einerseits und frei wählbaren Zuordnungsmöglichkeiten der Einen zu der Anderen andererseits.

Im *Vaterland* spricht man *Muttersprache* (Näheres zur Geschichte der Begriffe vgl. Ahlzweig 1994, 26-38). Denkbar wäre hier sowohl ein umgekehrtes Nominationsverhältnis (*Vatersprache* vs. *Mutterland*) als auch eine der unifizierten Nominationsvarianten (also *Vaterland* neben *Vatersprache*, vgl. poln. ***oj**czyzna – język* ***oj**czysty* oder umgekehrt *Mutterland* und *Muttersprache*, vgl. engl. ***mother**country – **mother**tongue*) oder ein anderes Nominationsprinzip – z. B. als `Verwandtensprache` (russ. *родной язык*). Man kann auch andere Möglichkeiten in Erwägung ziehen oder am Beispiel anderer Sprachen nachweisen. Eine Bezeichnung seiner eigenen Muttersprache als z. B. *Tanten-, Onkel-, Bruder-* oder *Schwestersprache* wäre jedoch eher auszuschließen. Das Nominationsprinzip ist nun *Variativität in den Grenzen einer natürlich bedingten Akzeptanz*. Das ist aber nur *eine* Seite des Nominationsaktes. Seine zweite Seite ist eine symbolhafte Kodifizierung des Fregeschen „Begriffs" bzw. des „Konzepts" oder auch eines „Noems" (zu den Begriffen vgl. aus einer sehr umfangreichen Literatur u. a. Frege 1892; 1993; Lyons 1977; 1995; Lakoff/Johnson 1980/2003; Lutzeier 1981; 1993; Wierzbicka 1992; Lang 1994; Jakovleva 1994). Dass sich *Sprache* mit den Konzepten *Mutter* oder *Vater* verbindet, kann nicht nur logisch, sondern auch kulturhistorisch bedingt sein, was einen selbständigen Forschungsbereich, die Untersuchung von Kulturkonzepten, bildet. Die dritte Seite ist hier die Tatsache, dass – wie bereits unter Berufung auf W. Henzen 1965, 37 gezeigt wurde – die *Muttersprache* keinesfalls einfach die Sprache der Mutter ist, sondern „etwas Anderes", was zwar „irgendeine Verbindung" mit Mutter hat, jedoch diese Verbindung nicht in direkter Weise bei der Nomination kodiert, sondern diese eben *symbolisiert*. Aber dasselbe kann ebenso gut über die im vorhergehenden Abschnitt behandelten Simplizia gesagt werden, die historisch gesehen komplexe Stämme darstellen, welche Schritt für Schritt bis zu den affektiv bzw. imitativ symbolisierten Primärwurzelsilben zurück verfogt werden konnten. *Vater* ist ja auch nicht nur derjenige, der *füttert*, und **ap-/*pa-,*at-/*ta-* als kontaminierter Lallstamm kodiert seinerseits nicht nur das Füttern. Umgekehrt werden auch das Füttern bzw. damit verbundene Personen, Handlungen und Gegenstände nicht nur durch **ap-/*pa-,*at-/*ta-* symbolisiert, sondern auch z. B. durch **am-/*ma-/*ta-* (in *Mutter* bzw. *Amme*) usw. usf. *Die Mechanismen einer natürlichen symbolischen Ikonisierung bei der Nomination bleiben also bei aller Vielfalt in ihrem Wesen weitgehend konstant.*

Wenn wir nun zu der These von dem „semantischen Zuwachs" in einer komplexen Wortbildungsstruktur zurück kommen, der angeblich den Unterschied zwischen lexikalischer Bedeutung eines komplexen Zeichens und seiner „inneren Form", der Wortbildungsbedeutung, zu erklären vermag, können wir feststellen, dass es sich in Wirklichkeit nur um den Unterschied zwischen motivierender Genesis und idiomatischem Ergenbnis handelt. *Muttersprache* oder *Vaterland* sind nicht etwa eine Summe von *Mutter, Sprache* und *semantischem Zuwachs* bzw. *Vater, Land* und *semantischem Zuwachs*. Es gibt ja gar keinen „Zuwachs" im genetischen Sinn, da bereits im Moment der Namengebung die Bestandteile aus selbständigen Lexikoneinheiten zum Material für eine neue Zelle der Sprache werden. In dieser Zelle werden sie nun aufgelöst, leben dort aber als Spuren oder, besser gesagt, als genetisches Material fort. So erkennt man Eltern und deren Kinder an ähnlicher Augenfarbe oder Nasenform, wobei man wohl kaum sagen kann, dass Kinder nach der Formel *Vater+Mutter+Zuwachs* errechnet werden können. Um den Vergleich weiter zu führen: Nach mehreren Generationen kann die Ähnlichkeit zwischen den Verwandten nicht mehr mit bloßem Auge festgestellt werden, aber eine genetische Analyse wird sie bis zu den Urahnen feststellen können.

Gerade an der Wortbildung, die offenkundig überhaupt nicht in die de Saussuresche Dichotomie *Synchronie:Diachronie* passt, sieht man daher besonders deutlich, dass die Wortentstehung und -entwicklung ein panchroner Prozess besonderer Art ist. Man könnte ihn als diskret-kontinuierliche Nomination bezeichnen. Im momentanen Nominationsakt erfolgt eine ikonische Symbolisierung, die stets direkt oder indirekt motiviert ist. Dann beginnt das Eigenleben des neu entstandenen Wortsymbols, in Folge dessen es formale und inhaltliche Veränderungen erfährt und sich von seinen unmittelbaren Konstituenten in Form und Bedeutung zunehmend entfernt, bis die einstige Verwandschaft nicht mehr empfunden wird und das neue Zeichen seinerseits zum Material für weitere ikonische Symbolisierungen wird, während es selbst von den Mitgliedern der Sprachgemeinschaft als unmotiviert und „arbiträr" eingestuft wird. Diese Kettenreaktion der Nominationen, bei denen symbolhafte ikonische Motiviertheit und idiosynkratische Lexikalisierung zusammen wirken, bildet die ontologische und genetische Grundlage der Wortschatzentwicklung.

Eine Sonderart der Wortbildung sind Lehnübersetzungen und schlechthin Lehnbildungen verschiedener Art, bei denen – vor allem komplexe – Wörter einer Fremdsprache Nominationsmuster für „heimische" Bildungen liefern. Komplexe Lexeme dieses Typs sind seit Entstehung puristischer Bewegungen und der Sprachkritik ein Lieblingskind diverser „Gesellschaften zur Förderung der Muttersprache". Im 17. Jh. entstand dank der Tätigkeit der „Sprachgesellschaften" (von Zesen, Moscherosch, Schottelius, Opitz u. a.) eine Fülle neuer deutscher Wörter, die an Stelle der damals sehr verbreiteten Fremdwörter vor allem französischen und lateinischen Ursprungs treten sollten – allgemein bekannt sind Beispiele wie *Zeitwort* statt *Verb*, *Trauerspiel* statt *Tragödie*, *Erdball* statt *Globus*, *Bürgersteig* statt *Trotoir*, später auch *Fahrkarte* statt *Billett*, *Abendvorstellung* statt *Soirée*, *Dauerlauf* statt *Jogging* und neulich *Rechner* statt *Computer*.

Die Form derartiger Bildungen ist zwar in der Tat „heimisch" und erweckt somit den Eindruck eines „echten" deutschen Wortes. Allein der Schein trügt. Die „Echtheit" von Lehnübersetzungen betrifft lediglich die Formseite des Zeichens und nicht etwa die Nomination, die für jede Sprache in letzter Instanz neben der Kategorisierung (die im Hauptteil 2 dieser Arbeit behandelt wird) konstituierend ist. Im Nominationsakt geht es vor allem um eine Zuordnung der „Lautmasse" zu der Bedeutung, welche, wie oben mehrfach gezeigt wurde, ikonisch-symbolisch erfolgt. Liegt ein „fremdes" Muster der Nomination zu Grunde, entsteht nolens volens ein „fremdes" Wort. Dieses Wort kann einfach aus der Fremdsprache direkt übernommen werden – was noch lange nicht bedeutet, dass der sprachschöpferische Nominationsakt damit beendet ist, gibt es ja eine Menge von Fällen, wenn der fremde Lautkörper sich auf teilweise oder auch gänzlich andere Dinge bezieht als in der Spender-Sprache (dazu aber erst unten, in 2.5). Es kann aber auch aus Elementen der Muttersprache nach dem „fremden" Muster „zusammengebastelt" werden (ahd. *gefatter* für lat. *compater*, mhd. *hövesch* für afrz. *courtois*, frnhd. *Nachruf* für gr. *νεκρολόγος*) – ein ziemlich riskantes Unterfangen mit unklaren Folgen, die Sprache selegiert ja nur lebensfähige Bildungen und lehnt künstliche Formen strikt ab, was sehr gut am Misserfolg der seinerzeit vorgeschlagenen Lehnübersetzungen und -bildungen wie *Leichentopf* statt *Urne*, *Gesichtserker* statt *Nase* oder *Hausloch/Tagleuchter* statt *Fenster* zu beobachten ist.

Wird das Fremdwort durch seine Lehnübersetzung (*Bürgersteig*, *Fahrkarte*) ersetzt, kann man von einer *Ersatznomination* reden. Häufiger leben jedoch beide Wörter – das entlehnte Fremdwort und seine Lehnübersetzung/-bildung im Wortschatz der Sprache fort. In diesem Fall (den die Puristen mit ihrer Wortschöpfung gerade vermeiden wollen, der sich aber für das Zeichensystem Sprache als optimal erweist) erfolgt am häufigsten eine Spezifizierung der jeweiligen Wortbedeutung, welche einerseits der Sprachökonomie Rechnung trägt und andererseits den Wortschatz bereichert: *Grammatik*, die im 17. Jh. durch *Sprachlehre* (üb)ersetzt wurde, ist heute enger als *Sprachlehre* zu fassen, welche als Hyperonym für *Grammatik* fortlebt; *Globus* ist nicht mehr dasselbe wie *Erdball* und *Tragödie* ist nicht nur ein *Trauerspiel*. In Einzelfällen, die sich meist auf Termini beschränken, können aber das Fremdwort und seine Lehnübersetzung/-bildung praktisch voll synonymisch bleiben, man kann in diesem Fall von einer *tautologischen Nomination* reden, vgl. *Numerale* und *Zahlwort*, *Computer* und *Rechner*.

2.4 Die Wortgruppenlexeme

Eine auch annähernd ausführliche Behandlung fester prädikativer und sonstiger Einheiten wird in dieser Arbeit keineswegs angestrebt. Mir geht es ausschließlich um eine sehr allgemeine Einbettung der Idiome in das hier vorgestellte Nominationskonzept, wobei ontologische, historisch-genetische Gesichtspunkte sowie Sprachwandel im Mittelpunkt stehen.

Den thematischen Kern der umfangreichen Literatur zur *Phraseologie* bildet die Besonderheit idiomatischer Syntagmen, als Lexikoneinheiten aufzutreten und somit – in der Regel bildhaft – im Prinzip „dasselbe" zu kodieren, was sonst durch einfache oder komplexe Wörter kodiert wird. Schon J. G. Herder 1821, 67 nannte die „Idiotismen" „Schönheiten, in das Genie der Sprache verwebt" und sprach von deren Nutzen für die „Nation, die Schriftsteller und die Sprachweisen" (vgl. ibid., 202). Diese Einschätzung von idiomatisierten syntaktischen Strukturen beruht wohl in erster Linie darauf, dass es sich dabei um eine Asymmetrie besonderer Art handelt: Normalerweise erwartet man ja von einem Satz- oder Wortgruppensyntagma, dass es *produziert* wird, d. h. ein Phänomen der de Saussureschen *parole* ist. Wird es nun – wie dies bei Phraseologie der Fall ist – *reproduziert*, wird dies als ein gewisser „Störfaktor" im usuellen Funktionieren des Syntagmas empfunden, da es nun zum Lexikon der *langue* gehört, seiner Form nach jedoch keine typische *langue*-Entität darstellt. Auf diese Eigenschaft der Phraseologismen oder Idiome (bis heute gibt es hier keine deutliche terminologische Trennung, so dass die Feststellung von R. Gläser 1979, 1, es gäbe keine eindeutige Abrenzung zwischen diesen Begriffen, nach wie vor aktuell bleibt) haben die Phraseologieforscher wiederholt hingewiesen, vgl. Burger 1973, 17 ff.; 1997, 10 f.; Häusermann 1974, 6 f., Pilz 1978, 7 f., Reichstein 1974, 5, Stepanova/Černyševa 1986, 175, Dobrovol`skij 1995, 13 ff. u. v. a.

Die moderne Konzeptforschung und Prototypensemantik (vgl. u. a. Lutzeier 1981; 1993, Wierzbicka 1992, Dobrovol´skij 1995) versuchen nicht zuletzt aus diesem Grund den Akzent von der Klassifikation und separater Beschreibung der Phraseologismen auf deren Integration in kognitive und kulturelle Konzeptfelder zu verlegen, wobei die Idiome aus dieser Sicht grundsätzlich mit einfachen Lexemen gleichgestellt werden.

Eine auffallend simple und zugleich anscheinend sehr einleuchtende Einordnung der Phraseologismen hat Chafe 1968 vorgeschlagen. Er behandelt diese schlicht als „Anomalie im Chomskyschen Paradigma", d. h. – vorausgesetzt, dass man natürlich das Chomskysche Erzeugungsmodell ohne Einschränkungen annimmt – an der Oberfläche entsteht eine syntaktische Konstruktion, welche tiefenstrukturmäßig wie bei einem üblichen Satz in Nominal- und Verbalphrase zerfällt, dabei aber beide nicht „normal" erzeugt werden, sondern als erstarrte Gebilde da stehen. Im Satz *Peter **lag** nun mal wieder **auf der Bärenhaut*** können die fett gedruckten Elemente nicht sinnvoll durch ein Transformativitätsmodell der generativen Syntax erfasst werden. Nun sind aber Phraseologismen als Wortgruppenlexeme seit eh und je bekannt als Anomalien der Sprache schlechthin, so dass deren Anomalität im Rahmen des Chomskyschen Paradigmas hier nur in tautologischer Weise verstanden werden kann.

In Wirklichkeit liegt aber das eigentlich Interessante an den festen Wendungen einer Sprache in deren Genesis. Die Frage ist hier die nach der Spezifik der phraseologischen Nomination bzw. der Symbolisierung mittels Wortgruppe, die im Nominationsakt zu einem komplexen Nominationssyntagma wird. Zunächst darf ja gar nicht verwundern, dass die Sprache über die Potenz verfügt, bestimmte „Inhalte" komplex zu symbolisieren, wobei unter Komplexität nicht nur eine Anfügung von Morphemen, sondern auch eine Anfügung von Lexemen zu verstehen ist. Historisch lässt sich diese These sehr einfach belegen, sind ja die ersten Komposita aus Wortfügungen entstanden. Dies betrifft nicht nur die so genannten „uneigentlichen" Komposita, wie z. B. *Frauenkirche, Gottesdienst, Kinderzimmer* usw., bei denen die (alten oder auch in der Gegenwartssprache erhalten gebliebenen) Kasusendungen an dem jeweiligen Fugenelement erkennbar sind. Auch die ältesten „eigentlichen" Komposita (d. h. diejenigen ohne Fugenelement) sind meist aus attributiven Fügungen entstanden – der Unterschied besteht lediglich darin, dass letztere den archaischeren Typ der Wortverbindung repräsentieren, bei dem das jeweilige attributive Element *noch* unflektiert war: *Himmelreich* (ahd. *himil-rîhhi*, wohl zu *himil rîhhi*) u. a.

Die Termini „eigentliches vs. uneigentliches Kompositum" stammen bekanntlich von J. Grimm 1826, 601 ff., der die beiden Arten der Zusammensetzung im Deutschen je nach dem Vorhandensein der (alten) Kasusendung des Bestimmungswortes unterschied. Als „eigentliche" Bildungen bezeichnete Grimm Zusammensetzungen ohne diese Endung, da er davon ausging, dass diese Bildungen *von vornherein* als komplexe Wörter entstanden sind, während die „uneigentlichen Komposita" sich aus syntaktischen Bildungen entwickelt haben. W. Henzen 1965, 37 f. hat allerdings (u. a. am Beispiel der Substantive *Feuertaufe* vs. *Feuersnot*) gezeigt, dass die „eigentlichen" Komposita ebenfalls syntaktische Archetypen haben können.

Freilich ist diese Unterscheidung nur bedingt relevant, gibt sie nur zwei allgemeine Richtungen an, in die sich die Wortbildungsmodelle der Zusammensetzung entwickelt haben. Heutige – auch neu entstehende – Komposita können nach beiden Typen gebildet werden, ohne dass sie irgendeine Verbindung mit attributiven Fügungen haben. Im Allgemeinen gilt aber wohl die Faustregel der Nominationsgenesis, nach der die Wort- und Stammkombinationen sich ursprünglich wenig von einander unterschieden haben. Auf syntaktische Verbindungen können dann Zusammensetzungen folgen oder zu diesen parallel entstehen. In Folge von Reduktionen und Kontaminationen entstehen dann aus autosemantischen Stämmen synsemantische Affixe (Prä- und Suffixe) mit reihenbildenden Kategorialbedeutungen, die diverse Ableitungsmodelle etablieren.

Das Wichtigste an der phraseologischen Nomination sind m. E. die Grundprinzipien „komplexer Symbolisierung", die sich wohl kaum von der Symbolisierung mittels Stammsilbenkontamination oder mittels Kombination „Stamm-Stamm" oder „Stamm-Suffix" bzw. „Präfix-Stamm" unterscheidet. Hier wie dort wirken grundsätzlich vergleichbare Mechanismen einer ikonischen Kodifikation, die hier – nunmehr unter Einbeziehung der Wortgruppenlexeme – noch ein Mal betrachtet werden.

Es steht außer Zweifel, dass die älteste Art fester Wendungen so genannte Zwillingsformeln sind (vgl. u. a. Pilz 1978, 17 ff., Laskowski 1999). Zwillingsformeln sind eine phraseologische Universalie, es gibt wohl kaum eine Sprache, die sie nicht hätte. Die Art und Weise, in der Zwillingsformeln die jeweiligen Erscheinungen der Welt denotieren, ist im Großen und Ganzen der Symbolisierung durch Primärwurzelsilben in deren Kombination bzw. Kontamination oder durch z. B. Komposita ähnlich.

Zu den bekanntesten Zwillingformeln der althebräischen Bibelsprache gehören u. a. (in deutscher Übersetzung) *Gut und Böse* sowie *Leib/ Fleisch* und *Blut*. Das erste Idiom drückte nicht etwa eine wörtliche Gegenüberstellung von positiv und negativ gewerteten Erscheinungen aus, sondern vielmehr die Gesamtheit von allem, was auf der Welt existiert, gemeint war der Inbegriff aller Dinge überhaupt. Vgl. im Deutschen: *alt und jung, Freund und Feind, arm und reich* – ebenfalls für ´alle`. Ähnlich bedeutete auch *Leib (*oder *Fleisch) und Blut* einen Menschen oder überhaupt jedes Lebewesen. In der Germania wurden die ersten Zwillingsformeln in Übereinstimmung mit dem altgermanischen Stabreim aus alliterierenden Wörtern gebildet, wie *Hand in Hand, Schulter an Schulter, Haus und Hof, mit Kind und Kegel* etc. Später entstanden – wohl unter dem Einfluss des lateinischen Endreims – gereimte Zwillingsformeln des Typs *mit Rat und Tat, mit Ach und*

Krach, klein, aber mein/fein usw. Daneben gibt es rhytmisierte Formen ohne Stab- oder Endreim: *angst und bange, Hab und Gut* u. a. In der Neuzeit entstehen auch – vor allem durch bewussten Reim- und Rhytmusbruch bei bekannten Formen – Idiome wie *klein, aber oho!*, die man als „Zwillingsformeln der Postmoderne" bezeichnen könnte.

Es drängt sich nun ein Vergleich von reduplizierenden bzw. multiplizierenden Onomatopoetika und den Zwillingsformeln auf. Bei der imitativen Interjektion *wau-wau* (die das Bellen des Hundes symbolisiert) oder dem imitativen onomatopoetischen Substantiv *Kuckuck* wird durch die tautologische Reduplikation ein Wiederholungs- bzw. Verstärkungseffekt erreicht. Bei der ebenfalls imitativen multiplikativen Interjektion *ki-ke-ri-ki* zur Symbolisierung des Hahngeschreis werden die jeweiligen Einzelsilben modifiziert, wobei drei davon alliterieren und eine aus dem Alliterationsschema wegfällt. Bekanntlich kann die Reduplikation – insbesondere in älteren Entwicklungsstufen vieler Sprachen – auch grammatische Kategorien kodieren, darunter insbesondere Aspekt und Tempus von Verben, vgl. gr. *λείπω* ´ich verlasse` (Präsens) vs. *λέ-λοιπα* ´ich habe verlassen; ich bin weg` (Perfekt); got. *slepan* `schlafen` (Infinitiv des Präsensstammes) vs. *sai-slep* (Präteritum 1., 3. Person). Ein abgeschlossener bzw. vergangener Prozess kann u. a. durch verstärkende Reduplikation ausgedrückt werden, wird also ebenfalls „natürlich" symbolisiert. Auch zur Symbolisierung von sich wiederholenden Handlungen wird eine Wiederholung der jeweiligen Wurzelsilbe benutzt, wie z. B. beim got. *gan-gan* (was u. a. im nhd. Partizip II *gegangen* in Resten erhalten geblieben ist), hier ikonisch für ein Schritt-Paar. Ähnlich ist es um Lallsymbole des Typs *Mama, Papa, Oma, Opa, Amme* bestellt, aber auch um kontaminierte Lallsilben, die den Wörtern wie *Mutter* und *Vater* zu Grunde liegen (vgl. die Ausführungen in 2.2 und 2.3.2).

Reduplikation und Multiplikation sind universelle natürliche (ikonische) Kodierungsmechanismen neben Lautmalerei und motivierender Transparenz komplexer Stämme. Die Interjektion *ach!* ist ein affektives Symbol u. a. für Schmerz bzw. Seufzen. Das Substantiv *Krach* ist ein imitatives Symbol für Bruch, dann auch für Untergang oder Schwierigkeit. Bei der Substantivierung der Interjektion und der Bildung der Zwillingsform *mit Ach und Krach* entsteht nun ein redupliziertes Syntagma mit entsprechender ikonischer Symbolisierung von extremer Schwierigkeit bzw. kaum überwundenen Umständen.

Tautologische Zwillingsformeln (wie *Kopf an Kopf, Hand in Hand, Schritt für Schritt*) entsprechen nun in etwa tautologischen reduplizierenden Onomatopoetika (wie *wau-wau, Kuckuck, Papa*), alliterierende, rhytmisierte und gereimte Zwillingsformeln (wie *Haus und Hof, rauf und runter, angst und bange, Hab und Gut, mit Ach und Krach*) – modifizierten alliterierenden Onomatopoetika (wie *tick-tack, bim-bam-bom, kikeriki*). Freilich gibt es dabei nicht unerhebliche Differenzen – schon wegen der zum syntaktischen Aufbau der Zwillingsformeln gehörenden Konnektoren (Präpositionen und Konjunktionen). Es geht aber um das Grundprinzip der Nomination – natürliche ikonische Symbolisierung mittels Reduplikation bzw. Multiplikation des jeweiligen Elements (der Silbe resp. des Wortes), das in beiden Fällen durchgesetzt wurde.

Wie Zwillingsformeln mit tautologischen bzw. modifizierten Onomatopoetika, so können auch attributive phraseologische Verbindungen der Typen *blinder Passagier, kalter Kaffee, alter Hase, neuer Besen, die öffentliche Hand, schwarzes Gold, Tag der Arbeit, Apfel der Zwietracht, des Pudels Kern* mit Komposita und – indirekt – mit Ableitungen verglichen werden. Ein Wesenszug der deutschen Sprache ist dabei, dass sie eindeutige Präferenzen für komplexe Stämme im Vergleich zu komplexen Wortgruppen im Laufe ihrer Geschichte entwickelt hat. In vielen anderen Sprachen ist es gerade umgekehrt, vgl. dt. *Kinderheim* – russ. *детский дом* (Adj.+Subst.), poln. *dom dziecka* (Subst. im Nom.+Subst. im Gen.); dt. *Autounfall* – poln. *wypadek samochodowy* (Subst. im Nom. +Adj.); dt. *Kriegsgefangener* – engl. *prisoner of war* usw. Die jahrhundertelange Dominanz der Topologie *attributives Glied + Grundwort* in der Nominalphrase in Kombination mit dem starken dynamischen („germanischen") Akzent führte im Deutschen zur Ausbildung des Kompositionstyps der motivierenden Nomination gegenüber dem „phraseologischen" Typ in den meisten anderen indo-europäischen Sprachen. In der deutschen Sprache ist der phraseologische Typ deutlich peripher. Vom Standpunkt der Nomination unterscheiden sich aber beide Typen gering voneinander. In beiden Fällen wirken dieselben zwei entgegen gesetzten Nominationsmechanismen, und zwar (i) motivierende Transparenz des komplexen Zeichens im symbolisierenden Nominationsakt und (ii)

Entstehung in dessen Folge eines komplexen Zeichens, dessen lexikalische Bedeutung mehr (*Faulpelz, blinder Passagier*) oder weniger (*Kinderheim, Tag der Arbeit*) idiosynkratisch ist.

Phraseologische und phraseologisierte Verbindungen sind natürlich generell als Wortgruppenlexeme einzuordnen, ihre formale Strukturiertheit spielt bei der Bestimmung ihres Nominationsstatus keine wesentlichere Rolle als z. B. bei den Komposita. Ein *alter Hase* ist weder alt noch ein Hase, ein *blinder Passagier* ist zwar ein Passagier, aber nicht blind und ein *Tag der Arbeit* ist nicht ein Tag, an dem man arbeitet. Ähnliche Beziehungen lassen sich zwischen dem Determinans und dem Determinatum bei den Komposita wie z. B. *Maulwurf, Faulpelz, Kindergarten, Rechteck* u. dgl. feststellen. Historisch sind Wortverbindungen natürlich viel älter als Komposita und genetisch sind letztere *aus* ersteren entstanden. Allerdings kann diese Feststellung hinsichtlich der Genesis der Komposita nur unter der Maßgabe als korrekt anerkannt werden, dass man dabei lediglich den generellen Archetyp meint, den man u. a. z. B. bei *Frauenkirche* bzw. *Marienkirche* zu mhd. *vnser lieben vrowen (Marien) kirche* nachvollziehen kann. Es handelt sich um Ausbildung eines Nominationsmodells auf der Grundlage einer attributiven Fügung mit Voranstellung des attributiven Elements. Selbstverständlich können bei weitem nicht alle (auch nicht etwa die Mehrheit) nach diesem Modell gebildeten Komposita auf den syntaktischen Archetyp zurück geführt werden, hier wirkt schon das Prinzip der Analogie: Das Kompositum *Kinderheim* ist zwar demselben Archetyp entsprungen, aber es entstand nur *nach* dem entsprechenden Modell und nicht etwa unmittelbar *aus* einer phraseologisierten Wortverbindung **(der) Kinder Heim*.

Eine Sonderart der Nomination sind die verbalen phraseologischen Fügungen, die in der einschlägigen Literatur zur Phraseologie wohl am ausführlichsten untersucht worden sind: Im Bereich der komplexen Wörter entsprechen ihnen vom Standpunkt der Nomination zusammengesetzte und zum Teil auch abgeleitete idiomatische bzw. mehr oder weniger demotivierte Verben, vgl. *Kohldampf schieben, auf die Schippe nehmen, einen Bären aufbinden, die Flinte ins Korn werfen* einerseits und *radebrechen, verstehen, gehören, erinnern* andererseits. Diese Arbeit verfolgt nicht das Ziel, eine Klassifikation verbaler Fügungen, deren Entwicklungsgeschichte oder deren Vergleich in mehreren Sprachen vorzunehmen. Das einzige Anliegen ist hier wiederum die Nomination und deren universelle Mechanismen – diesmal im phraseologischen Bereich. Es steht außer Zweifel, dass verbale phraseologische Fügungen Wortgruppenlexeme sind – schon deshalb, weil sie in einem potentiellen Satz die Funktion „normaler" Prädikate erfüllen. Ihre Komplexität unterscheidet sich im Grunde weder von der Komplexität der Komposita noch von der Komplexität nichtverbaler Phraseologismen. Genetisch dürfte man hier wahrscheinlich von zwei Archetypen ausgehen.

Den ersten Archetyp bezeichne ich hier als *direkt*, den zweiten als *übertragen*, wobei sich diese Unterscheidung nicht mit der Differenz zwischen metaphorischer und nicht-metaphorischer Nomination deckt – sensu stricto sind in *dieser* Hinsicht sämtliche Einheiten dieses Typs übertragen – selbst einfache Funktionsverbgefüge bzw. Streckformen (wie *Eindruck machen, Einfluss ausüben, zur Aufführung bringen* u. dgl.) können schon wegen der semantischen Spezifik des Funktionsverbs nicht als Wortgruppenlexeme mit direkter Bedeutung eingeordnet werden. Mir geht es bei der Opposition von direkt und übertragen um zwei Nominationsmechanismen, die ich an dieser Stelle ausführlicher betrachten möchte.

Beim *direkten* Archetyp der „verbalen" phraseologischen Nomination handelt es sich um ein diachron zu beschreibendes Modell, das eine Kette aus drei Gliedern darstellt. Das *erste* Glied, oder die erste Etappe, ist eine Symbolisierung durch den *aktionalen Code*. Pontius Pilatus hatte, als er den Juden gegenüber seine vermeintliche Unschuld an der bevorstehenden Kreuzigung Jesu Christi symbolisch zeigen wollte, vor dem Volk seine Hände gewaschen. Dieses zunächst außersprachliche Symbol wurde dann in der Wendung *seine Hände in Unschuld waschen* „versprachlicht", was das *zweite* Glied bzw. die zweite Etappe in der Nominationskette ist. Das *dritte* Glied (die dritte Etappe) war dann die eigentliche phraseologische Nomination, deren Kernstück die metaphorische Übertragung der rituellen Handlung auf *vergleichbare* Handlungen war, wobei der fertige sprachlich erfasste Ritus in der phraseologischen Bedeutung des so entstandenen Wortgruppenlexems aufgelöst wurde. Überall dort, wo man entweder auf Grund der Überlieferung beweisen oder auch nur annehmen kann, dass der jeweilige Phraseologismus in der Abfolge *aktionaler Code – verbaler Code – phraseologische Nomination* entstanden ist, liegt nun der

„direkte" phraseologische Nominationstyp vor. Es genügt, dass der aktionale Code auch nur prinzipiell rekonstruiert werden kann, seine Faktizität ist für die Nomination sekundär, das Wichtigste ist der Ritus als Ausgangspunkt der Phraseologisierung – ob nun dieser in realen oder nur denkbaren aktionalen Formen verläuft, ist zwar aus kulturhistorischem Blickpunkt interessant, jedoch für sprachliche Nomination hintergründig. Zu dem direkten Typ phraseologischer Nomination gehören u. a. Entitäten wie *die Flinte ins Korn werfen, bei jmdm. in der Kreide stehen, die Feder fallen lassen, etw. auf dem Kerbholz haben, jmdm. einen Korb geben, jmdm. die Leviten lesen* u. v. a. Die Entstehung derartiger Phraseologismen kann man etwa folgendermaßen beschreiben: Es war üblich/gehörte zum Brauch/war rituell vorgeschrieben, unter bestimmten Umständen bzw. als Symbolisierung bestimmter Absichten u. dgl. gewisse Handlungen zu tun. Eine zunächst einfache, nichtphraseologische, Beschreibung dieser Handlungen mit Mitteln der Sprache wurde mit der Zeit genauso symbolhaft wie diese Handlungen selbst. So entstand eine feste idiomatische Fügung, die den Status einer reproduzierbaren Entität im Lexikon der Langue erhalten hat. Freilich gesellen sich zum direkten Typ der phraseologischen Nomination auch Einheiten, die in Folge der Versprachlichung einer einzigen, nicht ritualisierten, aber – aus welchen Gründen auch immer – in die Geschichte eingegangenen Handlung bzw. eines Ereignisses entstanden sind.

Der „direkte" Archetyp der phraseologischen Nomination wird von *Notker dem Deutschen* (Ende 10.- Anf. 11. Jh.) am Beispiel des Substantivs *Sieg* (ahd. *sigi, sigo*) bzw. des im Ahd. vorhandenen Phraseologismus *sigi/sigo neman* \`siegen\` sehr anschaulich dargestellt:
N. I,75,30-76,4 (2, 18) *Tér uuás filo hárto geêret. temo dáz lób uuárt peuólen zetûonne. álde der scáz zespéndônne. Ter sígo hábet námen fóne díen signis. Sô dien hostibus uuérdent tie signa genómen. táz héizet sígo nehmen.* – „Derjenige wurde sehr stark geehrt, dem befohlen wurde, lobzupreisen oder die erbeuteten Schätze zu spenden. Der Sieg hat seinen Namen von den *signis*. Wenn den Feinden die *signa* genommen werden, heißt es Sieg nehmen".

Der *übertragene* Archetyp der phraseologischen Nomination beruht auf einem Vergleich der dadurch erzeugten phraseologischen Bedeutung mit einem fiktiven Ereignis bzw. einer Handlung, die nie real vollzogen wurden oder gar nicht vollzogen werden können. Der so entstehende verbale Phraseologismus ist eine rein imaginäre Metapher. Dem verbalen Code geht in diesem Fall kein aktionaler Code voraus, häufig ist die im Sprachsymbol enthaltene Aktion nicht realisierbar – was dem Phraseologismus allerdings gerade dadurch zusätzliche Expressivität verleiht: *Kohldampf schieben, jmdm. einen Bären aufbinden, den Mund halten, seine Haut zu Markte tragen* etc.

Freilich ist es in manchen Fällen schwer, den Phraseologismus dem ersten oder dem zweiten Nominationstyp zuzuordnen. Bei *etw. an den Haaren herbeiziehen* ist es ohne eine fundierte historische Analyse nicht feststellbar, ob es sich um eine rein sprachliche phraseologische Metapher handelt oder ob das darin vorhandene Sinnbild auf einen altgermanischen Ritus zurück geht – z. B. rituelle Aktion der Walküren, bei der Haare als sakraler Gegenstand zur Voraussage der Zukunft benutzt wurden. Ähnlich kann synchron nicht behauptet werden, dass der Phraseologismus *für jmdn. die Hand ins Feuer legen* lediglich auf einem Sprachbild beruht und ihm keine reale rituelle Handlung als Beweis einer echten Bürgschaft zu Grunde gelegen hat.

Eine Sonderstellung nehmen Phraseologismen ein, die auf einem expliziten Vergleich beruhen und in der Literatur gewöhnlich als komparative Phraseologismen bezeichnet werden (vgl. u. a. Stepanova/Černyševa 1986, 188). Sie sind eher dem zweiten, übertragenen, Typ der phraseologischen Nomination zuzuordnen: *wie die Katze um den heißen Brei gehen, dümmer als die Polizei erlaubt sein, wie Hund und Katze mit einander leben, wie ein Sack schlafen* etc.

Die Motive für phraseologische Bedeutungsübertragungen bzw. die jeweiligen Tertia sind sehr unterschiedlich, sie können von sehr plausiblen und transparenten Symbolisierungen bis zu völlig verloren gegangenen und in der Synchronie nicht mehr greifbaren Beziehungen zwischen Form und Semantik des jeweiligen Wortgruppenlexems reichen. Hier muss noch ein zusätzlicher Faktor beachtet werden, nämlich die Möglichkeit einer durch Homonymie entstehenden Attraktion bei einem der Bestandteile des Phraseologismus, wodurch die primäre Motivation völlig verloren gehen kann. Charakteristisch ist dabei aber, dass in solchen Fällen fast immer an Stelle der wirklichen Motiviertheit eine neue tritt. Diese Erscheinung ist in der Linguistik als *Volksetymologie* bzw. *Pseudo-*

etymologie bekannt und betrifft natürlich nicht nur Phraseologismen, sondern auch andere komplexe sprachliche Einheiten. Aus der Sicht der Nomination handelt es sich hierbei um die Suche nach anderen Nominationsmotiven beim Einbüßen des früher vorhandenen, was ein deutliches zusätzliches Indiz für das Streben der Nomination zu einer „natürlichen" Begründung, gleichgültig welcher Art, ist.

In der Studentensprache der Hallenser Theologen entstand etwa im 16. Jh. die feste verbale Wendung *Kohl reden* 'Unsinn reden`, die schnell auch in anderen Kreisen in und um Halle und später auch weit darüber hinaus Verbreitung fand. Synchron kann das Tertium wohl kaum gefunden werden, zumal die Aufgabe dadurch erschwert ist, dass das Substantiv *Kohl* und das Verb *reden* einfach semantisch inkompatibel sind. Nahe liegt die Erklärung, unter *Kohl* verstehe man oft etwas Wertloses oder sehr Simples, allen gut Bekanntes, Einfaches. Dies könnte nun dann auf abstrakte Begriffe, darunter Inhalt einer Rede u.dgl. erweitert werden – und diese Übertragung geschah auch in Wirklichkeit, indem nicht nur *Kohl*, sondern später – wohl in Analogie dazu – *Käse* als „Quatsch-Metapher" sich etabliert hat. Für die Hallenser Theologiestudenten war aber *Kohl* die eingedeutschte Variante des jiddischen *kal/kol*, das seinerseits auf das hebr. *ghol* `Stimme, Rede` zurück geht, sehr häufig in alttestamentlichen Texten vorkommt und mit dem Kohl-Gemüse nichts zu tun hat (vgl. Kluge 1967/1999, Stichw. *Kohl*, Grimm 12/1 1956, 679). `Rede` wurde nun durch – bei phraseologischer Nomination sehr verbreitete – pejorativierende Motivation zu `Unsinnsrede` – wahrscheinlich als spezifische studentische Beurteilung unserer Lehrveranstaltungen. Eine Stellung zu dem Gemüse erfolgte nun dadurch, dass es für breite Kreise nicht fachkundiger Sprachträger wohl einfacher gewesen ist, die Bezeichnung einer Gemüsesorte mit dem Verbum dicendi zu verbinden als sich ein neues Homonym von *Kohl* mit der Bedeutung `Rede` zu merken. Der sprachschöpferische Geist zeigt sich dabei vor allem eben nicht in der Studentensprache, sondern in der sekundären Metaphorisierung des `Gemüse`-Lexems. Die danach entstandenen Verben *kohlen* und *jmdn. verkohlen* sind dann ein würdiger Schlussakkord der Umdeutungssuite. Auffällig ist dabei wiederum das Fehlen von essentiellen Unterschieden in den Nominationsmechanismen bei Phraseologisierung und Wortbildung (in diesem Fall der Konversion und der darauf folgenden Präfixbildung).

Die phraseologische Nomination scheint also dieselben Hauptzüge aufzuweisen wie alle anderen Nominationsarten. Der wichtigste davon dürfte wohl eine Lexembildung durch Bemühung natürlicher primärer (affektiv-imitative Motivation, Reduplikation bzw. Multiplikation, Alliteration, Assonanz, Rhytmus bzw. Reim) und sekundärer (interne Transparenz komplexer Lexeme durch symbolhafte Motivation) Nominationsmechanismen sein. Das jeweils entstehende Sprachzeichen ist dabei unabhängig von seiner konkreten Lautgestalt oder seinem Morphem- bzw. Wortgebilde in jedem Fall ein ikonisches Symbol.

2.5 Metaphern, Metonymien und Fremdwörter

In diesem Abschnitt werden Nominationstypen behandelt, bei denen die Zeichen*form* im Nominationsakt konstant oder nahezu konstant bleibt. Es geht um Bedeutungsbildung durch sekundäre begriffliche Zuordnung eines schon vorhandenen Sprachsymbols. Daher erklärt sich eine Vereinigung von äußerlich unterschiedlichen Phänomenen, die traditionell nie unter einem Dach behandelt werden. Metapher und Metonymie werden zwar als zwei Grundformen der Bedeutungsübertragung vereinigt, Fremdwort wird aber in den einschlägigen Abhandlungen über Lexik zusammen mit Lehnwort und sonstigem Lehngut untersucht. Nichtsdestotrotz liegen allen drei Arten der Nomination generell ähnliche Mechanismen sprachlicher Symbolisierung zu Grunde. Sie gehören daher vom Standpunkt der Nomination zu *einem* Typ.

Über Metaphern und Metonymien gibt es eine sehr umfangreiche Literatur, die u. a. die aktuellen Tendenzen in der Sprachwissenschaft der jeweiligen Epoche schlechthin widerspiegelt. Metaphern und Metonymien geraten nämlich stets in den Sog aktueller Sprachkonzepte und werden demnach aus logischer, symboltheoretischer, axiologischer, psychologischer oder neulich auch kognitivistischer oder diskursorientierter Sicht behandelt. Freilich würde selbst eine denkbar kurze Skizze der Theorie der Metapher bzw. Metonymie den Rahmen dieses Buches sprengen. Daher muss zunächst der Problemkreis, welcher hier im Mittelpunkt steht, von vornherein präzisiert werden. Es geht nämlich lediglich um die Bestimmung der Stellung der metaphorischen/metonymischen Nomination in der Genesis der Sprache. Diese Einengung des Forschungsgegenstandes hat zur Folge, dass hier nur ausgewählte Probleme metaphorischer bzw. metonymischer Nomination aus der

Sicht der sprachlichen Symbolisierung, einschließlich des Sprachwandels, zur Sprache kommen können.

Das griechische Wort *μετάφορα* bedeutet wörtlich „Übertragung", also *μετά* „dorthin, hinüber" und *φορά* als Form vom Verb *φέρειν* „tragen" mit der für alte indo-europäische perfektiv-mediale Formen typischen *o*-Apophonie im Stamm, also eigentlich „Übertragenes" als Ergebnis einer am inaktiven Satzsubjekt vollzogenen Handlung. Die besondere Rolle der Metapher wurde seit der Antike hervorgehoben. Aristoteles betrachtet die Fähigkeit zur Metaphernbildung als Merkmal der Genialität (vgl. Lewis 1960, 17). Paradoxerweise muss diese Feststellung uneingeschränkt für die Sprachgemeinschaft im Ganzen, ergo auch für jeden Einzelsprecher gelten, da die Sprache von ständigen Metaphorisierungen lebt und ohne Metaphern keine Sprache denkbar ist. Es geht hierbei vor allem nicht etwa um eine bewusste Nutzung oder eine bewusste Bildung von metaphorischen Ausdrücken z. B. mit rhetorischem Zweck, sondern gerade um die ursprüngliche „metaphorische Denkweise" als Triebkraft der Entstehung und Umdeutung von Sprachzeichen, wie dies oben schon an mehreren Beispielen gezeigt worden ist.

S. Ullmann 1972, 213 beschreibt die Basisstruktur der Metapher wie folgt: „There are always two terms present: the thing we are talking about and that to which we are comparing it". Dazu kommt nun das bekannte Tertium comparationis, d. h. das Merkmal, das den Vergleich motiviert. In Anlehnung an I. A. Richards 1936 nennt Ullmann, ibid., das erste Objekt *tenor*, das zweite *vehicle* und das Tertium *ground of the metaphor*. Dieses Modell, das in den meisten Arbeiten zur Metapher und Metaphorik (vgl. Allemann 1968, Dubois 1974, Augst 1981, Haverkamp 1983, Alverson 1992, Debatin 1995, Bödeker 2002) mutatis mutandis vorhanden ist, basiert weitgehend auf dem Aristotelischen (vgl. Aristoteles Poetik, Ausgabe 1961, 1457b 1 – 1458a 17 und Topik 1968) Metaphernbegriff, dem die Vorstellung von einer in der außersprachlichen Wirklichkeit liegenden Ähnlichkeit der Dinge zu Grunde liegt. Diese Ähnlichkeit werde nun von der Sprache interpretiert, wodurch Metaphern entstehen. Ein Paradebeispiel sind hier die Wörter *Maus* (tenor) und *Muskel* (eigentlich „eine kleine Maus", vehikle). Eine Ähnlichkeit zwischen den beiden wird durch das Tertium (ground) hergestellt (Muskeln sehen kleinen Mäusen ähnlich), vgl. Ullmann

1972, 213. Dass nun dieses Tertium universell ist, wird dadurch bewiesen, dass viele metaphorisch entstandene Bezeichnungen in mehreren Sprachen dasselbe Tertium haben. So ist die Bezeichnung für „Muskeln" in vielen Sprachen auf Grundlage der Übertragung der Diminutiva von „Maus" entstanden, u. a. im Griechischen, in der Slavia, Romania und Germania. Ein ähnliches Beispiel ist die Bezeichnung *Nelke* (mhd. *nagelkîn*, also `kleiner Nagel´), vgl. auch z. B. russ. *гвоздика* `Nelke` zu *гвоздик* „Nägelchen" aus *гвоздь* `Nagel´. Weitere Ausführungen im Rahmen des „logisch orientierten" Metaphernkonzepts siehe u. v. a. in Allemann 1968, Haverkamp u. a. 1983, Cruse 1986, Lyons 1977; 1995.

Das „aristotelische" Metaphernkonzept wird heutzutage wiederholt in Frage gestellt, vor allem im Rahmen der kognitiven Sprachtheorie, darunter der Konzeptforschung bzw. der Prototypensemantik (vgl. u. a. Jackendoff 8/1993, Allan 2001, 322 ff.; 333, Johnson/ Lakoff 2003 u. v. a.). Entscheidende Vorarbeit ist hier übrigens bereits früher geleistet worden, zunächst in der Philosophie, vgl. Cassirers heute schon klassisch gewordene Abhandlung über die „Philosophie der symbolischen Formen" (Cassirer 1923/1977) und später durch bahnbrechende Arbeiten von U. Eco 1971; 1985; 1992. Letzterer, der ja kein „Kognitivist" im strengen Sinn des Wortes ist, hat m. E. das Wesen der Metapher in mustergültiger Weise bestimmt, die den ontologischen Kern dieses Sprachphänomens trifft, vgl. Eco 1992, 194 f.:

> „Die Metapher setzt keine Ähnlichkeitsbeziehung zwischen den Referenten, sondern eine Beziehung semischer Identität zwischen den Inhalten der Ausdrücke [...]. Die Versuche, auf die Metapher die formale Logik der Wahrheitswerte anzuwenden, können ihren semiotischen Mechanismus nicht erklären [...]. Die Metapher substituiert nicht Referenten, sie substituiert nicht einmal Ausdrücke".

Das antike Metaphernkonzept setzt laut Eco 1985, 136 ff. voraus, dass die Grundeigenschaft der metaphorischen Übertragung eine *Substitution* (etwa belebt durch unbelebt, unbelebt durch belebt, belebt durch belebt etc.) ist. Diesem Konzept stellt Eco die Auffassung der Metapher als Phänomen der Semiotik gegenüber, bei dem nicht Dinge, sondern Konzepte verglichen werden.

Um nun die Argumentation bei Ecos (und Anderer) Kritik am Substitutions-Konzept besser zu erläutern, möchte ich zunächst das Substitutions-Konzept selbst etwas ausführlicher präsentieren. Es geht auf Aristotelis *Poetik*, Kap. 21, 1457b zurück. Nach W. Müller 1990, 38 weist es folgende Kriterien auf: (1) Die Metapher ist eine rhetorische Figur, die sich auf den Benennungsvorgang bezieht; (2) Sie ist eine Ausdehnung der Benennung durch Abweichung vom üblichen Wortsinn; (3) Die Möglichkeit der Substitution gibt die Ähnlichkeit ab; (4) Die Ähnlichkeit begründet die Sicherstellung der Substitution eines Wortes via bildlichen Ausdruck, der aus einem fremden Bereich entliehen wurde; (5) Die substituierte Bedeutung bringt keine Neuerung in die Sprache ein, so kann man die Metapher auch „übersetzen" und (6) Durch eine Metapher erfährt man nichts Neues über die Wirklichkeit, sie ist eine bloße Verzierung der Rede.

Die Kriterien (5) und (6) messen der Metapher die Funktion einer reinen Stilfigur zu, und es ist Eco 1985, 136 f. Recht zu geben, dass hier eine Vermischung von Metapher und Synekdoché vorliegt, welche die antiken Vorstellungen von der Metapher prägt. Außerdem folgt aus dem Substitutionskonzept in letzter Instanz die Einordnung der Metapher als „semantische Anomalie" (wie dies schon bei Aristoteles der Fall ist), die dann ähnlich wie jede Anomalie dieser Art – Wortspiel, Sprachwitz u. ä. – behandelt wird, vgl. Hörmann 1971.

Neben der Substitutionstheorie der Metapher gibt es bekanntlich noch die Interaktionstheorie, welche u. a. Entstehung und Funktion der Metapher im Kommunikationsakt thematisiert, vgl. u. a. Searle 1979; 1987, Emonds 1986, Fellmann 1991, Beckmann 2001. Eine textorientierte Metapherkonzeption vertritt H. Weinrich 1976. Den Prozess der Metaphorisierung betrachtet er als eine Erstellung von Verknüpfung zwischen Bildspender (A) und Bildempfänger (B). Diese Verknüpfungen sind mannigfaltig, z. B. Prädikation (A ist B), Substantiv+Verb, Substantiv+Adjektiv, zwei Substantive oder ein Kompositum. Die jeweilige Verknüpfungsform wird nun aber erst durch den Kontext evident, z. B. *Der Film ist ein Hammer, Geld schmiert, Eine bissige Bemerkung, der zarte Rücken der Wolken, Fliederhauch* (von Droste-Hülshoff) – nach Schulte-Sasse/Werner 1997, 118 ff.

Johnson und Lakoff [2]2003 teilen die Metaphern in zwei Grundtypen ein. Zum ersten gehören Metaphern als Stilfiguren bzw. rhetorische Mittel, welche u. a. sich dadurch auszeichnen, dass sie als solche dem Sprecher und dem Hörer bewusst sind. Eigentlich interessant für die Linguistik seien jedoch andere Metaphern, die als Prototypenphänomene in der Sprache existieren und deren metaphorisches Wesen in der Natur des Sprachbewusstseins verwurzelt ist. Die weitere Einteilung der „linguistischen“ Metaphern des zweiten Typs in strukturelle Metaphern, Orientierungsmetaphern und ontologische Metaphern mit nachfolgender „Feinteilung“ letzterer in Personifikation und Behälter-Metapher hat zum Ziel, gemeinsame prototypensemantische Kriterien für eine einheitliche Metaphertheorie aufzufinden. Das Grundprinzip bleibt dabei unverändert: Es handelt sich um eine Umdeutung im Rahmen festgelegter kognitiver und kultureller Konzepte (prototypensemantischer Ansatz). So sind metaphorische Ausdrücke wie *Lebensweg, Lebenslauf, Markstein (im Leben)* etc. dem prototypischen Grundkonzept „Das Leben ist eine Reise“ beizuordnen.

> Hier tritt der holistische Ansatz der Kognitivisten der Lakoff-Richtung – im Unterschied zu dem modularen Prinzip Chomskys – deutlich in Erscheinung: Sprache ist kein autonomes System der Kognition, sondern gibt eine untrennbare Verflechtung allgemeiner kognitiver und sprachlicher Prinzipien und Regeln ab (vgl. Schwarz 1992, 50 f.).

Metaphern entstehen also nicht nach einer logisch gegebenen Similarität der zu bezeichnenden Dinge, sondern lediglich im Rahmen konzeptueller Prototypen, die universell sein können, aber auch von Kultur zu Kultur und somit auch von Sprache zu Sprache variieren können.

Auffällig bei nahezu allen Untersuchungen der Metapher ist eine bewusste oder unbewusste Vermischung von Metapher als Phänomen der Redegestaltung und Phänomen der Nomination. Dabei ist dieser Unterschied m. E. von wesenhafter Bedeutung. Beim ersten handelt es sich um eine gewisse Verzierung der Rede durch bildhafte Ausdrücke, und Aristoteles hatte derartige Verwendungen zweifelsohne zu Recht als eine geniale Anomalie der Rede behandelt, die in einer bildhaften Substitution einer direkten Objektbenennung durch deren bildhafte Beschreibung besteht. Beim letzteren geht es um etwas Anderes, nämlich um eine ikonische Symbolisierung im Nominationsakt. Mich interessiert nun gerade dieser zweite Typ der Metapher, der m. E. für die Sprache und deren Wandel konstituierend ist.

In der Nomination ist die Metaphorik keinesfalls Anomalie oder „Regelbruch“. Da Sprachzeichen grundsätzlich Symbole sind, haben sie logischerweise stets metaphorischen (bzw. metonymischen) Ursprung. Wenn man mit der Interjektion *au!* das Gefühl eines plötzlichen akuten und kurz dauernden Schmerzes wiedergibt, ist das nicht der Schmerz als solcher, sondern seine lautliche Ikone affektiven Typs. Die Interjektion *kikeriki* ist nicht der Hahngeschrei, sondern seine imitative Ikone. Beide Interjektionen sind natürlich in der deutschen Sprache konventionalisiert, in anderen Sprachen klingen sie anders. (Es ist übrigens gerade verwunderlich, dass die „Kraft des Kanons“ dermaßen stark ist, dass selbst der *reale* starke Schmerz in der Regel die Form der affektiven Interjektion nicht zu verändern vermag). Beide Sprachzeichen sind also konventionalisierte ikonische Symbole – in diesem Fall onomatopoetischer Natur, was aber nichts an deren metaphorischem Charakter ändert. Sie substituieren nämlich konkrete (außersprachliche) Phänomene. Das affektive oder imitative interjektionale Symbol kann dann z. B. auf die Benennung eines Tieres, Vogels etc. übertragen werden, das/der die in der Interjektion kodierte Lautsequenz von sich gibt, vgl. *Kuckuck*. Das ist eine weitere Symbolisierung und zugleich Metaphorisierung oder – wie bei *Kuckuck* – eher Metonymisierung, aber auf jeden Fall eine Bedeutungsübertragung. Der Vogel ist in unserem Beispiel nach dem Merkmal benannt worden, das dafür essentiell ist, zugleich aber nicht das einzige Merkmal seines Trägers ist. Die Benennung erfolgt also zwar ikonisch, aber nie isomorph, d. h. keine Bezeichnung kann die Sache ausschöpfend charakterisieren. Dies ist nun aber gerade das Hauptmerkmal der symbolischen Kodierung, von dem oben schon mehrfach die Rede war: Benannt wird nach einem essentiellen (und in so fern natürlichen) Merkmal, aber dieses Merkmal kann das benannte Objekt nie vollständig kennzeichnen. Daraus folgt nun zweierlei. Einerseits kann das Denotat, das Signifié, in Zukunft im Prinzip auch durch eine andere Zeichenform, Signifiant, „vertreten“ werden, die ein anderes Merkmal desselben kodieren wird. Andererseits kann das Signifiant um andere Signifiés „erweitert“ werden, die mit dem ersten Signifié vergleichbare Merkmale aufweisen. Im ersten Fall entstehen Synonyme, im zweiten – polyseme Ausdrücke.

Nun ist aber das oben skizzierte Schema lediglich eine logische Basis für weitere Überlegungen. Die reale Nomination erfolgt nie direkt nach diesem Schema, das daher einer Präzision in mehreren Aspekten bedarf. In der Sprache gibt es nämlich keine autonomen Signifiants oder Signifiés, der Nominationsprozess erfolgt stets als komplexer Akt der Symbolzuordnung. Die Symbolisierung nach einem *anderen* Merkmal ergibt am häufigsten eine *andere*, wenngleich ähnliche, Bedeutung des Sprachzeichens. Deshalb sind in einer Sprache vollständige Synonyme so selten anzutreffen. Auch ein „umgekehrter" Prozess ist natürlich keine bloße Erweiterung *desselben* Signifiants auf *andere* Signifiés, sondern die Schaffung *neuer*, wenngleich vergleichbarer, Signifiés. Dabei ist ein weiterer Faktor sehr wichtig: Es kann ja im Prinzip so gut wie *alles* verglichen werden. Ein Tertium comparationis lässt sich manchmal selbst dort finden, wo auf den ersten Blick ein Vergleich unmöglich scheint. Gerade diese Eigenschaft der menschlichen Kognition und Emotivität, die ich hier als *unbeschränkte assoziative Potenz* bezeichnen möchte, wird von der Sprache bei metaphorischer (und metonymischer) Symbolisierung genutzt. Oben wurde sie bereits an mehreren Beispielen demonstriert (vgl. vor allem die Abschnitte 2.1, 2.2 und 2.3.2).

Einer adäquaten Theorie der Metapher steht u. a. die Tatsache im Wege, dass es zwei historische Grundtypen der Metaphern gibt – ungeachtet der grundsätzlichen Ähnlichkeit der Nomination bei jedem Einzeltyp, deren Unterschied von den Linguisten bisher nicht ausdrücklich genug thematisiert wurde. Zum ersten Typ gehören Metaphern, die von einem Sprachträger als solche identifiziert werden können. Jedem Deutschen ist z. B. die Tatsache bewusst, dass das Substantiv *Fuchs* nur in Bezug auf das Raubtier „direkt" verwendet wird, während die Bedeutungen ´listiger Mensch´ und ´rothäutiges Pferd´ übertragen-metaphorisch sind. Wir können diese Metapher gut beschreiben, indem wir feststellen, dass im ersten Fall die Eigenschaft `listig, schlau´ und im zweiten die rote Hautfarbe als Tertia auftreten. Verständlich, wenngleich nicht immer plausibel, ist einem durchschnittlichen Sprecher auch die metaphorische Art der Verwendung der Adjektive *rot, grün* oder *schwarz* als Bezeichnung der Vertreter politischer Parteien. Auch wenn also das jeweilige Motiv der Metaphorisierung nicht immer bekannt ist, ist der Unterschied zwischen „direkt" und „übertragen" in diesem Fall evident. Aber die Tatsache, dass das Verb *leiden* eine typische Metapher ist, ist nur Sprachhistorikern oder zumindest an Sprachgeschichte Interessierten bekannt.

> Das entsprechende germanische Verb, vgl. got. *(ga)leiþan*, ahd. *lîdan* bedeutete ursprünglich ´gehen, fahren, reisen´, im Ahd. speziell dann auch ´über See reisen´, vgl. *seolidante* im Hildebrandslied – substantiviertes Part. I mit der Bedeutung ´Seereisende´. Das schwache Kausativum nhd. *leiten* (ahd. mhd. *leiten*), das vom Präteritalstamm von *lîdan* gebildet worden ist und bis heute seine „direkte" Bedeutung beibehalten hat, stellt die Relation zur ursprünglichen Semantik von *leiden* anschaulich her, wie bei Verbpaaren *sitzen:setzen, stehen:stellen, liegen:legen* etc. Allerdings ist der (formale wie semantische) Bezug zu *leiden* im Laufe der Geschichte durch Form- und vor allem durch Bedeutungswandel verloren gegangen. Eine lange (See)reise war nun mit Gefahren, schwerer Arbeit, oft Hunger verbunden, so dass die Übertragung auf Leiden durchaus motiviert war. Außerdem konnte auch die sich in dem christlichen Weltbild geprägte Vorstellung vom Leben als Leidensweg mitgewirkt haben. Die ursprüngliche Bedeutung ist dann allmählich verschwunden.

Metaphern des letzten Typs werden in der Literatur als „tote Metaphern" bezeichnet, wobei kein großer Unterschied zwischen in der Synchronie noch motivierten (*Bergrücken, Fingerhut*) und nicht mehr motivierten „toten Metaphern" – wie im Beispiel oben – gemacht wird.

Es steht außer Zweifel, dass es eine – wohl längere – Periode gegeben hat, in der *lîdan* beide Bedeutungen aufwies. Für den damaligen Sprecher war dabei die Bedeutung ´reisen´ offenkundig die „direkte" und ´leiden´ – die übertragen-metaphorische, genau wie es für den heutigen Sprecher bei *Fuchs* oder bei *rot* ist. Heute ist nun aber die einstige Metapher zu der „direkten" Bedeutung geworden, es hat sich also ein *Bedeutungswandel* vollzogen. Der Mechanismus dieses Wandels ist dabei nur über eine sekundäre metaphorische Symbolisierung zu erklären.

Wie ist es nun bei *Fuchs* gewesen? Die meisten Etymologievorschläge (vgl. Duden 7/1989, Pfeifer 1993, Kluge 1999) gehen von einer verhüllenden Bezeichnung aus, die statt des (in der Germania dann verloren gegangenen) „direkten" Tiernamens (vgl. lat. *vulpes*, gr. *´αλόπεξ*, nhd. *Wolf*, dazu vgl. Abschnitt 2.3.2) euphemistisch eingesetzt wurde, vgl. aind. *pukkha-h* „Schwanz, Schweif", russ. *nyx* „Flaumfedern", also eigentlich der „Geschwänzte", vgl. die

Maskulina ahd. *fuhs* mhd. *vuhs*, niederl. *vos,* ne. *fox* bzw. die Feminina ahd. *foha* mhd. *vohe,* got. *foho*, aisl. *foa*, nhd. jägerspr. *Fähe* „Füchsin“. Es wird angenommen, dass die Verhüllung dadurch zu Stande kam, dass die alten Germanen den „listigen Räuber nicht durch Nennung seines Namens berufen wollten“ (Duden 7/ 1989, ^{4}2001). Duden (ibid.) führt zum Vergleich weitere (mundartliche) Euphemismen wie *Langschwanz* und *Holzhund* an. Ohne die Etymologie von *Fuchs* ausführlich zu besprechen bzw. nach den Ursprüngen der ide. Wurzel mit Bedeutung „Schwanz“ zu suchen, kann man bereits hier feststellen: Wenn die angeführte Etymologie stimmt, geht es eindeutig um übertragene Bedeutung mit klarer (in diesem Fall metonymischer) Substitution des Typs *pars pro toto.* Direkt ist also die direkte Bedeutung von *Fuchs* zwar in der Gegenwartssprache; historisch ist sie aber genauso übertragen wie die übertragenen Bedeutungen von *Fuchs* im Neuhochdeutschen. Übertragen ist (aus diachroner Sicht) aber auch aind. *pukkha-h* bzw. russ. *пух*. Das altindische Wort ist wohl eine Metomymie des Typs *toto pro partem* (der Schweif steht für seine Bestandteile, die Flaumhaare) und das russische dürfte auf eine lautmalende Wurzel zurück gehen.

> Ich nehme hier die imitative ide. **pu*-Wurzelsilbe mit der Urbedeutung „ausatmen, pusten“ an, vgl. nhd. lautmalend *pusten*, aber auch z. B. *fauchen*, die metaphorisch zunächst als ´leicht´ (luftleicht) umgedeutet und dann – wiederum metaphorisch – auf die Flaumfedern übertragen wird. (Das Verhalten gegenüber Konsonantenverschiebungen, also *p:f*, ist hier ähnlich zu sonstigen Wörtern onomatopoetischen Ursprungs, vgl. die in 2.2 behandelten *Papa* und *Vater*). Diese Urwurzelsilbe wird dann um *k/h* erweitert, das ich als Folge einer Kontamination mit der mit **pu-* in der Bedeutung tautologischen Silbe **ha-* (vgl. u. a. nhd. *Hauch*, *hauen*), m. E. erst *später* zu **ka-,* siehe die Ausführungen oben, Abschnitt 2.2 und 2.2.1, betrachte.

Die Wortgeschichte von *Fuchs* besagt nun, dass die Bedeutung dieses Substantivs historisch gesehen übetragen ist, obwohl sie in der Gegenwartssprache als direkt gilt. Mehr noch: Sie ist in Folge einer Kette von Übertragungen metaphorischer und metonymischer Natur entstanden. Der metaphorische Ursprung seiner Bedeutung verschwindet nun allmählich zusammen mit den Motiven für Bedeutungsübertragung. Synchron ist es, sofern es auf das Raubtier bezogen wird, „direkt“; historisch gesehen sind jedoch die heute als Metaphern empfundenen *Fuchs* ´listiger Mensch´ und *Fuchs* ´rothäutiges Pferd´ keine Ausnahmen aus einer vermeintlichen Nominationsregel, sondern nichts Anderes als weitere Glieder einer kontinuierlichen metaphorisch-metonymischen Nominationskette.

Die Eigenschaft der Metapher, ihre metaphorische Bedeutung zu verlieren und sich zu einer „normalen", d. h. nichtmetaphorischen, Einheit mit nunmehr „direkter" Bedeutung zu entwickeln, hat schon W. Porzig 1934, 75 erwähnt. Porzig verbindet dies – wohl zu Recht – vor allem mit der Verwendungshäufigkeit der jeweiligen Entität in metaphorischer Bedeutung. Ist diese höher als die Verwendung des Wortes in „normaler" Bedeutung, geht diese letztere gänzlich verloren, und die metaphorische Bedeutung etabliert sich zur direkten Hauptbedeutung (ibid., vgl. auch Schmidt [8]1973, 95). Aber in diesem Fall steht nun die „neue direkte" Bedeutung für weitere Metaphorisierungen zur Verfügung. Die Kette ist offen und nimmt kein Ende, solange eine Sprache lebendig ist.

Von der Metonymie (aus dem gr. *μετονύμια* „Umbenennung, Namenvertauschung") kann – wenn man von der Genesis der Namengebung und den allgemeinen historisch wirkenden Prinzipien der Nomination ausgeht – im Grunde dasselbe wie von der Metapher gesagt werden. Oben sind daher neben metaphorischen auch metonymische Typen sprachlicher Symbolisierung behandelt worden. Nichtsdestotrotz sollen hier einige Besonderheiten des Metapher-Metonymie-Verhältnisses präzisiert werden. R. Jakobson 1979, 117 ff., der Metapher und Metonymie als zwei Grundtypen sprachlicher Symbolisierung höherer mentaler Ebene behandelt hat, ordnet die Metonymie als Mittel zur Erkenntnis von Verbundenheit und Wechselbeziehungen zwischen verschiedenen Objekten ein, während die Metapher nach seiner Ansicht das Mittel zur Reflexion der Ähnlichkeit ist.

Dabei wird oft noch zwischen Metonymie und Synekdoche unterschieden. Mit U. Eco 1985, 136 f. halte ich diesen Unterschied – zumindest für eine linguistische Untersuchung – für unkorrekt, vgl. ibid.: „Was die Synekdoche betrifft, so nennt man sie die »Ersetzung eines Begriffs durch einen anderen aufgrund einer Beziehung von größerer oder geringerer Ausdehnung« (Teil für das Ganze, Ganzes für den Teil, Art für Gattung, Singular für Plural oder umgekehrt), wohingegen man die Metonymie eine »Ersetzung eines Begriffes durch einen anderen aufgrund einer Kontiguitätsbeziehung« nennt (wobei Kontiguität ein ziemlich schwammiges Konzept ist, denn es umfasst die Beziehungen von Ursache/Wirkung, Behälter/Inhalt, Instrument für Operation, Ort des Ursprungs für ursprüngliches Objekt, Emblem für emblematisiertes Objekt usw.). Und wenn spezifiziert wird, dass die Synekdoche eine Substitution innerhalb des *begrifflichen Inhalts* eines Ausdrucks ausführt, wohingegen die Metonymie außerhalb dieses Inhalts agiert, ist schwer zu sehen, warum der Teil für das Ganze eine Synekdoche ist und das Material für das Objekt eine Metonymie – als ob es »begrifflich« wesentlich für ein Objekt wäre, konstituierende Teile zu haben und unwesentlich, aus einem bestimmten Material gemacht zu sein".

Jakobsons Konzept ist nun wiederum eher mit der klassischen Substitutions-These verbunden als mit dem prototypensemantischen Ansatz Ecos oder Lakoffs. Für die ontologische Einordnung übertragener Bedeutungen schlechthin ist dieser Unterschied, wie oben schon gezeigt wurde, von großer Bedeutung. Was jedoch die Beziehungen auf „Mikroebene", d. h. *zwischen* Metonymie *und* Metapher angeht, kann die Jakobsonsche Unterscheidung problemlos für gültig erkannt werden. Jakobson hat ferner zweifelsohne Recht, wenn er (op. cit.) unter erweiterter Anwendung der de Saussureschen Dichotomie von Paradigmatik und Syntagmatik behauptet, Metonymien seien Syntagmen, während Metaphern assoziativ gebildete Paradigmen darstellen.

Diese Teilung bedeutet freilich nicht die Zuordnung von Metapher und Metonymie zu den genannten Typen im Sinne der de Sausureschen Dichotomie sensu stricto. Vielmehr bezieht sie sich auf eine „Syntagmatik" des metonymischen resp. „Paradigmatik" des metaphorischen Denkens.

Bei metonymischer Übertragung wird sozusagen auf Bestandteile des Objekts (im weiteren Sinn des Wortes „Bestandteil") referiert: Eine Eigenschaft des Objekts substituiert seine andere Eigenschaft, die unbenannt bleibt. Da nun aber sämtliche Eigenschaften des Objekts als eine lineare Kette von „Einheiten" dargestellt werden können, die einander „berühren" bzw. mit einander auf eine andere Art und Weise verbunden sind, kann Metonymie als sui generis „nominationelle Syntagmatik" behandelt werden – wie im o. a. Beispiel mit der Wortgeschichte von *Fuchs*: [leicht] für [Flaum] (Eigenschaft für Eigenschaftsträger)→[Flaum] für [Flaumhaare] (Stoff für Stoffträger) →[Flaumhaare] für [Schweif] (Teil für Ganzes)

→[Schweif] für [Fuchs] (Teil für Ganzes). Im Gegensatz dazu ist die klassische Metapher ein Ergebnis „nominationeller Paradigmatik“, da sie auf „vertikalen“ Assoziationen beruht, so bei *Fuchs* für einen listigen Menschen oder für ein rothäutiges Pferd.

In ältesten germanischen Texten ist die Metonymie, insbesondere deren pars-pro-toto-, toto-pro-partem- bzw. „Material-für-Erzeugnis“-Varianten, sehr verbreitet. Als einer der vielen Belege seien hier die Benennungen der Rüstungsteile der Krieger im *Hildebrandslied* (Ende 8.-Anf. 9. Jh.) genannt: *hringa* „Ringe“ für aus Metallringen gemachtes Kampfgewand; *asck* „Esche“ für Speer aus Eschenholz; *lintun* „Linden“ für Schilde aus Lindenholz.

Ist nun der Grundsatz richtig, dass jedem Paradigma ein Syntagma voraus geht, ja erstes eine assoziative Ordnung des letzteren ist, muss der Nominationsprozess historisch als eine Entwicklung von Metonymie zur Metapher beschrieben werden. Für dieses Vorgehen plädiert u. a. A. Mańczyk 2002, 74 ff. in Anlehnung an J. Habermas` 1991 Theorie der menschlichen Kommunikation. Ontologisch ist diese These wohl korrekt. Allerdings ist ihre Anwendung an konkrete Etymologien nicht immer problemlos. Wenn wir unser Beispiel mit dem Wort *Fuchs* unter diesem Gesichtspunkt betrachten, so scheint die erste von uns angenommene Übertragung in der Kette – vom [Hauchsymbol] auf [leicht] – eher metaphorischer als metonymischer Natur zu sein (etwa ′leicht *wie* Hauch′, ′hauchleicht′, vgl. auch nhd. *hauchdünn*). Aber wenn man den Nominationsakt als historisch bedingten Nominations*prozess* betrachtet, so kann man nicht umhin, gerade bei symbolhafter Übertragung von affektiven bzw. imitativen (natürlichen) Ursilben doch eine syntagmatische – und somit metonymische – Art der Symbolisierung anzunehmen. *Hauchdünn* ist eine Metapher, da wir heute *synchron* davon ausgehen, dass *dünn* ein „substantielles“ Adjektiv und *Hauch* ein „substantielles“ Substantiv in direkter Bedeutung ist, so dass ersteres mit dem letzteren paradigmatisch verglichen werden kann. Dagegen wäre die *unmittelbare* Verwendung der Hauchsilbe zur Benennung der „Dünnheit“ eine Symbolisierung metonymischer Art, etwa als sui generis „Eigenschaftsträger“ oder vielleicht besser „Eigenschaftsindikator“ für Eigenschaft. Dies ist aber nun gerade bei der Übertragung der Hauchsilbe auf „leicht“ der Fall. Deshalb vertrete ich die Auffassung, dass man bei Ursilben und schlechthin bei Urschöpfung keine scharfe Grenze zwischen metaphorischer und metonymischer Nomination ziehen kann und in Zweifelsfällen sich eher für metonymische als für metaphorische Symbolisierung entscheiden sollte.

S. Beckmann 2001 schlägt vor, die Entwicklung von Metaphern und deren anschließende Konventionalisierung in 7 Phasen zu unterteilen, wovon die ersten zwei sich auf die Etablierung des kommunikativen Verfahrens beziehen, die Phasen 3 bis 5 die Konventionalisierung jeweiliger Einzelmetaphern erfassen und die Phasen 6 und 7 schließlich die kommunikative Etablierung metaphorischer Bezugsbereiche einschließen. Dieses Herangehen ist nun ein Beispiel für interaktionales Metaphernkonzept, bei dem die Kommunikation den Anfangs- und Endpunkt des metaphorischen Prozesses ausmacht und in der Mitte die Konventionalisierung stattfindet, die ebenfalls ein Glied in der Kommunikationskette darstellt. Die eigentlichen Probleme der metaphorischen *Nomination*, der Ursprünge und Mechanismen der metaphorischen Symbolisierung bleiben dabei weitgehend aus oder stehen an der Peripherie der Analyse. Es ist daher nicht verwunderlich, dass Beckmann z. B. zu den kognitivistischen Metaphernkonzeptionen gar nicht Stellung nimmt. Sie interessiert lediglich das Funktionieren der Metapher im Kreis *Kommunikation – Konvention – Kommunikation*. Nun ist es freilich so, dass diesem Kreis *in der Gegenwartssprache* in der Tat eine äußerst große Bedeutung zukommt – was, wie ich schon mehrfach betont habe, keinesfalls davon zeugt, dass es schon immer so gewesen ist. Für *heutige* Verhältnisse, wo Intentionalität und Persuasion nicht nur Sprachverwendung, sondern auch Nomination (vgl. Werbung, Sprache der Politik, aber zunehmend auch Alltagskommunikation u. dgl.) weitgehend prägen, kann man sich bei Behandlung der Metapher ohne wesentliche Verluste im genannten Kreis bewegen. Das konkrete Metapher-Beispiel von S. Beckmann, das sie in ihrer Arbeit analysiert, kommt aus dem Medienkontext und ist in Bezug auf das Gesagte sehr typisch.

> Die Metapher *Datenautobahn* entsteht laut Beckmann nicht nur und auch nicht vorrangig aus dem Vergleich (der hier schwer festzustellen ist), sondern aus neuen Kommunikationsbedürfnissen, die mit der zunehmenden Rolle der Informationstechnologien in der Gesellschaft zusammen hängen. Andererseits ist auch der Bereich des „Verkehrs“, darunter neulich ganz besonders die Autobahnen als modernstes Element

des „Verkehrs-Bereiches“, im Vordergrund gesellschaftlicher Kommunikation. Nun werden beide Bezugsbereiche in der Sprache in der „Bildungsphase“ 3 miteinander verbunden (ibid., S. 147 ff.). In den Phasen 4 und 5 erfolgen nun respektive Habitualisierung (durch häufige Wiederholung) und Konventionalisierung der neu geprägten Metapher (ibid., S. 160 ff.), u. a. durch häufige Verwendung in verschiedenen Texten, Analogiebildungen, Attribuierungen, Erscheinung in einem Kontext mit usualisierten und daher gut verständlichen Elementen (ibid. 177 ff.).

Wie nun das Metapherkompositum *Datenautobahn* entstanden ist und in der Sprache geprägt wurde, hat S. Beckmann sehr detailliert dargestellt. Dass dabei allerdings das englische Kompositum *information-highway* nicht die dominierende Rolle gespielt haben soll (vgl. Beckmann 2001, 150), ist eher zu bezweifeln, was die Grundthese von Beckmann in keiner Weise tangiert. Ich würde in dem (für mich unbestrittenen) englischen Einfluss gerade ein zusätzliches Argument für Beckmanns Konzeption sehen, ist ja das Englische per se sowohl im medialen als auch im Verkehrsbereich und generell bei neuen Technologien ein „Handlungsfeld“ sondergleichen. Man kann also annehmen, dass sich bei der Metapherprägung nicht zwei, sondern sogar drei Bezugssphären sehr gut treffen, nämlich neue Informationstechnologien, neue Bautechnologien im Verkehrsbereich und die englische Sprache. Im Ergebnis entsteht – um mit dem russischen Schriftsteller der Postmoderne Viktor Pelevin (*Generation „P“*, S. 100-120) zu reden – ein *wow*-, ja sogar ein Multi-*wow*-Effekt (von der ebenfalls aus dem Englischen entlehnten Interjektion *wow!* zur Bezeichnung der Bewunderung eines Konsumenten angesichts eines Produkts neuer Technologien, das seinen potentiellen Besitzer glücklich machen kann). Die Metapherprägung kann in diesem Fall sehr einfach unmittelbar aus dem dadurch ausgelösten *wow*-Effekt abgeleitet werden.

Eine Affinität der Erklärungen dieser Art mit dem Sprachwandel-Modell von Rudi Keller, das bereits oben behandelt worden ist, ist natürlich kaum zu übersehen, vgl. Abschnitte 1.2 und 1.4, insbesondere die in 1.4 aufgeführte *Karlheinz-Geschichte* aus dem Kellerschen Buch. Etwas reduktionistisch kann nämlich festgestellt werden, dass das Metapherkompositum *Datenautobahn* durchaus von dem modernen *Karlheinz* geprägt worden sein könnte.

Nichtsdestotrotz ist die oben beschriebene Metapherprägung kein absolutes Gesetz. Metaphern und überhaupt übertragene Bedeutungen entstehen nämlich nicht nur aus neuen Kommunikationsbedürfnissen, die sich ihrerseits aus dem wissenschaftlichen und sozialen Fortschritt ergeben. Wie oben gezeigt worden ist, sind sie ein unveräußerlicher Zug jedes Symbols und natürlich sub specie des Sprachzeichens als besonderer Form des Symbols. Ursprünglich sind die Metaphern (oder auch Metonymien) nicht deshalb entstanden, weil neue Bedürfnisse gesellschaftlicher Kommunikation sie ins Leben gerufen hätten, sondern weil die Sprache an sich in ihrem Grunde symbolhafter und somit metaphorisch-metonymischer Natur ist. Daher ist die Metapher/Metonymie sprachgenetisch eine conditio sine qua non. Dass nun die *Nutzung* der unveräußerlichen Fähigkeit der Sprechenden zur Metapherbildung sich mit der Entwicklung der Sprachgemeinschaft verändern kann, ist eine empirisch gewonnene Wahrheit, aber kein ontologisches Motiv für die Metapherbildung und -prägung.

Das nun über metaphorische und metonymische Nomination Gesagte gilt praktisch ohne wesentliche Einschränkungen für das Phänomen des *Fremdwortes*. So unterschiedlich Metaphern und Metonymien einerseits und Fremdwörter andererseits auch sind, sie haben aus der Sicht der Nomination eins gemeinsam – sie benennen Phänomene der Welt auf dem Wege einer „Übertragung". In beiden Fällen wird ein Zeichen aus der Sphäre A in die Sphäre B übertragen, wodurch eine sprachvermittelte Beziehung zwischen diesen beiden Sphären entsteht. Für die Metapher hat Umberto Eco (s.o.) deutlich gezeigt, dass die Metaphorisierung nicht etwa eine real existierende Ähnlichkeit zwischen den Dingen der Welt *widerspiegelt*, sondern diese erst *schafft*. Diese Eigenschaft ist nun, wie oben gezeigt wurde, ein universelles Prinzip sprachlicher Symbolisierung der Dinge, daher ist die sprachliche Nomination in ihrem Wesen metaphorisch bzw. metonymisch.

Die Entlehnung eines Sprachzeichens aus einer anderen Sprache folgt im Grunde demselben Prinzip: Ein bestimmtes Ding wird durch Zuordnung einer Einheit benannt, welche aus einem anderen Sprachsysten stammt. Die Form des Zeichens bleibt dabei weitgehend unverändert, wenn man die notwendige phonetisch-prosodische Anpassung außer Acht lässt. Die Übernahme eines Fremdwortes für die Bezeichnung eines Phänomens ist sensu stricto keine

Entlehnung, sondern ein vollwertiger kreativer Nominationsakt. Es gibt keinen prinzipiellen Unterschied zwischen der Entscheidung, einen listigen Menschen als *Fuchs* zu bezeichnen und der Entscheidung, für die höfliche Bezeichnung einer Frau das französische Wort *Dame* zu übernehmen – ungeachtet der Tatsache, dass im letzteren Fall nur ein Benennungsmuster entlehnt wird, das im Französischen bereits existierte. Die Kreativität der Nomination besteht hier darin, dass ja nicht alle, sondern nur bestimmte Wörter entlehnt werden, und zwar nur diejenigen, die – aus welchen Gründen auch immer – einer Entlehnung bedürfen, selbst wenn diese kurzlebig ist. Das Schicksal der Fremdwörter ist hier nicht anders als das anderer Neologismen: Manche bleiben bestehen und passen sich dem Sprachsystem dermaßen an, dass sie nicht mehr von den „heimischen" Wörtern zu unterscheiden sind; andere verschwinden aus der Sprache und werden durch „heimische" oder aber durch andere Fremd- oder Lehnwörter ersetzt. Alle Proteste der Puristen gegen Überfremdung der Muttersprache (ausführlicher hierzu vgl. aus den jüngsten Darstellungen z. B. den Überblick in Schiewe 1998 sowie die Ausführungen in Heringer/Stötzel 1993 und Polenz 2/1994) haben sich in letzter Instanz als insuffizient erwiesen, vermochte ja immer die Sprache selbst die notwendige Selektion vorzunehmen (vgl. dazu das im Abschnitt 2.3 Gesagte).

Ende des 18. Jhs. behauptete einer der bekanntesten Sprachpuristen Joachim Heinrich Campe, dass die Wörter *Religion* und *Philosophie* die Volksaufklärung verhindern, weil sie für das Volk nicht verständlich sind und zur „Begriffsverwirrung" führen. Vgl. ferner die in den meisten Lehr- und Studienbüchern deutscher Sprachgeschichte angeführten und in 2.3 bereits behandelten Beispiele mit den Versuchen der Mitglieder der Sprachgesellschaften im 17. Jh. (Schottelius, Moscherosch, von Logau, von Zesen, Gryphius u. a.), eine „Reinigung" der deutschen Sprache durch Übersetzung fremd klingender Bezeichnungen – meist französischer Herkunft – ins Deutsche vorzunehmen. Damals klangen die Substantive *Fenster* oder *Nase* für deutsches Ohr genauso fremd wie heute die Anglizismen *Jogging* oder *Shop*. Für *Nase* gab es daher den Eindeutschungsvorschlag *Gesichtserker* und für *Fenster* – *Hausloch* oder *Tageleuchter*. Heute wird kein Deutscher behaupten, dass *Nase* oder *Fenster* Fremdwörter sind, sie sind für deutsche Muttersprachler genauso deutsch wie die „echt deutschen" *Mensch* oder *Tag*. Kein Deutscher (natürlich außer Fachleuten) wird heute in der Reihe der Wörter *Krieg, Dienst, Wand, Himmel, Tisch, Kupfer, Kirche, Opfer* feststellen können, dass die ersten vier Wörter ursprünglich deutsch und die letzten vier Fremdwörter sind. Der leidenschaftliche Sprachpfleger des 19. Jh. Friedrich Ludwig Jahn, der außerdem als „Turnvater“ bekannt ist, da er 1811 den ersten deutschen Turnplatz bei Berlin organisiert hatte, hat u. a. sehr viel Zeit und Kraft der Verdeutschung von „Turnbegriffen“ gewidmet, darunter 142 Wörter mit dem seiner Meinung nach deutschen Erbwort *turnen* selbst gebildet; dass nun *turnen* gerade ein Paradebeispiel für Fremdwort ist, hat er nicht gewusst, so „deutsch“ klang dieses Verb bereits damals. Das bedeutet freilich nicht, dass sämtliche Versuche, Fremdwörter durch deutsch klingende Entsprechungen zu ersetzten, im Prinzip fehlschlagen müssen. So hatten viele Vorschläge der Puristen bzw. andere, spontane, Eindeutschungsversuche oft Erfolg, vgl. *Bürgersteig* statt (frz.) *Trotoir*, *Fahrkarte* statt (frz.) *Billett* u. a. Außerdem gibt es Fälle, wo Fremdwörter neben ihren deutschen Entsprechungen – dabei stets als Teilsynonyme – weiter leben, vgl. *Verneinung* neben *Negation*, *Nachruf* neben *Nekrolog*, *Erdball* neben *Globus* etc. (vgl. Abschnitt 2.3 der vorliegenden Abhandlung). Zu den heutigen Forderungen, statt *Jogging Dauerlauf* zu verwenden oder *Computer* durch *Rechner* zu ersetzen, kann im Prinzip dasselbe gesagt werden. Die Vorschläge können besser oder schlechter sein, im Endergebnis entscheidet die Sprache selbst (so metaphorisch es auch klingen mag). Ich wage anzunehmen, dass *Computer* und *Rechner* – mit entsprechender spezifischer Verteilung auf die engeren Kommunikationsbereiche – noch längere Zeit neben einander leben werden; *downloaden* kann zwar in sehr engem Milleu der Computerfachleute noch verwendet werden, hat aber wegen seiner für das Deutsche extrem fremden und dabei nicht anpassungsfähigen Form nicht die geringste Überlebenschance und wird durch *herunterfahren* bzw. *herunterladen* ersetzt; dafür wird man nach wie vor *joggen* und nicht *dauerlaufen* – nicht nur weil das Phänomen aus dem englischsprachigen Raum stammt, sondern vor allem weil die lange Wortform das Wesen des Phänomens schon rein lautlich unglücklich wiedergibt (obwohl das Substantiv *Dauerlauf* bereits seit Anfang des 19. Jh. als eine Bildung des schon erwähnten Fr. L. Jahn bekannt ist). In jedem Fall wird aber bei jeder konkreten Form das endgültige Urteil nicht von noch so engagierten Sprachkritikern gefällt, sondern lediglich von den inneren Mechanismen der Sprachentwicklung selbst.

Welche Stellung nimmt nun das Fremdwort und generell die Entlehnung in der Nomination ein? Stellen wir uns eine – simulierte – Situation vor: Es gibt ein Phänomen P, das zwar in Wirklichkeit existiert, aber in einer Sprache S noch nicht benannt worden ist. Es gibt nun – zumindest seit der Epoche, wo keine Urschöpfung mehr existiert – generell vier Möglichkeiten, P zu benennen: (i) durch Zuordnung zu P eines schon existierenden Wortes, welches bisher auf ein anderes Phänomen P1 konventionell bezogen ist. Das ist der klassische Fall der Bedeutungsübertragung metaphorischer bzw. metonymischer Art, auf diese Weise entstand z. B. das Substantiv *Glas* im Ergebnis der metonymischen Übertragung des Materials auf das aus diesem Material hergestellte Objekt. Dabei ist das Motiv der Übertragung stets zugleich natürlich – weil die Affinität zwischen P1 und P „realen" Ursprung hat – und willkürlich – weil es nicht die einzig mögliche Affinität ist, sondern nur eine der vielen Affinitäten, die ausgewählt wird. Im Russischen ist derselbe Stoff nicht auf den Glasbehälter, sondern auf die Fensterscheibe metonymisch übertragen worden (vgl. russ. *стекло*); (ii) durch Schaffung eines neuen Wortes aus den bereits vorhandenen Wortstämmen und/oder Affixen bzw. durch Konversion, d. h. auf dem Weg der Wortbildung, wobei das Maß der Abweichung der Bedeutung des komplexen Wortes von der Bedeutung seiner Bestandteile stark variieren kann, vgl. *Sprachlehrer*, *Idiotentest, besprechen, entstehen, gehören, landen*; (iii) durch ein Wortgruppenlexem, d. h. auf phraseologischem Weg, vgl. *blinder Passagier, alter Hase, kalter Kaffee* und (iv) durch Entlehnung, d. h. Übernahme des Wortes oder seiner „Bestandteile" aus einer anderen Sprache und Zuordnung des entsprechenden Zeichens zu P.

Im letzteren Fall kann das fremde Muster unterschiedlich „verarbeitet" werden. Man unterscheidet bekanntlich zwischen „eigentlich entlehntem" Fremdwort, das in Laut (und Schrift) dem „Musterwort" fast gleich oder zumindest ähnlich ist, sowie so genannten Lehnübersetzungen, Lehnübertragungen, Lehnbildungen, Lehnschöpfungen und Lehnbedeutungen, die in unterschiedlichem Maße und auf unterschiedliche Art und Weise die jeweilige fremde Bildung wiedergeben. Im Abschnitt 2.3 sind die mit Wortbildungsprozessen verbundenen Arten der Entlehnung bereits behandelt worden, daher beschränke ich mich hier auf das Fremdwort im engeren Sinn.

Es muss betont werden, dass es sich in allen vier genannten Fällen der Nomination um kreative Prozesse handelt, von denen keiner – darunter auch einfache Übernahme des fremden Wortes – geschmälert werden darf. Schon Goethe (in „Maximen und Reflexionen") hat diesbezüglich eine sehr treffende Bemerkung gemacht, die Gewalt der Sprache sei nicht, dass sie das Fremde abweist, sondern dass sie es verschlingt. Die Fähigkeit einer Sprache,

„das Fremde zu verschlingen", muss an dieser Stelle gerade am Beispiel der Fremdwörter speziell behandelt werden.

Die älteste und genealogisch wohl ursprüngliche Form einer Entlehnung ist wahrscheinlich das Fremdwort, welches zusammen mit dem entlehnten Phänomen entlehnt wurde. So wurde das Substantiv *Mühle* (ahd. *mulina*) aus lat. *molina* zusammen mit der so bezeichneten Wassermühle übernommen; das Substantiv *Eisen* (ahd. *îsen*) kam aus dem Keltischen (*îsarn*), da die Germanen die Bearbeitung von Eisenerz von den Kelten übernommen haben; das Verb *opfern* (ahd. *opfarôn*) und das davon abgeleitete Substantiv *Opfer* kommen aus lat. *operâre* „handeln", urspr. wohl aber „ein Opfer vor den Altar bringen". Bei der Übernahme wirken dabei zwei entgegengesetzte Mechanismen, die hier genauer behandelt werden müssen, und zwar (i) *Imitation* und (ii) *Anpassung*. Man kann sagen, dass sich sämtliche Fremdwörter im Spannungsfeld zwischen diesen beiden bewegen.

Bei der Übernahme eines Fremdwortes wird sein Lautkörper zunächst „nachgeahmt", die Sprecher der Aufnahmesprache versuchen ja das Lautbild der Spendersprache möglichst genau wiederzugeben. Dieser Versuch stößt nun aber auf Probleme, die sich aus einer anderen Beschaffenheit des phonologischen Systems der Aufnahmesprache, einschließlich der Grundakzentmuster und der Prosodie, ergeben. Daher wird der Lautkörper des Fremdwortes an das phonologische System der Aufnahmesprache angepasst und verliert darin seine ursprüngliche phonologische Beschaffenheit. In welchem Verhältnis Imitation und Anpassung zueinander stehen, hängt von vielen Faktoren ab wie Ausmaß der Differenzen in den jeweiligen phonologischen Systemen, Anzahl der Entlehnungen aus der Spendersprache in der jeweiligen Aufnahmesprache, (in Epochen der Schriftlichkeit) Einfluss des Schriftbildes, das durchschnittliche Bildungsniveau der Mitglieder der betreffenden Kommunikationsgemeinschaft u. a.

Eine Fülle der Entlehnungen aus dem Mittelfranzösischen ins Mittelenglische in der Zeit normannischer Eroberung und auch später hat dazu geführt, dass nicht nur die Lautgestalt neuer Wörter an die phonologischen Muster des Englischen angepasst wurde, sondern auch dass dieses letztere unter dem Einfluss der französischen Akzent- und Aussprachemuster wesentliche Veränderungen erfahren hat (vgl. u. a. Plotkin 1989). Die Entlehnungen aus dem Englischen ins Russische im

19. Jh., welche in ihrer Mehrheit über schriftliche Quellen kamen, wurden entsprechend dem Schriftbild ausgesprochen, das gerade im Englischen erhebliche Unterschiede vom Lautbild aufweist. Ausgesprochen wurden sie damals – und werden oft heute noch – gemäß deren Schriftbild. In gebildeten Kreisen herrscht die Tendenz vor, das entlehnte Fremdwort möglichst nahe an das „Musterwort" auszusprechen, was u. a. davon zeugen soll, dass der Sprecher die betreffende Fremdsprache beherrscht oder zumindest weiß, wie daraus entlehnte Wörter „richtig" ausgesprochen werden müssen, selbst wenn (und nicht selten gerade weil) das Fremdwort in seiner Muttersprache ungewöhnlich klingt. Dagegen streben weniger gebildete Sprecher das entlehnte Wort möglichst stark an die gewohnten Laut- und Akzentmuster ihrer Muttersprache anzupassen. Aus der Sicht der Kreativität ist dieser zweite Weg übrigens stets vorteilhafter.

Nehmen wir als Beispiel das schon erwähnte aus dem Englischen entlehnte Wort *Jogging* bzw. *joggen*. Da das Deutsche keine stimmhaften Affrikaten kennt, ist die Aussprache [*džogiŋ*] dem deutschen phonologischen System fremd, die Imitation dominiert in diesem Fall die Anpassung. Zunehmend setzt sich nun aber die Variante [*jogiŋ*] durch, was von der Dominanz der Anpassung über Imitation zeugt.

Nun ist es aber so, dass dieses Spannungsfeld von Imitation und Anpassung nicht nur für Fremdwörter gilt, sondern zu den ursprünglichen Merkmalen sprachlicher Symbolisierung gehört und dank seiner Universalität die Fremdwortentlehnung als in ihrem Wesen natürlichen Mechanismus sprachlicher Symbolisierung legitimiert. Wenn die Sprecher z. B. Lautsequenzen nutzen, die der *Kuckuck* von sich gibt, um diesen Vogel zu benennen, so handeln sie im Grunde genauso wie bei Übernahme von Fremdwörtern. Onomatopoetische Wörter (zumindest imitativen Ursprungs) sind auch sui generis Entlehnungen aus einem fremden Bereich in die Muttersprache. Der Vogelruf wird dabei zugleich nachgeahmt und an das Lautsystem der jeweiligen Sprache angepasst. In der versprachlichten Variante klingt es natürlich nicht *genau* so wie in der Natur, da es mit spezifischen Mitteln der menschlichen Sprache wiedergegeben wird.

Gerade diese Besonderheit bedingt die Unterschiede in der Aussprache der Onomatopoetika in verschiedenen Sprachsystemen, welche von den Anhängern der ontologischen Arbitrarität des Sprachzeichens als Argument für ihre Konzeption angeführt werden. In Wirklichkeit zeugt es aber lediglich von sprachspezifischer Variativität im Rahmen natürlicher Kodierungsmechanismen, vgl. die Ausführungen in 2.2.

Der fremde Bereich ist nun bei direkter Entlehnung nicht die Natur o. ä., sondern eben ein anderes Sprachsystem. Das bedingt freilich die Spezifik der „Nomination durch Fremdwortentlehnung" im Vergleich zur Onomatopoiie und modifiziert das hier behandelte Grundprinzip einer Wechselwirkung zwischen Imitation und Anpassung, ändert aber nicht sein Wesen.

Es kann sein, dass jemand den Kuckuck-Ruf viel perfekter nachahmen kann als dies in einer konkreten Sprache geschieht oder *Jogging* viel näher zur englischen Aussprache imitiert als dies bei eingedeutschter Aussprache passiert. Aber in der Sprache muss beides notgedrungen an das System der dort tatsächlich vorhandenen Laute angepasst werden.

Noch stärker tritt die Kreativität bei Fremdwortentlehnung in der semantischen Sphäre in Erscheinung, und zwar sowohl unmittelbar im Nominationsakt (als „nominationelle Wahlentscheidung") als auch bei weiterer Lebensgeschichte des Fremdwortes in der Aufnahmesprache. H. Eggers 1963 hat dies am Beispiel des Fremdwortes *Kreuz* exemplarisch gezeigt.

Zur Bezeichnung des Hinrichtungswerkzeugs Jesu Christi wurde in den ältesten germanischen Texten das germanische Substantiv – got. *galga*, ags. *jealga,* ahd. *galgo* „Galgen" verwendet, da die Germanen für Hinrichtungen kein Kreuz, sondern eben den Galgen benutzten. Lat. *crûx* wurde daher zunächst in die germanischen Sprachen als *galga, jealga, galgo* übersetzt und erscheint in den ältesten – darunter christlichen – Texten in germanischen Sprachen in dieser Form. Später entscheiden sich die Übersetzer aber für die Übernahme des lateinischen Substantivs (vgl. ahd. *krûzi, kriuzi, chrûzi*). Eggers (ibid., 13 ff.) beweist, dass diese Entscheidung nicht wegen einer genaueren Benennung des römischen Hinrichtungswerkzeugs als solches fallen musste, sondern vielmehr um die symbolhafte Bedeutung von Kreuz als Sinnbild für Leiden und zugleich für Auferstehung, Erlösung und ewiges Leben wiederzugeben.

Das entlehnte Fremdwort findet in der Aufnahmesprache seinen unverwechselbaren Platz, es wird im Zuge der Weiterentwicklung der Sprache genauso wie die „heimischen" Wörter metaphorisch bzw. metonymisch umgedeutet und unterliegt überhaupt jedem für Nicht-Fremdwörter üblichen Bedeutungswandel. Wie jede Neubildung beeinflusst es natürlich auch den Bedeutungsumfang anderer Wörter, sorgt für deren Bedeutungsverengung oder bedingt gar ihr Verschwinden aus der Sprache und wird seinerseits in seinem semantischen Umfang seitens synonymischer oder in anderer Weise bedeutungsnaher „heimischer" und Fremdwörter beeinflusst.

Im 17. Jh. wurde das deutsche Substantiv *Perücke* ins Russische entlehnt, wo es nach Anpassung an das russische Lautsystem die Form *парик* erhielt. Dieses Wort hat nun in beiden Sprachen bis heute seine Eigenbedeutung beibehalten. Zusammen mit *Perücke* entlehnt nun das Russische das Kompositum *Perückenmacher*, das die Form *парикмахер* annahm und in dieser Sprache zunächst den semantischen Bezug zu *парик* behielt. Der als *Perückenmacher* bezeichnete Meister erfüllte natürlich von vornherein neben seinem Haupthandwerk andere Pflichten, darunter die eines normalen Frisörs. Da aber zur Zeit des Zaren Peter I. die Perücke eine sehr wichtige Stellung in der russischen Adelsgesellschaft einnahm (Peter der Große hatte einen Erlass verabschiedet, laut welchem die Perücke am Zarenhof und auch bei sonstigen offiziellen Veranstaltungen obligatorisch war), wurde die Herstellung von Perücken als die wichtigste Tätigkeit des Perückenmachers betrachtet. Später, als die Perücke keine große Rolle mehr spielte, ging die semantische Transparenz des Kompositums verloren. Heute wird es im Russischen als Simplex empfunden, und *парикмахер* ist heutzutage kein Perückenmacher mehr, sondern eben Frisör – und das, obwohl das Substantiv *парик* in seiner einstigen Bedeutung fortlebt. Dabei ist das Substantiv *Perückenmacher* aus dem Deutschen verschwunden bzw. zu einem Historismus geworden. Stattdessen wurde zur Bezeichnung eines Frisörs zunächst das französische Substantiv *barbier* entlehnt, das später wiederum verschwand und durch das – ebenfalls aus dem Französischen stammende – *Friseur* ersetzt, welches nun wiederum in Laut- und neulich auch in Schriftbild (*Frisör*) dem Deutschen angepasst wurde. Das entsprechende Femininum wurde zunächst nicht von dem entlehnten Fremdwort mit Mitteln der deutschen Sprache abgeleitet, sondern parallel entlehnt – *Friseuse*. Das entsprechende französische Suffix wurde im Deutschen nicht produktiv, daher war seine Ersetzung durch das für deutsche Feminina der Klasse der *Nomina agentis* typische *-in* (*Frisör-Frisörin*) gerade vorprogrammiert.

Die Geschichte entlehnter Wörter in der jeweiligen Aufnahmesprache legt Zeugnis von einer Wirkung integrativer Mechanismen ab, welche die durch Fremdwörter ausgelöste „Überfremdung" der Muttersprache stets abschwächen und nie zu einer herrschenden Tendenz werden lassen. Andererseits erreichen die Versuche, durch bewusste sprachordnende und -normierende Tätigkeit die Zahl der

Fremdwörter zu reduzieren, nicht selten Ergenbisse, welche an den eigentlichen Zielen der Sprachkritiker vorbei gehen. Statt der Sprachentwicklung durch Anwendung heimischer Mittel zur neuen Kreativität zu verhelfen, blockieren sie ungewollt die der Sprache eigene natürliche Kreativität, welche nicht zuletzt in einer Übernahme und schöpferischen Verarbeitung fremder Artikulations- und Bezeichnungsmuster besteht.

Es steht außer Zweifel, dass sich praktisch für jedes Fremdwort bei genug Phantasie eine heimische „Entsprechung“ findet. Ob diese nun in der Tat einen vollwertigen Ersatz für die Entlehnung bietet oder lediglich eine künstliche und kaum lebensfähige Bildung ist, – darüber kann erst Jahrzehnte später an der „Lebensgeschichte“ der Neuprägung entschieden werden. In jedem Fall darf man nie vergessen, dass Fremdwortentlehnung kein einfaches Kopieren fremder Muster ist, sondern eine Sonderform der sprachlichen Nomination darstellt – mit allen jeder Nomination eigenen Charakterzügen, darunter vor allem der Kreativität.

Bevor man z. B. für die aus dem Englischen entlehnten Substantive *Software* und *Hardware* aus dem Bereich des Computer-Wortschatzes deutsche Äquivalente sucht, muss man sich sicher sein, dass diese das Wesen des Originals durch andere Nominationsmechanismen beibehalten. Verweise darauf, dass diese Wörter einem durchschnittlichen Deutschsprecher unverständlich sind, weil sie aus dem Englischen stammen, sind abwegig: Unverständlich sind sie nicht wegen ihrer Herkunft, sondern wegen ihrer terminologischen Spezifik. Deren deutsche Entsprechungen würden für Nichteingeweihte ebenso unverständlich sein. Dafür sind die allgemein gebräuchlichen *Shop, Chef, Supermarkt, Stewardess, OK* etc. längst unveräußerlicher Bestandteil des deutschen Wortschatzes geworden. Ihre Ersetzung durch deutsch klingende „Entsprechungen“ ist meist problematisch, da diese letzteren z. T. erhebliche Unterschiede von den Fremdwörtern in der Bedeutung aufweisen. Freilich ist *Shop* ein *Laden* bzw. *Geschäft*, aber nicht jeder Laden bzw. nicht jedes Geschäft wird als *Shop* bezeichnet. Der *Chef* ist in der Tat ein *Leiter*, aber mit dem Substantiv *Chef* ist eine andere („angelsächsische“) Art und Weise in den Arbeitsbeziehungen entlehnt worden, die logischerweise auch eines neuen Namens bedurfte. Mit *Supermärkten* kam eine neue Philosophie des Massenkonsums, die gerade durch den englischen Namen den entsprechenden Bezug zu ihrer Quelle herstellt. *Business* ist nicht einfach eine Beschäftigung, auch nicht nur eine Geschäftstätigkeit, es ist ein Inbegriff gewinnorientierter Aktivitäten in der modernen Marktwirtschaft, die zum Lebensstil der betreffenden Personen werden, usw. Man kann natürlich diese Trends kritisieren und deren Nützlichkeit für heimische Verhältnisse jederzeit in Frage stellen. Allerdings muss man in diesem Fall konsequent sein und statt Namen Konzepte ablehnen, die dahinter stehen, nach dem Motto: Wir brauchen nicht etwa eine deutsche Bezeichnung für Supermärkte, sondern wir brauchen keine Supermärkte in der Form, in der sie „entlehnt“ werden! Dies ist nun aber eine Fragestellung, die jenseits der Nominationstheorie und generell der Linguistik liegt.

Bei einer Beurteilung der Fremdwörter muss außerdem beachtet werden, dass es im Wortschatz einer Sprache Bereiche gibt, die für fremde Einflüsse besonders sensibel, mehr oder minder gleichgültig oder gar dagegen resistent sind.

In den Bereichen der Wirtschaft, des Massenkonsums, der damit verbundenen Werbung, der Politik, der Massenmedien, der Mode, der Technik und Technologie, der Natur- und Ingenieurwissenschaften etc. sind fremde Namen (heute sind es hauptsächlich Anglizismen) absolut natürlich, schon weil sie die Internationalisierung und Globalisierung der entsprechenden Prozesse und Phänomene widerspiegeln, vgl.: *Manager, managen, Public Relations, Powerfrau, Internet, Knowhow, Job, jobben, TV-Star, News, Shop, Chef, Chance, Safe, Computer* etc.

Bei Sport, den Geistes- und Kulturwissenschaften, der Rechtsprechung, der Kunst etc. gibt es in den meisten Fällen die Möglichkeit eines vollwertigen Ersatzes des Fremdwortes durch das entsprechende Wort der Muttersprache – solange es sich nicht um spezifische Erscheinungen handelt wie z. B. in der Kultur bzw. Kunst *Rock, Jazz* oder *Jodeln*. In der Regel wird diese Möglichkeit auch erfolgreich genutzt – dies ist u. a. der Grund, warum z. B. gerade solche Eindeutschungen wie *Erdkunde, Erdball, Sprachlehre, Zahlwort* u. dgl. den Puristen im 17. Jh. so gut gelungen sind.

Im Alltagsleben, wo Tradition und Gewohnheit eine viel größere Rolle spielt als die Grenze zwischen eigen und fremd, sind die meisten Wörter „heimischen“ Ursprungs, aber festgeprägte Entlehnungen werden sehr ungern durch neue, wenngleich „heimische“, Wörter ersetzt. Dafür werden hier die Fremdwörter am stärksten an das lautliche System der Muttersprache angepasst. Die aus dem Französischen entlehnte *Nase* bleibt auch heute *Nase*, klingt aber völlig deutsch. Der puristische Ersatz *Gesichtserker* wurde von der Sprache wegselegiert – schon deshalb, weil die wichtigsten Körperteile und inneren Organe in den meisten Sprachen, darunter im Deutschen, in Mehrheit ein-, oder zweisilbig, also kurz, sind, vgl. *Kopf, Mund, Zahn, Hand, Arm, Bein, Knie, Brust, Fuß, Kinn, Haar, Stirn, Hals, Ohr, Milz, Mark, Auge, Bauch, Wange, Gesicht, Gaumen, Schulter, Rücken, Niere, Leber*. Ein viersilbiges Wort für einen der am häufigsten genannten Gesichtsteile hatte schon wegen seiner Form, abgesehen von der ebenfalls schwerfälligen assoziativen Nominationssemantik, keine Überlebenschance.

In der konzeptuellen Sphäre der wichtigsten Naturphänomene, und -eigenschaften, der mentalen und emotionellen Eigenschaften, der Sittlichkeit, der Orientierungsangaben in Raum und Zeit, etc. sowie bei Bezeichnung der Grundbegriffe des Seins (Wörter des Typs *Gott, sein, Wesen, Leben, Liebe, Leib, Tod, sterben, glauben, haben, werden, Mensch, Mann, Frau, Kind, Bruder, Schwester, Freund, Feind, Tier, Baum, Blume, Gras, Sitte, Tugend, Ehe, Ehre, Raum, Zeit* etc.) sind Fremdwörter äußerst selten, die Sprache ist hier deutlich auf ihre eigenen Ressourcen orientiert, die gerade in diesen Bereichen unausschöpflich sind. Einzelne Fremdwörter können auch hier erscheinen, was in der Regel mit wesenhaften historischen Veränderungen im gesamten Kulturparadigma zusammen hängt. Eine Überfremdung in diesem Bereich kann aber in der Tat ein Signal für negative Prozesse sein (z. B. regelmäßiger Ersatz von *Liebe* durch *Love* in der Bedeutung „eine Liebe á la amerikanische Seifenoper“, aber zunehmend auch als generelles Synonym für *Liebe*, vgl. auch *Lovestory* statt *Liebesgeschichte* etc. Ein anderes Beispiel wäre hier der zunehmende Gebrauch des Substantivs *Sex* gerade nicht in der üblichen Bedeutung „Geschlechtsverkehr“, sondern als Synonym für *Liebesbeziehung* oder sogar schlechthin für *Liebe*). Aber selbst in solchen Extremfällen spiegelt die Sprache lediglich die Situation in der Sprachgemeinschaft wider. Der Worterssatz ist hier nur ein – sehr genauer! – Indikator für Ersatz von „Lebenskonzepten“. Exemplarisch sei dies an zwei Fremdwörtern dargestellt – den Anglizismen *Image* und *cool*.

Synonymisch zu *Image* sind im Deutschen zwei Substantive, eines davon ist französisches Fremdwort (*Reputation*), das viel früher als *Image* geprägt wurde; das zweite ist deutscher Herkunft (*Ruf*). Alle drei Wörter beziehen sich auf die Vorstellung von einer Person, einer Gruppe von Personen, seltener auch einer Sache (insbesondere wenn diese z. B. verkauft wird), seitens der öffentlichen Meinung. Zwischen *Ruf* und *Reputation* gibt es in der Verwendung keine großen Unterschiede, so dass das deutsche Wort seine französische Entsprechung aus dem Gebrauch allmählich verdrängt. Dies geschieht auf natürlichem Wege und bedarf daher keiner zusätzlichen Forderungen im Sinne des Kampfes gegen Überfremdung. Die Forderung, auch statt *Image Ruf* zu verwenden, wäre dagegen zumindest heute nicht erfüllbar. Denn bei *Ruf* handelt es sich um ein mehr oder minder adäquates Bild von X in der Vorstellung einer Gruppe von Menschen. Dieses Bild kann freilich auch falsch sein, aber in diesem Fall spricht man einfach von einem Trugschluss. Bei *Image* geht es von vornherein um eine manipulierte Vorstellung, ein bewusst verschönertes, idealisiertes Bild, das den Zweck verfolgt, eine „Firmenmarke" (im weiteren Sinn dieses Wortes, es kann auch ein Mensch, ein Unternehmen, eine Ware o. ä. dahinter stehen) möglichst günstig zu „verkaufen" (auch hier geht es bei weitem nicht immer um direkten Vertrieb). Daher spielen z. B. die Person des *Imagemakers* und der Begriff einer *Imagepflege* eine zentrale Rolle. Während *Reputation* oder *Ruf* sich im Laufe längerer Zeit herausbilden und auf konkreten Eigenschaften, Handlungen, dem Verhalten o. ä. der betreffenden Person beruhen, entsteht das *Image* als Ergebnis einer erfolgreichen Werbeaktion und wird durch weitere Aktivitäten der *Imagemaker* unterstützt. Dazu gehören u. a. *Public Relations* etc. Der Verlust vom guten Ruf verbindet sich mit schweren Einbußen vor allem moralischen Charakters, wohingegen Image-Einbußen zwar ebenfalls als schwer empfunden werden, aber sich in der Regel lediglich auf Gewinnrückgang oder gar Bankrott beziehen. Konzeptuell gehört *Image* ohne Zweifel zu einer anderen Sphäre als *Ruf* oder *Reputation*, obwohl ihre synonymische Verwendung in der Peripherie durchaus möglich ist (*Die Firma/Ware hat einen guten Ruf*). Im konzeptuellen Kern ist jedoch gerade *Image* eine der zentralen Entitäten im Bereich der Produktion, des Massenkonsums, der Politik und der Werbung – kurzum, überall dort, wo „Verkäufer-Käufer"-Beziehung herrscht und *Persuasion* als besondere Form des *Überzeugens* die Hauptrolle spielt.

Das Adjektiv *cool* hat laut Duden Universalwörterbuch 2/1989, 309, vier Hauptbedeutungen: (i) [stets] die Ruhe bewahrend, keine Angst habend, nicht nervös [werdend], sich nicht aus der Fassung bringen lassend: *Er ist ein extrem cooler Typ*; (ii) keine Gefahren bergend, risikolos, sicher: *ein cooles Versteck*; (iii) keinen/kaum Anlass zur Klage gebend, durchaus annehmbar, in Ordnung: *1000*

Euro ist doch 'n cooler Preis für die Anlage; (iv) in hohem Maße gefallend, der Idealvorstellung entsprechend: *auf der Fete waren coole Leute*; *die Musik war echt cool*. Das erste, was hier auffällt, ist die Tatsache, dass das entlehnte Adjektiv im Deutschen seine (englische) Eigenbedeutung (`kühl`) schon im Moment der Entlehnung verloren hat: Entlehnt wurde die metaphorische Bedeutung `ruhig` auf Grund des Vergleichs eines ruhigen Zustandes mit dem Merkmal der „Kälte" (vgl. dt. *kaltblutig*). Die weiteren Übertragungen von `kaltblutig` auf `sicher` und von `sicher` auf `annehmbar` sind ebenfalls plausibel. Die Bedeutung (iv) weicht allerdings von der oben dargestellten „metaphorischen" Achse deutlich ab. Positive Emotionen sind ja in der Regel eher mit „warmen" als mit „kalten" Motiven verbunden. Das Tertium soll aber in dem Gesamtdiskurs gesucht werden. Ist der Unterschied zwischen `ruhig` und `sehr gut gefallend` sehr groß, so ist er zwischen `annehmbar` und `sehr gut` minimal und relativ einfach durch wertungsbezogene „Skalierung" überwindbar, vgl. z. B. die Litotes *nicht schlecht* für *ausgezeichnet*. Frage ist nun aber, wieso für all die metaphorischen Umdeutungen der Anglizismus *cool* erforderlich war. Wäre etwa das deutsche Adjektiv *kühl* dafür nicht genau so gut geeignet gewesen? Die Antwort auf diese Frage setzt eine präzisere Auseinandersetzung mit dem kognitiv-kulturellen Gesamtdiskurs voraus, in welchem der Anglizismus *cool* erscheint. Es geht praktisch ausnahmslos um Verhaltensmuster, die u. a. von der „James-Bond-Kultur", der (englisch-amerikanisch orientierten) Jugendmode bzw. der Popkultur mit deren Jargon geprägt sind. Man will nämlich genauso *cool* aussehen wie James Bond, so *coole Klamotten* tragen wie das Popidol und *coole Partys* besuchen, in denen *coole Boys coole Musik* spielen. Das Wort *cool* wird in diesem Diskurs zu einem unveräußerlichen Symbol einer Lebensweise, die ihren Namen einzig und allein aus ihrer Quelle bekommen kann. Eine nur *sprachliche* Überfremdung ist es auf keinen Fall. Daher kann man heute z. B. ohne Weiteres einen *coolen Kühlschrank* kaufen, ohne dass die Herkunftstautologie der jeweiligen Wurzeln bewusst wird. Wie meistens bei der Nomination geht es also wiederum um eine in ihrem Grund *natürliche* Zuordnung des Sprachsymbols zu dem entsprechenden kognitiv-axiologischen Bereich der Außenwelt bzw. der Innenwelt der Vertreter einer Sprachgemeinschaft.

Am folgenden Beispiel kann deutlich gezeigt werden, wie der Kampf um die Reinheit der deutschen Sprache und gegen deren Überfremdung u. U. zu Ergebnissen führen kann, die den gewünschten polar entgegengesetzt sind. Um der Überfremdung entgegen zu wirken, wird gefordert, statt dem Anglizismus *clever* das deutsche Adjektiv *klug* zu verwenden, welches angeblich sein vollwertiges Synonym ist. In Wirklichkeit gibt es aber so gut wie fast keine konzeptuellen Bereiche, in denen *clever* durch *klug* ohne wesentliche Verluste ersetzt werden könnte. Man kann sogar behaupten, dass *klug* und *clever* in vielerlei Hinsicht gerade einander ausschließen. Stellen wir uns folgende Situation vor. Ein junger Assistent am Lehrstuhl für Altphilologie bekommt das Angebot eines Werbeunternehmens und wechselt seine Arbeitsstelle. Ob man seine Entscheidung *klug* nennen kann, hängt von vielen Faktoren ab; dass diese Entscheidung aber jederzeit als *clever* bezeichnet werden kann, steht außer Zweifel. Warum gibt es hierbei diesen unbestrittenen Unterschied in der Verwendung beider Adjektive? Augenscheinlich weil *clever* zu einem anderen Konzeptbereich gehört, der in seinem Wesen „importiert" ist. Die Entscheidung des jungen Assistenten wird von den meisten seiner Altersgenossen als *clever* empfunden, da er nun ein ganz anderes *Image* hat und z. B. schon in einem Jahr ein *cooles* Auto kaufen kann. Was passiert nun, wenn wir auf dringende Empfehlung der Sprachpfleger statt *clever* nur *klug* verwenden? Wir werden offenkundig auch in der geschilderten Situation von einer *klugen* Entscheidung sprechen müssen. Es kommt nicht zu einer Reinigung der deutschen Sprache von Überfremdung, sondern zu einer Erosion der Semantik des konzeptuell wichtigen Adjektivs *klug*! Etwas vereinfacht kann dies mit dem Versuch verglichen werden, den Spiegel zu wechseln, wenn uns unser Gesicht nicht gefällt. Hier ist N. R. Wolf 2004, 469 Recht zu geben, wenn er feststellt:

> „Fremdwörter, auch Anglizismen [...], können durchaus der Bereicherung einer Sprache dienen. Sollten sie von Sprechern aus anderen Gründen, etwa Selbstdarstellung oder der Verschleierung, verwendet werden, so spricht dies nicht gegen die Wörter, sondern gegen ihre Sprecher".

Historisch gesehen lassen sich für das Deutsche im Großen und Ganzen folgende Etappen der Fremdwortentlehnung feststellen, je nach den dominierenden Einflüssen einer bestimmten Fremdsprache: (i) Die „lateinische“ Etappe, die bereits in vorschriftlicher Zeit (5.-7. Jh.) beginnt und zunächst mit Übernahme von Bezeichnungen für konkrete Gegenstände, vor allem Artefakte, in der Regel zusammen mit diesen Gegenständen, verbunden ist. Der Kern dieser Etappe hängt aber deutlich mit Christianisierung zusammen und den daraus folgenden Umbrüchen im Weltbild der Stämme, die sich seit dem 5.-7. Jh. als *thiud* empfunden haben (vgl. meine Ausführungen diesbezüglich in Kotin 1999). Diese Etappe erstreckt sich bis zu dem Ende des 11. Jh., ihr chronologischer Kern ist jedoch die Zeit vom Anfang des 9. bis Anfang des 11. Jahrhunderts. (ii) Die „(mittel)französische“ Etappe in der Epoche des Hohen Mittelalters, vor allem in der ritterlichen Literatur. Der chronologische Kern ist hier das 13. Jh. (iii) Die zweite „lateinische“ Etappe in der Zeit des Humanismus mit dem chronologischen Kern zwischen Ende des 15. und Mitte des 16. Jh. (iv) Die „französische“ Etappe, die diesmal in zwei Wellen verläuft mit chronologischen Höhepunkten in der Barockzeit (17. Jh.) und vom Ende des 18. bis Anfang des 19. Jh. (unter dem Einfluss der französischen Aufklärung, der Französischen Revolution und darauf folgender Ereignisse, bis zum Ende der Napoleonischen Kriege). (v) Die „englisch-amerikanische“ Etappe, die nach dem 2. Weltkrieg begonnen hat und bis heute andauert.

Diese Einteilung in chronologische Etappen von Fremdwortentlehnungen ist freilich sehr allgemein und bewusst unspezifiziert. Natürlich gab es neben den genannten Einflüssen in der deutschen Sprachgeschichte viele andere, darunter z. B. keltische, slavische und ugro-finnische Einflüsse in der Vor- und Frühgeschichte, griechische Einflüsse in der Epoche der Christianisierung, (mittel)lateinische Einflüsse im Hohen Mittelalter, italienische Einflüsse in der Barockzeit, (britisch)englische Einflüsse im 19. und am Anfang des 20. Jh., russische Einflüsse im Ostteil Deutschlands zwischen 1945 und 1990 etc. In konzeptuell wesenhaften Bereichen der Nomination sind es jedoch nur drei Sprachen gewesen, die die Gestalt des Deutschen „von außen“ geprägt haben, und zwar Latein in Religion, Philosophie und anderen Wissenschaften, Französisch im öffentlichen Leben und in der Kunst sowie Englisch in Wirtschaft und Massenkommunikation. Dabei muss betont werden, dass keine dieser Sprachen in keiner der Epochen den Wortschatz und überhaupt das Sprachsystem des Deutschen dominiert hat. Auffallend viele

Fremdwörter, die hin und wieder in bestimmten Bereichen der Sprachverwendung auftauchen, können zwar eine Vorstellung von sprachlicher Überfremdung erwecken, aber der Schein trügt – vgl. dazu statistisch belegte Ausführungen in Wolf 2004, 464 ff., die den gemäßigten bis geringen Einfluss des Englischen in der deutschen Presse (!) ausweisen. In Wirklichkeit hat es in der Geschichte des Deutschen *nie* eine Zeit gegeben, in der fremde Einflüsse seine Eigenständigkeit sogar minimal gefährdet hätten.

Anders sah es in der Geschichte des Englischen aus. Die normannische Eroberung im 11. Jh. hatte zur Folge, dass insgesamt über die Hälfte des ursprünglichen angelsächsischen Wortschatzes durch mittelfranzösische Fremdwörter ersetzt wurde. Das heutige englische Wortgut hat bis zu 60 % Wörter romanischer Herkunft. Dabei kam es zu einer Kollision angelsächsischer und mittelfranzösischer Akzentmodelle, in deren Folge französische Wörter durch Anpassung an den germanischen Anfangsakzent ihre ursprüngliche Form völlig verloren haben, und andererseits das germanisch-angelsächsische Akzentmodell selbst z. T. entscheidenden Wandel erfahren hat. Aber sogar dieses für die Geschichte einer Sprache wohl extreme Beispiel konnte die Entfaltung des Englischen weder aufhalten noch wesentlich gefährden.

Die heutige Situation ist ebenfalls keine Ausnahme. Die Losungen des Typs „Die deutsche Sprache ist in Not!“ – soweit sie sich nicht auf (sehr berechtigte!) Proteste gegen Vernachlässigung des Deutschen als Amts- bzw. Arbeitssprache in Gremien wie der EU etc. beziehen – und alle Versuche, von *Denglisch* o. ä. zu reden, sind daher meines Erachtens mehr als übertrieben. Viel mehr scheint paradoxerweise gerade das Englische gefährdet zu sein, da seine Verunstaltung durch Verwendung von Nichtmuttersprachlern als lingua franca in verschiedenen Kommunikationsgemeinschaften einen starken Rückwirkungseffekt auf das Englische in seiner Heimat haben kann, vgl. die Verbreitung des sog. *Pidgin-English*, das im Unterschied zu dem eher virtuellen *Denglisch* in der Tat real ist.

Generell gilt für die Nomination durch Fremdwörter dasselbe Prinzip wie bei jeder Nomination – das jeweilige Phänomen wird durch die Zuordnung des entsprechenden Sprachzeichens möglichst „natürlich“, d. h. entsprechend seinen wesenhaften Eigenschaften bzw. seiner essentiellen Beschaffenheit, darunter als Symbol für seine – auf diese Weise sprachlich kodierte – konzeptuelle Sphäre, gekennzeichnet.

2.6 Die Nomina propria

Dieser Abschnitt verfolgt nicht das Ziel einer systematischen Darlegung der historischen Toponymik bzw. Onomastik. Mir geht es lediglich um Prinzipien und Besonderheiten der Symbolisierung sowie des Wandels in diesem sehr spezifischen Bereich der Namengebung. Ausführliche diachrone Analysen hierzu sind neben der berühmten *Deutschen Namenkunde* von Adolf Bach 1952-1954 u. a. in Boesch 1981, Steger 1977, Reichmann 1976 sowie Sprachgeschichte 2/1985 vorhanden.

Wohl kaum lässt sich der Zusammenhang zwischen Ontogenese und Phylogenese der Sprache besser verfolgen als am Beispiel der Eigennamen. Für ein kleines Kind, das sich erst die Sprache anzueignen beginnt, sind die Gegenstände seiner Umgebung einzigartig. Erstens sind es zunächst gar nicht so viele Objekte, dass das Kind sie nicht nur von einander unterscheiden, sondern auch mit einander vergleichen könnte. Zweitens ist seine Fähigkeit zum abstrahierenden Vergleich (da nun ähnliche Dinge sehr selten völlig identisch sind) in diesem Alter noch gering. Die Namen für diese Gegenstände, die das Kind von seinen Eltern oder anderen Personen erfährt und dann selbst in Bezug auf diese Gegenstände als deren sprachliche Bezeichnungen anwendet, sind ebenfalls einzigartig, es sind zunächst gerade *Eigennamen*. Die Wörter wie *Vater*, *Katze* oder *Hund* sind für das kleine Kind genauso einzigartig wie *Peter*, *Pussi* oder *Rex*. Relativ schnell kann dann das Kind seine *Pussi* von anderen *Katzen* und seinen *Rex* von sonstigen *Hunden* unterscheiden, obwohl in den ersten Etappen für ihn jeder Hund ein *Rex* und alle Katzen *Pussis* sind. Viel komplizierter ist es mit dem *Vater*, einem Substantiv, das ja keine eigentliche denotative, sondern allein relationale Bedeutung besitzt. Es verlaufen Monate oder gar Jahre, bis das Kind *seinen* Vater von anderen Vätern unterscheiden kann. Bis dahin ist für es *Vater* ein Eigenname, und die Erwachsenen können seine Logik schlecht verstehen, wenn es auf ihre Frage „Wie heißt denn dein Papa“ die Antwort „Papa“ bekommen – obwohl es inzwischen den Vornamen seines Vaters auch kennt; nur sind für es beide Bezeichnungen des Vaters synonymisch. *Eine* Bezeichnung für zwei oder mehrere ähnliche Dinge – die ja ein Merkmal der Appellativa ist – ist also für das Kind zunächst schwer zu begreifen.

Dabei ist es dennoch weitgehend eine communis opinio, Eigennamen hätten durchweg appellativische Herkunft (vgl. u. a. Berger 1976, 375 ff., Boesch 1981, 139 f., Sonderegger 1984, 255 ff.). In Sprachgeschichte 1985, 2040 wird sogar behauptet, appellativische Herkunft sei das erste Gesetz der Eigennamen. Eine bereits oberflächliche Beobachtung sprachlicher Ontogenese kann diese These unschwer umkehren. Viel glaubwürdiger erscheint gerade eine Entwicklung vom Proprium zum Appellativum.

Die Geschichte der konkreten Sprachen ist das Spiegelbild dieser Entwicklung. Die ältesten Etappen der Sprachgeschichte müssen als Zeit rekonstruiert werden, in der kein deutlicher Unterschied zwischen Appellativa und Propria bestand, d. h. eigentlich sämtliche Substantive eher als Propria fungierten. Das Hauptmerkmal der Propria ist ihre „Einzigartigkeit" (vgl. Gerhardt 1949, 3 f., Wimmer 1973, 6 ff., Debus 1977, 4, Markey 1982, 133 f.), es sind Namen im eigentlichen Sinn des Wortes, d. h. bei der Namengebung werden dem entsprechenden Lautkontinuum Eigenschaften zugeordnet, die sein Wesen auf symbolhafte Art und Weise widerspiegeln. Das Nomen Proprium ist somit ursprünglich eine sprachliche Ikone nicht für eine Klasse von Phänomenen, sondern für das konkrete Phänomen, auf das sie sich unmittelbar bezieht. Zwischen dem Namen und dem dadurch bezeichneten Gegenstand besteht in diesem Fall keine „begriffliche Übergangszone", die Verallgemeinerung und Abstraktion vorsieht.

Was ist nun konkret unter Symbolisierung wesenhafter Eigenschaften eines Eigennamens zu verstehen bzw. welche Eigenschaften können bei Symbolisierung durch Eigennamen als wesenhaft gelten? Die Antwort auf diese Frage ist im „mythologischen Bewusstsein" der Generationen zu suchen, die in den ältesten uns bekannten Texten ihren Niederschlag gefunden hat, oder auch in einer angemessenen semiotischen Rekonstruktion von Eigennamen – sowohl der Onomas als auch der Toponyme. Unten einige Beispiele.

(i) In der Maori-Sprache heißt ein 305 m hoher Hügel auf der Nordinsel in Neuseeland *Ort, wo Tamati, ein Mensch mit großen Knien, genannt Erdfresser, die Berge hinauf- und herabsteigt und sie verschlingt, indem er für seine Geliebte Flöte spielt.* Es ist keine Beschreibung, in der Originalsprache handelt es sich eben um *ein* Wort, das aus insgesamt 83 Lauten besteht.

(ii) Der Name _Michael_ bezog sich in der hebräischen Überlieferung ursprünglich auf den Erzengel und bedeutet wörtlich ´Wer wie Gott´, das mit interrogativer Intonation ausgesprochen werden sollte. Es hieß nämlich nicht etwa ´jemand, der Gott ähnlich, so wie Gott, ist´, sondern ´Wer ist wie Gott?´ und war der Überlieferung nach die Antwort dieses Engels auf den Versuch Lucifers, sich gegen den Schöpfer der Welt zu stellen. Der Engel, der nun später Michael genannt wurde, wendet sich mit dieser rhetorischen Frage, die soviel wie ´Niemand ist wie Gott´ bedeutete, an die Engelscharen, um sie vom Aufstand gegen Gott abzuhalten. Seinen Namen bekam er nun von diesem Aufruf.

(iii) Im _Hildebrandslied_ heißen die kühnen Krieger, von denen erzählt wird, _Hiltibrant_ und _Hadubrant_. Der erste ist Vater vom letzteren, sein Großvater heißt _Heribrant_. Alle drei Namen enthalten den Teil _-brant_, was ahd. so viel wie ´Brand; Kampf; Schlacht´ bedeutete, ihre Namen alliterieren miteinander durch das Anlaut-_h_, der jeweils erste Teil gehört ebenfalls zu dem konzeptuellen Bereich ´Krieg; Kampf; Heer´.

(iv) Die meisten Flussnamen stammen von verschiedenen Substantiven mit der Bedeutung „Wasser“ oder sind von Verben mit der Bedeutung „fließen; rinnen“ abgeleitet. Z. B. _Rhein_ zu ahd. _rinnan_ nhd. _rinnen_; zu der ide. Wurzel *_don-_ ´Wasser; nass; feucht´ gehören u. a. die Flussnamen _Don, Dnepr_ (zu etymologisieren als *_don-apr_ „großes Wasser“), _Dnestr_ (zu *_don-astr_ „schnelles Wasser“), _Donau_ (kontaminiert aus zwei Stämmen mit der Bedeutung „Wasser“, nämlich dem schon erwähnten *_don_ und *_ak_$_u$-, vgl. lat. _aqua_ got. _ah_$_u$_a_ „Wasser“, nhd. _Aue_ oder auch mit derselben Wurzel etymologisch verbundenes _Auge_); auf die Wurzel *_ak_$_u$- geht der russische Flussname _Oka_ zurück; die _Oder_ (poln. _Odra_) stammt von dem ide. ´Wasser´-Stamm, der u. a. dem gr. _´ὕδρα_ zu Grunde liegt; die _Wolga_ kommt von der in 2.2 behandelten _g_-Erweiterung der ide. Wurzel *_uel-_ ´sich sammeln, schwellen´; *_welg-_ bedeutet ´nass, feucht´, vgl. russ. _влага_ ´Feuchtigkeit´ u. dgl. m.

Diese absichtlich gewählten sehr unterschiedlichen Propria weisen eine Reihe von Zügen auf, die die „propriale Nomination“ genauer charakterisieren lassen.

Bei (i) handelt es sich um eine sehr detaillierte Benennung, die den Ort vor allem danach kennzeichnet, was dort passiert. Sekundär ist dabei die Habitualität des Geschehens, es kann – wie in diesem Fall – als sich ständig wiederholender Prozess oder auch – bei vielen anderen Namen – als einmaliges Ereignis gedeutet werden (Es gibt bekanntlich viele Berge, Seen, Wasserfälle etc., die ihre

Namen legendären Ereignissen verdanken, in deren Folge sie entstanden sein sollen). Der Ortsname spiegelt in solchen Fällen gewisse Ereignisse wider, die die Überlieferung damit in Verbindung bringt. Je „ausführlicher“ der Name ist, um so „einzigartiger“ ist auch der Ort. Man kann sich wohl kaum einen anderen Ort vorstellen, der denselben Namen wie der Neuseeland-Hügel tragen würde.

Bei (ii) geht es um den Namen, der zunächst eine einmalige Handlung ihres Trägers benennt. Nun ist diese Handlung dermaßen wesen- und schicksalhaft, dass die Person danach ihren Namen bekommt. Erzengel Michael ist derjenige, der die Worte gesprochen hat, welche den Kampf zwischen Gut und Böse im „geistigen Kosmos“ entschieden haben. Zugleich weisen diese Worte der Schöpfung ihren ewigen Platz zu: „Wer ist wie Gott?“ ist der Akt einer willkürlichen Selbstbestimmung der Schöpfung in ihrem Schöpfer, die auf einem bewundernden Anerkennen der Allmacht Gottes beruht. Von „appellativischer Herkunft“ des Eigennamens kann hier keine Rede sein. Der Name besteht etymologisch aus Deiktika und dem Substantiv *Gott*, das in der monotheistischen Tradition keinesfalls als Appellativum behandelt werden kann.

Bei (iii) wird durch Namengebung das Schicksal der jeweiligen Namenträger, sozusagen deren wichtigste „Lebensbeschäftigung“ kodiert. Es sind Kämpfer, Krieger, Heerführer. Zugleich wird ihre Verwandschaft betont, die nicht nur Blutsverwandschaft ist, sondern auch die Zugehörigkeit zu demselben „Krieger- bzw. Kämpfergeschlecht“ symbolisiert. Jeder der drei Helden existiert in einem „lückenlosen Kontinuum“ und übernimmt jeweils von seinem Vorfahr seine wesenhaften Eigenschaften, um sie dann an seinen Nachkommen weiter zu geben. Diese Namengebung weist eine deutliche Affinität mit dem allgemeinen „zyklischen Bewusstsein“ vorchristlicher Kultur auf (vgl. Bachtin 1975, 50 ff., Gurevič 1984, 20 ff.), darunter der heidnischen Kultur der Altgermanen (vgl. Steblin-Kamenskij 1976).

Bei (iv) wird deutlich, dass – was oben an „ontogenetischen“ Beispielen bereits demonstriert wurde – auch in der Phylogenese, zumindest im näheren Lebensraum eines Volkes, der dazu gehörige Fluss einfach als ´Wasser´ bezeichnet werden kann (genau wie das Kind z. B. seinen Opa als Opa schlechthin bezeichnet), wobei kein Unterschied zwischen dem Appellativum-Stoffnamen „Wasser“, der davon metonymisch abgeleiteten appellativischen Bezeichnung

´Fluss´ und dem davon wiederum abgeleiteten Namen für den konkreten Fluss, in dessen Nähe das Volk lebt, besteht (Weiteres über die Motivation von Flurnamen vgl. in Bach II/1953-1954, Sprachgeschichte 2/1985, 2151-2162)

Diewald/Kleinöder 1993, 5-19 bezeichnen die Eigennamen als „ikonische Symbole“, was zweifelsohne richtig ist, da der Name eine individuelle lautliche Ikone seines Trägers ist, die ihn durch Benennung seiner wesenhaften Eigenschaft(en) adäquat symbolisiert. Zugleich werden aber individuelle Eigenschaften stets derart symbolisiert, dass sie im Prinzip auch auf andere Individuen oder sonstige unikale Objekte übertragen werden können, sofern diese mit dem bereits benannten Individuum oder unikalen Objekt *vergleichbar* sind. Ob nun diese Übertragung tatsächlich geschieht, ist im Moment der Namengebung nicht bekannt und auch nicht von Bedeutung. Aber der Nominationsakt als solcher ist bei Propria und Appellativa im Grunde derselbe. Daher wäre es wohl kaum berechtigt, Eigennamen als ikonische Symbole den Gattungsnamen als vermeintlich nichtikonischen Symbolen gegenüber zu stellen, da – wie bereits schon mehrfach betont – sämtliche Sprachsymbole per se ikonischer Natur sind.

Dass nun Eigennamen sehr häufig in der Tat unikal sind, liegt nicht am Nominationsakt, sondern ist lediglich pragmatisch bedingt (vgl. Leys 1979, Hilgemann 1974, 375, Sprachgeschichte 1985, 2043 ff.). Wenn es z. B. einen Ort gibt, der *Aue* heißt, wird ein anderer, später entstandener Ort in seiner Nähe, obwohl er ebenfalls genauso vom Wasser umgeben ist, wohl kaum auch *Aue* heißen. Bei der Nomination wählt man dann ein anderes Merkmal dieses Ortes oder man nennt ihn je nach weiteren spezifischen Merkmalen *Ober-* bzw. *Unteraue*, *Klein-* bzw. *Großaue*, *Birkenaue, Auendorf* o. ä. Grund dafür ist in der Regel allein Vermeidung von Verwechslung. Aus demselben Grund gibt man z. B. Kindern in einer Familie oder in verwandten bzw. sehr häufig miteinander kontaktierenden Familien in der Regel nicht denselben Namen. Wenn man aber den Akt der Namengebung für sich betrachtet, dann gibt es keinerlei Gründe für Entstehung von Namen, die ontologisch unikal wären, d. h. sich von Natur aus einzig und allein auf *ein* Phänomen beziehen können – eine der wenigen Ausnahmen bilden hier z. B. die Namen *Gottes* (wie *Zebaoth, Jehova, Christus, Heiliger Geist* oder *Allah*) in monotheistischen Religionen bzw. die Namen der Götter in heidnischen und anderen polytheistischen Kulturen (wie *Wodan/Odin, Zeus, Mars, Krischna, Zaratustra* u. a.). Sonst sind Übertragungen sogar dort möglich, wo die jeweiligen Phänomene unbestritten zu Unika gehören, vgl. u. v. a. *Erloschen sind die heitren Sonnen* (Fr. Schiller, „Ideale") bzw. *В сто сорок солнц закат пылал* „Wie hundertvierzig Sonnen brannte der (Sonnen)untergang" (V. V. Majakovskij); *die Monde des Saturns*.

Bei der Untersuchung von Eigennamen muss stets der Unterschied, ja der Widerspruch zwischen dem Akt der Namengebung und dem aktuellen Funktionieren des Propriums in der Sprache in Rechnung gestellt werden. Dieser Unterschied (wohl aber noch kein Widerspruch!) ist im mythologischen Bewusstsein zunächst minimal. Der Name bestimmt nach mythologischen Vorstellungen, die den ältesten Sprachstufen entsprechen, das Wesen und das Schicksal seines Trägers. Daher sollte er stets „lebendig" und somit transparent sein. Ein *Hildebrand* war „von vornherein" für den Kampf bestimmt, wie auch eine *Brunhild*; einen schwachen und feigen *Eberhard* konnte man sich ebenso wenig vorstellen wie einen unentschlossenen *Wolfram*. Dabei war es gang und gäbe, dass ein und derselbe Namenträger (insbesondere ein Gott) mehrere Namen trug, die ihn je nach seinen unterschiedlichen Merkmalen oder auch in Abhängigkeit von der konkreten Situation, die gerade beschrieben wurde, charakterisierten.

Im 2. Merseburger Zauberspruch werden die Götter und Göttinnen des germanischen Pantheons jeweils „paarweise" genannt: *Phol-Balder, Frija-Volla, Sunna-Sintgunt* (vgl. Ehrismann 1/1932, 30 ff., Genzmer 1948; 1950, 26 ff., Schirokauer 1954, Schlerath 1962, 139 ff., Toporova 1994, 47). Die Nominationsmerkmale weisen dabei einerseits auffallende Vielfalt und andererseits deutliche Affinitäten auf. Der Name *Balder* wird von T. Toporova 1994, 93 wohl zu Recht zu der ide. Wurzel **bhlâd-* „Blut" < **bhel-*, *bhlə-* ′schwellen, gerinnen, emporschießen, in Überfluss vorhanden sein′ gestellt – auf Grund von zwei Motivierungslinien, dem Fruchtbarkeitskult und der Vorstellung vom Tod als erster Opfergabe der Götter. Zugleich wird derselbe Gott im 2. Merseburger Zauberspruch *Phol* genannt, was man ohne Zweifel zu die. **pəln-* ′voll, reif′ stellen kann, vgl. nhd. *voll*. *Balders-Phols* Schwester heißt *Volla*, was die feminine Form von *Phol* ist. Die Göttin der Sonne wird entsprechend den Grundvorstellungen des Solarkults der Altgermanen neben der allgemeinen Bezeichnung *Sunna* auch *Sintgunt* genannt (Im 2. Mers. Zauberspruch tritt sie als Schwester von der *Sunna* auf, aber die Bezeichnung als Schwester indiziert hier eindeutig tautologischen Referenten). *Sintgunt* wird in der Regel als ′im Wege eine Schlacht habende′ etymologisiert (vgl. u. a. Genzmer 1950 a. a. O., Toporova ibid., S. 93 u. a.), da sich der Name aus zwei Wurzeln zusammen setzt: *sint* entspricht dem got. *sinþs* ′Weg′, vgl. ahd. *sindôn* ′reisen′ (die kausative Ableitung von *sint* lebt in nhd. *senden* fort); die dem Substantiv *gunt* zu Grunde liegende Wurzel mit der Bedeutung ′Kampf′ ist im gesamten altgermanischen Gebiet vertreten, vgl. ahd. *gundfano* ′Kampffahne′, ags. *guđhamo* ′Kampfbekleidung′ oder die Eigennamen wie *Kunigund(e), Günter* (aus *Gunt-herro*). Allerdings halte ich eine semantische Kontamination beider Wurzeln für wahrscheinlicher, die auf die weitgehend tautologische Vorstellung von ′Weg, Reise′ und ′Kampf′ im mythologischen Bewusstsein zurück geht, vgl. die etymologische Verwandschaft von z. B. lat. *via* ′Straße, Weg′ und poln. *wojna,* russ. *война* ′Krieg′, ahd. *uuîg* ′Kampf′ und *uueg*, nhd. *Weg* u. dgl. m. Die Benennung *Sintgunt* ist somit durch den ′Tagesweg der Sonne vom Auf- zum Untergang′ motiviert.

In mythologischen Texten besitzen die Eigennamen – dies betrifft sowohl Personennamen als auch Ortsbezeichnungen wie *Grendelsee* im *Beowulf* u. a. – sozusagen „doppelte Transparenz“. Erstens sind sie im Moment der Namengebung motiviert, was für alle Namen schlechthin gilt. Zweitens kann der Name im mythologischen Diskurs nur dann adäquat funktionieren, wenn er seine ursprünglichen Nominationsmotive beibehält. Ein Name, der seine mythologisch begründete Motivation verloren hat, ist in diesem Diskurs kein richtiger Name mehr, daher war auch Motivationsverlust undenkbar. Ein Motivationswechsel bzw. -wandel war zwar möglich, jedoch nur in strengem Rahmen, wo alle Umdeutungen ihrerseits nie willkürlich sein durften, sondern lediglich der allgemeinen „Mythos-Logik“ folgten (vgl. dazu die Ausführungen in einschlägigen Arbeiten von Grimm/Meyer 1953, Bach I/1952-1953, Meletinskij 1973; 1976, Gurevič 1979, Mify narodov mira 1980-1982, Steblin-Kamenskij 1976, Kuhn 1971, Vries 1964; 1970, Toporova 1999 u. v. a.). Es ist daher freilich nicht immer unproblematisch, der Motivationslogik des Mythos zu folgen, zugleich gibt es jedoch stets deutliche Anzeichen dafür, dass jeder Name im „mythologischen Kontinuum“ seinen unverwechselbaren Platz hat.

Die modernen Sprachen sind in diesem Sinne stark „entmythologisiert“. Eigennamen sind darin weitgehend zu Etiketten geworden, die in erster Linie die pragmatische Funktion einer Unterscheidungshilfe erfüllen (vgl. Leys 1978, 61 ff., Sprachgeschichte 2/

1985, 2042; 2044). Gibt es z. B. in einer Schulklasse zwei oder mehr Schüler, die *Peter* heißen, schafft das dem Lehrer gewisse Probleme, den jeweils „richtigen“ Peter aufzurufen. Er muss also zusätzlich den Nachnamen nennen. Dieses einfache Beispiel zeigt, wie in der Sprachgeschichte Nachnamen entstanden sind (ausführlicher zu Entstehungsgeschichte und Nachnamen-Typen siehe in Bickel 1978, Sprachgeschichte 2/1955, 2157-2162). Aber es beinhaltet noch viel mehr. Am Beispiel des grundsätzlichen Unterschiedes in der Genesis von Vor- und Nachnamen kann man sehr gut verfolgen, wie diverse Nominationsmuster den essentiellen Funktionswandel in der Sprache widerspiegeln.

Die ersten Nachnamen sind vielmehr Bei- bzw. Spitznamen gewesen, die noch bestimmte äußere oder innere Züge ihrer Träger kennzeichneten, vgl. u. a. aisl. *Harald in Hárfagri* (Harald der Blonde), *Notker Labeo* (Notker der (Groß)lippige), *Karl der Große* (in diesem Fall war Größe schon übertragen gemeint), *Karl der Kahle, Hrabanus Maurus* („Hraban der Mohr“) usw. Diese Beinamen erfüllten zwei Funktionen: (i) Symbolisierung des Namenträgers nach seinen wesentlichen äußeren oder inneren Eigenschaften (Es konnten natürlich auch mehrere Beinamen auftreten, die den Menschen jeweils nach einer anderen Eigenschaft charakterisierten. So hieß der berühmte Mönch von St Gallen *Notker Labeo* – wegen seiner großen Unterlippe – und zugleich *Notker der Deutsche (Teutonicus)* – als Übersetzer mehrerer lateinischer Texte in die „Volkssprache“) und (ii) Differenzierung (Im Kloster St Gallen gab es mehrere Mönche, die *Notker* hießen, der Beiname erleichterte daher die Identifizierung. Zu diesem letzteren Zweck konnten zusätzlich andere Spezifizierungen verwendet werden, z. B. *Reinmar der Alte* und *Reinmar der Junge* (lebt auch heute weiter in Beinamen wie *Senior* bzw. *Junior*, allerdings schon als dritter Beiname bei gleichem Vor- und Familiennamen). Auch einfache Ordnungszahlen, insbesondere bei Fürsten und Königen, zuweilen auch bei Mönchen u. a., waren sehr verbreitet (*Friedrich der Zweite, Peter der Erste* oder auch der schon erwähnte *Notker Labeo/der Deutsche*, der auch als *Notker III.* bekannt ist).

Generell entstanden Beinamen dort, wo in einer Kommunikationsgemeinschaft mehr als eine Person denselben (Vor)namen trugen. Die „Namenzwillinge“ konnten nach Größe, Alter, Haarfarbe, Charaktereigenschaften, Krankheiten, Ähnlichkeit mit Merkmalen von Tieren, Pflanzen oder anderen Dingen der Außenwelt ihren „zweiten“ Namen bekommen, vgl. die heutigen Familiennamen *Groß, Große, Klein, Kurz, Dürr, Feist, Schöne, Schönherr, Altmann, Schwarz, Weiß, Kraushaar, Kraft, Lust, Fröhlich, Taub, Adler, Spatz, Wolf, Bär, Graß, Baum, Eichel* etc. Viele Beinamen stammten von Ortschaften (vgl. Sprachgeschichte 2/19985, 2043), in denen die jeweilige Person lebte bzw. die sie vom Lehnsherrn (im Hohen Mittelalter) bekam – im letzteren Fall ist durch die Präpositionen *von,* seltener *zu*, die adelige Herkunft feststellbar, vgl. *Walther von der Vogelweide, Hartmann von Aue, Wolfram von Eschenbach. Von* konnte aber auch einfach auf die Stadt hindeuten, aus welcher die entsprechende Person stammte – unter der Maßgabe, dass es sich entweder um einen Patrizier oder aber um eine andere berühmt gewordene Persönlichkeit handelte, vgl. *Gottfried von Straßburg, Bertholt von Regensburg, David von Augsburg, Mechthild von Magdeburg* u. a. Mit dem Wachstum von Städten und einer Bevölkerungskumulation an einem Ort, welcher zugleich im Rahmen einer Kommunikationsgemeinschaft existierte, entstanden Beinamen, die von Gewerbebezeichnungen abgeleitet wurden, vgl. *Bäcker, Schneider, Schmidt, Müller, Goldschmied, Bauer* etc. (vgl. Bach I/1952-1953, Bickel 1978, Sonderegger 1984, 255 ff., Wimmer 1973, Reichmann 1976, Steger 1977).

Am Beispiel des Nachnamens *Bauer* kann man übrigens die Genese der Familiennamen gut verfolgen. Augenscheinlich entstand der Beiname gerade *nicht* in einem Dorf, wo ja praktisch jeder ein Bauer war und die zusätzliche Bezeichnung keine notwendige Differenzierung zu machen vermochte, sondern in einer Stadt, in die der *Bauer* wohl später als andere ehemalige Bauern gezogen war bzw. in der er zwar nicht sesshaft geworden ist, aber regelmäßig Lebensmittel verkaufte o. ä.

Nominationsmäßig sind die Nachnamen genauso beschaffen wie sonstige Propria, zuweilen auch wie die Appellativa. *Kaufmann* ist eine Berufsbezeichnung und hatte insofern ursprünglich wörtliche Bedeutung. Dagegen ist *Adler* von vornherein als Metapher entstanden.

Den Sinn derartiger Metaphern bestimmt L. Danneberg in Bödeker 2002, 271 f. am Beispiel des metaphorischen Satzes *Richard ist ein Löwe*, der vor dem Hintergrund des Weltwissens als falsch gelten soll, da der Satz, der ihn negiert, nämlich *Richard ist kein Löwe*, als wahr erkannt werden muss. Das „Substitutionsmotiv“ ist hier jedoch transparent und entspricht der metaphorischen Nomination bei den Vornamen: Richard wird nicht mit dem Löwen schlechthin verglichen, sondern mit konzeptuell wesenhaften Zügen desselben wie Tapferkeit, Stärke, Herrschaft etc.

Einer der Nominationstypen bei Nachnamen ist die Zuweisung des Vornamens des „Familiengründers“ seinen Nachfolgern. *Hildebrand, Hadubrand* und *Heribrand* sind durch das gemeinsame Element *-brand* sowie stabreimendes *H* miteinander verbunden. Die „Weitergabe“ dieser Verbundenheit kann aber dadurch erfolgen, dass die Kinder, Enkelkinder etc. von *Hildebrand* seinen Namen als Nachnamen bekommen. Insbesondere produktiv wird dieses Modell, als an Stelle einstiger heidnischer germanischer Namen nach der Taufe germanischer Völker christliche Namen hebräischer, griechischer und lateinischer Herkunft treten: *Peter Hildebrand, Johannes Wolf, Anne Günther* usw.

Hier können natürlich bei weitem nicht alle Modelle erwähnt werden, die Vor- wie Nachnamen zu Grunde liegen. Wichtig ist nun, dass die einstigen Nominationsmodelle mit der Zeit hier wie dort verblasst sind. Der wichtigste Grund dafür ist die „Entindividualisierung“ der Onomas. Der Name hebt nun zunehmend nicht die Person von anderen Personen durch natürlich motivierte individuelle Nomination ab, sondern ordnet sie einer „Klasse“ von Personen zu, er wird zu einer Identifizierungs-Etikette. Notgedrungen muss nun ein solcher Name seine Motiviertheit völlig verlieren. Dort, wo mehrere Personen denselben unmotivierten Namen tragen, entsteht das Bedürfnis nach weiteren Differenzierungen – z. B. durch Spitz-, Bei- bzw. Nachnamen, die ihrerseits zunächst motiviert sind und später ihre Motiviertheit verlieren. Weitere (bzw. ggf. frühere) Differenzierungen können auf verschiedenen Wegen erfolgen, z. B. doppelte Vornamen verschiedener Form – *Hans-Werner, Wolfgang Ulrich, Annemarie* oder – wie im Russischen – durch Beibehaltung des Vatersnamens in possessiver Form: *Ivan Petrovič* (wörtlich „Ivan von Pjotr“).

Und dennoch ist der „Entindividualisierungs-Grad“ bei Vornamen stets schwächer als bei Nachnamen, die ihrem Wesen nach „Klassenpropria“ sind. Bis heute ist die Namengebung bei Vornamen ein mehr oder minder kreativer Prozess, der eine direkte oder indirekte Motivation aufweist. Die Eltern, die ihren Kindern Namen geben, können sich von verschiedenen Motiven leiten lassen: Namen zu Ehren von Heiligen, von Eltern, Großeltern, anderen Verwandten, Bekannten, berühmten Persönlichkeiten, Roman- oder Filmhelden; Namen, die nach Meinung der Namengeber „wohl klingen“; Namen, die die Namengeber wegen ihrer etymologischen Eigenbedeutung – aus welchen Gründen auch immer – bewusst geben etc. In der christlichen Tradition ist die Namengebung eng mit der Taufe verbunden, bei der u. a. die Taufe auf einen Namen eine symbolhafte Zuweisung des gleichnamigen Schutzengels bedeutet und somit den irdischen Namen bewusst in den „kosmologischen Diskurs“ einführt. Nach wie vor ist die Tradition lebendig, dass Mönche und Nonnen einen neuen Namen bekommen, was den Anfang eines neuen Lebens symbolisiert. In einigen Konfessionen sind dann auch im Laufe des Klosterlebens Namenänderungen vorgesehen. Aber auch in anderen, darunter orientalischen, Kulten ist die Namengebung bis heute stark ritualisiert und wird als eine außerordentliche Erscheinung im Leben des Menschen empfunden. Die Tatsache, dass der bzw. die Genannte selbst dabei keinen Einfluss auf den Nominationsakt hat, wird von einigen Menschen als Nachteil empfunden, was sich in Einzelfällen darin äußert, dass man seinen Namen ändert. Auch das Phänomen der Pseudonyme ist ein Beweis für bewusstes Empfinden der Namengebung als sprachschöpferischen Akt.

Freilich ist die Zuweisung eines Vornamens heute nicht mit der Namengebung in der Epoche der Urschöpfung gleichzustellen. Denn damals ging es um Entstehung neuer Namen und heute geht es um Zuweisung bereits bekannter Namen. Trotzdem ist die ursprüngliche Kreativität und „sakrale Ernsthaftigkeit“ der Namengebung in gewissem Sinn erhalten geblieben. Denn dies ist der einzige Bereich der Sprachnutzung, in dem die schöpferische Handlung der Nomination (wenngleich nur noch durch eine bewusste Selektion aus dem vorhandenen Repertoir) fortlebt.

Bei- bzw. Spitznamen, die ja nicht dem „Gesetz der rechtlichen Gebundenheit“ (vgl. Sprachgeschichte 2/1985, 2046) unterliegen, sind in ihrer Bedeutsamkeit im Vergleich zu den „echten“ Vornamen wesentlich abgeschwächt. Dennoch gilt auch bei dieser Art von Onomas das Prinzip der „selektiven Kreativität“, wenngleich heute – im Unterschied zu den älteren Zeiten – sich der Namengeber bewusst ist, dass das von ihm eingesetzte Symbol kein Recht auf dauerhaften, geschweige denn ständigen Bezug auf den Genannten hat. Historisch sieht es allerdings anders aus, konnten ja Bei- bzw. Spitznamen in früheren Epochen zu Familiennamen – und somit gesetzlich festgelegt – werden, vgl. *Erwin Langbein*, *Sabine Hasenherz* etc.

Familiennamen (oder auch – wie z. B. im Russischen – Vatersnamen), werden im Unterschied zu Vor- und Spitznamen weder erfunden noch aus einem Nameninventar selegiert, sie werden einfach – in der Regel vom Vater – vererbt. Daher gibt es hierbei keinen „Namengeber" (mehr), und Familiennamen verhalten sich vom Standpunkt der Nomination wie die Appellativa mit dem Unterschied, dass sie der individuellen Identifikation dienen. Dieser Unterschied ist jedoch nicht nominationeller, sondern pragmatischer Natur. Nichtsdestotrotz gibt es auch in diesem Namenbereich spezifische tradierte Muster: Identifikation wird nämlich selten als bloße „Etikettierung" verstanden, sondern in der Regel mit gesellschaftlichem Ruf bzw. „Familienstolz" etc. verbunden, vgl. Ausdrücke des Typs *Wir Fischers waren schon immer musikalisch*, *Damit schadest du ja dem guten Ruf des Namens Körner* u. dgl.

In Sprachgeschichte 2/1985, 2042 ff. werden 12 „Gesetze der Eigennamen" formuliert. Zu dem ersten „Gesetz" der appellativischen Herkunft aller Eigennamen ist bereits oben Stellung genommen worden: Eher sollte man meines Erachtens die älteste Lage in der Nominationsgeschichte als grundsätzliche Ambiguität der Appellativa und Propria charakterisieren, wo nicht Propria appellative, sondern vielmehr umgekehrt (künftige) Appellativa propriale Natur hatten. „Echte" Appellativa entstehen dann im Ergenbis einer Verallgemeinerung und Abstraktion durch Zuordnung individueller Namen den Objekten mit „vergleichbaren" Merkmalen, d. h. weitgehend nach dem universellen Prinzip metaphorischer bzw. metonymischer Nomination. Auch die meisten anderen Faustregeln – darunter Motivation, semantische Isolierung, Namenbedeutsamkeit, Eingeschränktheit, unvollständige Grammatizität, relative Kontinuität, relative Textunabhängigkeit, unvollständige Schriftsprachlichkeit, rechtliche Gebundenheit und wechselweise Bildungsmöglichkeit von Namen aller Gattungen aus bereits bestehenden Namen – sind wohl kaum Gesetze im strengen Sinn dieses Begriffs. So ist z. B. die rechtliche Gebundenheit des Namens relativ spät entstanden, und Spitz- bzw. andere Beinamen, die ja zweifelsohne ebenfalls

Onomas sind, sind bis heute nicht rechtlich gebunden. Identifikation ist zweifelsohne eine wichtige Funktion der Eigennamen, aber man kann ja diese Funktion auch den Appellativa nicht absprechen. Namenbedeutsamkeit ist oben ausführlich behandelt worden, sie charakterisiert aber vor allem die Namengebung der ältesten Etappen der Sprachentwicklung und nimmt mit der Konventionalisierung von Namen und der Zunahme der pragmatischen Dimension der Propria deutlich ab. Unvollständige Grammatizität (wie z. B. bei *Baden* (= bei den Bädern)) ist ein häufiges, aber bei weitem nicht obligatorisches Merkmal der Namen. Relative Kontinuität und relative Textunabhängigkeit sind schon wegen ihrer Relativität keine Gesetze. Die unvollständige Schriftsprachlichkeit kann in verschiedenen Sprachen nicht nur die Propria betreffen. Die Bildungsmöglichkeit von Namen aller Gattungen aus bereits bestehenden Namen ist das allgemeine Prinzip der Wortbildung und betrifft auch Namen, aber eben nicht weil es Namen sind.

Den Charakter von Gesetz scheint nur „das Gesetz der Motivation“ (ibid., S. 2042) zu tragen in dem Sinne, dass alle Propria historisch-genetisch gesehen motiviert sind. Synchron steht es aber um die Motiviertheit der Propria nicht anders als um Appellativa und andere Wörter schlechthin: Manche sind motiviert (*Grünberg*, *Siegfried*), manche teilweise motiviert (*Regensburg*, *Siegmund*), manche idiomatisiert (*Wernigerode, Mechthild*) und manche wirken wie „arbiträre Simplizia“ (*Mainz, Kurt*). Im ontologisch-genetischen Aspekt ist aber das Gesetz der Motiviertheit – wie in diesem Buch mehrfach gezeigt worden ist – ein universelles Prinzip sprachlicher Symbolisierung und beschränkt sich keineswegs auf den Bereich der Nomina propria. Am Beispiel der wissenschaftlichen Untersuchung letzterer ist aber gut zu sehen, wie relativ und vage die Grenze zwischen Synchronie und Diachronie in der Tat ist. Die Eigennamen werden nämlich auch nach der de Saussureschen „synchronen Wende“ nicht wie andere Sprachzeichen streng dichotomisch, sondern vielmehr gerade panchron behandelt. Die Namenforscher weisen bis auf wenige Ausnahmen explizit darauf hin, dass die Propria grundsätzlich historisch analysiert werden müssen (vgl. Sprachgeschichte 2/1985, 2039 f.). Nun sehen wir aber, dass Eigennamen als solche keine speziellen Eigenschaften besitzen, die sie – anders als sonstige Wörter – primär historisch untersuchen ließen. Auffällig ist nur – vor allem wegen Individualität der Eigennamen –

dass deren rein synchrone Behandlung extrem arm und uninteressant wäre. Sie lassen sich nicht in vernünftige synonymische, antonymische, hypero-hyponymische u. a. Klassen einordnen, man kann an Eigennamen nicht die Polysemie erforschen, sie gehören keinen produktiven Wortbildungsmodellen an, sie können schlecht nach syntaktisch relevanten Merkmalen u. dgl. klassifiziert werden. Kurzum: Traditionelle synchrone Untersuchungsmethoden sind bei Eigennamen in der Regel abwegig. Da die Propria jedoch als Sprachzeichen einer linguistischen Analyse bedürfen, wird diese vorwiegend diachron oder, besser gesagt, panchron (d. h. ohne explizite „de Saussuresche" Dichotomisierung) behandelt. Dabei erweist sich der panchrone Standpunkt auf einmal als suffizient! Dieses Paradoxon – dass nämlich die vermeintlich undurchlässigen methodologischen Grenzen zwischen „statischer und evolutionärer" Linguistik (um mit de Saussure zu reden) bei der Behandlung der Nomina Propria relativiert werden können – zeugt unumstritten davon, dass diese Grenzen auch bei Appellativa und generell bei allen Sprachzeichen durchaus aufgehoben werden können, ohne deren Analyse zu beeinträchtigen. Die Untersuchung der Eigennamen bestätigt also die Möglichkeit und unzweifelhafte Vorteile eines *historischen Herangehens* an die sprachliche Nomination schlechthin.

2.7 Bilanz: Die historischen Typen der Nomination

Heinz Vater ^{4}2004, 75 schreibt:

> „Man könnte in jeder Sprache unendlich viele lexikalische Wörter bilden, indem man neue (nach phonologischen Regeln bildbare) Phonemsequenzen erzeugt. So könnte man im Deutschen ein Wort [mɛl] mit der Bedeutung „Klarsichthülle mit Löchern" bilden oder [lɛm] für „Tasse mit eingebauter Untertasse". Tatsächlich entstehen die *meisten neuen* Wörter [Kursivhervorhebung von mir – M. K.] nicht auf diese Weise".

In der Anmerkung schreibt dann Vater, dass Hermann Paul ^{8}1968, 117 viele Beispiele für (meist lautmalende) „Urschöpfungen" (z. B. *bimmeln, blaffen, blubbern, dudeln, klimpern*) bringt (vgl. ibid., Anm. 58). Wie bereits in 2.3.1 bemerkt ist, geht es bei der Feststellung der „prinzipiellen Möglichkeit", Quasi-Zeichen des *[mɛl]/*

[lɛm]-Typs zu bilden, lediglich um ein intellektuelles Spiel, bei dem man die Regel ansetzt, dass die Sprache ein rein arbiträres Zeichensystem ist. Im Unterschied zur de Saussureschen *Synchronie*, die nur dichotomisch und nur als methodologisches Untersuchungsprinzip verstanden wird, wird hier aber nolens volens ein weiterer Schritt in Richtung auf Arbitrarität getan, indem man eine Willkürlichkeit annimmt, die sich nicht etwa aus einer Demotivierung im Laufe der Sprachentwicklung ergeben hat, sondern ursprünglichen, „ontologischen" Charakter trägt. Betrachtet man nun die Geschichte von unmotivierten Wörtern einer natürlichen Sprache, wird man sie in zwei Gruppen einteilen müssen: (i) Wörter, deren Motivation durch etymologische Analyse wieder hergestellt werden kann und (ii) Wörter, bei denen es unmöglich ist, weil man dazu nicht genug Material hat, bei denen aber „Motivierungshypothesen" durchaus möglich sind. Die *meisten* neuen Wörter – in einer natürlichen Sprache wohl praktisch *alle* neuen Wörter – entstehen in der Tat nicht auf diese Weise. Wenn es heute noch „Urschöpfungen" gibt, dann entstehen sie eben so, wie H. Paul das gezeigt hat, d. h. auf *natürliche,* d. h. onomatopoetische oder – wie ich es in dieser Abhandlung bezeichne – affektiv-imitative Weise. Daher sind sie – im Unterschied zu den Kunstwörtern *[mɛl]* und *[lɛm]* – motiviert. Man kann also feststellen, dass die Sprache das arbiträre *[mɛl]*/*[lɛm]*-Modell der Wortbildung *nicht* nutzt. Dass nun auch heute die – zwar zahlarmen – „Urschöpfungen" deutlich natürlichen Ursprungs sind, ist ein indirekter, aber sehr starker zusätzlicher Beweis dafür, dass es schon immer so gewesen ist. Laut Roger Lass` 1997, 26 „General Uniformity Principle" kann man hier feststellen: „Nothing that is now impossible *in principle* [Hervorhebung von *R. Lass*] was ever the case in the past".

Die Kernfrage der sprachlichen Nomination, d. h. die Frage nach *ontologischer* Motiviertheit (Natürlichkeit) oder *ontologischer* Nicht-Motiviertheit (Arbitrarität) des Sprachzeichens, kann nur historisch gelöst werden. Die historische Lösung dieser Frage ergibt nun – wie ich in diesem Hauptteil zu zeigen versuchte – grosso modo die Suffizienz der ersteren und Insuffizienz der letzteren These. Man kann Motiviertheit und somit auch Natürlichkeit des Sprachzeichens und seinen ikonisch-symbolischen Charakter zum universellen Prinzip sprachlicher Nomination erklären. Zugleich sind die *Erscheinungsformen* dieses Prinzips verschieden und dabei historisch bedingt.

Die oben angestellten Überlegungen gestatten folgende historische Typen sprachlicher Nomination festzustellen: (i) affektiv-imitative Nomination; (ii) „mythologische" Nomination; (iii) „rationale" Nomination und (iv) intentionale Nomination. Bei jedem Nominationstyp handelt es sich um ikonische Symbolisierungen, denen metonymische bzw. metaphorische Übertragungen zu Grunde liegen. Jeder Nominationstyp beruht auf zwei mit einander dialektisch verbundenen Prinzipien, dem Prinzip der Motiviertheit/Natürlichkeit und dem Prinzip der freien Auswahl aus gegebenen Nominationsmöglichkeiten. Ersteres rührt von dem natürlichen Zusammenhang zwischen Sachen und deren Bezeichnungen her, der mit der Zeit allmählich verblasst, wodurch die Sprachzeichen idiomatisiert werden und den Eindruck absolut unmotivierter (ontologisch arbiträrer) Entitäten erwecken. Letzteres ist darin verwurzelt, dass ikonische Symbolisierungen im Unterschied zu direkten Abbildern die Sachen und Erscheinungen nicht in deren Komplexität widerspiegeln, sondern diese nach bestimmten, dabei frei wählbaren, aber stets *essentiellen* Merkmalen und Eigenschaften, darunter z. B. nach verschiedenartigen Assoziationen benennen. *Frei kreierte natürliche ikonische Symbole*, die die Sprachzeichen sind, werden im Rahmen jeweiliger Sprachgemeinschaften konventionalisiert, aber diese Konvention ist nicht ein Ergebnis des rational zu verstehenden „gesellschaftlichen Vertrags" im Sinne J. Lockes, sondern wird vielmehr spontan im Prozess der *Kanonisierung* ausgebildet. Die Sprache kann somit kurz als ein *spontan kanonisiertes System ursprünglich ikonischer Lautformen* definiert werden, *deren Ikonizität im Ergebnis historischer Entwicklung abnimmt bzw. durch weitere, sekundäre bzw. tertiäre usw. Motivationen ersetzt wird.* Diese Definition der Sprache trägt ausgesprochen historischen Charakter, da eine historische Sprachdefinition meines Erachtens die einzige ist, die dem Wesen der Sprache als historisches Phänomen gerecht sein kann.

Zu den vier oben genannten historischen Typen der Nomination kann Folgendes gesagt werden. Es geht hierbei um Nomiantionsarten, die für die jeweilige Periode in der Geschichte der Sprache(n) typisch sind. Der älteste ist der affektiv-imitative (in der Literatur meist als onomatopoetisch bezeichnete) Typ, der wohl an der Wiege der menschlichen Sprache gestanden hat. Dieser Typ hat die allerersten Wörter geprägt und dadurch das Material zu späteren Nominationsmodellen erschaffen. Durch Kontamination von Primärwurzelsilben kam es allmählich zur Entstehung von uns heute bekannten Wortbildungsmodellen der Komposition, Suffigierung, Präfigierung etc. Neu entstandene Wörter waren ebenfalls motiviert, aber auf eine andere Art, ihre Ikonizität war in der Transparenz der Beziehungen zwischen den Stämmen bzw. dem Stamm und den Affixen verwurzelt. Es entstanden auch Wortgruppenlexeme, oder Phraseologismen, bei denen die Nomination noch komplexer und stark syntagmatisch geprägt war.

In der zweiten Nominationsetappe wurden die Wörter nun dadurch motiviert, dass sie in den kosmologischen und kosmogonischen Kontext eingeführt wurden. Es existierte ein enger Zusammenhang zwischen Wort und dem mythologisch verstandenen Wesen des dadurch bezeichneten Objekts, seinem Platz im Weltplan und seinem Schicksal. Dabei herrschte eine für das mythologische Bewusstsein kennzeichnende Unschärfe der Grenzen zwischen der Semantik einzelner Entitäten, statt Polysemie gab es vielmehr „Bedeutungsweite“ und statt direkter und übertragender Bedeutung – indifferente Motivationsbezüge und unterschiedliche Benennungen der Objekte je nach deren verschiedener Beschaffenheit.

> Freilich kann man heute nicht sagen, inwiefern ursprüngliche affektiv-imitative Nominationen bereits von vornherein mit mythologischen Nominationen verbunden waren. Die im Genesis-Buch der Bibel erzählte Sprach-Parabel lässt eher darauf schließen, dass der Nominationstyp, der hier als mythologisch bezeichnet wird, schon im Moment der Sprachentstehung eine Rolle gespielt hat. Allerdings sehe ich hier keinen Widerspruch, ist ja die Bibelgeschichte kein historischer Bericht, sondern eine sprachliche Ikone der Sprachgenesis. Es geht dort nicht darum, welcher Nominationstyp von Adam benutzt wurde, als er die Tiere benannte. Wichtig ist aber der Hinweis, dass sie jeweils nach deren innerem Wesen, also motiviert, benannt worden waren.

Die weitere Nominationszäsur ist mit Nomiantionsstrategien verbunden, die man etwas verallgemeinert und grob als „rational“ bezeichnen könnte. Es handelt sich nicht nur um Nominationsmotive, die sensu stricto die Sachen je nach deren wesenhaften strukturellen oder funktionalen Eigenschaften symbolisieren lassen (wie z. B. bei ags. *gudhûs* ´Kirche´, wörtl. ´Gotthaus´; got. *hundafaþs,* wörtl. ´Anführer einer Hundert'; ahd. *himilrîhhi* 'Himmelreich'; got. *frijônds* 'Freund, wörtl. Liebender', *fijands* 'Feind, wörtl. Hassender'; nhd. *Wohnzimmer, kennen lernen, hellblau*), sondern auch um Symbolisierung nach Emotionen oder Wertungen (wie bei ags. *hêliand*, ahd. *heilant* 'Heiland, wörtl. Heilender', nhd. *Erzfeind, ekelhaft, supergeil, jmdn. löchern*). Rational ist dabei die logisch differenzierte Wiedergabe unterschiedlicher Merkmale des Objektes bzw. der Eigenschaft, Handlung etc. durch die Struktur des Wortes oder durch Bedeutungsübertragung. In den germanischen Sprachen fällt die Verbreitung der „rationalen" Nomination ungefähr mit Christianisierung und Beginn der Schriftlichkeit zusammen. Es ist zu betonen, dass z. B. auch die Neubildungen der Mystiker (David von Augsburg, Mehthild von Magdeburg und später von Tauler, Seuse, Meister Eckhart, Jacob Böhme u. a.) ungeachtet ihrer anscheinend „dunklen" semantischen Motivationsstruktur durchaus zu diesem Nominationstyp gehören, denn bei „rationaler" Nomination geht es nicht um streng logische Nominationsmotive (solche gibt es ja sogar bei Termini nicht allzu häufig), sondern lediglich um differenzierende semantische Transparenz und relative Eindeutigkeit. Mehthilds *învluoz (gotes in die sêle)*, das zum nhd. *Einfluss* wurde, bezeichnete ursprünglich ein in mystischer Erfahrung vollziehendes göttliches Eindringen in die Seele des Menschen. Da Gott als strömendes Licht empfunden und so mit einem (Licht)strom verglichen wird, ist auch das Fließen schlechthin bzw. speziell das Einfließen (*învluoz*) durchaus rational motiviert. Die Rationalität der Nomination darf daher keinesfalls mit begrifflicher Rationalität der Anschauung oder aber mit wissenschaftlichem Rationalismus vermischt werden.

Das vierte Nominationsmuster entstand wohl am spätesten und hat sich gegenwärtig sehr stark – darunter gegenüber „rationaler" Nomination – durchgesetzt. Es geht um Wörter, die unmittelbar in Folge von bestimmten Intentionen entstanden sind. Hierbei darf man die Intentionalität als eine der Haupteigenschaften sprachlicher Kommunikation nicht mit Intentionalität im Nominationsbereich verwechseln, obwohl beide natürlich deutliche Affinitäten aufweisen. Die intentionale Komponente bzw. (nach Austin) „illokutive Kraft" ist eine der wichtigsten Komponenten sprachlicher Kommunikation und wird als solche insbesondere seit der 2. Hälfte des 20. Jh. detailliert untersucht (vgl. Austin 1962, Searle 1969, Wunderlich 1976, Grewendorf 1979, Grice 1989). Es ist außerdem Eco [8]1994, 179 ff. Recht zu geben, wenn er von der „persuasiven Botschaft“ der Sprache spricht und diese vor allem in dem Phänomen der Rhetorik sieht. Hier geht es aber nicht um illokutionäre Sprechakte und Persuasion schlechthin, sondern um das Phänomen einer illokutionär bzw. intentional begründeten Nomination, wenn also bereits im Nominationsakt, unmittelbar bei der Benennung, das neue Sprachzeichen durch seine designierte Funktion in späteren illokutionären Sprechakten motiviert wird. Mit diesem Nominationstyp haben wir zu tun, wenn z. B. bestimmte Völker oder Menschengruppen im allgemeinen Diskurs der Kreuzzüge oder anderer religiöser Kriege bzw. Opfer der Terroranschläge von den jeweiligen Tätern als *Ungläubige* bezeichnet werden. Schon im Moment der Nomination geht es nämlich nicht darum, jemanden „rational“ zu benennen, sondern darum, bestimmte Handlungen gegenüber den so Benannten zu rechtfertigen.

Ein interessantes Beispiel ist hier die Benennung eigener und fremder Geheimagenten: Erstere werden durchweg als *Aufklärer* bzw. *Kundschafter* (vgl. auch russ. *разведчик*) und letztere als *Spione* (russ. *шпион*, poln. *szpieg*) bezeichnet.

Ältere Quellen lassen eher darauf schließen, dass die intentionale Nomination (aber nicht schlechthin die Intentionalität) in älteren Entwicklungsetappen der Sprache eine relativ geringe Rolle spielte. Ab dem Hohen Mittelalter und insbesondere in der Epoche der Ausbildung von Nationalstaaten nimmt sie dann stark zu. Vgl. mnd. *dörper* (´Bauer, Dorfbewohner´, der im Ritterjargon nicht einfach als Synonym für einen unerzogenen und minderwertigen Menschen *verwendet*, sondern gerade mit diesem Zweck *gebildet* wurde – zur weiteren Entwicklungsgeschichte vgl. das aus der obd. Variante dieses Wortes entstandene nhd. *Tölpel*); frnhd. nhd. *Hochverrat* (aus frz. *haute trahison*) (bewusste Verbindung von *Verrat* und dem steigernden Adjektivstamm *hoch* mit dem Zweck, die Untreue des Bürgers gegenüber dem Staat als den „höchsten“ und somit den schlimmsten Verrat zu bezeichnen). Bei einigen puristischen Eindeutschungen ging es nicht nur um deutsche Äquivalente für Fremdwörter, sondern um intentional-wertend wirkende Lexeme, man vgl. die vom Puristen J. H. Campe vorgeschlagenen deutschen

„Äquivalente“ für die Substantive *Katolik* (*Zwangsgläubiger*) und *Protestant* (*Freigläubiger*) (vgl. Polenz 2/1994, 130 f.).

In den Gegenwartssprachen erobert die intentionale Nomination immer neue Nominationsbereiche – neben Politik, sozialen und nationalen Stereotypen die gesamte Marktsphäre, vor allem die Werbung; aber auch soziale Jargons etc. In totalitären Gesellschaften, wo der politischen Propaganda eine besondere Rolle zukommt, zuweilen aber auch in durchaus demokratischen Gesellschaften – z. B. während der Kriege und anderer (hauptsächlich bewaffneter) Auseinandersetzungen bzw. Vorbereitungen darauf – ist intentionale Nomination zu einem Instrument der Manipulation durch persuasive Nominationsmuster geworden, vgl. *Blitzkrieg, Germanentum, Endlösung (der Judenfrage); Imperialismus, Klassenfeind, Arbeiter- und Bauernstaat; Kollateralschaden, Schurkenstaat* etc.

In der Marktsphäre, insbesondere bei der Werbung, entstehen nahezu täglich Nominationsmuster mit deutlicher persuasiver Intention, vgl. *preiswert/preisgünstig, Preisknüller, Preiskiller, Tiefpreis, kundenfreundlich, Kundenparadies, Weißer Riese* (für Waschmittel), *Topmodell, hautfreundlich, Götterspeise* etc.

Bei dem vierten Nominationstyp haben wir mit dem Phänomen zu tun, das in 1.4 als „Nutzung“ (bei Naturphänomenen) bzw. „artfremde Nutzung“ (bei Artefakten) beschrieben worden ist. Wir können heute nicht mit absoluter Sicherheit sagen, ob diese Art der Nomination „artgerecht“ oder „artfremd“ ist, dafür fehlen uns genaue Kenntnisse über die ursprüngliche Bestimmung der menschlichen Sprache. Wir können auch nicht sagen, wann genau die ersten intentional motivierten Wörter entstanden sind. Wir können aber ohne Bedenken feststellen, dass sich die Sprachfunktion zusammen mit der Sprachsubstanz verändert bzw. dass der Wandel der Sprachfunktion einen angemessenen Wandel der Nominationsmodelle nach sich zieht. Die intentionale Nomination ist die extreme Erscheinungsform der „intentionalen Wende“ in der Sprache, bei der nicht einzelne Aussagen oder ganze Sprachakte, sondern *Einzelwörter* auf Grund ihrer Nominationsstruktur statt Bedeutung illokutive Kraft in Austins Sinne besitzen.

Wir können nur – auf Grund der uns zur Verfügung stehenden umfangreichen schriftlichen Überlieferung sowie auf Grund etymologischer Rekonstruktionen – vermuten, dass die intentionale Nomination und schlechthin die Intentionalität nicht an der Wiege der

Sprache gestanden (wie u. a. Rudi Keller ³2003 annimmt), sondern sich sekundär aus kognitiv-axiologischer Funktion der Sprache als Erkenntnis-Organon und „Schlüssel zur Welt“ (Gipper 1959) entwickelt haben. Mit anderen Worten war die Sprache nicht von vornherein ein Instrument der Beeinflussung gewesen, sondern wurde im Laufe der Geschichte in diesem Bereich *instrumentalisiert*. Die intentionale Nomination ist das letzte und entscheidende Glied in dieser Entwicklungskette geworden. Da nun aber der Symbolcharakter des Sprachzeichens als seine Grundeigenschaft sich auch bei intentionaler Nomination nicht grundsätzlich verändern kann, entsteht ein Widerspruch zwischen anscheinender Ikonizität und faktischer Anti-Ikonizität des „intentionalen Wortes“, das nicht essentielle, sondern – intentional bedingt – scheinbare bzw. bewusst verunstaltete Eigenschaften des benannten Phänomens symbolisiert.

> Sehr anschaulich kommt es im Altgriechischen durch die Nominationsstruktur der antonymischen Verben *συμ-βαλλεῖν* \`sammeln, zusammen bringen\` (wörtlich \`zusammen werfen\`) und *δια-βαλλεῖν* \`zerstören, auseinander reißen´ (wörtlich \`auseinander werfen´) zum Ausdruck. Es genügt nur darauf hinzuweisen, dass das vom ersten Verb abgeleitete Substantiv *σύμβολον* und das vom zweiten abgeleitete – *διάβολος* heißt.

Das Wort wird durch intentional bedingte Erosion der Nominationssymbolik nicht unikonisch, sondern quasiikonisch, das benannte Phänomen wird dadurch nicht *sym-bolisiert*, sondern eher gerade *dia-bolisiert*, es verführt zur falschen Erkenntnis und Beurteilung des Benannten. Die Sprache tritt dabei als ein Furcht erregendes Ungeheuer mit gewaltiger Potenz und unkalkulierbaren Folgen in Erscheinung. Nicht zufällig gibt es eine – sehr berechtigte – Vorstellung von der Macht des Wortes, dass sowohl heilen als auch töten kann.

Freilich ist nicht jede intentionale Nomination so gefährlich und daher generell als negativ zu beurteilen. Auch in diesem Bereich gibt es noch unerforschte Ausgleichmechanismen zwischen echter und scheinbarer Symbolik bzw. Selektionsmechanismen bei deutlich „falschen“ Symbolen. Eins steht jedoch fest: Falsche Symbole können nicht ursprünglich gewesen sein, sie haben sozusagen kein „ontologisches Sein“, sondern sind lediglich Zerrbilder „richtiger“

ikonischer Symbole der Außenwelt und der Innenwelt des Menschen, des Makro- und Mikrokosmos.

3 Intermezzo. Relationalität und Deixis

3.1 Allgemeines

Neben den Sprachzeichen, die denotative Bedeutungen haben, d. h. sich auf Gegenstände, Merkmale, Zustände, Handlungen etc. beziehen und daher in der Literatur als Autosemantika bezeichnet werden, gibt es im Sprachsystem einer jeden Sprache Lexikoneinheiten, die keinen direkten Bezug auf begrifflich definierbare Objekte aufweisen. Sie werden am häufigsten als Synsemantika bezeichnet, d. h. Entitäten, deren Bedeutung rein oder vorwiegend funktionaler Natur ist und die dazu dienen, Relationen zwischen den Autosemantika herzustellen, dank welchen Syntagmen gebildet werden und somit auch die reale *parole* existieren kann. Man vgl. die Wörter wie *Katze, Laterne, Ereignis, grün, eisern, reisen, hoffen* versus *hier, bald, du, der, auf, und, weil.* Offensichtlich sind Einheiten der zweiten Gruppe anders beschaffen als die der ersten. Der Unterschied besteht vor allem gerade in einem fehlenden Bezug auf außersprachliche Objekte. Freilich kann man auch bei den Einheiten der ersten Gruppe darüber spekulieren, ob sie *tatsächliche* Gegenstandsbezüge ausdrücken oder eher bei der Kodierung von Objekten subjektive sprachspezifische Nominationsmechanismen aufweisen. Diese Problematik wurde ausführlich im Ersten Hauptteil des vorliegenden Buches behandelt. Nichtdestoweniger kann man wohl kaum bestreiten, dass sie sich in jedem Fall von den Synsemantika essentiell unterscheiden. Es geht diesmal nicht darum, *welcher Art* der Bezug zu den bezeichneten Objekten der Außenwelt ist, sondern darum, *ob* dieser Bezug überhaupt existiert. Bei den Synsemantika muss man zunächst davon ausgehen, dass deren Bezüge zu den Objekten der Außenwelt zumindest nur mittelbar existieren, und aus dem Weiteren wird ersichtlich, dass es diverse Mechanismen einer Vermittlung des Objektbezugs gibt. Wichtig für diese Abhandlung ist hierbei vor allem die Tatsache, dass sog. synsemantische Entitäten (im Weiteren werden sie entsprechend ihrer

Natur präziser eingeordnet, wobei auch ersichtlich sein wird, dass zu dieser Gruppe durchaus nicht nur „klassische“ Synsemantika gehören) eine Art Brücke zwischen „echten“ Nominationseinheiten und grammatischen Kategorien bilden.
Bevor die Untersuchung der Rolle und der Nominationsspezifik bei den Synsemantika beginnen kann, muss man feststellen, dass auch die sog. Autosemantika keine homogene Gruppe hinsichtlich des Objektbezugs bilden. Schon die Autoren der Wortfeldtheorie J. Trier und L. Weisgerber haben darauf hingewiesen, dass z. B. den Substantiven wie *Vater*, *Schwester* oder *Schwager* sensu stricto keine denotative Bedeutung zukommt, beziehen sie sich nicht auf konkrete Denotate, sondern drücken Relationen aus, die von dem jeweiligen Sprecher oder einer angesprochenen bzw. besprochenen Person abhängig sind (vgl. Trier 1931, Weisgerber 1950). Betrachtet man diese Substantive näher, kann man feststellen, dass die Realisierung oder Nicht-Realisierung ihrer latenten Synsemantizität von dem jeweiligen Kontext abhängt. In dem Satz *Er ist Vater geworden* ist *Vater* ein autosemantisches Substantiv, es bedeutet einen Mann, der ein Kind bzw. Kinder hat, die Relationalität ist hier weitgehend neutralisiert. Im Satz *Heikos Vater ist verreist* bezieht sich das Substantiv *Vater* nur auf *Heiko*, es drückt nicht den Objektbezug, sondern lediglich eine bestimmte Relation aus; für eine andere Person ist derselbe Mann nicht mehr *Vater*. Bei *Schwester* oder *Schwager* gibt es noch weniger Kontexte, wo diese Substantive autosemantisch auftreten.

Die Natur der oben beschriebenen Relation ist ziemlich einfach feststellbar. Es handelt sich ohne Zweifel um die *deiktische Relationalität* oder, besser, um *relationale Deixis*. Unter Deixis verstehe ich hier die Versprachlichung einer weit verstandenen *Zeiggeste*, wie dies in den Arbeiten von J. Piaget 1923/1983, K. Bühler 1934/1982 u. a. beschrieben wird. Dabei ist die Unterscheidung zwischen der direkt-gestischen und der symbolischen Verwendung der Deixis wichtig. Letztere ist laut Fillmore 1971, 223 ff. der „normale“ Gebrauch der Deiktika, da er keine Bindung an die hic-et-nunc-Situation und an die konkrete Zeiggeste voraussetzt und spracheigene deiktische Abstraktionen realisiert. Schon Brugmann 1904, 8 schreibt, die meisten Deiktika hätten sich allmählich von der „begleitenden Geberde“ emanzipiert, so dass nur in bestimmten Fällen ein Deiktikon mit einem „Element der Geberdensprache zu genauerer Determinierung der Richtung“ verbunden werden müsse.

Womit hängt nun aber die ursprüngliche Bindung der akustischen Sprachform an die Zeiggeste zusammen? Eine mustergültige experimentell gestützte Antwort auf diese Frage gibt J. Piaget 1923/1983. Er nennt zwei ontogenetische Grundlagen des deiktischen Prozesses, den Egozentrismus des Kindes in seinen ersten Spracherwerbsphasen und das Raumkonzept. Die sprachliche (und nicht nur sprachliche) Aneignung der Umwelt durch das Kind ist laut Piaget Ergebnis seiner Orientierung in dem es umgebenden Raum. Der Egozentrismus des Kindes besteht darin, dass es „in diese Welt den Inhalt seiner Subjektivität projiziert“ (Piaget 1923/1983, 77). Das Kind ist sich seines Egozentrismus nicht bewusst, es hält spontan „die eigene Perspektive für die einzig mögliche“ (ibid., 86). Das unbewusst egozentrisch denkende Kind spricht logischerweise die egozentrische Sprache. Piaget stellt mit vollem Recht fest, dass diese Sprache nicht kommunikativ ist, da sich das Kind nicht dafür interessiert, ob es gehört und verstanden wird (ibid., 21). Die ersten sprachlichen Äußerungen eines Kindes sind nach Piaget zu ¾ egozentrisch, im Alter von 6 Jahren sinkt diese Zahl auf die Hälfte und erst im Alter von 7-8 Jahren spricht das Kind etwa zu ¾ kommunikativ (ibid., 23 ff.; 44; 48; 71).

Diese Ergebnisse sind für die allgemeine Problematik des Sprachursprungs äußerst wichtig, da sie über den Pfad der Ontogenese eine deutliche phylogenetische Implikation schaffen. Vergleichen wir diese experimentell gestützten Überlegungen mit dem kommunikativ-intentionalen Konzept des Sprachursprungs von Rudi Keller, zu dem in den beiden ersten Teilen der Arbeit bereits aus einer anderen Perspektive ausführlich Stellung genommen wurde, fällt ein unverkennbarer Widerspruch auf. Das von Keller ³2003, 49 ff. als eine *Conjectural History* erzählte Karlheinz-Märchen (vgl. Abschnitt 1.4 der vorliegenden Arbeit) über einen Affenmenschen, der über das Bedürfnis einer Beeinflussung Anderer zum Handeln in seinem Sinne zur Sprache kommt bzw. Andere führt, ist dem von Piaget beschriebenen „nonkommunikativen“ Egozentrismus des Kindes natürlich diametral konträr. Falls man beide Modelle vereinigen will, muss man auf eine auch nur geringste Kongenialität von Onto- und Phylogenese gänzlich verzichten. Auf der einen Seite hätten wir also eine egozentrisch-monologische Weltaneignung *als Orientierung* – vor allem gerade durch Sprache, die erst später kommunikativ wird. Auf der anderen Seite hätten wir demgegenüber ein Projekt der Sprachentstehung, bei dem diese *von vornherein* kommunikativ, und mehr noch – intentional-kommunikativ ist. Ein System, das aus dem Bedürfnis entsteht, bestimmte Ziele der Individuen durch Beeinflussung anderer Individuen zu erreichen, sollte dann von seinen Nutzern in einem Prozess erworben werden, der dem so konzipierten Sprachentstehungsprozess genau entgegen gesetzt wäre!

Piagets Untersuchungen zeigen also sehr deutlich, dass sich die Sprachfunktion in der Ontogenese allmählich verändert, was mit der These einher geht, die in der Einleitung und dem Ersten Hauptteil der vorliegenden Arbeit zunächst phylogenetisch aufgestellt wurde, nämlich, dass nicht nur die Sprach*substanz*, sondern auch die Sprach*funktion* einem Wandel ausgesetzt ist. Man kann nun mit großer Wahrscheinlichkeit vermuten, dass der von Piaget beschriebene Funktionswandel der Sprache von unbewusst-egozentrisch zu kommunikativ ein Spiegelbild der phylogenetischen Sprachentwicklung ist. Die Sprache dürfte, wie oben mehrfach betont wurde, zunächst aus dem unmittelbaren Bedürfnis der Welterkenntnis entstanden sein (die natürlich als ihr erstes Stadium gerade eine „versprachlichte Orientierung" des sprechenden Subjekts in dem ihn umgebenden dreidimensionalen Raum voraussetzt) und erst später die kommunikative Funktion mit dazu gehöriger Intentionalität entwickelt haben. Pragmatische Komponenten der menschlichen Sprache sind demnach Ergebnis der Sprachentwicklung und nicht ihr ontologischer Grund, obwohl dieses Ergebnis natürlich von vornherein voraussagbar gewesen ist. Kognitive Systeme entwickeln sich nämlich zwangsläufig in Richtung auf Kommunikation, aber die Kognition ist der Kommunikation ebenfalls zwangsläufig immer entweder einen Schritt voraus oder bleibt zumindest nicht hinter dieser zurück. Dabei geht es nicht um die konkrete chronologische Ausprägung dieses „Wettstreits" zwischen Kognition und Kommunikation (offensichtlich kann die Kommunikation in einer gewissen Etappe die Kognition beeinfussen und ihr somit voraus eilen), sondern um das ontologische und genetische *Grundprinzip* ihrer Abfolge.

Der Spracherwerb erfolgt also laut Piaget im Dreieck von der Quelle der sprachlichen Äußerungen, die in der einschlägigen Literatur als *Origo* bezeichnet wird (vgl. Bühler 1934/1982, 102 f.), dem Raumkonzept der Origo und der Zeiggeste der Origo, die einen unbewusst-egozentrischen Bezug der Origo zu dem Raum herstellt. Die *Objekte* in dem Raum, die zunächst notgedrungen lediglich konkret-gegenständlich sind, werden in der Sprache durch die im vorigen Teil der Arbeit beschriebenen Nominationsprozesse benannt. Die *Beziehungen* zwischen der Origo und diesen Objekten, welche ebenfalls einer Versprachlichung bedarf, wird aber durch die Deixis hergestellt. Dies ist m. E. der ontologische Unterschied zwischen Auto- und Synsemantismus sprachlicher Entitäten. Dabei darf dieser Unterschied, wie oben bereits erwähnt wurde, nicht isomorph auf die jeweiligen sprachlichen Entitäten verteilt werden, da synsemantische (und somit im Grunde genommen deiktische) Anteile durchaus auch statusmäßig autosemantischen Entitäten eigen sein können, vgl. das oben angeführte *Vater*-Beispiel.

Die Origo gliedert nun den Raum konzeptuell in zwei Sphären, die ausgesprochen subjektiv sind, da sie im Raum selbst gar nicht unbedingt vorhanden sein müssen. Die erste Raumsphäre ist nach G. Diewald 1991, 34; 133 „origo-inklusiv" (d. h. „nahe zu der Origo"), die zweite „origoexklusiv" („nicht nahe zu der Origo"). G. Rauh 1984, 29 spricht in diesem Zusammenhang von der „lokalistischen" Komponente" der Deixis, deren primäres Merkmal „Entfernung" ist. D. Wunderlich 1985, 67 nennt diese Dimension der Deixis „topologisch". Nach der Auffassung von G. Diewald trägt die Opposition „origoinklusiv" vs. „origoexklusiv" binären Charakter, und ich stimme ihr völlig zu, wenn sie in op. cit., 133 f. an ternären topologischen Modellen mit postulierter „Mittelstufe" Kritik übt, da sich „Mittelstufen" in einem subjektiven origobezogenen Raumkonzept nie scharf voneinander abgrenzen lassen. Dafür kann die Origo (und das fängt mit den ersten Schritten des Spracherwerbs an) sehr wohl zwischen Objekten unterschieden, die sich in ihrer Nähe befinden und die von ihr entfernt sind.

Allerdings ist die Dichotomie von *origoinklusiv* und *origoexklusiv* terminologisch viel präziser als deren Erläuterung mittels der Adjektive *nah* und *fern*, da diese ihrerseits nichts Anderes als lokale Deiktika sind, die jedes Mal die Origo selbst zu bestimmen hat (vgl. Diewald 1991, 133). Daher leuchtet mir die Gegenüberstellung von *egozentrisch* und *topologisch/lokalistisch* nicht ein, ist ja der Raumkonzept selbst nur eine Folge und Projektion des egozentrischen Erkenntnis- bzw. Orientierungsprozesses der Origo im Raum. Stellen wir uns zwei spielende Kinder vor, von denen das eine mit Kreide einen Kreis auf dem Asphalt zeichnet, der nun laut den Spielregeln „sein" Territorium ist. Das Innere seines Kreises ist für es ab diesem Moment „inklusiv" und das Äußere – „exklusiv". Ob es nun „nahe" oder „fern" ist, spielt keine Rolle, die

> Grenze wird lediglich durch die Kreidelinie bestimmt. Derartiger Grenzen wird sich das Kind viel früher bewusst, als es die Kreide in der Hand halten, geschweige denn damit einen Kreis zeichnen kann. Höchst wahrscheinlich beginnt die „egozentrische" Raumteilung mit dem Bewusstsein, dass bestimmte Objekte sich innerhalb, während andere – außerhalb der Reichweite des Armes liegen. Diese sind *hier* und jene – *dort*. Mit allmählicher Erweiterung der Umwelt und Ausbildung des abstraktsymbolischen Denkens des Kindes erweitern sich auch seine Vorstellungen vom Raum in dem Sinne, dass es plötzlich begreift, dass man die Grenzen z. B. auf Grund der Reichweite der Sicht, der natürlichen Grenzen (wie z. B. die Zimmerwände), später auch auf Grund abstrakterer Vorstellungen von Stadt- und Landesgrenzen etc. ziehen kann. Eins bleibt aber in diesem Konzept unverändert, und zwar die eindeutige Bindung der Grenze an die Origo. Wenn ich am Tisch sitze und mein Kugelschreiber auf dem Tisch liegt, so dass ich es problemlos nehmen kann, ist er für mich *hier*, also origoinklusiv. Wenn er aber in der Tasche liegt, die in der anderen Zimmerecke steht, ist er *dort*, also origoexklusiv. Wenn ich aber diesen Kugelschreiber nutzen will, um eine Arbeit meines Studenten zu korrigieren, die in einem anderen Zimmer liegt, ist für mich der Kugelschreiber in der Tasche auf einmal *hier*, die Arbeit aber *dort*. Die Studenten im Hörsaal der Universität sind für den Professor *hier*, sofern sie ihn hören können, unabhängig davon, wie weit sie von ihm sitzen. Wenn es sich aber um einen Studenten handelt, der sich zu Wort meldet, so ist es nur dann *hier*, wenn er in einer der ersten Reihen sitzt, und eine Wortmeldung aus der letzten Reihe ist eine von *dort*. Und wenn es sich in der Vorlesung, die an einer polnischen Universität gehalten wird, um Deutschland handelt, ist ganz *Polen* origoinklusiv (*Hier*zulande gibt es noch den Złoty und *dort* (in Deutschland) wurde schon der Euro eingeführt) etc.

Die Raumdeixis ist nun dank dem „Entfernungskonzept" (ich würde hier viel lieber mit Diewald 1991 direkt vom binären Konzept *origoinklusiv* : *origoexklusiv* sprechen), das ein erhebliches Umdeutungspotential hat, das prototypische Konzept für weitere origobezogene Deiktika, darunter personale (*ich, du* etc.), demonstrative (*dies-, jene-*), temporale (*jetzt, dann* etc.) und modale (*ja, wohl, vielleicht, nein* etc.), welche unterschiedliche Applizierungen der versprachlichten „Raumgeste" an die Kategorien darstellen, die abstrakter als das Raumkonzept sind (vgl. Diewald 1991, 133).

Es ist nicht das Anliegen dieser Arbeit, eine Theorie der Deixis ausführlich zu präsentieren, zu weiteren Aspekten dieses Problems sowie einer Feingliederung der Deiktika kann u. a. auf die einschlägigen Abhandlungen von Bühler 1934/1982, Fillmore 1971,

Lyons 1977, Harweg 1978, Ehlich 1979, Rauh 1983; 1984, Sennholz 1985, Grewendorf 1982 und Diewald 1991 verwiesen werden. Mir geht es lediglich um die Ermittlung der Rolle der Relationalität und der Deixis als Zwischenglied bzw. Brücke zwischen Nomination und Kategorie, was m. E. ein essentielles ontologisches Problem der Welterfassung und -interpretation durch Sprache einerseits und der Sprachentstehung und -entwicklung andererseits ist. Deshalb versuche ich in weiteren Abschnitten dieses Kapitels das Verhältnis zwischen den relational-deiktischen (synsemantischen) Entitäten bzw. Bedeutungsanteilen und den Autosemantika einerseits sowie den grammatischen Kategorialfunktionen andererseits – ontologisch wie genetisch – zu ermitteln.

3.2 Deixis und Nomination

G. Diewald 1991, 95 stellt fest:

> „Für die Durchführung der beiden semiotischen Prozesse „Zeigen" und „Nennen" steht [...] jeweils eine Klasse von Zeichen zur Verfügung, nämlich die Zeigwörter und die Nennwörter. Je stärker in einem Ausdruck eine der beiden Funktionen dominiert, desto leichter läßt er sich in die entsprechende Klasse einordnen und desto schwieriger ist es, ihn in der eintgegengesetzten Funktion zu verwenden, also einen **Funktionswechsel** zwischen Zeigen und Nennen (bzw. umgekehrt) herbeizuführen".

Wie sieht nun diese Konstellation von „Zeigen" und „Nennen" in der Sprachgenesis aus? Im Ersten Hauptteil dieser Arbeit ist für die Hypothese argumentiert worden, dass an der Wiege der menschlichen Sprache die natürliche, vor allem affektiv bzw. imitativ motivierte Nomination gestanden hat. Weitere Nominationstypen, und zwar mythologische und rationale Nomination, sind ebenfalls generell als „natürlich" einzuordnen. Lediglich die intentionale Nomination, welche ihrem Wesen nach eine unmittelbare semiotische Ausprägung der intentional-pragmatischen Funktion der Sprache ist, ist nicht „natürlich", sondern konventionell-arbiträr, dabei allerdings, wie gezeigt worden ist, wenn nicht ikonisch, so doch auch nicht unikonisch, sondern vielmehr kontraikonisch. Kontra-Ikonizität eines Zeichens ist ihrerseits nicht völlige Arbitrarität, sondern vor allem ein gewisses Zerrbild der Ikonizität oder deren (im Falle der Sprache intentional bedingtes) Amalgam. Wenn man Sprachzeichen als ikonische Symbole definiert, so trifft dies sowohl für das eigentliche Nennen als auch für das Zeigen zu. Eine versprachlichte Zeiggeste ist per se ikonisch und somit natürlich motiviert, sie kodiert optisch wahrnehmbare Zeigsignale durch Lautsequenzen, welche akustisch wahrnehmbare Zeigsignale bilden.

Hier wird nicht speziell der Frage nachgegangen, inwiefern origoinklusive bzw. origoexlusive Deiktika in der Tat *lautikonisch* sind, d. h. z. B. ob ein Zusammenhang zwischen der Zeiggeste mit der Hand von der Origo weg mit dem Hinterzungenvokalismus und umgekehrt zu der Origo hin mit dem Vorderzungenvokalismus besteht. Oben wurde das Problem angeschnitten mit dem Verweis, es könnte mangels empirischen Materials zu unnötigen Spekulationen führen (vgl. Abschn. 1.6). Ich beschränke mich lediglich auf meine Vermutung, dass eine Suche nach diesem Zusammenhang oder überhaupt nach derartigen Zusammenhängen gar nicht abwegig ist und bei einer adäquaten methodologischen Problembehandlung vielversprechend sein kann. Aber die Durchführung einer solchen Studie würde notgedrungen den Rahmen der vorliegenden Abhandlung sprengen.

Bei den deiktischen Wörtern wie z. B. *hier/da, dort, zu, weg* etc. werden origobezogene Raumdimensionen sprachlich erfasst, wodurch die Orientierung der Origo im Raum kognitiv bewältigt wird. Ein untrennbarer Zusammenhang zwischen Denken und Sprache ist gerade bei der Zeichenbewältigung dieser Art besonders auffällig. Dabei ist die oben mehrfach schon behandelte Humboldtsche mehrstufige Subjektivität unverkennbar. Die Origo bezeichnet die Lage der Objekte ihres Raumes subjektiv, in Bezug auf sich selbst. Der Satz *Der Sessel steht dort* kann nur aus origoexklusiver Perspektive gebildet werden. Falls sich eine weitere Origo in unmittelbarer Nähe desselben Objekts befindet, wird sie den Satz als *Der Sessel steht hier/da* formulieren. Aber auch die erstgenannte Origo kann, ohne ihre Lage zu ändern, falls sie nicht ihre Ecke, sondern das ganze Zimmer „inklusiv" konzipiert und somit dem Raum außerhalb dieses Zimmers gegenüber stellt, den Satz *Der Sessel steht hier/da* bilden. Eine weitere Subjektivität, die die Sprachwissenschaft mehr interessiert, ist die Subjektivität der Sprache als Gesamtorganismus, welche in der Deixis sehr deutlich in Erscheinung tritt. Will sich die Origo A in der behandelten Situation in den Sessel setzen, so bewegt sie sich zum Sessel *hin*. Für die Origo B bewegt sie sich aber zum Sessel *her*. Dieser Unterschied in der origobezogenen Richtungsangabe existiert natürlich *nur* in der Sprache, hier im Deutschen. Er ist deutlich sprachvermittelt und liegt solchen komplexen Raumdeiktika wie *hinein, hinaus, hinüber, hinunter* vs. *herein, heraus, herüber, herunter* zu Grunde. Das Englische, das Polnische, das Russische und sehr viele andere Sprachen kennen diese zusätzliche origobezogene Differenzierung überhaupt nicht. Die deutschen Sätze *Er steigt die Treppe hinauf* und *Er steigt die Treppe herauf* entsprechen z. B. nur einem russischen Satz *Он поднимается по лестнице*. Dasselbe trifft auch für andere Sätze mit den spezifischen lokalen Orientierungsdeiktika *hin* und *her* zu.

Deiktische und schlechthin relationale Anteile haben zahllose Wörter, die nicht in die Klasse der Deiktika gehören, was ansatzweise bereits in 3.1 erwähnt wurde, hier aber ausgeführt werden muss, da gerade die Eigenschschaft der Autosemantika, deiktische (und somit synsemantische) Komponenten zu führen, sehr viele Aufschlüsse über die Nominationsmechanismen einerseits und über die Mechanismen grammatischer Kategorisierung andererseits zu geben vermag.

Fillmore hat bereits im Jahre 1966 gezeigt, dass das englische Verb *come* typisch deiktische Semantik aufweist, da es origobezogen ist. Dasselbe kann natürlich über alle Sprachen gesagt werden, in denen es eine essentielle Differenzierung der Bewegungsverben in die *gehen*- und die *kommen*-Verben gibt. Nicht deiktisch ist hingegen z. B. das Verb *sich bewegen*, da es lediglich die Bewegung, unabhängig von der Origo, denotiert. Aber schon das Verb *fahren* kann sich sowohl nichtdeiktisch (*Das Auto fährt mit der Geschwindigkeit von 120 km/h*) als auch deiktisch (*Peter fährt nach Genf*, also von der Origo weg oder zumindest nicht zu der Origo hin) verhalten. Bei deiktischem Gebrauch wird es in origoinklusiver Ausdrucksweise häufig durch *kommen* abgelöst.

> Freilich gibt es hier keine völlige deiktische Isomorphie. So kann auch *fahren* origoinklusiv bzw. origoneutral verwendet werden, vgl.: *–Wann kommt denn Papa? –Er fährt schon nach Hause und kommt bestimmt bald.* Auch *kommen* kann durchaus origoneutral auftreten, vgl.: *Er machte sich auf den Weg und kam gegen 11 Uhr nach Berlin.*

Die Verben wie *lieben, hassen, achten, verachten, gefallen, missfallen, schmecken* (mit Dativ), *passen, bevorzugen/vorziehen*; die Adjektive wie *erfreulich, abscheulich, nett, interessant, langweilig, nahe, weit*; die Substantive wie *Vater, Schwager, Lust, Freude, Gunst, Vorteil* etc. sind entweder gänzlich bzw. vorwiegend deiktisch oder aber können je nach Kontext deiktisch-relationale Lesarten aufweisen – im Unterschied zu den Verben wie *sich bewegen, stehen, liegen, schlafen, denken, haben, sein*; den Adjektiven wie *grün, rund, hölzern, tot*; den Substantiven wie *Sessel, Flug, Sonne, Gedanke*. Dem Vergleich beider Gruppen kann man entnehmen, dass die Relationalität der Autosemantika ziemlich fest an die axiologische Bedeutungskomponente gebunden ist. Die Entitäten, welche diverse Urteile denotieren, neigen logischerweise zu einer Verankerung des Urteils bei dem urteilenden Subjekt, was notgedrungen Subjektivität bedingt und Reversibilität des Urteils bei dem Origowechsel hervorruft: *Was für dich spannend ist, ist für mich langweilig*; *Was du für Vorteil hältst, ist für mich ein Nachteil*; *Er liebt sie und ich hasse sie* usw. Dagegen wären die Sätze *Was für dich Flug (Sessel, Sonne, Gedanke) ist, ist für mich Sturz (resp. Stuhl, Mond, Quatsch)* oder *Er hält es für grün, ich aber für rot* etc. zwar auch bildbar, aber nur in bestimmten, in der Regel metaphorischen und auf jeden Fall sehr spezifischen, Kontexten zu verwenden und daher dermaßen markiert, dass man hier – zumindest prototypische – deiktische Anteile eher ausschließen muss.

Die Wechselbeziehungen zwischen auto- und synsemantischen (relational-deiktischen) Bedeutungselementen machen den „Nerv" der Nomination vieler Entitäten aus, was nicht verwundern darf, stehen ja deiktische Implikationen gerade am Anfangspunkt des Nominationsprozesses – wegen dem Origobezug. Denn nicht nur bei einer sekundären (d. h. unter Nutzung schon vorhandener und angeeigneter Sprachmittel erfolgenden), sondern durchaus auch bei einer primären (sprachschöpferischen) Nomination steht die Origo im Mittelpunkt des Benennungsaktes. Eine angemessene Akzeptanz und darauf folgende Konventionalisierung des Zeichens sind erst spätere Stufen seiner Prägung.

Wie dies konkret verlaufen kann, sei am folgenden Beispiel gezeigt. Das Substantiv *Freund* ist – genauso wie sein Antonym *Feind* – ein typisches Lexem mit relationaler Bedeutung. Es ist sehr schwer, sich Kontexte vorzustellen, in denen dieses Wort denotativ beschrieben werden könnte. Es drückt ein typisches deiktisches Verhältnis aus, das entweder direkt origobezogen sein kann (*Peter ist mein Freund*) oder einen vermittelten relationalen Bezug indiziert (*Peter ist Pauls Freund*). Die erste Bedeutung des Substantivs – die uns hier eigentlich interessiert – wird im Duden-Wörterbuch ^{2}1989, 538 wie folgt paraphrasiert:

> *jemand, der einem anderen in Freundschaft verbunden ist, ihm nahe steht*: ein guter F. von mir; mein F. Klaus; mein bester F.; wir sind -e; ich bin sein F. [...] F. werden; viele -e haben, besitzen; unter -en sein usw.

Offensichtlich ist dies eine Definition, die einer weiteren, nämlich der der *Freundschaft* bedarf, und es ist daraus sehr deutlich ersichtlich, dass die Paraphrasen der lexikalischen Bedeutungen beider Wörter dem Derivationsprozess genau entgegen gesetzt sind: *Freundschaft* ist ja von *Freund*, aber die Paraphrase des „konkreten" Substantivs ist umgekehrt von dem Nomen abstractum abgeleitet, das seinerseits – wohl wegen Vermeidung einer Zirkeldefinition – unschwer ohne Basissubstantiv auskommt, vgl. ibid., 539:

> *auf gegenseitiger Zuneigung beruhendes Verhältnis der Menschen zueinander*: eine innige F.; die F. zwischen den Kindern; uns verbindet eine tiefe F.; mit jmdm. F. schließen etc.

In der Regel entsprechen die Paraphrasen (motivierter) lexikalischer Bedeutungen komplexer Wörter, darunter der Derivate (falls sie natürlich überhaupt das Basiswort nutzen, was gar nicht unbedingt sein muss), der Derivationsrichtung, was mit der allgemeinen „begrifflich-ideographischen" Logik affin ist: Es ist wohl kaum zu erwarten, dass z. B. das Substantiv *Schule* über den *Schüler* und nicht umgekehrt erklärt wird. Der Grund für die „amalgamierte" Bedeutungserklärung von *Freund* und *Freundschaft* ist evident: Wegen dem Fehlen des eigentlichen Denotats von *Freund* ist es auch nicht möglich, die Eigenschaften dieses Denotats zu nennen, worauf ja eine Wörterbuchdefinition beruht. Das Signifié im de Saussureschen Sinn ist also bei dem Substantiv *Freund* schwer feststellbar. Diese Besonderheit spiegelt sich natürlich auch in der Syntagmatik wider. Der Satz *Da geht ein Mann* ist völlig korrekt und jederzeit klar, aber der Satz ?*Da geht ein Freund* würde fast in einem beliebigen Kontext äußerst seltsam klingen. Als *Nomen relativum* bedarf das Substantiv *Freund* daher stets einer „deiktischen Begleitung“ (*Da geht* ***mein, dein, unser*** *Freund*, *Da geht ein Freund* ***von mir***) oder aber eines Attributs, das dann aber die deiktischen Werte des Substantivs *Freund* selbst betont (*Da geht* ***Peters*** *Freund*, *Da geht der Freund* ***von Peter***). Kurzum, das Substantiv *Freund* drückt – obwohl es kein Abstraktum ist – eine Abstrakte Relation aus, deren *Träger* dadurch bezeichnet wird. Auf diese Relation wird nun implizit *hingewiesen*, wenn dieses Wort in einem beliebigen Kontext auftritt. Dieses *Hinweisen* ist aber seiner Natur nach nichts Anderes als *Deixis*. Prototypensemantisch kann somit festgestellt werden, dass nicht die *Freundschaft* eine Beziehung zwischen Freunden ist, sondern umgekehrt *Freunde* Träger der Freundschaft sind.

Wie ist aber nun möglich geworden, dass nicht *Freund* von *Freundschaft*, sondern *Freundschaft* von *Freund* abgeleitet wurde? Die Antwort kann als Hypothese bereits dann formuliert werden, wenn man keine Ahnung von der Etymologie des Wortes *Freund* hat. Augenscheinlich ist das Substantiv *Freund* auf ein Deiktikum zurück zu führen, welches aber im Unterschied zu dem Substantiv *Freund* einer Wortart angehörte, die generell zu den genuinen Deiktika neigt, die ja die Substantive in aller Regel *nicht* sind.

Historisch – und dies kann man in einem jeden etymologischen Wörterbuch nachlesen, daher werde ich hier keine konkreten Angaben anführen – ist *Freund* das substantivierte Partizip I von dem germanischen schwachen Verb der 2. Klasse mit der Bedeutung \`lieben\`, \`gern haben\`, das im Gotischen als *frijôn* (dass.) auftritt. Got. *frijônds* \`Freund\`, also eigentlich der Liebende, gehörte zu der gemeingermanischen Sonderklasse der Substantive der sog. *nt*-Stämme, die historisch gesehen Partizipien I entsprechender Verben darstellen, aber sich in Form und Semantik von den jeweiligen Verben bereits im Frühgermanischen so stark emanzipiert haben, dass sie nicht mehr wie sonstige Partizipien (also nicht adjektivisch – schwach oder stark) dekliniert wurden. Andererseits sind sie aber noch nicht zu den typisch substantivischen vokalischen oder konsonantischen Deklinationsstämmen (*a*-Stamm, *i*-Stamm, *r*-Stamm, *n*-Stamm etc.) übergegangen.

> Parallel zu *frijôn* bedeutete got. *fijan* - \`hassen\`, wovon nun das substantivierte Partizip I *fijands* \`Feind\`, also eigentlich der Hassende, stammt, das dann ebenfalls in die Klasse der *nt*-Substantive übergetreten ist.

Das Gotische hat noch diesen archaischen Zug weitgehend beibehalten: Die Substantive *frijônds* und *fijands* werden zwar *nicht mehr* wie sonstige Partizipien dekliniert, aber auch *noch nicht* wie sonstige Substantive.

Nun ist aber das Verb *frijôn* als schwaches Verb seinerseits eine Ableitung mittels des athematischen Suffixes *-ô(n)* zu ide. **-â*. Es fragt sich, welcher Ableitungsstamm hier vorgelegen hat. Die gängige Stellung des Verbs zum Adjektiv *frei* beruht auf der ursprünglichen Bedeutung des ahd. *frî* und seiner Entsprechungen in anderen germanischen Sprachen – \`lieb\`, ′erwünscht\`, noch früher –\`geschützt\` und ursprünglich \`zu der Sippe, also zu den Lieben, gehörend; eigen\`. Auf das Adjektiv *frî* geht bekanntlich nach der gängigen Hypothese die Stammesbezeichnung *Franken* zurück. Problematisch scheint hier gerade die postulierte *ursprünglichste* Bedeutung zu sein, da \`zu der Sippe gehörend, eigen\` eher unwahrscheinlich Primärstamm sein kann, schon wegen äußerster Komplexität seiner Bedeutung. Man kann also mit sehr hoher Wahrscheinlichkeit von einer nicht nur semantischen, sondern auch ihr entsprechenden formalen Komplexität des behandelten Stammes ausgehen.

Offensichtlich kann die Stammeszugehörigkeit nur aus einer Zugehörigkeit zu etwas schlechthin abgeleitet werden. Man kann hier wohl zunächst von der Zugehörigkeit eines Objekts zu der Origo, also von der Origoinklusivität im Sinne von G. Diewald (s. o.) ausgehen. Die Zugehörigkeit ist nun Ergebnis einer Annäherung, einer Bewegung des Objektes auf die Origo hin, die die Origo durch eine entsprechende Zeiggeste bezeichnet. Nun wird diese Zeiggeste „versprachlicht“ und somit ikonisch (akustisch) symbolisiert. Ich vermute, dass die Lautform dieser Symbolisierung der Zeiggeste der Origo in der indo-europäischen Ursprache die Form **p(ə)ri-* hatte. Die ursprüngliche Bedeutung dürfte \`zu mir her\` und später \`bei mir, neben mir\` sein. Am deutlichsten ist sie im Slavischen erhalten geblieben, vgl. die Präpositionen bzw. Präfixe russ. *npu*, *npu-*; poln. *przy, przy-* \`bei, neben; hierher\`. Betrachten wir nun die Bildung der Substantive mit der Bedeutung \`Freund, Kollege\` von diesem deiktischen Stamm im Slavischen! Russ. *приятель*, poln.

przyjaciel sind gebildet aus der genannten Präpostion, dem Verbalstamm, der im Altkirchenslavischen die Form *-ja-ti* \`nehmen\` hat, und dem Suffix der Nomina agentis *-tel* bzw. *-ciel*. Ohne jeden Zweifel sind russ. *приятель*, poln. *przyjaciel* und dt. *Freund* bzw. seine germanischen Entsprechungen (engl. *friend*, got. *frijônds* und alle anderen) etymologisch verwandt, die völlige lautliche Übereinstimmung im Wurzelmorphem ist hier absolut deutlich, *p=f* ist die Entsprechung, die als erste, oder germanische, Lautverschiebung bekannt ist.

Warum vermute ich nun, dass die lokale Bedeutung des rekonstruierten Stammes **p(ə)ri-* nicht seine erste Lesart gewesen, sondern aus der translokalen Bedeutung einer Bewegung ´auf die Origo zu\` entstanden ist? Hier drängt sich nämlich eine unverkennbare Parallele zu dem Verbalstamm ide. *\*pər-* \`sich bewegen\` auf, der u. a. in got. ahd. *faran*, nhd. *fahren* und russ. *переть* ugs. \`sich gewaltsam vordrängen\` vertreten ist.

Das einzige Problem sind hier die Ablautverhältnisse. Das ide. *ə* in **pər-* hat ja die Quantität und Qualität des sog. „Schwah primum“, ist also ein kurzer reduzierter Vokal (in einer unbetonten Silbe bei oxytonischem Muster des indo-europäischen musikalischen Akzents), der in verschiedenen ide. Sprachen (natürlich durchweg als Kürze) unterschiedliche Reflexe aufweist. Im Altindischen ist dies ein *i*, im Lateinischen, Griechischen und Germanischen ein *a*, im Russischen ein *e* etc., vgl. ide. **pət-* in aind. *pitár*, gr. *πατέρ*, lat. *pater*, got. *fadar*, ahd. *fater*, nhd. *Vater*. Bei germanischen starken Verben markiert dieses auf das ide. „Schwah primum“ zurück gehende *a* die Präsensform der sechsten Ablautreihe (zu der logischerweise auch das Verb *fahren* gehört). Bei dem hier rekonstruierten ide. **p(ə)ri*-Stamm geht es dagegen um das *ə* als sog. „Schwah secundum“, einen überkurzen Vokal, der vor einem Sonor auftritt und die sog. Nullstufe (*ø*) des Vokals bei dem Ablautwechsel kennzeichnet, darunter bei starken Verben der Ablautreihen 3 und 4 mit der dafür typischen *e/o/ø*- Apophonie (Der Vokal soll dermaßen kurz gewesen sein, dass seine Existenz in den ältesten Arbeiten gar nicht erkannt wurde. Es wurde zunächst nämlich davon ausgegangen, dass der Vokal in der Nullstufe vor dem Sonor gänzlich verschwindet, und die silbenbildende Funktion der entsprechende sonore Konsonant übernimmt, der dann quasi Vokalqualität erhält. Deshalb tritt er auch hier in Klammern auf). Der Reflex dieses Vokals in der Germania ist entweder ein epenthetisches *u* (der sog. TERT-Typ der Nullstufe) oder aber ein „echter“ Nullvokal mit Metathese (der sog. TRET-Typ der Nullstufe), vgl. ahd. *kuni* \`Sippe\` vs. *kniu* \`Knie\` zu ide. **gən-* als Nullstufe der in lat. *genus* vorhandenen ide. Wurzel **gen-*. Auch in den hier behandelten Präpositionen russ. *npu* und poln. *przy* sowie bei *Freund* haben wir wohl mit dem zweiten Typ zu tun. In anderen ide. Sprachen treten ebenfalls sehr unterschiedliche Reflexe des „Schwah secundum" auf. Am deutlichsten ist dieser Laut im Armenischen und in der Südslavia erhalten geblieben, wo er bis heute als überkurzer, praktisch unausgesprochener Murmelvokal existiert, vgl. bulg. *слънце* `Sonne`. Nichtdestoweniger kann man m. E. angesichts einer mehr als deutlichen konsonantischen Umgebung beider „Schwahs" (also prävokalisches *p* und postvokalisches *r*) in Kombination mit ebenso deutlicher semantischer Affinität eine Kontamination von $ə_1$ und $ə_2$ nicht ausschließen.

Stimmt meine Hypothese, so ist auch **p(ə)ri-* nicht die Primärwurzel. Sie lässt sich dann aufteilen in **p(ə)r-* mit der Bedeutung `sich bewegen`, dabei aber – was sehr wichtig ist – *ohne Richtungsangabe*, und **-i(-j)* als deiktischen *her*-Marker. Eine entgegengesetzte deiktische Perspektivierung, also `von der Origo weg` und somit origoexklusiv, wird durch andere Elemente ausgedrückt. Wiederum ist es im Slavischen am besten zu sehen, vgl. russ. Präfixe *пере-*, *пре-* `durch`, `vorbei`, *про-* `weg` in *пересечь* `überqueren`, *преодолеть* ´überwinden`, *пройти* ´vorbeigehen`, *прогнать* `vertreiben`. Vgl. insbesondere auch die Gegenüberstellungen in russ. *прийти* `kommen`, *прейти* `vorbeigehen`, *пройти* `vorbeigehen, verlaufen` zu demselben Verbalstamm mit der Bedeutung `gehen`; poln. *przyszły* `künftig` vs. *przeszły* `vergangen`, ebenfalls zum Stamm mit der Bedeutung `gehen`. In etwas verwischter, diachron jedoch leicht erschließbarer Form treten dieselben Verhältnisse bei dt. *ver-*, *vor-* und *für* (vgl. auch got. *fair-*, *faura(-)/faur(-)* und *fra-*) auf, die bekanntlich miteinander und mit o. g. russischen und polnischen Präpositionen bzw. Präfixen etymologisch verwandt sind und auf verschiedene Ablautstufen der ide. Wurzel **per-* zurück gehen.

Es ist also für die ide. Ursprache eine kontaminierte Wurzel aus **per-/*por-/*p*$(ə_2)$*r-* und **p*$ə_1$*r-* anzunehmen. Diese Wurzel hatte allgemein die Bedeutung `sich (fort)bewegen`. Durch deiktische vokalische bzw. sonantische Determinationselemente wurde diese nicht-deiktische Bedeutung dann origobezogen spezifiziert. Als origoinklusiver *her*-Marker trat das (im indo-europäischen sonantische) **-i/*-j* auf und als origoexklusive *hin*-Marker – die vokalischen **-e* oder **-o* `an der Origo (und später am beliebigen Objekt) vorbei` oder `von der Origo (und später von dem beliebigen Objekt) weg`. Natürlich konnten die entsprechenden deiktischen Relationen nicht nur durch äußere Synthese (d. h. Anhang der determinierenden Elemente an den Stamm), sondern auch durch innere Synthese (Wurzel-Apophonie) ausgedrückt werden oder es konnte auch eine Kombination von äußerer und innerer Synthese auftreten, wobei das äußere determinierende deiktische Element stets den Vorrang gegenüber sehr undeutlichen, mitunter konträren Funktionen derselben Ablautstufe hat, vgl. got. *fair-* (mit *e*-Vollstufe des Ablauts in der Wurzel, vgl. gr. *πέρι-* `rings um, bei`) `her-zu` in *fair-greipan* `fassen, zu sich nehmen`, *fair-waurkjan* ´erschaffen, vorbereiten`; *faur(-)/faur(-)/faura(-)* (mit Nullstufe des Ablauts in der Wurzel in der TERT-Form, vgl. gr. *προ-* `weg, statt`) – als Adverb und Präposition `vor, hinter, früher` bzw. – als Präfix `nach vorne, vorbei` in *fauragaggan* `vorne gehen; vorbei gehen`, *fauraqiman* `vor jmdm. gehen`; *fra-* (mit Nullstufe des Ablauts in der TRET-Form) `weg` in *fra-giban* `weggeben`, *fra-bugjan* `verkaufen` etc.; ahd. *fir-* (mit dialektbedingten Varianten *far-, fer-*, in der *e*-Vollstufe, nhd. Entspechung *ver-*) `her-zu` in *firneman* `jmdm. etw. wegnehmen; an sich reißen`, aber auch `hin-weg` in *firmîdan* `vermeiden, sich fern halten`; *furi(-)* `vor, bis, für, wegen` (hier sehr deutlich die Kombination der Nullstufe mit dem origoinklusiven Deiktikum *-i*, nhd. Entsprechung *für*) und *fora, fore, for-* `vor, bis, hinter` (mit Nullstufe und durch das *a* (=ide. origoexklusives *o*) verursachte Senkung des epenthetischen *u*; nhd. Entsprechung *vor*), vgl. *formonên* `verachten`.

Freilich kann man nicht erwarten, dass sich die hier postulierten origoinklusiven determinierenden *hin-* bzw. *her-* Marker ausnahmslos entsprechend ihrer primären Lesart verhalten. Wenn sie z. B. in Verbalpräfixen auftreten, entscheidet darüber nicht selten die jeweilige Semantik des Grundverbs, und da die behandelten deiktischen Elemente in deren Lautform einander sehr ähnlich sind, sind nie semantisch bedingte Kontaminationen ausgeschlossen, insbesondere gerade im Althochdeutschen, wo es wegen Dialektvielfalt nicht immer möglich ist, den jeweiligen Archetyp sicher festzustellen. Aber neben diesen Gründen gibt es dafür noch einen weiteren, m. E. entscheidenen Faktor, der die Vagheit in der deiktischen Determination origoinklusiver und origoexklusiver Bedeutungen durch die oben behandelten Formelemente bedingt. Es ist nämlich die Besonderheit der sprachlichen Konzeptualisierung von Hin- und Her-Bewegung in verschiedenen Sprachen. So bedeutet das ahd. Verb *furifaran* `vorbeigehen` und nicht, wie man erwarten könnte, `kommen, sich nähern`. Nun gibt es aber im Althochdeutschen (wie auch natürlich im Neuhochdeutschen oder z. B. im Englischen und auch im Gotischen) neben den unmarkierten Bewegungsverben mit der Bedeutung `gehen` oder `fahren` die markierten Stammverben, welche das `Gehen bzw. Fahren auf die Origo bzw. auf ein Objekt zu` kennzeichnen, vgl. got. *qiman*, ahd. *queman*, mhd. *quemen*, *kumen*, nhd. *kommen*, ne. *come*. Fillmore 1966 hat gezeigt, dass diese Origo-Richtung das deiktische Wesen von *come* kennzeichnet. Die Bemühung einer zusätzlichen Deixis in Form von einem Präfix in Verbindung mit dem allgemeinen Bewegungsverb ist daher fakultativ, kann ja die Richtung und somit die Origo-Inklusivität einfach durch ein „spezielles“ Verb ausgedrückt werden. Daher gibt es in der Germania eine gewisse Redundanz in der Verwendung von dem hier behandelten origoinklusiven Deiktikum, das auf ide. **p(ə)ri-* zurück geht, und dem deiktisch (origoinklusiv) markierten Verb got. *qiman* bzw. seinen Entsprechungen in anderen germanischen Sprachen. Dagegen ist derart ambige Verwendung von origo-inklusivem **pri(-)* einerseits und origoexklusiven **p(e)re-* und **pro-* andererseits in der Slavia unmöglich, werden ja dort die Hin- *und* die Her-Verben von *einem* „Bewegungsstamm“ gebildet, so dass die jeweilige Lesart ausschließlich von dem Präverb abhängt (s. o.). Was nun die autonome Verwendung der entsprechenden Deiktika betrifft, so ist der Richtungsunterschied auch z. B. in der deutschen Gegenwartssprache ziemlich deutlich, vgl. *für* vs. *vor*.

Man kann also hinsichtlich des relational-deiktischen Substantivs *Freund* Folgendes feststellen. Historisch ist es das substantivierte Partizip I des Verbs mit der Bedeutung `lieben`, Freund war also eigentlich der `Liebende`. Das entsprechende Verb hieß ursprünglich `sich nähern` und später `sich in der Nähe befinden`. Es ist dabei der unverkennbare Origobezug festzustellen, denn es dürfte klar sein, dass sich die „Nähe“ bei der Nomination unmittelbar auf den Benennenden und somit auf die Origo bezieht. Die Bewegung `auf die Origo zu` wurde durch den allgemeinen (und somit nicht deiktischen) Bewegungsstamm, etwa `gehen, sich (fort)bewegen` und das daran angehängte determinierende (deiktische) Element mit symbolischer Zeigefunktion `zu mir her` kodiert. Das `Zu-mir-her-Kommen` bzw. das davon abgeleitete `Bei-mir-Sein` wurde logischerweise gedeutet als `von mir akzeptiert`, denn es hing offensichtlich mit dem Zulassen von jemandem in den nahen Lebensbereich der Origo zusammen. Weitere Umdeutungen als `verwandt`, `lieben` und schließlich auch `Freund` entspringen unmittelbar dieser deiktischen – origoinklusiven – Konzeptualisierung. Die Bedeutung der `Bewegung` ist dabei allmählich zurückgetreten, dies geschah wohl bereits bei lokaler Umdeutung des ursprünglich translokalen Verbs. Im Weiteren wurde auch die lokale Bedeutung neutralisiert. Es ist daher lediglich die relational-deiktische Komponente erhalten geblieben, die ihrerseits auch transformiert wurde – aus der konkret-räumlichen Deixis entstand nämlich die abstrakt-relationale.

3.3 Deixis und Kategorie

Die grammatische Kategorisierung fängt in dem Moment an, wo sich die versprachlichte konkret-räumliche Deixis, mit Brugmanns 1904, 8 Worten, von der „begleitenden Geberde emanzipiert". Diese Emanzipiertheit erfolgt natürlich nicht sprungartig und befindet sich jeweils auf verschiedenen Abstraktionsstufen. Die einfachste Übertragung der lokalen Deixis, also des `hier-dort`- Konzepts ist die temporal-deiktische Relation, also das `jetzt-damals-dann`-Konzept (vgl. u. a. Bühler 1943/1982, 102, Rauh 1984, 32, Sennholz 1985, 92, Diewald 1991, 168 ff.). J. Piaget stellt fest: „Zeit verstehen heißt [...] durch geistige Beweglichkeit das Räumliche überwinden". Es ist G. Diewald 1991, 168 Recht zu geben, wenn sie schreibt, dass „die aus dem deiktischen Prozeß gewonnene, hierarchiehöchste Opposition der Entfernungsstufen „origoinklusiv" versus „origoexklusiv" auch für die temporale Dimension Gültigkeit hat". Die Origo orientiert sich in der Zeit, deren Strukturen für kognitive Erfassung komplexer als Raumstrukturen sind (vgl. nähere Ausführungen zu diesem Problem in Diewald 1991, 168 ff. mit entsprechenden Literaturangaben), jedoch sich unmittelbar von letzteren ableiten lassen (ibid.). In der Sprachgenesis sind also temporale Beziehungen eine Projektion der lokalen Deixis.

Ich bringe an dieser Stelle einige Beispiele dafür, die ich dem Buch von G. Diewald 1991, 169, Anm. 5, entnommen habe (die Beispiele stammen aus Kluges etymologischem Wörterbuch sowie aus Brugmann 1904, 46; 52). Ahd. *hiu* (in *hiu tagu*, vgl. nhd. *heute*) geht auf ide. **ki-* zurück, das nach Brugmann (op. cit., 51) der urindoeuropäische Ausdruck der „Ich-Deixis" ist und auch dem lokalen Deiktikon *hier* zu Grunde liegt. *Dann* und *da* (in temporaler Bedeutung) gehen bekanntlich, wie auch *da* in lokaler Bedeutung, auf den ide. deiktischen Pronominalstamm des Demonstrativums **to-* zurück (korrekter wäre hier allerdings von der **to*-Form des ide. Suppletivstammes **to-/*so-* zu reden – M. K.).

Die temporale Kategorisierung kann nun sowohl über unmittelbare Entitäten erfolgen, die temporale Beziehungen ausdrücken (wie die temporalen Adverbien *heute, morgen, gestern, jetzt, bald, eben, gleich*, Konjunktion mit Nebensatz: *Als er kam, ...*, Präposition mit Nominalphrase: *im nächsten Jahr* und Nominalphrase ohne Präposition: *letzte Woche* – alle zusammen werden von Diewald 1991, 180 als Temporaladverbiale bezeichnet), als auch über die Tempusformen des Verbs (Präsens, Präterit, Perfekt, Plusquamperfekt, Futur I und II). Die erste Gruppe nennt Diewald, ibid. *starke Temporaldeiktika* (da sie „fakultativ und textsortendifferenzierend" sind), die letzte – *schwache Temporaldeiktika* (da sie in jedem Satz obligatorisch vorhanden sind) – unten wird zu dieser Einteilung speziell kurz Stellung genommen.

Auch die modale Kategorisierung kann über die „Entfernungsstufen" der modalen Deixis von der deiktischen Funktion der Sprachzeichen abgeleitet werden (vgl. Diewald 1991, 238 ff.), wobei es sich hier um die „Entfernung" von dem Merkmal der Faktizität handelt.

Der Begriff der Faktizität ist von Růžička 1972, 3 eingeführt worden. Er stellte fest, dass der Indikativmodus in einem Aussagesatz in dem Sinn unmarkiert ist, dass er eine faktische Interpretation des ausgedrückten Sachverhalts voraussetzt. Dagegen löst die Verwendung markierter Imperativ- und Konjunktivformen unterschiedliche Interpretationen der Faktizität aus, bis hin zu nichtfaktischen Bedeutungen.

Die faktische Stufe der Modalität, die bei schwachdeiktischer Kodierung durch den Verbalmodus Indikativ ausgedrückt wird, kann als origoinklusiv bezeichnet werden, während die indirekten Modi Imperativ und Konjunktiv verschiedene Stufen und Grade der Origoexklusivität ausdrücken (ibid., 244 f., vgl. auch Donhauser 1987, 68-76), vgl. *Er ist dazu jederzeit bereit* vs. *Sei dazu jederzeit bereit!*; *Er wäre dazu jederzeit bereit* etc.

Modaladverbien und Modalpartikeln (wie *wahrscheinlich, vielleicht, wohl* etc.) charakterisieren als modale Satzoperatoren ebenfalls unterschiedliche Grade des Origobezugs auf den im Satz ausgedrückten Sachverhalt, indem sie – allein schon durch Umwandlung des Wahrheitswertes des Satzes in seine illokutive Kraft (im Sinne von Austin 1962, Searle 1969, Grice 1989 u. a.) – die Origo auf eine spezifische Art und Weise profilieren. So entstehen Sätze, die, statt Sachverhalte zu beschreiben, den Sprecherglauben daran zum Ausdruck bringen (vgl. Fritz 2000, 97 ff.), vgl. *Er kommt um neun* vs. *Er kommt wohl um neun.* Die Abtönungspartikel schafft im zweiten Satz eine modale Distanz, die es nun streng genommen unmöglich macht, diese letzte Aussage weder zu verifizieren noch zu falsifizieren, da sie sich auf die darin vorhandene Proposition (sein Kommen) nur indirekt, und zwar vermittelt durch die Origo-Assertion, bezieht. Diese Beziehung zwischen dem faktenbezogenen (it-is-so) und dem sprecherbezogenen (I-say-so) Anteil an der Modalität ist in der Literatur ziemlich ausführlich beschrieben worden, vgl. u. a. Lyons 1977, 793 ff., Grewendorf 1984, 517 ff., Haas-Sporn 1989, 49 ff., Rolf 1989, 175 ff., Fritz 2000, 90; 109 ff.

Bei den Modalverben tritt die deiktische und somit origobezogene Sprachfunktion besonders deutlich auf. Bekanntlich haben Modalverben zwei Grundlesarten, die „objektive“, oder deontische und die „subjektive“, oder epistemische, wobei beide Lesarten, insbesondere im Präsens und z. T. im Präteritum, von einander lediglich durch den entsprechenden Kontext getrennt werden können (vgl. dazu die sehr umfangreiche Literatur, aus der hier nur einige Titel erwähnt werden: Öhlschläger 1989, Thieroff 1992, Helbig 1995, Diewald 1997). So ist die Interpretation des Satzes *Er muss heute kommen*, abhängig davon, ob es sich um deontische oder epistemische Lesart handelt, unterschiedlich: a) *Er ist gezwungen, heute zu kommen* oder b) *Wahrscheinlich kommt er heute*. Für sonstige Modalverben (*sollen, können, dürfen, mögen, wollen*) treffen ähnliche Differenzen mutatis mutandis zu. Aus Raumgründen wird hier diesem in der Literatur recht ausführlich beschriebenen Phänomen nicht speziell nachgegangen. Wichtig ist aber, dass die Natur dieser Differenz ebenfalls im Spannungsfeld zwischen „Nennen“ und „Zeigen“ liegt, was G. Diewald 1997, 36; 224 ff.; 264 ff. sehr deutlich dargestellt hat, indem sie die sog. deontischen Lesarten der Modalverben als *nicht-deiktisch* und somit lexikalisch und die epistemischen als *deiktisch* und somit grammatikalisiert bezeichnet. Mit dieser terminologischen Einordnung zeigt sie, dass das kategoriale

Wesen der sprachlich kodierten Assertion gerade in dem Aufbau einer Distanz seitens der Origo in Bezug auf den von ihr umschriebenen Sachverhalt besteht. Diese (origoexklusive) modale Distanz ist nun ihrerseits nichts Anderes als Übertragung räumlicher Perspektivierungen seitens der Origo auf die abstraktere Ebene der Assertion. So wie z. B. ein Zurückliegen oder ein Bevorstehen in der Zeit, ein zeitlich-retrospektives resp. ein zeitlich-prospektives *Dort*, die *temporale* origoexklusive Deixis kennzeichnet, drückt die origoexklusive Deixis epistemischer Modalverben das *modale Dort* aus, das in diesem Kategorialbereich als `vielleicht`, `wahrscheinlich`, `kaum´ u. dgl. umgedeutet wird. Origoinklusiv sind dabei temporale und modale Sachverhalte, welche die Origo in ihre unmittelbare Wirkungssphäre einbezieht. Das temporale *Hier* ist das *Jetzt* und das modale *Hier* ist eine faktisch formulierte Aussage.

Dabei ist natürlich das ´Jetzt´ keinesfalls auf die „Aktzeit zur Sprechzeit“ (zu der Positionierung der Zeitverhältnisse auf der Zeitachse abhängig von dem Moment der Rede vgl. die einschlägige Arbeit von H. Reichenbach 1947, 288) beschränkt. Die Origo kann nämlich auch eine unmittelbar bevorstehende oder eine bereits entschiedene, aber noch nicht ausgeführte Handlung problemlos in ihre unmittelbare Sphäre einbeziehen. In diesem Fall können auch z. B. zukünftige Ereignisse durch das Präsens futuri quasi origoinklusiv dargestellt werden. Dagegen ist das (temporal verwendete) Futur I, laut G. Diewald 1991, 188 f., stets origoexklusiv, vgl. *Wir gehen baden* vs. *Wir werden baden gehen.* Aus demselben Grund scheint mir aber die Einordnung des Perfekts in Sennholz 1985, 105, Rauh 1985, 19 und Diewald 1991, 187 f. als immer origoexklusiv zu absolut. Diese Autoren lassen sich hierbei von der These leiten, das minimale Merkmal des Perfekts wäre das der Vergangenheit bzw. ´vorher´. Meines Erachtens ist aber gerade der Sinn des Perfekts (im Unterschied zu dem Präterit), dieses ´Vorher´ der aktuellen Origo-Lage näher zu bringen, vgl.: *Ich habe nun den „Faust“ bis zu Ende gelesen [kenne also* ***jetzt*** *den Inhalt der Tragödie] und kann nun die Prüfung in Literaturgeschichte ablegen* vs. *Während ich den „Faust“ las, sah mein Bruder fern.* Selbst wenn das Perfekt keinen für die Gegenwart aktuellen Abschluss des Vorgangs kodiert, ist das Merkmal des ´Aktuellen´ (und somit des ´Origo-Inklusiven´) meist vorhanden, vgl. *Gestern habe ich die ganze Nacht den „Faust“ gelesen und bin* ***nun*** *sehr müde*. Vgl. ähnliche Überlegungen zur Perfektfunktion, allerdings nicht unter dem Gesichtspunkt der deiktischen Tempusfunktion, sondern aus aspektual-temporaler Sicht, in Vater 2000.

Im nominalen Bereich haben wir natürlich mit ähnlichen Beziehungen zwischen nicht-deiktischen und deiktischen Ausdrucksweisen zu rechnen. Es reicht nur, die Grundstruktur einer Nominalphrase in gröbsten Zügen zu betrachten, um sich zu vergewissern, dass auch diese sich ständig im Spannungsfeld zwischen „Nennen“ und „Zeigen“ befindet, vgl.: *der Student da*, *mein Auto, dieses Ereignis* etc. – von Sonderfällen, wo nicht nur die eigentlichen Deiktika, sondern auch die Substantive selbst deiktische Funktion führen (*mein Vater, ihr Freund*), war in 3.2 die Rede. Gerade hier kann man – häufig sogar ohne eine tiefe diachrone Analyse – beobachten, wie über den „deiktischen“ Pfad die Grammatikalisierung erfolgt, vgl. die Entwicklung des Demonstrativpronomens *der, die, das* zum bestimmten Artikel (In Bezug auf das deiktische Wesen des Phänomens kann man hier von der demonstrativ-determinativen Dimension der Deixis reden. Diewald 1991, 227 ff. nennt diese Dimension objektal, sie wird von ihr in das Inventar der deiktischen Dimensionen neu eingeführt). Bei dem pronominalen Gebrauch kann noch u. U. eine begleitende Zeiggeste eingesetzt werden: ***Die*** *Frau da*! Die artikelhafte Verwendung, die genetisch auf die pronominal-deiktische unmittelbar zurück geht, schließt diese (zumindest in Bezug auf *die*) aus: *Die* ***Frau*** *da*. Diese Entwicklung kann als Paradebeispiel für eine Grammatikalisierung durch endgültige „Emanzipation von der begleitenden Gebärde“ im Sinne Brugmanns angesehen werden. Man sieht dabei, dass diese nicht selten mit Grammatikalisierung einher geht. Das Deiktikum kann sich aber nicht nur „außersprachlich“ von der Zeiggeste emanzipieren, sondern auch „innersprachlich-syntagmatisch“ von dem Kernwort. Dann wird es autonom verwendet und kann je nach Bedürfnis der Origo wiederum in Begleitung der Zeiggeste auftreten: ***Die*** *da!*

Schließlich gibt es in der Sphäre der Personaldeixis Entitäten, die in der Regel autonome anaphorische Textverkettungsmittel sind und sich mit der Zeiggeste wiederum fakultativ verbinden können: *Karin ist wieder gesund.* ***Sie*** *kann an der Veranstaltung morgen teilnehmen.* Diese Entitäten weisen sehr begrenzte Möglichkeiten der Grammatikalisierung auf, was mit deren Beschaffenheit als Pro-Wörter zusammen hängt. Sensu stricto können *nur* sie als *Pro-Nomina* bezeichnet werden, da z. B. die Demonstrativa und Possessiva nicht Pro-, sondern eben Begleitwörter sind. Ihre Verwendung als Pro-Wörter ist zwar auch möglich, aber stets markiert und kontextbezogen: ***Die** weiß das bestimmt*; ***Dieser** ist mit allen Wassern gewaschen*; ***Meine*** [Tante] *würde so was nie zulassen* etc.

Insgesamt ist die deiktische (und daher stets origobezogene) Kodierung der Sachverhalte, unabhängig von der konkreten Form der Deixis, ihrem Wesen nach *relational*. Dadurch wird die Beziehung der Origo als sprechendes und sprachkreierendes Subjekt zu der Außenwelt, aber auch zu ihrer Innenwelt hergestellt. Die Orientierung der Origo in diesen Welten beginnt mit dem Raumkonzept, das sie dann zum Modell für die sprachliche Erfassung der Zeit, der Modalität, der Personalität etc. macht. Bei der Gliederung des Raumes erfolgt zunächst die kognitive Operation des Ein- bzw. des Ausschließens (origoinklusiv vs. origoexklusiv), welche nicht auf der tatsächlichen Beschaffenheit des Raumes, sondern auf seiner subjektiven Gliederung in den zur Origo gehörenden und den außerhalb der Origo liegenden Teil. Diese Gliederung ist dank dem unbewussten Egozentrismus der Origo in der Phase der Sprachaneignung möglich. Die so entstehenden Grenzen sind nie absolut und stets beweglich, sie erweitern sich mit der Zunahme des abstrakten Denkens sowie mit dem Wachstum der Sphären, welche von der Origo kognitiv bewältigt werden. Die Übertragung der origobezogenen Raumgliederung auf temporale, modale, demonstrativ-determinative (in der Terminologie von G. Diewald 1991, 227 ff. objektale) und personale Dimensionen kennzeichnen den latenten Übergang von der Deixis zur grammatischen Kategorisierung, oder in der Terminologie von Diewald 1991 von der starken zu der schwachen Deixis. Allerdings ist die grammatische Kategorie ihrem Wesen nach mit der „schwachen Deixis“ im Sinne Diewalds (siehe in diesem Abschnitt oben) m. E. nicht deckungsgleich. Dies ist schon eine weitere, mit der deiktischen Beschaffenheit der Sprache zwar zusammen hängende, jedoch nicht *nur* deiktische Dimension der Sprache – wovon allein solche Kategorien wie Diathese oder Aspekt zeugen, obwohl auch die Kategorien des Tempus, des Modus oder aber z. B. des Kasus, des Numerus, des Genus, der Determination oder der Steigerung zwar deiktische Anteile haben, aber keinesfalls auf diese beschränkt werden können.

Deixis liegt also statusmäßig *zwischen* Nomination und Kategorie, sie bildet den notwendigen *Übergang* von der Nomination zur Kategorisierung, der unumstritten über die origobezogene Relationalität erfolgt. Die Kategorisierung selbst ist aber ein Phänomen, das sein eigenes ontologisches Wesen und eigene Entwicklungsgesetze hat und daher einer selbständigen Erforschung bedarf. Diese macht nun den Gegenstand des nächsten, zweiten Hauptteils der vorliegenden Abhandlung aus.

Literatur

Ahlzweig, Claus: *Muttersprache – Vaterland. Die deutsche Nation und ihre Sprache*, Opladen: Westdeutscher Verlag 1994.

Albrecht, Jörn (Hg.): *Energeia und Ergon – sprachliche Variation, Sprachgeschichte, Sprachtypologie – Studia in honorem Eugenio Coseriu*, Tübingen: Narr 1988.

Allan, Keith: *Natural Language Semantics*, Oxford: Blackwell Publishers 2001.

Allemann, Beda: *Die Metapher und das metaphorische Wesen der Sprache*, in: Weltgespräch 4 (1968), S. 29-43.

Alverson, Hoyt: *Metaphor and Experience – Looking over the Notion of Image Scheme*, in: Fernandez, James W. (ed.): *Beyond Metaphor – The Theory of Tropes in Antropology*, Stanford: Stanford University Press 1992, p. 94-117.

Apresjan, Juri D.: *Ideen und Methoden der modernen strukturellen Linguistik*, Berlin: Akademieverl. 1971.

Aristoteles: *Poetik*, übersetzt v. Olof Gigon. Stuttgart: Reclam 1961.

Aristotelis Categoriae and De interpretatione. Translated with Notes and Glossary by J. L. Ackrill, Oxford: UP 1963.

Aristoteles: *Topik*, übersetzt v. Eugen Rolfs. Hamburg: Meiner 1968.

Aristoteles: *Metaphysik*. Übersetzung mit Einleitung und Anmerkungen von H. G. Zekl. Würzburg: Königshausen & Neumann 2003.

Augst, Gerhard: *Sprachnorm und Sprachwandel*, Berlin 1977.

Augst, Gerhard (Hg.): *Spracherwerb von 6-16*, Düsseldorf: Schwann 1978.

Augst, Gerhard et al.: *Ontogenese metaphorischer Kompetenz*, in: *Wirkendes Wort* 6 (1981), S. 363-377.

Austin, John L.: *How to Do Things with Words*, Oxford: Blackwell 1962.

Bach, Adolf: *Geschichte der deutschen Sprache*, Heidelberg: Winter 1952.

Bach, Adolf: *Deutsche Namenkunde*, Bd. I: *Die deutschen Personennamen*. 2., stark erweiterte Aufl., Heidelberg: Winter 1952-1953. Bd. II: *Die deutschen Ortsnamen*, Heidelberg. Winter 1953-1954.

Bachtin, Michail M.: *Voprosy literatury i estetiki*, Moskva: Vysšaja škola 1975.

Bandy, Gerhard J.: *Metaphorik der Erfüllung – Nahrung als Hintergrundsmodell in der griechischen Ethik bis Epikur*, in: *Archiv für Begriffsgeschichte* 25 (1981), S. 7-69.

Barthes, Roland: *Das semiologische Abenteuer*, Frankfurt a. M.: Suhrkamp 1988.

Beckmann, Susanne: *Die Grammatik der Metapher – Eine gebrauchstheoretische Untersuchung des metaphorischen Sprechens*, Tübingen: Niemeyer 2001.

Behaghel, Otto: *Deutsche Syntax – Eine geschichtliche Darstellung*, Bd. 2, Heidelberg: Winter 1924.

Berger, Dieter, Zur Abgrenzung von Eigennamen von den Appellativen, in: *Beiträge zur Namenforschung, Neue Folge* 11 (1976), S. 375-387.

Besch, Werner: *Deutsche Sprache im Wandel*, Frankfurt a. M.: Lang 2003.

Die Bibel oder die ganze Heilige Schrift des Alten und Neuen Testaments nach der Übersetzung Martin Luthers. Revidierter Text, 2. Auflage, Berlin: Evangelische Haupt-Bibelgesellschaft 1981.

Bickel, Hartmut: *Beinamen und Familiennamen des 12. bis 16. Jh. im Bonner Raum*, Bonn: Rheinisches Archiv (106) 1978.

Bickerton, Derek: *Language and Human Behavior*, London: UCL Press 1996.

Bloomfield, Leonard: *Language*, New York: Holt, Rinehart & Winston 1933.

Boesch, Bruno: *Kleine Schriften zur Namenforschung*, Heidelberg: Winter 1981

Bondarko, Aleksandr V.: *Glagol'nyj vid kak kategorija preimuščestvenno interpretacionnogo tipa*, in: Vsesojuznaja konferencija po lingvističeskoj tipologii. Tezisy dokladov, Moskau: Nauka 1990, S. 27-28.

Bondzio, Wilhelm: *Wortbildung aus valenztheoretischer Sicht*, in: *Linguistische Studien, Reihe A*, 67 (1980), S. 573-578.

Borst, Arno: *Der Turmbau von Babel – Geschichte und Meinungen über Ursprung und Vielfalt der Sprachen und Völker*, in 6 Bd., Stuttgart 1957-1963.

Bödeker, Hans Erich (Hg.): *Begriffsgeschichte, Diskursgeschichte, Metapherngeschichte*, Göttingen: Wallstein-Verlag 2002.

Brekle, Herbert E. / Kastovsky, Dieter (Hgg.): *Perspektiven der Wortbildungsforschung*, Bonn: Bouvier 1977.

Brekle, Herbert E. / Kastovsky, Dieter: *Wortbildungsforschung – Entwicklung und Positionen*, in Brekle, Herbert E./Kastovsky, Dieter (Hgg.): *Perspektiven der Wortbildungsforschung*, Bonn: Bouvier 1977, S. 7-19.

Brugmann, Karl: *Grundriß der vergleichenden Grammatik der indogermanischen Sprachen – Wortbildungslehre (Stammbildungs- und Flexionslehre)*, Bd. 2, 1. und 2. Hälfte, Straßburg: Karl J. Trübner 1892.

Brugmann, Karl: *Die Demonstrativpronomina der indogermanischen Sprachen – Eine bedeutungsgeschichtliche Untersuchung*, Leipzig: Teubner 1904.

Bühler, Karl: *Sprachtheorie - Die Darstellungsfunktion der Sprache*, Stuttgart: Fischer 1982 (Nachdruck von 1934).

Bulgakov, Sergej A.: *Svet nevečernij – Sozercanija i umozrenija*, Moskau: Respublika 1994 (erste Publikation 1917).

Burger, Harald unter Mitarbeit von Harald Jaksche: *Idiomatik des Deutschen*, Tübingen: Niemeyer 1973 (=Germanistische Arbeitshefte 16).

Cassirer, Ernst: *Philosophie der symbolischen Formen*, Bde. 1-3, Darmstadt: Wissenschaftliche Buchgesellschaft 1977.

Chafe, Wallace L.: *Idiomacyty as an Anomaly in Chomskyan Paradigm*, in: *Foundations of Language* 4 (1968), p. 109-127.

Cherubim, Dieter (Hg.): *Sprachwandel – Reader zur diachronen Sprachwissenschaft*, Berlin – New York: de Gruyter 1975.

Cholodovič, Aleksandr A.: *Einleitung zu Saussure de, Ferdinand, Kurs obščej lingvistiki [Cours de linguistique générale]*, Moskau: Nauka 1977.

Chomsky, Noam: *Aspects of the Theory of Syntax*, Cambridge/Mass: UP 1965.

Chomsky, Noam: *Knowledge of Language – Its Nature, Origin and Use*, New York: Praeger 1986.
Coseriu, Eugenio: *Sinchronia, diachronia e historia – El problema del cambio linguístico*, Montevideo: Universidad de la República 1958 (Deutsche Ausgabe: *Synchronie, Diachronie und Geschichte. Das Problem des Sprachwandels*, München: Fink 1974).
Coseriu, Eugenio: *Textlinguistik – eine Einführung*. 3., überarb. und erw. Aufl, Tübingen u. a.: Francke 1994.
Coseriu, Eugenio et al.: *Geschichte der Sprachphilosophie von den Anfängen bis Rousseau*, neu bearb. und erw. von Jörn Albrecht, Tübingen u. a.: Francke 2003.
Croft, William/Cruse, D. Alan: *Cognitive Linguistics*, Cambridge: Cambridge University Press 2004.
Cruse, D. Alan: *Lexical Semantics*, Cambridge: Cambridge University Press 1986.
Danneberg, Lutz: *Sinn und Unsinn einer Metapherngeschichte*, in: Bödeker, Hans Erich (Hg.): *Begriffsgeschichte, Diskursgeschichte, Metapherngeschichte*, Göttingen: Wallstein-Verlag 2002, S. 261-421.
Darski, Józef: *Linguistisches Analysemodell – Definitionen grundlegender grammatischer Begriffe*, 2., völlig neu bearbeitete und ergänzte Aufl., Poznań: Wydawnictwo Naukowe UAM 2004.
Debatin, Bernhard: *Die Rationalität der Metapher – Eine sprachphilosophische und kommunikationstheoretische Untersuchung*, Berlin: de Gruyter 1995.
Debus, Friedhelm: *Aspekte zum Verhältnis Namen-Wort-Rede*, in: Steger, Hugo (Hg.): *Probleme der Namenforschung im deutschsprachigen Raum*, Darmstadt: Deutsche Buchgemeinschaft 1977.
Décsy, Gyula: *Sprachherkunftsforschung*, Wiesbaden: Harrassowitz 1977.
Desnizza, Wolfgang: *Neurowissenschaftliche Theorie des Sprachwandels*, Frankfurt a. M. u. a.: Lang 2001.
Di Sciullo, Anna-Maria/Williams, Edwin: *On the Definition of Word*, Cambridge: University Press 1987.
Diewald, Gabriele: *Deixis und Textsorten im Deutschen*, Tübingen: Niemeyer 1991.
Diewald, Gabriele: *Grammatikalisierung – Eine Einführung in Sein und Werden grammatischer Formen*, Tübingen: Niemeyer 1997.
Diewald, Gabriele: *Die Modalverben im Deutschen. Grammatikalisierung und Polyfunktionalität*, Tübingen: Niemeyer 1999.
Diewald, Gabriele: *Grammatikalisierung: Wie entsteht die Grammatik?*, in: *Der Deutschunterricht* 52/3 (2000), S. 18-40.
Diewald, Gabriele/Kleinöder, Rudolf: *Zur Bedeutung von Eigennamen – Eigennamen als ikonische Symbole*, in: Namenkundliche Informationen 63/64 (1993) S. 5-19.
Dobrovol'skij, Dmitrij O.: *Kognitive Aspekte der Idiom-Semantik - Studien zum Thesaurus deutscher Idiome*, Tübingen: Narr 1995.
Dokulil, Milosz: *Zur Theorie der Wortbildung*, in: *Wiss. Zeitschr. der Karl-Marx-Univ. zu Leipzig, Ges.-sprachwiss. Reihe* 2/3 (1968), S. 203-211.

Donhauser, Karin: *Mood and Morphology – An Alternative Approach to the Syntax and Semantics of German Moods*, in: *Lingua* 73, 1987, S. 53-77.
Dubois, Jacques et al.: *Allgemeine Rhetorik*, München: UTB 1974.
DWB – *Deutsches Wörterbuch* von Jacob Grimm und Wilhelm Grimm, Leipzig: Hirsel, Bde 2/1860; 4/2, 1877; 10/1, 1905; 10/2/1, 1906; 14/1/2, 1960.
Dressler, Wolfgang U./Mayerthaler, Willi/Panagl, Oswald/Wurzel, Wolfgang U.: *Leitmotifs in Natural Morphology*, Amsterdam/Philadelphia: Benjamins 1987.
Duden. Bd. 7, *Herkunftswörterbuch*. Hg. von der Duden-Redaktion, Mannheim u. a.: Dudenverlag 1989; [5]2001.
Duden. *Universalwörterbuch*. 2., völlig neu bearbeitete und stark erweiterte Auflage. Hg. von Günther Drosdowski u. a. Mannheim-Leipzig-Wien-Zürich: Dudenverlag 1989.
Ebert, Robert Peter/ Reichmann, Oskar/Solms, Hans Joachim/Wegera, Klaus-Peter: *Frühneuhochdeutsche Grammatik*, Tübingen: Niemeyer 1993.
Eco, Umberto: *Einführung in die Semiotik*, München: Fink 1971. 8. Aufl., deutsch von Jürgen Trabant 1994.
Eco, Umberto: *Semiotik und Philosophie der Sprache*, München: Fink 1985.
Eco, Umberto: *Die Grenzen der Interpretation*, Wien: Carl Hanser Verlag 1992.
Eggers, Hans: *Deutsche Sprachgeschichte*, Bd. 1. *Das Althochdeutsche*, Reinbeck bei Hamburg: Rowolt 1963.
Ehlich, Konrad: Verwendung der Deixis beim sprachlichen Handeln. Linguistisch-philologische Untersuchungen zum hebräischen deiktischen System, Frankfurt a. M. u. a.: Lang 1979.
Ehrismann, Gustav: *Geschichte der deutschen Literatur bis zum Ausgang des Mittelalters*, Bd. 1, München: Beck 1932.
Emonds, Heiner: *Metaphernkommunikation – Zur Theorie des Verstehens von metaphorisch verwendeten Ausdrücken in der Sprache*, Göppingen: Kümerle 1986.
Erben, Johannes: *Einführung in die deutsche Wortbildungslehre*, Berlin 1975.
Eroms, Hans-Werner: *Syntax der deutschen Sprache*, Berlin-New York: de Gruyter 2000.
Etzel, Stefan: *Sprachevolution 2*, in: *http://www.stefan-etzel.de/Sprachursprung/eiswort2.htm* 1998, S. 1-7.
Eyer, Peter: *„... und trampelt durch die Saaten"*, in: *ZGL* 11 (1983), S. 72-77.
Fanselow, Gisbert/Felix, Sascha: *Sprachtheorie – Eine Einführung in die generative Grammatik*, Bd. 1, Tübingen: Niemeyer 1987.
Feist, Sigmund: *Etymologisches Wörterbuch der gotischen Sprache mit Einfluß des Krimgotischen und sonstiger gotischer Sprachreste*, Halle: Niemeyer 1909.
Feist, Sigmund: *Vergleichendes Wörterbuch der gotischen Sprache*, Leiden: E. J. Brill 1939.
Fellmann, Ferdinand: *Symbolischer Pragmatismus – Hermeneutik nach Dilthey*, Reinbek: Rowolt 1991.

Ferguson, Adam: *An Essay on the History of Civil Society*, Edinburgh: Millar & Caddel 1767 (deutsche Übersetzung der 7. Auflage (1814) von Valentine Dorn: *Abhandlung über die Geschichte der bürgerlichen Gesellschaft*, Jena: Fischer 1904).
Fillmore, Charles J., *Deictic Categories of the Semantics of `come'*, in: *Foundations of Language*, 2 (1966), p. 219-242.
Fillmore, Charles J.: *Towards a Theory of Deixis*, in: *Universuty of Hawaii Working Papers in Linguistics* 3/4 (1971), p. 219-242.
Fleischer, Wolfgang: *Wortbildung der deutschen Gegenwartssprache*. 1. Aufl., Leipzig: BI 1969, 2. Aufl., Leipzig: BI 1971, 3., überarb. Aufl. Leipzig: BI 1974.
Fleischer, Wolfgang/Barz, Irmhild: *Wortbildung der deutschen Gegenwartssprache*, unter Mitarbeit von M. Schröder, Tübingen: Niemeyer 1992.
Frei, Henri: *La grammaire des fautes*, Paris-Genéve-Leipzig: Geuthner, Kundig, Harrassowitz 1929.
Frege, Gottlob: *Über Begriff und Gegenstand*, in: *Vierteljahresschrift für wissenschaftliche Philosophie* 16 (1892), S. 192-205.
Frege, Gottlob: *Funktion, Begriff, Bedeutung – Fünf logische Studien*, Göttingen: Vandenhoeck 1993.
Fritz, Thomas: *Wahr-Sagen – Futur, Modalität und Sprecherbezug*, Hamburg: Buske 2000.
Gabelentz, Hans Conon von der: *Über das Passivum*, in: *Abhandlungen der philologisch-historischen Classe der Königlichen Sächsischen Gesellschaft der Wissenschaften*, Bd. 3.(= Bd. 8 der Gesamtreihe), Leipzig: Sächsische Gesellschaft der Wissenschaften 1861.
Gamkrelidze, Tamas V., Ivanov, Vjačeslav Vs.: *Indoevropejskij jazyk i indojevropejcy*, 2 Bde, Tbilisi: Izdatel'stvo Tbilisskogo Universiteta 1984.
Gauger, Hans-Martin: *Nietzsche – Zur Genealogie der Sprache*, in: Gessinger, Joachim, Rahden von, Wolfert (Hgg.): *Theorien vom Ursprung der Sprache*, 2 Bde. Bd. 1, Berlin: de Gruyter 1989, S. 585-606.
Genzmer, Felix: *Germanische Zaubersprüche*, in: *Germanisch-romanische Monatsschrift, Neue Folge*, Bd. I, Heft 1 (1950), S. 21-35.
Gerhardt, Dietrich: *Über die Stellung der Namen im lexikalischen System*, in: *Beiträge zur Namenforschung* 1 (1949), S. 1-24.
Gessinger, Joachim: *Der Ursprung der Sprache aus der Stummheit – Psychologische und medizinische Aspekte der Sprachursprungsdebatte im 18. Jahrhundert*, in: Gessinger, Joachim, Rahden von, Wolfert (Hgg.): *Theorien vom Ursprung der Sprache*, 2 Bde., Bd. 2, Berlin: de Gruyter 1989, S. 345-387.
Gessinger, Joachim, Rahden von, Wolfert (Hgg.): *Theorien vom Ursprung der Sprache*, 2 Bde., Berlin: de Gruyter 1989.
Gipper, Helmut (Hg.): *Sprache – Schlüssel zur Welt. Festschrift für Leo Weisgerber*, Düsseldorf: Schwann 1959.
Gläser, Rosemarie: *Zum Problem der Idiomatik*, Masch. Manuskript, Karl-Marx-Univ. zu Leipzig 1979.

Graur, Al (Hg.): *Einführung in die Sprachwissenschaft*, Berlin: Akademieverlag 1974.
Grewendorf, Günther (Hg.): *Sprechakttheorie und Semantik*, Frankfurt/ M.: Suhrkamp 1979.
Grewendorf, Günther: *Deixis und Anaphorik im deutschen Tempus*, in: *Papiere zur Linguistik* 26 (1982), S. 47-83.
Grewendorf, Günther: *On the Delimitation of Semantics and Pragmatics – The Case of Assertions*, in: *Journal of Pragmatics* 8 (1984), p. 517-538.
Grimm, Jacob: *Deutsche Grammatik – Von der Wortbildung*, Kap. I-III, Bd. 2, 3. Buch, Göttingen: Bertelsmann 1826.
Grimm, Jacob: *Vorreden zur deutschen Grammatik von 1819 und 1822*. Neudruck, Darmstadt: Wissenschaftliche Buchgesellschaft 1968.
Grimm, Jacob: *Deutsche Grammatik*, Leipzig: Enzyklopädie 1898/1989.
Grimm, Jacob: *Die deutsche Mythologie*, Bde. 1-2, 4. Aufl., besorgt von E. H. Meyer, Basel: Helbing & Lichtenhahn 1953.
Grice, H. Paul: *Studies in the Way of Words*, Harvard-Cambridge (Mass.)-London: University Press 1989.
Gurevič, Aron J.: *„Edda" i saga*. Moskva: MGU 1979.
Gurevič, Aron J.: *Kategorii srednevekovoj kultury*, Moskva: Nauka 1984.
Haas-Sporn, Ulrike: *Zur Interpretation der Einstellungszuschreibungen*, in: Falkenberg, Gabriel (Hg.): *Wissen, Wahrnehmen, Glauben – Epistemische Ausdrücke und propositionale Einstellungen*, Tübingen: Niemeyer 1989, S. 49-96.
Habermas, Jürgen: *Texte und Kontexte*, Frankfurt a. M.: Suhrkamp 1991.
Haferland, Harald: *Mystische Theorie der Sprache bei Jacob Böhme*, in: Gessinger, Joachim, Rahden von, Wolfert (Hgg.): *Theorien vom Ursprung der Sprache*, 2 Bde. Bd. 1, Berlin: de Gruyter 1989, S. 89-130.
Hamann, Johann Georg: *Sämtliche Werke*. Historisch-kritische Ausgabe von Josef Nadler in 6 Bd., Wien: Herder Verlag 1949-1957.
Hamann, Johann Georg: *Schriften zur Sprache*. Einleitung und Anmerkungen von Josef Simon, Frankfurt a. M.: Suhrkamp 1967.
Hansen, Klaus: *Gegenstand und Beschreibungsaspekte der Wortbildungslehre (am Beispiel des Englischen)*, in: *Linguistische Studien, Reihe A* 36 (1977), S. 35-51.
Harweg, Roland: *Deixis und variable Referenz*, in: *ZPSK* 31 (1978), S. 132-142.
Hausmann, Carl R.: *Charles S. Peirce's Evolutionary Philosophy*, New York: Cambridge University Press 1993.
Häusermann, Jürg: *Phraseologie*, Tübingen: Niemeyer 1973.
Haverkamp, Anselm (Hg.): *Theorie der Metapher*, Darmstadt: Wissenschaftliche Buchgesellschaft 1983.
Hayek von, Friedrich August: *The Results of Human Action but not of Human Design*, in: *Friedrich August von Hayek, Studies in Philosophy, Politics and Economics*, Chicago and Toronto: UP 1967, p. 145-160.
Helbig, Gerhard: *Kontroversen über die deutschen Modalverben*, in *DaF* 32 (1995), S. 206-214.

Henzen, Walter: *Deutsche Wortbildung*, 1. Aufl., Halle (S.): Niemeyer 1947, 2. Aufl., Tübingen: Niemeyer 1957, 3. Aufl., Tübingen: Niemeyer 1965.
Herder, Johann Gottfried: *Abhandlung über den Ursprung der Sprache*. Berlin 1772 (2. Ausgabe 1789), in: *Herders Werke in 5 Bd*., Bd. 2, Berlin und Wiemar: Aufbau-Verlag 1982.
Herder, Johann Gottfried: *Fragmente zur deutschen Literatur*. Erste Sammlung, in: *Johann Gottfried von Herders sämtliche Werke – Zur schönen Literatur und Kunst*, Erster Teil, Karlsruhe: Schneider 1821.
Heringer, Hans Jürgen: *An Axiomatics of Language Evolution*. Masch. Man., Augsburg 1983.
Heringer, Hans Jürgen, Stötzel, Georg (Hgg.): *Sprachgeschichte und Sprachkritik – Festschrift für Peter von Polenz zum 65. Geburtstag*, Berlin-New York: de Gruyter 1993.
Hilgemann, Klaus: *Eigennamen und semantische Strukturen*, in: *Beiträge zur Namenforschung. Neue Folge* 9 (1974), S. 371-385.
Hockett, Charles F.: *Problems of Morphemic Analysis*, in: *Language* 23 (1948), p. 321-343.
Holthausen, Ferdinand: *Altenglisches etymologisches Wörterbuch*, Heidelberg: Winter 1963.
Holthausen, Ferdinand: *Gotisches etymologisches Wörterbuch*, Heidelberg: Winter 2000.
Hörmann, Hans: *Semantische Anomalie, Metapher und Witz*, in: *Folia Linguistica* 5 (1971), S. 310-330.
Hörmann, Hans: *Psychologie der Sprache*, Berlin: Springer 1977.
Hubig, Christoph: *Die Sprache als Menschenwerk – Zu den Sprachentstehungstheorien des Humanismus/Neuhumanismus und ihrer dialektischen Kritik*, in: Gessinger, Joachim, Rahden von, Wolfert (Hgg.), *Theorien vom Ursprung der Sprache*, 2 Bde, Bd. 1, Berlin: de Gruyter 1989, S. 158-182.
Hübner, Kurt: *Die Wahrheit des Mythos*, München: Fink 1985.
Humboldt von, Wilhelm: *Über die Kawisprache auf der Insel Java. Einleitung: Über die Verschiedenheit des menschlichen Sprachbaues und ihren Einfluß auf die geistige Entwicklung des Menschengeschlechts* (1836). Neu hg. v. H. Nette. Darmstadt: Wissenschaftliche Buchgesellschaft 1949.
Humboldt von, Wilhelm: *Gesammelte Schriften*, Hg. von Albert Leitzmann et al., Berlin: Preußische Akademie der Wissenschaften 1903-1936, Nachdruck 1968.
Ivanov, Vjačeslav Vs., Toporov, Vladimir N.: *Issledovanija v oblasti slavjanskich drevnostej*, Moskva: Nauka 1974.
Jackendoff, Ray S.: *Semantics and Cognition – Current Studies in Linguistic Series*, Vol. 8., Cambridge (Mass.). 6th ed. London: MIT Press 1993.
Jakobson, Roman: *Why `mama` and `papa`?*, in: Kaplan, Bernard/ Wapner, Seymour (eds.): *Perspectives in Psychological Theory*, Wiley, New York: NY 1960, p. 124-134.
Jakobson, Roman: *Selected Writings*, Bd. 2: *World and Language*, Den Haag u. a.: Mouton 1971.

Jakobson, Roman: *Aufsätze zur Linguistik und Poetik*, Frankfurt, Berlin und Wien: Ullstein 1979.
Jakobson, Roman: *Selected Writings*, Bd. 7: *Contributions to Comparative Mythology – Studies in Linguistics and Philology*, 1972-1982, hg. von Stephen Rudy, Berlin u. a.: de Gruyter 1985.
Jermakova, Olga P.: *Frazeologičnost' semantiki proizvodnych slov različnych slovoobrazovatel'nych struktur*, in: Jermakova, Olga P. et al. (Hgg.): *Aktual'nyje problemy russkogo slovoobrazovanija*, Taschkent: TGU 1975, S. 55-69.
Jung, Erich: *Germanische Götter und Helden in christlicher Zeit*. 2., völlig umgearbeitete Aufl., München und Berlin: J. F. Lehmanns Verlag 1939.
Kacnelson, Solomon D.: *Drevneislandskije sukcessionalnyje časticy* of *i* um, in: Viktorija N. Jarceva/Vladimir G. Admoni (Hgg.): *Voprosy grammatiki*, Moskva-Leningrad: Nauka (LO), S. 331-345.
Kaczmarek, Ludger: *Aspekte scholastischer Sprachursprungstheorien – Dionysius der Karthäuser über den Ursprung der Sprache. Mit einem chronobibliographischen Anhang*, in: Gessinger, Joachim, Rahden von, Wolfert (Hgg.): *Theorien vom Ursprung der Sprache*, 2 Bde., Bd. 1, Berlin: de Gruyter 1989, S. 65-88.
Keller, Rudi: *Zur Theorie metaphorischen Sprachgebrauchs*, in: *Zeitschrift für germanistische Linguistik* 3 (1975), S. 49-62.
Keller, Rudi: *Sprachwandel – Von der unsichtbaren Hand in der Sprache*. 3., durchgesehene Auflage, Tübingen und Basel: Francke Verlag 2003.
Keller, Rudi: *Zeichentheorie – Zu einer Theorie semiotischen Wissens*, Tübingen und Basel: Francke Verlag 1995.
Kluge, Friedrich: *Abriß der deutschen Wortbildungslehre*, 2. Aufl., Halle (S.): Niemeyer 1925.
Kluge, Friedrich: *Nominale Stammbildungslehre der altgermanischen Dialekte*, 3. Aufl., bearbeitet von Ludwig Sütterlin und Ernst Ochs, Halle (S.): Niemeyer 1926.
Kluge, Friedrich: *Etymologisches Wörterbuch der deutschen Sprache*, 20. Aufl., bearb. von Walter Mitzka, Berlin: de Gryuter 1967; 23., erw. Auflage, bearb. von Elmar Seebold, Berlin-New York: de Gruyter 1999.
Köller, Wilhelm: *Dimensionen des Metaphernproblems*, in: *Zeitschrift für Semiotik* 8 (1986), S. 379-410.
Kotin, Michail L.: *Das Deutsche als* werden-*Sprache – Synchronie und Diachronie der* werden-*Perspektive im deutschen Verbalsystem*, in: Anke Ehlert (Hg.): *Das Wort. Germanistisches Jahrbuch*, Moskau: DAAD 1995, S. 12-27.
Kotin, Michail L.: *O roli akcional'nych značenij v formirovanii nemeckoj glagol'noj paradigmy*, in: *Izvestija Akademii Nauk RF. Serija literatury i jazyka* 54/4 (1995), S. 36-45.
Kotin, Michail L.: *Die Wortbildung als sprachtheoretisches Problem*, in: Iris Bäcker/Dmitrij Dobrovolskij (Hgg.): *Das Wort. Germanistisches Jahrbuch*, Moskau-Bonn 1997, S. 97-111.
Kotin, Michail L.: *Die Herausbildung der grammatischen Kategorie des Genus verbi im Deutschen – Eine historische Studie zu den Vorstufen und zur Entstehung des deutschen Passiv-Paradigmas*, Hamburg: Buske 1998.

Kotin, Michail L.: *Altgermanische Bibeltexte – Ein Durchbruch zum neuen Sprachbild*, in: Hans Otto Spillmann u. Ingo Warnke (Hgg.): *Internationale Tendenzen der Syntaktik, Semantik und Pragmatik. Akten des 32. Linguistischen Kolloquiums in Kassel 1997*, Frankfurt a. M. u. a.: Peter Lang Verlag 1999a, S. 219 - 227.

Kotin, Michail L.: *Die „Basisrelationen" des Deutschen und die Auxiliarisierung von* haben, sein *und* werden, in: *Zeitschrift für deutsche Philologie* 3 (1999b), S. 391-419.

Kotin, Michail L.: *Die deutsche Sprache in statu viae – Erbgut und eigene Wege*, in: *Akten des X. Internationalen Germanistenkongresses Wien 2000 – Zeitenwende – Die Germanistik auf dem Weg vom 20. ins 21. Jahrhundert*, hg. von Peter Wiesinger unter Mitarb. von Hans Derkits, Bd. 3., Bern u. a.: Peter Lang 2002, S. 39-46.

Kotin, Michail L.: *Die* werden-*Perspektive und die* werden-*Periphrasen im Deutschen – Historische Entwicklung und Funktionen in der Gegenwartssprache*, Frankfurt a. M. u. a.: Peter Lang 2003.

Kubczak, Hartmut: *Die Metapher. Beiträge zur Interpretation und sematischen Struktur der Metapher auf der Basis einer referentiellen Bedeutungsdefinition*, Heidelberg: Winter 1978.

Kubrjakova, Jelena S.: *Čto takoje slovoobrazovanie*, Moskva: Vysšaja škola 1965.

Kubrjakova, Jelena S.: *Osnovy morfologičeskogo analiza leksiki (na materiale germanskich jazykov)*, Moskau: Nauka 1974.

Kubrjakova, Jelena S.: *Tipy jazykovych značenij. Semantika proizvodnogo slova*, Moskva: Nauka 1981.

Kuhn, Hans: *Rund um die* Vǫluspá, in: Henning, Ursula, Kolb, Herbert (Hgg.): *Mediaevalia Litteraria – Festschrift für Helmut de Boor zum 80. Geburtstag*, München: Beck 1971, S. 1-14.

Kuryłowicz, Jerzy: *Études indo-européennes*. Kraków: Wydawnictwo Uniwersytetu Jagiellońskiego 1935.

Kuryłowicz, Jerzy: *L'Apophonie ein indo-européen*, Wrocław: Wydawnictwo naukowe UW 1956.

Kuryłowicz, Jerzy: *The inflectional categories of Indo-European*, Heidelberg: Winter 1964.

Kühnhold, Ingeburg/Wellmann, Hans: *Deutsche Wortbildung – Typen und Tendenzen in der Gegenwartssprache*, 1. Hauptteil: *Das Verb*, Düsseldorf: Schwann 1973.

Kühnhold, Ingeburg/Putzer, Oskar/Wellmann, Hans: *Deutsche Wortbildung – Typen und Tendenzen in der Gegenwartssprache*, 3. Hauptteil: *Das Adjektiv*, Düsseldorf: Schwann1978.

Lakoff, George/Johnson, Mark: *The Metaphorical Structure of the Human Conceptual System*, in: *Cognitive Science* 4 (1980), p. 195-208.

Lang, Ewald: *Semantische vs. konzeptuelle Srtuktur*, in: Schwarz, Monika (Hg.): *Kognitive Semantik/Cognitive Semantics – Ergebnisse, Probleme, Perspektiven*, Tübingen: Niemeyer 1994, S. 25-40.

Langacker, Ronald W.: *Language and its Structure*. New York: Harcourt 1968, ²1973. Deutsche Übersetzung: *Sprache und ihre Struktur*, Tübingen: Niemeyer 1971, ²1976.
Laskowski, Marek: *Semantische und pragmatische Aspekte der deutschen und polnischen Phraseologie*, Zielona Góra: Oficyna Wydawnicza Uniwersytetu Zielonogórskiego 2003.
Lass, Roger: *Historical Linguistics and Language Change*, Cambridge: CUP 1997.
Leiss, Elisabeth: *Die Verbalkategorien des Deutschen – Ein Beitrag zur Theorie der sprachlichen Kategorisierung*, Berlin-New York: de Gruyter 1992.
Leiss, Elisabeth: *Über das Interesse der Grammatiktheorie am Sprachwandel und ihr Desinteresse an Sprachgeschichte*, in: *ZAS Papers in Linguistics*, ed. by Ewald Lang et al., Heft 13, Berlin: Zentrum für Allgemeine Sprachwissenschaft, Typologie und Universalienforschung 1998, S. 196-211.
Lenneberg, Eric H.: *Biological Foundations of Language*. New York-London-Sydney: John Wiley and Sons 1967, deutsch: *Biologische Grundlagen der Sprache*, Frankfurt/M.: Suhrkamp 1972.
Levkovskaja, Ksenija A.: *O ponjatii proizvodnosti osnov*, in: Stepan G. Barchudarov/Nikolaj A. Baskakov (Hgg.): *Voprosy sostavlenija opisatel'nych grammatik*, Moskau: Nauka 1961, S. 121-139.
Lewandowski, Theodor: *Linguistisches Wörterbuch*. Bde. 1-3. 5., überarb. Aufl., Heidelberg u. Wiesbaden: Quelle und Meyer 1990.
Lewis, Day C.: *The Poetic Image*, London: UP 1960.
Lexer, Matthias: *Mittelhochdeutsches Taschenwörterbuch*, Leipzig: Bibliographisches Institut 1974.
Leys, Odo: *Was ist ein Eigenname? – Ein pragmatisch orientierter Standpunkt*, in: *LBij* 68 (1979), S. 61-86.
Lieber, Rochelle: *Argument Linking and Compounds in English*, in: *Linguistic Inquiry* 14 (1983), p. 251-285.
Liebermann, Philip: *On the Origins of Language – An Introduction to the Evolution of Human Speech*, New York: McMillan 1975.
Lightfoot, David W.: *How to Set Parameters – Arguments from Language Change*, Cambridge: MIT Press 1991.
Lightfoot, David W.: *The development of language – Acqusition , change and evolution*, Oxford: Blackwell 1999.
Locke, John: *Versuch über den menschlichen Verstand*. Drittes Buch. *Von den Wörtern*, Hamburg: Meiner 1981.
Lüdtke, Helmut (Hg.): *Kommunikationstheoretische Grundlagen des Sprachwandels*, Berlin – New York: de Gruyter 1980.
Lühr, Rosemarie: *Germanische Resonantengemination durch Laryngal*, in: *Münchener Studien zur Sprachwissenschaft* 35 (1976), S. 73-92.
Lühr, Rosemarie: *Expressivität und Lautgesetz im Germanischen*, Heidelberg: Winter 1988.
Lutzeier, Peter Rolf: *Wort und Feld – Wortsemantische Fragestellungen mit besonderer Berücksichtigung des Wortfeldbegriffs*. Tübingen: Narr 1981.
Lutzeier, Peter Rolf: *Studien zur Wortfeldtheorie*, Tübingen: Narr 1993.

Lyons, John: *Semantics*. Cambridge: Cambridge University Press 1977.
Lyons, John: *Linguistic Semantics* – An Introduction. Cambridge: Cambridge University Press 1995.
Makajev, Enver A.: *Struktura slova v indojevropejskich i germanskich jazykach*, Moskau: Nauka 1970.
Makovskij, Mark M.: *Lingvističeskaja kombinatorika*, Moskau: Nauka 1988.
Makovskij, Mark M.: *Udivitel'nyj mir slov i značenij*, Moskva: Nauka 1989.
Makovskij, Mark M.: *Istoriko-etimologičeskij slovar' sovremennogo anglijskogo jazyka – Slovo v zerkale čelovečeskoj kultury*, Moskva: Dialog 2000.
Mańczyk, Augustyn: *Narzędzia, znaki, umysł*, Zielona Góra: Metaphora 2001.
Mańczyk, Augustyn: *Biosocjologia umysłu metaforycznego*, Zielona Góra: Uniwersytet Zielonogórski 2002.
Mańczyk, Augustyn: *Pochodzenie umysłowych symboli rzeczy*, Zielona Góra: Uniwersytet Zielonogórski 2003.
Marchand, Hans: *Categories and Types of the Present-Day English Word Formation*, Tübingen: Niemeyer 1969.
Markey, Tom L.: *Crisis and Cognition in Onomastics*, in: *Names* 30 (1982), p. 129-142.
Maslov, Jurij S.: *Kategorija predel'nosti/nepredel'nosti v gotskom jazyke*, in: *Voprosy jazykoznanija* 5 (1959), S. 24-36.
Maslov, Juri S.,: *Očerki po aspektologii*, Leningrad: Nauka (LO) 1984.
Mayerthaler, Willi: *Morphologische Natürlichkeit*, Wiesbaden: Athenaion 1981.
Meer, Sarah van der: *Die Richtigkeit der Wörter und ihr Ursprung – Protokoll der Sitzung vom 23.10.2003* (Seminar Theorien vom Sprachursprung), in: *http://viadrina.euv-frankfurt-o.de/~mr/protokoll sprachurspr.1.html.*
Melčuk, Igor` A.: *Kurs obščej morfologii*, Bd. 2, Moskau-Wien: Progress 1998.
Meletinskij, Jeleasar M.: *O semantike mifologičeskich sjuežetov v drevneskandinavskoj (edičeskoj) poezii i proze*, in: *Skandinavskij sbornik*, 18 (1973), S. 145-158.
Meletinskij, Jeleasar M.: *Poetika mifa*, Moskva: Nauka 1976.
Mendels, Judy: *Jacob Boehme's „R"*, in: *Journal of English and Germanic Philology* 53 (1953), p. 559-562.
Mify narodow mira – Enciklopedija. 2 Bde., Moskva: Encyklopedija 1980-1982.
Mirowicz, Anatol: *Die Aspektfrage im Gotischen*, Wilno: Towarzystwo Przyjaciół Nauk 1935
Moulton, William: *Jacob Boehmes Uvular „r"*, in: *Journal of English and Germanic Philology* 51 (1952), p. 83-89.
Möller, Hermann: *Semitisch und Indogermanisch*, København: Hagerup 1906.
Morciniec, Norbert: *Das sprachliche Zeichen unilateral oder bilateral?*, in: Stefan Kiedroń und Agata Kowalska-Szubert (Hgg.): *Thesaurus polyglottus et flores quadrilingues – Festschrift für Stanisław Prędota zum 60. Geburtstag*, Wrocław: ATUT 2004, S. 275-282.
Mourek, Václav E.: Sintaksis Gotskich predložek, Prag: Universitätsverlag 1890.

Müller, Max: *Die Wissenschaft der Sprache*, vom Verfasser autorisierte deutsche Ausgabe besorgt durch Dr. R. Fick und Dr. W. Wischmann. Bd.1. 15. Auflage, Leipzig: Mayer 1892.

Müller, Wolfgang W.: *Das Symbol in der dogmatischen Theologie*, Frankfurt a. M. u. a.: Peter Lang Verlag 1990.

Naumann, Bernd: *Wortbildung in der deutschen Gegenwartssprache*. Tübingen: Niemeyer 1972.

Niezsche, Friedrich: *Vom Ursprung der Sprache*, in: Friedrich Niezsche, *Gesammelte Werke*, Bd. 5, München: Musarion Verlag 1920-1929.

Nikolajeva, Natalia A.: *Tematizacija prezensa sil'nogo glagola v kel'tskich i germanskich jazykach*, Dissertation, Moskau: MGU im. Lomonosova 2002.

Nöth, Winfried: *Dynamik semiotischer Systeme – Vom altenglischen Zauberspruch zum illustrierten Werbetext*, Stuttgart: Metzler 1977.

Nöth, Winfried: *Handbuch der Semiotik*. 2., vollständig neu bearbeitete und erweiterte Aufl., Stuttgart und Weimar: Metzler 2000.

Öhlschläger, Günther: *Zur Syntax und Semantik der Modalverben im Deutschen*, Tübingen: Niemeyer 1989.

Olsen, Susan: *Zum Begriff der morphologischen Heads*, in: *Deutsche Sprache* 18 (1990), S. 126-147.

Osche, Günther: *Die Sonderstellung des Menschen in biologischer Sicht: Biologische und kulturelle Evolution*, in: Rolf Siewing (Hg.): *Evolution* – Bedingungen-Resultate-Konsequenzen, Stuttgart-New York: Fischer 1987.

Paul, Hermann: *Prinzipien der Sprachgeschichte*. 5. Aufl., Halle 1920. 8. Aufl. Darmstadt: Wissenschaftl. Buchgemeinschaft 1968 (erste Ausgabe 1880).

Paul, Hermann: *Deutsche Grammatik*, Bd. 5, Wortbildungslehre. 5. Aufl., Halle (S.): Max Niemeyer Verlag 1959.

Paul, Hermann: *Sprachtheorie, Sprachgeschichte, Philologie – Reden, Abhandlungen und Biographie*, Tübingen: Niemeyer 1998.

Paul, Hermann: *Deutsches Wörterbuch*, Tübingen: Niemeyer 1992.

Pavlov, Vladimir M.: *Ponjatije leksemy i problemy otnošenija sintaksisa i slovoobrazovanija*, Leningrad: Nauka (LO) 1985.

Peirce, Charles S.: *Semiotische Schriften*, Vol. I-III, hg. und übers. von Christian Kloesel und Helmut Pape, Frankfurt a. M.: Suhrkamp 1986-1994.

Pelz, Heidrun: *Linguistik – eine Einführung*, 6. Aufl., Hamburg 2001.

Pfeifer, Wolfgang et al.: *Etymologisches Wörterbuch des Deutschen*, 2. Aufl. Berlin: Akademie 1993.

Piaget, Jean: *Sprechen und Denken des Kindes*, deutsch von Nicole Stöber, Frankfurt a. M. u. a.: Ullstein 1983 (Originalversion: Le language et la pensée chez l'entfant, 1923).

Pilz, Klaus Dieter: *Phraseologie*, Göppingen: Kümmerle 1978.

Platon: *Kratylos*, in: Platon: *Sämtliche Werke nach der Übersetzung von Friedrich D. Schleiermacher und Hieronimus Müller*, hg. von Walter F. Otto, Ernesto Grazzi und Gert Plamböck, 1957-1959, neu hg. von Ursula Wolf. Bd. 3, Hamburg: Rowohlt-Verlag 1994.

Platon: *Sämtliche Dialoge in deutscher Übersetzung*, hg. von Otto Apelt, in Verbindung mit K Hildebrandt, C. Ritter und G. Schneider. Nachdruck, Hamburg: Meiner-Verlag 1993.
Plotkin, Wulf J.: *Stroj anglijskogo jazyka*, Moskva: Vysšaja škola 1989.
Pokorny, Julius: *Indogermanisches etymologisches Wörterbuch*, Bde 1-2, Bern: Francke 1959.
Polenz von, Peter: Deutsche Sprachgeschichte vom Mittelalter bis zur Gegenwart, Bde. 1-2, Berlin-New York: de Gruyter 1994.
Polk, James: *From Locke to Hume – The Radicalization of the Sensualistic Premisses in the Empirical Interpretation of the Origins of Speech*, in: Gessinger, Joachim, Rahden von, Wolfert (Hgg.): *Theorien vom Ursprung der Sprache*, 2 Bde., Bd. 1, Berlin: de Gruyter 1989, S. 183-203.
Porzig, Walter: *Wesenhafte Bedeutungsbeziehungen*, in: *H. Paul's und W. Braune's Beiträge zur Geschichte der deutschen Sprache und Literatur* 50 (1934), S. 70-97.
Prokosch, Ernst: *A Comparative Germanic Grammar*, Philadelphia 1939.
Rahden von, Wolfert: *Sprachursprungsentwürfe im Schatten von Kant und Herder*, in: Gessinger, Joachim, Rahden von, Wolfert (Hgg.): *Theorien vom Ursprung der Sprache*, 2 Bde., Bd. 1, Berlin: de Gruyter 1989, S. 421-467.
Raichstein, Aleksandr D.: *Nemeckije ustojčivyje frazy i ustojčivyje predikativnyje jedinicy*, Habilitationsschrift, Moskau: MGPIIJA 1974.
Rauh, Gisa (Hg.): *Essays on Deixis*, Tübingen: Narr 1983.
Rauh, Gisa: *Aspekte der Deixis*, in: Sprachwissenschaft, 9, 1984, S. 23-84.
Rauh, Gisa: *Tempora als deiktische Kategorien – Eine Analyse der Tempora im Englischen und Deutschen*, II, in: *IgF* 90 (1985), S. 1-38.
Reichenbach, Hans: *Elements of Symbolic Logic*, New York: The Free Press 1947
Reichmann, Oskar: *Germanische Lexikologie*, 2., völlig umgearb. Aufl. von *Deutsche Wortforschung*, Stuttgart: Metzler 1976.
Reischer, Jürgen: *Die Sprache – ein Phänomen und seine Erforschung*. Berlin-New York: de Gruyter 2002.
Ricken, Ulrich: *Condillac – Sensualistische Sprachursprungshypothese, geschichtliches Menschen- und Gesellschaftsbild der Aufklärung*, in: Gessinger, Joachim, Rahden von, Wolfert (Hgg.): *Theorien vom Ursprung der Sprache*. 2 Bde., Bd. 1, Berlin: de Gruyter 1989, S. 287-311.
Rickheit, Mechthild: *Wortbildung – Grundlagen einer kognitiven Wortsemantik*, Opladen 1993.
Rolf, Eckhard: *Zur (vermeintlichen) Ambiguität der Glaubenssätze*, in: Falkenberg, Gabriel (Hg.): *Wissen, Wahrnehmen, Glauben. Epistemische Ausdrücke und propositionale Einstellungen*. Tübingen: Niemeyer 1989, S. 175-198.
Ronneberger-Sibold, Elke: *Sprachverwendung – Sprachsystem, Ökonomie und Wandel*. Tübingen 1980.
Rosenkranz, Bernhard: *Der Ursprung der Sprache*. 2. Aufl. Heidelberg: Winter 1967.

Růžička, Rudolf: *Über die Einheitlichkeit der Modalität*, in: *Linguistische Arbeitsberichte – Mitteilungsblatt der Sektion Theoretische und Angewandte Sprachwissenschaft der Karl-Marx-Universität Leipzig* 5 (1972), S. 3-16.
Sapir, Edward: *Language – An Introduction to Study of Speech*, New York: Harcourt, Brace & World 1921, deutsch 1961.
Saussure de, Ferdinand: *Mémoire sur le systéme primitif des voyelles dans les langues indo-européennes*, Leipzig: Teubner 1879.
Saussure de, Ferdinand: *Cours de linguistique générale*, Lausanne/Paris: Payot 1916, deutsche Ausgabe: *Grundfragen der Allgemeinen Sprachwissenschaft*, übersetzt von Herman Lommel. 2. Aufl., mit neuem Register und einem Nachwort von Peter v. Polenz, Berlin: de Gruyter 1967.
Schaeder, Burkhard: *Onomatopoiie*, in: *Metzler Lexikon Sprache*, hg. von Helmut Glück, Stuttgart und Weimar: Metzler 1993, S. 437.
Schippan, Thea: *Lexikologie der deutschen Gegenwartssprache*. Tübingen: Niemeyer 2002 (1. Aufl. 1972).
Schirokauer, Arno: *Form und Formel einiger altdeutscher Zaubersprüche*, in: *Zeitschrift für deutsche Philologie* 73/3 (1954).
Schlachter, Wolfgang: *Passivstudien*, in: *Nachrichten der Akademie der Wissenschaften in Göttingen aus dem Jahre 1984. Philologisch-historische Klasse* (Nr. 3). Göttingen 1984, S. 117-173.
Schleicher, August: *Die Darwinsche Theorie und die Sprachwissenschaft*, Weimar: H. Böhlau 1863.
Schlerath, Bernfried: *Zu den Merseburger Zaubersprüchen*, in: *II. Fachtagung für indogermanische und allgemeine Sprachwissenschaft*, Innsbruck: Institut für Sprachwissenschaft der Universität 1962, S. 139-144.
Schmidt, Wilhelm: *Deutsche Sprachkunde*. 8. Aufl., Berlin: Volkseigener Verlag 1973.
Schmidt, Wilhelm: *Geschichte der deutschen Sprache*, 6. Aufl., erarbeitet unter der Leitung von Helmut Langner, Stuttgart/Leipzig: S. Hirzel Wissenschaftliche Verlagsgesellschaft 1993.
Schöffel, Georg: *Denken in Metaphern*, Opladen: Westdeutscher Verlag 1987.
Schrastetter, Rudolf: *Die Sprachursprungsfrage in Platons „Kratylos"*, in: Gessinger, Joachim, Rahden von, Wolfert (Hgg.): *Theorien vom Ursprung der Sprache*, 2 Bde., Berlin: de Gruyter 1989, S. 42-64.
Schulte-Sasse, Jochen, Werner, Renate: *Einführung in die Literaturwissenschaft*, 9., unveränderte Auflage. München: Fink 1997.
Schützeichel, Rudolf: *Althochdeutsches Wörterbuch*, Tübingen: Niemeyer 1989.
Schiewe, Jürgen: *Die Macht der Sprache – Eine Geschichte der Sprachkritik von den Anfängen bis zur Gegenwart*. München: Beck 1998.
Schwartz, Arthur: *On Interpreting Nominalizations*, in: Bierwisch, Manfred/ Heidolph, Karl Erich (eds.): *Progress in Linguistics*. The Hague/Paris: Mouton 1970, p. 295-305.
Schwarz, Monika: *Einführung in die kognitive Linguistik*, Tübingen: Francke Verlag 1992.

Schwidetzky, Ilse (Hg.): *Über die Evolution der Sprache*, Frankfurt/M.: Fischer-Verlag 1973.
Searle, John R.: *Speech Acts – An Essay in the Philosophy of Language*, Cambridge: University Press 1969.
Searle, John R., *Metaphor*. In: Ortony, Andrew (ed.): *Metaphor and Thought*, Cambridge: Cambridge University Press 1979, S. 92-123.
Selkirk, Elisabeth O.: *The Syntax of Words*, Cambridge: Cambridge University Press 1982.
Sennholz, Klaus: *Grundzüge der Deixis*, Bochum: Brockmeyer 1985.
Šanskij, Nikolaj M.: *Očerki po russkomu slovoobrazovaniju*, Moskva: MGU 1968.
Smirnickaja, Olga A.: *Evolucija vido-vremennoj sistemy v germanskich jazykach*, in: Viktorija N. Jarceva et al. (Hgg.): *Istoriko-tipologičeskaja morfologija germanskich jazykov*, Bd. 2: *Kategorija glagola*, Moskau: Nauka 1977, S. 5-127.
Smirnickaja, Svetlana V.: *Funkcional'noje razvitije prefiksa ge- v nemeckom jazyke*. Dissertation, Leningrad: LGU 1966.
Smirnickij, Aleksandr I.: *Nekotoryje zamečanija o prinzipach morfologičeskogo analiza osnov*, in: *Doklady i soobščenija filologičeskogo fakul'teta MGU im. M. V. Lomonosova* 5 (1948), S. 21-26.
Smirnickij, Aleksandr I.: *K voprosu o slove (Problema „otdel'nosti" slova)*, in: *Voprosy teorii i istorii jazyka*, Moskva: Izdatel'stvo AN SSSR 1952, S. 182-203.
Smirnickij, Aleksandr I.: *K voprosu o slove (Problema `toždestva' slova)*, in: *Trudy Instituta jazykoznanija AN SSSR*, Moskau: Izdatel'stvo AN SSSR 1954, S. 66-82.
Smirnickij, Aleksandr I.: *Leksikologija anglijskogo jazyka*, Moskva: Inostrannaja literatura 1956.
Sonderegger, Stephan: *Personennamen des Mittelalters – Vom Sinn ihrer Erforschung*, in: Karl Schmid u. Joachim Wollasch (Hgg.): *Memoria. Der geschichtliche Zeugniswert des liturgischen Gedenkens im Mittelalter*, München: Beck 1984, S. 255-284.
Sprachgeschichte – Ein Handbuch zur Geschichte der deutschen Sprache und ihrer Erforschung, Halbbd. 1 und 2. Hg. von Werner Besch, Oskar Reichmann und Stephan Sonderegger, Berlin: de Gruyter 1985.
Sravnitel'naja grammatika germanskich jazykov, hg. von M. M. Guchman, V. N. Jarceva et al., Bde. 1-3. Moskva: Nauka 1972.
Steblin-Kamenskij, Michail I.: *Mif*, Moskva: Nauka 1976.
Steinthal, Heymann: *Der Ursprung der Sprache im Zusammenhang mit den letzten Fragen alles Wissens – Eine Darstellung der Ansicht Wilhelm von Humboldts, verglichen mit denen Herders und Hamanns*, Hildesheim – New York: Georg Olms Verlag (Nachdruck der 4. Ausgabe, 1888; 1. Ausgabe 1851)
Stepanova, Marija D.: *Metody sinchronnogo analiza leksiki*, Moskau: Vysšaja škola 1968. Deutsche Übersetzung (von Gerhard Helbig): *Methoden der synchronen Analyse der Lexik*, Halle (S.): Max Niemeyer Verlag 1973.

Stepanova, Marija D., Černysheva, Irina I.: *Lexikologie der deutschen Gegenwartssprache*, Moskau: Vysšaja škola 1986.
Steger, Hugo (Hg.): *Probleme der Namenforschung im deutschsprachigen Raum*, Darmstadt: Wissenschaftliche Buchgesellschaft 1977.
Streitberg, Wilhelm: *Perfective und imperfective Aktionsart im Germanischen*, in: *Paul`s und Braune`s Beiträge zur Geschichte der deutschen Sprache und Literatur* 15 (1891), S. 70-177.
Süßmilch, Johann Peter: *Versuch eines Beweises, daß die erste Sprache ihren Ursprung nicht vom Menschen, sondern allein vom Schöpfer erhalten habe*, Köln: Themen 1998 (Nachdruck der Ausgabe Berlin 1766).
Sütterlin, Ludwig: *Die deutsche Sprache der Gegenwart (Ihre Laute, Wörter und Wortgruppen)*, Leipzig: Voigtländer 1900.
Thieroff, Rolf: *Das finite Verb im Deutschen. Tempus – Modus – Distanz*, Tübingen: Niemeyer 1992.
Toman, Jindrich: *Wortsyntax – Eine Diskussion ausgewählter Probleme deutscher Wortbildung*, Tübingen: Niemeyer 1987.
Toporova, Tatjana V.: *Semantičeskaja struktura drevnegermanskoj modeli mira*, Moskva: Radiks 1994.
Toporova, Tatjana V.: *Jazyk i stil′ drevnegermanskich zagovorov*, Moskva: Editorial URSS 1996.
Toporova, Tatjana V.: *Drevnegermanskaja kosmogonija: jazyk i mif*, New York: Edwin Mellen Press 1999.
Trabant, Jürgen: *Apeliotes oder Der Sinn der Sprache* – Wilhelm von Humboldts Sprachbild, München: Fink 1986.
Trabant, Jürgen: *Wilhelm von Humboldt – Jenseits der Gränzlinie*, in: Gessinger, Joachim, Rahden von, Wolfert (Hgg.): *Theorien vom Ursprung der Sprache*, 2 Bde., Bd. 1, Berlin: de Gruyter 1989, S. 498-522.
Trabant, Jürgen: *Traditionen Humboldts*, Frankfurt a. M.: Suhrkamp 1990.
Trabant, Jürgen: *Elemente der Semiotik*, 3. Aufl., Tübingen und Basel: Francke 1994.
Trabant, Jürgen: *Mithridates im Paradies – kleine Geschichte des Sprachdenkens*, München: Beck 2003.
Trier, Jost: *Der deutsche Wortschatz im Sinnbezirk des Verstandes - Die Geschichte eines sprachlichen Feldes*, Heidelberg: Winter 1931.
Trubačov, Oleg N.: *Etimologičeskije issledovanija i leksičeskaja semantika*, in: *Principy i metody semantičeskich issledovanij*, Moskva: Nauka 1976.
Ullmann, Stephen: *Grundzüge der Semantik – Die Bedeutung in sprachwissenschaftlicher Sicht*. Aus dem Englischen von Susanne Koopmann, Berlin: de Gruyter 1967.
Ullmann, Stephen: *Semantics – An Introduction to the Science of Meaning*. Oxford: Blackwell Publishers 1972, deutsch: *Semantik – Eine Einführung in die Bedeutungslehre*, Frankfurt a. M.: S. Fischer 1973.
Ullmann-Margalit, Edna: *Invisible-Hand Explanations*, in: *Synthese* 39, No 2 (1978), p. 263-291.
Uluchanov, Igor′ S.: *Slovoobrazovatel′naja semantika v russkom jazyke*, Moskva: Nauka 1977.

Uspensky, Leonid A.: *The Meaning of Icons*, Boston (Mass.): Boston Book and Art Shop 1969.
Uspensky, Leonid A.: *Bogoslovije ikony Pravoslavnoj cerkvi*, Paris: Izdatel'stvo Zapadno-Jevropejskogo Ekzarchata Moskovskogo Patriarchata 1989.
Vater, Heinz: *Das deutsche Perfekt – Tempus oder Aspekt oder beides?*, in: Andrzej Kątny (Hg.): *Aspektualität in germanischen und slawischen Sprachen*, Poznań: Wydawnictwo Naukowe UAM 2000, S. 87/107.
Vater, Heinz: *Einführung in die Sprachwissenschaft*. 4. Aufl., München: Fink 2004.
Vennemann, Theo: *Die innergermanische Lautverschiebung und die Entstehung der germanischen und deutschen Dialekte*, in: Mohammad Ali Jazayery/ Werner Winter (Eds.): *Languages and Cultures – Studies in Honor of Edgar C. Polomé*, Berlin: Mouton de Gruyter 1988, p. 749-761.
Viehweger, Dieter: *Probleme der semantischen Analyse*, Studia grammatica 15, Berlin: Akademieverlag 1977.
Vinokur, Grigorij O.: *Zametki po russkomu slovoobrazovaniju*, in: *Izvestija Akademii nauk SSSR, OLJa*, 4/5 (1946), S. 303-327.
Vries de, Jan: *Die geistige Welt der Germanen*, Darmstadt: Wissenschaftliche Buchgesellschaft 1964.
Vries de, Jan: *Altgermanische Religionsgeschichte*, in 2 Bdn, Berlin: de Gruyter 1970.
Watkins, Calvert: *Geschichte der indogermanischen Verbalflexion*, in: Jerzy Kuryłowicz (Hg.): *Indogermanische Grammatik*, Bd. III, 1. Teil, Heidelberg: Winter 1969.
Watkins, Calvert: *The American heritage dictionary of Indo-European roots*, Boston: Houghton Mifflin 1985.
Weinrich, Harald: *Sprache in Texten*, Stuttgart: Klett 1976.
Weisgerber, Leo: *Vom Weltbild der deutschen Sprache*, 1. Aufl., Düsseldorf: Schwann 1950.
Weisgerber, Leo: Von *den vier Stufen in der Erforschung der Sprache*, Düsseldorf: Schwann 1963.
Weisgerber, Leo: *Von den Kräften der deutschen Sprache*, Bd. 1, Grundzüge der inhaltbezogenen Grammatik, 4. Auflage, Düsseldorf: Schwann 1971.
Wellmann, Hans: *Deutsche Wortbildung* – Typen und Tendenzen in der Gegenwartssprache, Bd. 2. Das Substantiv, Düsseldorf 1975.
Wellmann, Hans: *Synchrone und diachrone Aspekte der Wortbildung im Deutschen*, Heidelberg: Winter 1993.
West, Jonathan: *Vorwärts durch Neodarwinismus*, in: *Akten des X. Internationalen Germanistenkongresses Wien 2000 – Zeitenwende – Die Germanistik auf dem Weg vom 20. ins 21. Jahrhundert*, hg. von Peter Wiesinger unter Mitarb. von Hans Derkits, Bd. 3., Bern u. a.: Peter Lang, 2002, S. 27-32.
Whorf, Benjamin Lee: *Language, Thought and Reality*, Cambridge (Mass.) – New York: MIT-Press 1956.
Wierzbicka, Anna: *Semantic Primitivies*, Frankfurt a. M.: Athenäum 1972.

Wierzbicka, Anna: *In Search of Semantic Model of Time and Space*, in: Kiefer, Ferenc and Ruwet, Nicolas (eds.): *Generative Grammar in Europe*, Dordrecht: Reidel 1973, p. 616-628.
Wierzbicka, Anna: *Semantics, Culture and Cognition – Universal human concepts in culture-specific configurations*, New York: Oxford University Press 1992.
Williams, Edwin: *On the Notions `Lexically Related`and `Head of a Word`*, in: *Linguistic Inquiry* 12/2, 1989, p. 245-274.
Wimmer, Rainer: *Der Eigenname im Deutschen – Ein Beitrag zu seiner linguistischen Beschreibung*, Tübingen: Niemeyer 1973.
Wissemann, Heinz: *Untersuchungen zur Onomatopöie*, Bd. 1, Heidelberg: Winter 1954.
Wittgenstein, Ludwig: *Das Blaue Buch – Schriften*, Bd. 5. Frankfurt a. M.: Suhrkamp 1970.
Wolf, Norbert Richard: *Anglizismen (bzw. Fremdwörter) im Sprachgebrauch –* Eine Wortmeldung in einer immer wiederkehrenden Debatte, in: Irma Hyvärinen, Petri Kallio u. Jarmo Korhonen (Hgg.) unter Mitarbeit v. Leena Kolehmainen: *Etymologie, Entlehnungen und Entwicklungen – Festschrift für Jorma Koivulehto zum 70. Geburtstag*, Helsinki, Société Néophilologique 2004, S. 459-470.
Wotjak, Gerd, *Untersuchungen zur Struktur der Bedeutung*, 2., ergänzte Aufl., Berlin: Akademieverlag 1977.
Wunderlich, Dieter: *Raum, Zeit und das Lexikon*, in: Harro Schweizer (Hg.): *Sprache und Raum. Psychologische und linguistische Aspekte der Aneignung und Verarbeitung von Räumlichkeit. Ein Arbeitsbuch für das Lehren von Forschung*. Stuttgart: Metzler 1985.
Wunderlich, Dieter: *Studien zur Sprachakttheorie*, Frankfurt/M.: Suhrkamp 1976.
Wurzel, Wolfgang Ulrich: *Flexionsmorphologie und Natürlichkeit – Ein Beitrag zur morphologischen Theoriebildung*, Berlin: Akademieverlag 1984.
Wurzel, Wolfgang Ulrich: *Zur Erklärbarkeit sprachlichen Wandels*, in: *Zeitschrift für Phonetik, Sprachwissenschaft und Kommunikationsforschung* 41/4 (1988), S. 488-510.
Wurzel, Wolfgang Ulrich: *The Structural Heritage in Natural Morphology*, in: Hans-Heinrich Lieb (ed.): *Prospects for a New Structuralism*, Amsterdam/Philadelphia, 1992, p. 225-241.
Yule, George: *The Study of Language*, Cambridge: UP 1996.
Zemskaja, Jelena A., Kubrjakova, Jelena S.: *Problemy slovoobrazovanija na sovremennom etape*, in: *Voprosy jazykoznanija* 6 (1978) S. 112-123.
Zifonun, Gisela (Hg.): *Grammatik der deutschen Sprache*, in 3 Bd., Berlin u. a.: de Gruyter 1997.
Zimmer, Dieter E.: *So kommt der Mensch zur Sprache – Über Spracherwerb, Sprachentstehung und Sprache und Denken*, München: Wilhelm Heine Verlag 2003.

Abkürzungen

ae.	altenglisch (angelsächsisch)
afries.	altfriesisch
agr.	altgriechisch
ags.	angelsächsisch (altenglisch)
ahd.	althochdeutsch
aind.	altindisch, sanskritisch
air.	altirisch
aisl.	altisländisch
aksl.	altkirchenslavisch
alem.	alemannisch
althebr.	althebräisch
apers.	altpersisch
arm.	armenisch
as.	altsächsisch
avest.	avestisch
bair.	bairisch
bret.	bretonisch
bulg.	bulgarisch
dt.	deutsch
engl.	englisch
frz.	französisch
georg.	georgisch
got.	gotisch
gr.	griechisch
hebr.	hebräisch
heth.	hethitisch
ide.	indo-europäisch (indogermanisch)
idg.	indogermanisch (indo-europäisch)
kasach.	kasachisch
kymr.	kymrisch
lat.	lateinisch
lett.	lettisch
lit.	litauisch
mhd.	mittelhochdeutsch
mir.	mittelirisch
mnd.	mittelniederdeutsch
mnl.	mittelniederländisch
ne.	neuenglisch

nhd.	neuhochdeutsch
niederl.	niederländisch
poln.	polnisch
russ.	russisch
sanskr.	sanskritisch (altindisch)
schwed.	schwedisch
südrheinfrk.	südrheinfränkisch